U0114454

劉述先著

# 朱子哲學思想的發展与完成

臺灣學生書局印行

# 增訂三版序

劉述先

趁著朱子一書又可以再版的機會，我決定在附錄之中再加兩篇文章進去。論朱子易說一文的加入是有必要的，因爲寫書時對這個題目沒有研究，不敢動筆，無疑是留下了一個巨大的缺口。後來到新加坡做研究，專研與易相關的問題，返港以後即草此文，彌補了這一缺失。

同時對於朱子的哲學思想究竟是一元論或二元論的問題，學者聚訟不息。我乃提出論文，斷定朱子思想是構造上的一元論，功能上的二元論，把書中隱涵而未明說的觀點，更清楚地表述出來，適足以爲全書的結論。故也把此文收入，對於朱子思想當可有一全盤性的不偏不倚的理解。

至於考據方面，我從不敢說有什麼定論。大陸學者陳來對於朱子書信的考據煞有功夫，對於錢先生提出來的論點有所質疑，則朱子參悟中和究竟在那一年，還可以作進一步的考察與辯論。我只是覺得，朱子所寫〈中和舊說序〉是有其權威性的，無論那一種說法都不能違背朱子本人對於這一個問題的回憶。我無意修改書中的說法，對於考據有興趣的學者當可以參閱各說，作出比較切合於當時事實情況的判斷。是爲序。

一九九四年十月五日

於香港中文大學

# 增訂版序

接到學生書局的通知，「朱子哲學思想的發展與完成」馬上可以有再版的機會，這眞是一份意外的驚喜。一部篇幅三十萬字的學術性著作居然也有銷路，這證明讀者的水準和購買力都提高了。我趁機向書局提出，增印近作兩篇作爲附錄，更充實本書的內容，很快就得到書局的同意，我十分感謝書局諸位執事先生對學術工作的熱心支持以及辦事認眞的態度。

在增訂版中，改正了初版的少數錯字，章節標題的形式加以統一，同時遵從陳榮捷先生的建議，儘可能地把「語錄」改爲「語類」，以免令人發生錯覺，以爲在「語類」之外另有「語錄」一書。其實「語錄」「語類」二名通用，在王懋竑的「年譜」就是如此，錢穆先生因襲了這個習慣，我爲了避免行文的單調，也常二名互用，但爲了讀者的方便，還是作了適當的修正。

最重要的改變是在附錄之內增加了兩篇文章：「論陽明哲學之朱子思想淵源」與「朱子的仁說、太極觀念與道統問題的再省察——參加國際朱子會議歸來記感」。在本書第九章之內，我曾說：「陽明提出問題的方式像朱子，而在精神上則接上象山。」但當時語焉未詳，故又另撰二萬字長文廣徵文獻，就此論題作進一步的發揮，以澄清此一公案。一九八二年七月去夏威夷參加國際朱子會議，世界各國研究朱子的專家學者齊集檀島，受到不少衝擊，回來以後卽撰一文記感，並對「仁說」、太極觀念，與道統問題有所討論，希望能夠激起對於這些問題的進一步的反省。惟一令人遺憾的是，去檀島開會之前，曾託學生書局將拙著寄贈與會學者，惜因郵誤未能及時抵達，後來雖有通信討論，究不如面談的親切了。在今日，固然不能希望靑年學子都來攬這方面的東西，只希望他們能夠廣汎瀏覽，多少接上一點這方面的精神，也就是意外的收穫了。

劉述先　一九八四、一、二十三於香港中文大學

# 朱子哲學思想的發展與完成

## 自序

任何人在今天寫一部關於朱子的書，必須首先回答一個問題：爲何在今日述朱論朱的書已經汗牛充棟之際，還要在這個已經討論得爛熟了的題目之下再加上一部書！記得在清初，已經有人諷刺說，鬼聲啾啾，細聽原來在討論朱陸異同。意思似乎是說，談這樣的題目乃是既不合時宜，又難成定論。然而不合時宜，並不證明這個題目的討論就完全沒有意義。而難成定論，也不妨害人可以對這個題目表示他自己的意見。對於深於宋明儒學內部義理的人，有關這個題目所涉及的義理分疏，是一個無法逃避的大問題，必須加以正視；而所作的取捨，卽影響到我們今日的態度，並不缺乏其現代意義。

近年來，關於朱子的研究有了突破性的成就。牟宗三先生出版三大卷的「心體與性體」，錢穆先生出版「朱子新學案」，都是卷帙浩繁的偉構。錢先生考證精詳，牟先生義理精透，但兩方面似平行而不相交，有的地方則又互相刺謬，有不可調停者。其實除錢牟兩位先生之外，唐君毅先生對這個題目也有深湛的研究。他雖未出專書論朱子，但在他的「中國哲學原論」之中，也有好多篇幅討論這個問題。然而我取唐先生之說獨少，其原因在，唐先生煞費苦心，企圖證明在新儒家的宮室之美，廟堂之富的弘大規模之下，可以兼容並包程朱陸王等不同型態的思路，彼此不必互相衝突，而可以相反相成。但這樣的思路把銳角化成了鈍角，對我的幫助不大。錢先生則顯然比較同情朱子，故不時而致其傾慕讚歎之辭。牟先生則以朱子歧出於孔、孟、周、張、明道的思想，獨繼承伊川，加以發揚光大，而有所謂「別子爲宗」的說法。這兩個論點分別言之成理，持之有故，在今日研究朱子自不能不致意於錢先生的考據，牟先生的哲學思考，分析其短長，探討其得失，則其不能夠停止於二家之說，事至顯然。然也不能輕爲調停折衷之論，必須取嚴格批評的態度，有一澈底融攝，然後可以對於朱子產生一全新的視野。本書之作，正是由這樣的角度出發所得到的一個成果。

此書第一部前三章分論朱子早年的教育環境，從學延平的經過，以及參悟中和問題所歷經的曲折。在考據方面多取錢先生的說法，以訂正王懋竑「朱子年譜」之失，在義理方面，則多取牟先生的說法，以廓清傳統儱侗解釋之非是。但兩方面決非一勉强之牽合，各有所取，各有所棄，乃可以清楚看出朱子哲學思想發展的線索。第一章明白指出朱子從學延平之後「盡廢所學」之確定意涵，似爲前人所未及。此章已在一九七九年六月幼獅學誌第十五卷第三期發表。第二、三章我相信必採取我這樣解釋的方式始得以曲盡朱子哲學思考發展的過程，而把握到他的思想的確定的指向。

第四章檢查仁說成說的過程。奇怪的是王懋竑「朱子年譜」對於這一重要的文獻在正文之中竟然未及一詞，而錢先生新學案鈔摘朱子文獻如此之詳盡竟也未錄仁說全文。牟先生了解這一文獻之重要性，而不確知有關仁說之論辯的確定年分。我本不擅考據而被逼得作一業餘性的嘗試。不意運氣奇佳，就在朱子致呂子約諸函中找到相當强的證據指明此一辯論是在朱子四十三、四歲兩年之間。仁說寫成，朱子思想之型態已然大定。鵝湖之會對於朱子思想之本質並無基本之變革。無怪乎有關這一集會的詳細紀錄在今日僅見之於象山年譜、語錄之中，而未收錄於朱子文集、語錄之內。

第二部五、六兩章乃以類聚的方式闡明朱子成熟的思想：其心性情之三分架局，以及其理氣二元不離不雜的形上學所關涉的理論效果。

第三部企圖衡定朱子在中國思想史上的地位，並進一步討論其思想的現代意義。這一部分個人特殊的見解較多。

第七章我首先把朱子的抽象哲學思想還原到當時具體現實的歷史系絡之內，戳破了傳統解釋的煙霧而直指朱子與現實政治之對立態度，這樣明白地指出問題的癥結，似爲前賢所未及。

第八章由儒佛的分疏討論到朱子建立道統的根據。由此而確定了宋儒與先秦儒的本質關連。再進一步由朱陸異同的分疏而可以確定朱子在整個儒家傳統上的地位。基本上，我贊同牟先生以朱子爲「別子爲宗」的看法。但我對朱子有比較同情的了解：他在最中心的一點體會上雖有所虛歉，然不能不肯定朱子在內聖的修養過程以及教育程序上的貢獻，始足以正陸王之學的末流之失。

第九章，王學與朱學：陽明心學的再闡釋大體是重印我在一九七二年新亞書院學術年刊第十四期發表過的一篇舊文章。把該文收在這裏，加上引言前半的案語，乃可以清楚地看出兩方面的特色與互相對比之處。

第十章討論朱子思想的現代意義。一旦把握到朱子思想的本質，乃進一步直抒己見：他的那一些思想必須加以修正或者揚棄，那一些思想必須加以傳承而發揚光大。這也是我自己在繼承了傳統儒家的理想，通過現代的挑戰，所蓄積的心得。這已不再是在說明朱子的思想，而是在展露我自己的心聲。知我罪我，這自要存乎其人了。

寫此書時，不避詳細徵引，主要是朱子的東西太多，必定要在文集語錄中選出一些比較基本的材料，用系統的眼光串連起來，才能給學者一個門徑。同時由於各章獨立寫成，內容難免略有重複處，但討論的角度不同，對於熟習朱子的思想來說，也似有其必要，故未將之加以刪除。在本書內，「語錄」、「語類」兩名互用，未加分別，特此聲明。

歷年來，我寫了不少汎論中國哲學文化的文章。我做學問的方法一貫是由博返約。如今寫了這樣一部專門性的論著，對我自己來說，也是一個突破。這表示說，在我做學問的過程中，又踏入另一個階段了。我並沒有放棄我那些一般性的看法，但是有深厚的學力，才能托得起凌空的議論。而在對一個問題有深入的研究之後，也就會修正一個人對於一般事物的看法。我很慶幸，我自己這一部書沒有在幾年以前動筆，那時我決寫不出我現在這樣的視野。當然在將來，我一定又會對這一部書不滿意。但在目前，我把我能做的盡到自己的努力做了出來，心中所感到的愉悅是難言的。

儒家自五四以來一直在式微的狀態之中。但打從熊十力先生起，每一個世代都有才智之士用心努力在這一方面，使得當代的新儒家在國際學術上都成爲一個不可完全忽視的思潮。熊先生首先把握到了新儒家根本的慧識，是父親靜窗先生最先引導我去讀熊先生的東西。但熊先生用改造唯識論的方式來建立儒家的形上學的方式是難以爲人接受的。接着，唐君毅、牟宗三先生汲取西方哲學的泉源來重新闡述中國哲學的慧識，也有了卓越的成就。在我年青時，我很受到錢穆先生「國史大綱」以及唐君毅先生「中國文化的精神價值」的影響。五四以後對傳統的譴責簡直是不遺餘力。這兩部書却幫助我看到傳統歷史文化之中的正面價值。然而，這兩部書也有它們的缺點，現在我覺得錢先生和唐先生把傳統歷史文化過分理想化了。其間主要是安雲幫助我多看到人生的現實面。徐復觀先生對傳統政治的批評顯然更爲鞭辟入裏，而他兼採義理考據的方法，以敏銳的眼光所作的一些論斷，給與我很大的啓發。牟宗三先生對傳統中國哲學的慧識的掌握與分疏，吾無間然。但我喜歡在康德所提供的線索以外，更酌取解釋學的方法來恢復中國哲學的慧識。同時我對當前現實的了解與探索也因角度的轉移而有了不同的視野。業師方東美先生講中國原始儒家的理想，對於我有莫大的刺激和鼓舞的力量，但是我自己更留意於宋明儒的體證，而更接近於新亞的傳統，但我同時也是台大的自由風氣的產物。總之，每一個時代每一個個人都有他自己的獨特的心聲，也有它普遍的意義，問題在能不能凝鍊到一種適當的方式下把自己的懷抱和體驗表達出來。然而，成熟的過程是緩慢的，而且後之視今也猶今之視昔，生命的過程和歷史文化的理想，也就是以這一種方式不斷延續下去。溫故而知新：不斷地傳承，不斷地創新，這是由孔子以來一代代繼承下來的民族的共命慧，不可加以輕棄。

這部書的各章只有牟宗三先生曾經看過初稿的全文，指出了我的一些錯誤和疏忽，但想必還有不少缺失之處，自應完全由我個人負責。此外讀過部分章節，和我討論過相關問題的師友、同人、學子，恕我不能在這裏一一誌明，但絲毫不減少我心中對他們的謝忱。安雲這兩年一個人留在異域，獨力挑起了照顧孩子與家庭的重任，讓我一個人到中文大學哲學系來服務，專心寫我的著述，尤其是我要特別感謝的。此書開始屬稿於前年十月，完成於今年四月，共歷時一年半。

劉述先　序於香江

一九八〇、四、二十

# 目錄

# 附錄

# 第一部 朱子哲學思想的發展

## 第一章 朱子早年的教育環境與思想發展轉變的痕跡

### 一、前言

朱子（一一三〇—一二〇〇）的思想規模弘大，發展的過程屢經曲折。如果不把這樣的過程重新建構出來，只怕不容易清楚地把握到他的思想的實義。清王懋竑（白田）刪訂「朱子年譜」，功不可沒。但王譜考覈雖精，而識斷多差。近年來對於朱子的研究，錢穆先生出版「朱子新學案」（註一），牟宗三先生出版「心體與性體」（註二）的偉構，有突破性的貢獻。錢先生考證精詳，好多地方得以匡正王譜之失；而牟先生思入深微，凸顯出朱子思想的特殊型態。兩位先生對於朱子思想的解釋有互相補足之處，但也有彼此矛盾的地方，不可加以調停（註三）。海外學者現在也對朱子有日益重視的趨勢（註四）。我所希望的是能够博採諸說，對朱子的哲學思想取一合理而有系統的解釋。我將取一發展的觀點追溯朱子思想演變的經過，最後才確定朱子成熟思想的型態而加以解析和評價。本章專述朱子早年的教育環境與思想發展轉變的痕跡，大體斷至紹興二十八年戊寅朱子二十九歲第二次見李先生於延平爲止（註五），下章才詳述朱子從遊延平的經過。

## 二、朱子的父親對於朱子的影響

朱子是生在一個世代書香的家庭之中，他日後的發展有很多可以從庭訓之中找到一些端倪。

朱子的父親名松，字喬年，號韋齋。本來世居（安徽）婺源，做過吏部員外郎，因爲不附和秦檜的和議而外調，窮得父親死了竟無法還鄉。他曾做過南劍尤溪縣尉。朱子是在高宗建炎四年庚戌韋齋館於尤溪之鄭氏時生的。韋齋曾經師事羅豫章，與李延平爲同門友，聽到「楊龜山所傳伊洛之學獨得古先聖賢不傳之遺意。」於是自己格外奮發，痛刮浮華，以趨本實。每天讀大學中庸之書，用力於致知誠意之地。他自己感覺到卞急害道，所以取古人佩韋之義，叫自己的齋爲韋齋，有一種警戒的意思。

大概朱子少時所受的是儒家式的教育。據陳榮捷先生的推測，他讀的那些書可能是依據伊川學派的規格（註六）。看來韋齋只要有時間，就親任教讀之責。年譜謂朱子十一歲受學於家庭。文續集卷八跋韋齋書昆陽賦云：

「紹興庚申，熹年十一歲。先君罷官行朝，來寓建陽。登高丘氏之居，暇日手書此賦以授熹。為說古今成敗興亡大致，慨然久之。」

文集卷七十五有論語要義目錄序云：

「熹年十三四時，受其（二程先生）論語說於先君，未通大義，而先君棄諸孤。」

可見朱子的思想淵源二程，好文學、好治史，都有他父親的影響。照他的回憶說：

「先人自少豪爽，出語驚人。踰冠中弟，更折節讀書，慕為賈誼陸贄之學。久之，又從龜山楊氏門人問道授業，踐修愈篤。紹興初，以館職郎曹，與脩神宗正史，哲徽兩朝實錄，而於哲錄用力為多。其辨明誣謗，刊正乖謬之功，具見褒詔。後以上疏詆講和之失，忤秦相去國。補郡不起，奉祠以終。」（註七）

由此可見朱子通達時務，好賈陸之學，又精熟北宋一朝史事，其生平力排和議，都有家風薰陶作爲背景。

韋齋不只生時對朱子有相當影響，死後朱子受學於劉屏山劉草堂胡籍溪三家之門，也是禀受韋齋遺命。其後朱子正式拜師延平，無疑必與韋齋對於延平的極高評價有關。文集卷九十七延平先生李公行狀有云：

「熹先君子亦從羅公問學，與先生為同門友，雅敬重焉。嘗與沙縣鄧迪天啓語及先生，鄧曰：愿中如冰壺秋月，瑩澈無瑕，非吾曹所及。先君子深以為知言。亟稱道之。」

但韋齋基本上雖是儒家，却並不排斥二氏。文集卷八十四書先吏部與淨悟書後有云：

「先君子少日喜與物外高人往還。」

韋齋的朋友中屏山好佛，籍溪也好佛老（註八）。則朱子提到自己出入釋老，馳心空妙之域者十餘年（註九），又絕非一完全偶然的現象。一直到後來受到延平的影響，這才在禪學與聖學之間劃下一道鮮明的界線。從上面的分析可以看出，朱子雖然在十四歲少年喪父，但他父親對他一生的影響却不在少，這是值得我們留意的一件事情。

## 三、朱子少年時代幾位老師的影響

據年譜說：

「當韋齋疾革時，手自為書。以家事屬少傅劉公子羽，而訣於籍溪胡憲原仲、白水劉勉之致中、少傅之弟屏山劉子翬彥冲。且顧謂先生曰：此三人者，吾友也。學有淵源，吾所敬畏。吾即死，汝往父事之，而唯其言之聽。」

韋齋既死，朱子乃遵遺訓而稟學於三先生之門。三位先生撫教朱子如子姪，白水並把女兒嫁給他。但不數年，二劉公相繼下世，所以追隨籍溪最久。

宋元學案卷三十九有劉胡諸儒學案。全祖望說：

「白水、籍溪、屛山三先生，晦翁所嘗師事也。白水師元城，兼師龜山。籍溪師武夷，又與白水同師譙天授。獨屛山不知所師。三家之學略同，然似皆不能不雜於禪，故五峯所以規籍溪者甚詳。」

白水年青時，正當伊洛之學有禁，心中大不以爲然。乃陰訪程氏書，藏在箱底，半夜潛鈔默誦。籍溪和白水同鄉，也一同偷著學。兩個人都跟譙天授學過易。白水後來又請業於劉元城、楊龜山。籍溪則因是（胡）文定從父兄子的關係，自幼即從文定學。屛山師承不知，然少時喜佛，「歸而讀易，渙然有得。」三人皆澹然無求於世，日以講論切磋爲事。

大概這幾個人都因厄於時，正值秦檜專柄國政，倡導和議，排斥異己，遂走上了歸隱的道路。大體三人爲伊洛之再傳或三傳，均好易，同時也好佛老；韋齋則與三人爲同調。

據朱子本人的回憶：

「初師屛山、籍溪。籍溪學於文定，又好佛老。以文定之學為論治道則可，而道未至。然於佛老亦未有見。屛山少年能為舉業。官莆田，接塔下一僧，能入定。數日後乃見了。老歸家讀儒書，以為與佛合，故作聖傳論。其後屛山先亡，籍溪在。某自見於此

道未有所得，乃見延平。」（語類卷一〇四）

又說：

「某少時未有知，亦曾學禪，只李先生極言其不是。後來考究，却是這邊味長。才這邊長得一寸，那邊便縮了一寸。到今銷鑠無餘矣。畢竟佛學無是處。」（一〇四）

由此可見，朱子少年時期的幾位先生和他的父親都是不拘執於一家一派的人；他們的興趣很廣，但看來缺乏深度。他們不能夠把握得住儒佛之間基本的差別而缺少了一些必要的分疏。顯然他們對於伊洛一系傳下的義理並不見得有眞正深刻的體認，而照朱熹的說法，乃至對於佛老也未必有眞切相應的理解。故此朱子要求做更進一層的探究，就不能滿足於少年時之所學；後來才逼得要轉向延平，而延平是眞正能把握儒佛間分疏的一個人。延平的學問的道路與朱子少年時所學自形成一鮮明的對比，故朱子先並不以爲然，一直要遲到三十一歲第三次見延平時才正式拜師受學。然而延平雖有深度，却又缺乏廣度。必有這兩種傳承的會合才能造就朱子的綜合的大心靈。

實則朱子雖則對他少年所學不甚滿意，但這一個時期對他的思想的潛在的影響是不可忽視的。他早年曾經好道，晚年注參同契，此乃是一例。朱子論易，兼重義理象數，或者也可能是受到少年時代的影響。他十九歲時用禪家語入應試文，後來乃感覺到禪是彌近理而大亂眞，因而形成諸多忌諱，這些都不能不說是對他少年時的體會的一種反激。

## 四、朱子本人的性格、志趣，以及讀書求進所下的工夫

朱子從小就顯露他的好問好思考的性格。行狀云：

「先生幼穎悟莊重。甫能言，韋齋指天示之曰，天也。問曰：天之上何物。韋齋異之。」（年譜同）

語類曰：

「某自五六歲時，心便煩惱天體是如何，外面是何物？」

此條陳淳黃義剛同有錄。由此可見朱子格物的興趣遠在此時已露端倪。是他的中國式的教育把他的注意力集中在聖學之上，但他一生從未斬斷對外在自然的興趣。

行狀云：

「八歲就傅，授以孝經，一閱通之，題其上曰：不若是，非人也。嘗從羣兒戲沙上，獨端坐，以指畫沙，視之，八卦也。」（年譜同）

朱子後來懷疑孝經，對易經的興趣則終生不衰。

「孔子曰：仁遠乎哉，我欲仁，斯仁至矣。這箇全要人自去做。孟子所謂奕秋，只是爭這些子。一箇進前要做，一箇不把當事。某年八九歲時，讀孟子到此，未嘗不慨然奮發，以為為學當如此做工夫。當時便有這箇意思，如此只是未知得是如何做工夫。自後更不肯休，一向要去做工夫。」

此條不知何人所錄。又曰：

「某十數歲時，讀孟子言聖人與我同類者，喜不可言。以為聖人亦易做，而今方覺得難。」（語類卷一〇四，包揚錄）

又曰：

「某自丱角讀論孟。自後欲一本文字高似論孟者竟無之。」（一〇四，郭友仁錄）

「某自十四五時，便覺這物事是好底物事，心便愛了。某不敢自昧，實以銖累寸積而得之。」（一〇四，李方子錄）

朱子的志趣在於聖學，早就確立，由此可見。

「某年十五六時，讀中庸人一己百、人十己千一章，因見呂與叔解得此段痛快，未嘗不悚然警厲奮發。」（沈僩錄）

「某少時讀四書，甚辛苦。」（一〇四，游敬仲錄）

論孟學庸乃是朱子爲學的基礎。

「周禮一書，周公所以立下許多條貫，皆是廣大心中流出。某自十五六時，聞人說這道理，知道如此好。但今日方識得。如前日見人說鹽鹹，今日食之，方知是鹹。說糖甜，今日食之，方知是甜。」（三三，萬人傑錄）

則朱子在四書之外又讀周禮。直到晚年終不辨周禮一書之僞，弱冠前已受影響。

「某年十五六時，亦嘗留心於此（禪）。一日在病翁所會一僧，與之語。」（一〇四，輔廣錄）

此當爲朱子留心禪學之始。大概由於朱子家庭師友的感染，他並沒有感覺到禪學和聖學之間有什麼本質性的差別。所以留心禪學並不妨害他去讀聖賢書，有時或者甚至以禪的昭昭靈靈意思去附會儒學，直到後來延平才指出他非是。故他本人雖自承出入釋老十餘年，實無一日不讀儒書。

「某是自十六七時，下工夫讀書，彼時四畔皆無津涯，只自恁地硬著力去做。至今日，雖不足道，但當時也是喫了多少辛苦讀了書。」（一〇四，楊道夫錄）

朱子獨對做舉業一事拒絕下工夫。語類曰：

「某少年時只做得十五六篇舉業，後來只是如此發舉及第。今人却要求為必得，豈有此理。」（曾祖道錄）

讀書追求義理則從來未曾放鬆過。語類曰：

「某年十七八時，讀中庸大學，每早起，須誦十遍。」（十六，葉賀孫錄）

又曰：

「某從十七八歲讀孟子，至二十歲，只逐句去理會，更不通透。二十歲已後，方知不可恁地讀。元來許多長段都自首尾相照管，脈絡相貫串。只恁地熟讀，自見得意思。從此看孟子，覺得意思極通快。」（葉賀孫錄）

又曰：

「某自二十時看道理，便要看那裏面。嘗看上蔡論語，其初將紅筆抹出，後又用青筆抹出，又用黃筆抹出，三四番後，又用墨筆抹出。是要尋那精底。看道理須是漸漸向裏尋到那精英處方是。如射箭，其初方上垜，後來又要中帖。少間又要中第一暈，又要中第二暈。後又要到紅心。」（一二〇，黃義剛錄）

朱子讀書十分講究次第方法：語類曰：

「某舊日讀書，方其讀論語時，不知有孟子。方讀學而第一，不知有為政第二。今日看此一段，明日更且看此一段。看來看去，直待無可看，方換一段看。如此看久，自然洞貫，方為浹洽。時下雖是鈍滯，便一件了得一件，將來卻有盡理會得時。若撩東劄西，徒然看多，事事不了。日暮途遠，將來荒忙，不濟事。舊見李先生，說理會文字，須令一件融釋了後方更理會一件，融釋二字下得極好。此亦伊川所謂今日格一件，明日又格一件，格得多後，自脫然有貫通處。」（一〇四，余大雅錄）

又曰：

「某舊時亦要無所不學。禪、道、文章、楚辭、詩、兵法事事要學。出入時無數文字，事事有兩冊。一日忽思曰：且慢。我只一箇渾身，如何兼得許多。自此逐時去了。大凡人知箇用心處，自無緣及得外事。」（一〇四，包揚錄）

以上我們由朱子四五歲開始一直看到他二十歲左右爲止。他的性格喜好追問；勇猛精進，絕不稍懈；處理問題是採取分解的方式，最後才通貫起來；讀書窮理最講究次第方法。他的志趣也早就看得非常清楚，他對做舉業、發舉及第這一類的事不大措意。行狀說他「少長厲志聖賢之學」，這是實情。讀書的目的是爲了體現書中的義理，此所以讀書、做人、格物、窮理是分不開來的幾件事。朱子讀書極肯下死工夫，他先走分析的路子，最後才講通貫融釋，這打定了他一生做學問的底子。

## 五、青年時期出入老佛的階段

文集卷三十八有答江元適書，王譜繫之於甲申。但錢穆先生據夏炘之考據斷定此書應在癸未（朱子年三十四）（註一〇）。是年十月延平卒，而此書當在其前。在這封信中，朱子自己說：

「熹天資魯鈍，自幼記問言語不能及人。以先君子之餘誨，頗知有意於為己之學而未得其處。蓋出入於釋老者十餘年。近歲以來，獲親有道，始知所向之大方。」

有道正是指的延平李先生。這封信可以令人注意的是，朱子自承，在思想被延平轉過來以前，曾出入於釋老十餘年。而所以會這樣的緣故，是因他受到父親的影響，早就知道留意爲己之學。但因未曾得到眞正的門徑，所以把佛老和儒學附會了起來。趙師夏跋延平答問紀錄朱子對他說的一段話正好證明了這一點：

「文公先生嘗謂師夏曰：余之始學，亦務爲儱侗宏濶之言，好同而惡異，喜大而恥於小。於延平之言，則以爲何爲多事若是，天下之理一而已，心疑而不服。同安官餘，以延平之言，反復思之，始知其不我欺矣。蓋延平之言曰：吾儒之學，所以異於異端者，理一分殊也。理不患其不一，所難者分殊耳。此其要也。」

如上節所述，朱子從十幾歲時起卽留意於禪，但無一日不讀儒書。由此可見他並沒經歷一個階段專崇佛老貶低儒學。他只是好同惡異，看不到兩者之間的分疏罷了。而他用禪的意思去附會的結果還幫助他中了舉。語類有云：

「某年十五六時，亦嘗留心於此。一日，在病翁所會一僧，與之語。其僧只相應和了說，也不說是不是。却與劉說，某也理會得箇昭昭靈靈底禪。劉後說與某，某遂疑此僧更有妙處在，遂去扣問他，見他說得也煞好。及去赴試時，便用他意思去胡說。是時文字不似而今細密，由人麤說，試官爲某說動了，遂得舉。（原註：時年十九，）後赴同安任，時年二十四五矣。始見李先生，與他說，李先生只說不是。某倒疑李先生理會此未得。再三質問。李先生為人簡重，却不甚會說，只教看聖賢言語。某遂將那禪來權倚閣起，意中道，禪亦自在，且將聖人書來讀。讀來讀去，一日復一日，覺得聖賢言語漸漸有味。却回頭看釋氏之說，漸漸破綻罅漏百出。」（一〇四）

其實朱子在接受延平的勸告以前絕非不讀聖賢書，只是禪學儒家一起來，後來受到延平的影響，才把禪擱下了。趙師夏跋延平答問云：

「文公幼孤，從屏山劉公學問。及壯，以父執事延平而已。至於論學，蓋未之契，而文公每誦其所聞，延平亦莫之許也。文公領簿同安，反復延平之言，若有所得，於是盡棄所學而師事焉。」

這裏的問題在朱子究竟棄的是什麼呢？據他自己的說法，他從小就讀儒書，而且從來沒斷過讀儒書。語類曰：

「學者難得，都不肯自去著力讀書。某登科後要讀書，被人橫截直截，某只是不管，一面自讀。」（陳文蔚錄）

從語錄另外的材料我們又知道他是在細讀孟子、上蔡論語一類的書。那麼他的「盡棄所學」

究竟何所指呢？原來屏山作聖傳論，以爲儒與佛合，看來朱子少年時大體也採取同樣的看法。但延平堅決不許把儒佛附會在一起。朱子最初不以爲然，但以他事事要追問下去的性格，分析力那麼强的頭腦，終不能滿意於一些「儱侗宏濶之言」，這才決意拜延平爲師，完全放棄了以禪來解釋儒書所涵義理的想法，遂在學問上走上了一個新的階段。

朱子在癸酉二十四歲時初見延平，到庚辰三十一歲時正式拜師，究竟他在何時思想才扭轉過來，所幸早歲詩文猶存，可以在其中探得消息。（註一二）朱子文集前十卷是詩集。第一卷題謝少卿藥園二首題下小注說，由這一首詩到卷終，乃是朱子自己手編，謂之牧齋淨稿。這部稿子由辛未起，迄於乙亥，前後五年，是朱子二十二歲到二十六歲的作品，正當朱子初見延平之前後。從早期的詩中就可以看出朱子二十幾歲時所謂出入釋老、馳心空妙之域的情調。朱子二十二歲時授同安縣主簿，二十四歲夏始見延平，秋天乃至同安。在壬申二十三歲時他寫了如下的詩：

「宿武夷觀妙堂二首

陰靄除已盡，山深夜還冷。獨臥一齋空，不眠思耿耿。閑來生道心，妄遣慕真境。稽首仰高靈，塵緣誓當屛。

清晨叩高殿，緩步繞虛廊。齋心啓真祕，焚香散十方。出門戀仙境，仰首雪峯蒼。躊躇野水際，須將塵慮忘。」

這兩首詩用的好些道家的語言，主要是超塵的思想。而這決不是孤立的例子。

「久雨齋居誦經

端居獨無事，聊披釋氏書。暫釋塵累牽，超然與道俱。門掩竹林幽，禽鳴山雨餘。了此無為法，身心同晏如。」

這是道釋同參的意思。我們再看下面兩首：

「杜門

杜門守貞操，養素安冲漠。寂寂閟林園，心空境無作。」

「晨登雲際閣

暫釋川塗念，憩此煙雲巢。聊欲托僧宇，歲晏結蓬茅。」

顯然朱子是將道俗兩分而以避世逃俗爲高。又有一首：

「宿篔簹鋪

盤礴解煩鬱，超搖生道心。」

這天看到壁上題詩，有煌煌靈芝，一年三秀，予獨何爲，有志不就之語，朱子謂適與予意會。以後遂注意讀參同契，四十年後終爲之作注。詳情見文集卷八十四題袁機仲所校參同契後。可見這首詩是反映當時的眞實心境。

「夏日二首

抱疴守窮廬，釋志趣幽禪。即此窮日夕，寧爲外務牽。

望山懷釋侶，盥手閱仙經。誰懷出塵意，來此俱無營。」

這些都是二氏的懷抱。他又有「讀道書作六首」，其中兩首有曰：

「東華綠髮翁，授我不死方。願言勤脩學，接景三玄鄉。

不學飛仙術，日日成醜老。空瞻王子喬，吹笙碧天杪。」

這六首詩都講的讀道書、脩長生。

「秋雨

歸當息華念，超遙悟無生。」

學道是脩長生，學佛則悟無生。朱子在兩方面也並沒有作必要的分疏與簡擇。

「月夜述懷

抗志絕塵氛，何不棲空山。」

總之在這個階段朱子是以山棲爲高。癸酉赴同安任以前所作之詩情調大體相同：

「誦經

坐厭塵累積，脫躧味幽玄。靜披笈中素，流味東華篇。朝昏一俯仰，歲月如奔川。世紛未云遣，伏此息諸緣。」

「題畫

青鸞凌風翔，飛仙窈窕姿。高挹謝塵境，妙顏粲瓊蕤。眞凡路一分，冥運千年期。」

「過武夷作

眷言羽衣子，俛仰日婆娑。不學飛仙術，纍纍丘冢多。」

懷了這樣的心境去同安當然會有形役的感受：

「同安官舍夜作二首

窗戶納涼氣，吏休散朱墨。無事一翛然，形神罷拘役。暫愒豈非閑，無論心與跡。」

年譜謂廨有燕坐之室，更名曰高士軒。文集卷七十七有高士軒記，其文有曰：

「予以為君子當無入而不自得，因更以為高士軒。客或難予曰：今子僕僕焉在塵埃之中，左右朱墨，蒙犯箠楚，以主縣簿於此，而以高士名其居，不亦戾乎。予曰：夫士誠非有意於自高，然其所以超然獨立乎萬物之表者，亦豈有待於外而後高耶。知此則知主縣簿者，雖甚卑，果不足以害其高。而此軒雖陋，高士者亦或有時而來也。」

這篇文章仍以吏事爲卑，只不過不足以害其高而已！人在塵埃之中還是可以超然，這豈是眞正儒家君子無入而不自得之旨。這個時期又有下列的詩：

「寄山中舊知七首

超世慕肥遯，鍊形學飛僊。未諧物外期，已絕區中緣。
晨與香火罷，入室披仙經。玄默豈非尚，素餐空自驚。起與塵事俱，是非忽我營。
此道難坐進，要須悟無生。」

物外之期未諧，而區中之緣已絕；雖尚玄默，而不得不與塵事相俱。欲進斯道，當然是不易。和高士軒比較，可以看出箇中苦況。

「述懷

夙尚本林壑，灌園無寸資。始懷經濟策，復愧軒裳姿。效官刀筆間，朱墨手所持。
謂言殫蹇劣，詎敢論居卑。

任少才亦短，抱念一無施。幸蒙大夫賢，加惠寬箠笞。撫己實已優，於道豈所期。
終當反初服，高揖與世辭。」

此述出仕之不得已，和一向的志趣相反，仍感吏事與道相違，故有終當高揖辭世之嘆。

「試院雜詩五首

長廊一遊步，愛此方塘淨。急雨散遙空，圓文滿幽鏡。階空綠苔長，院僻寒飈勁。
長歎不逢人，超搖得真性。

藝苑門禁肅，長廊似僧居。偶來一散步，暫與塵網疎。文字謝時輩，銓衡賴羣儒。
伊予獨何者，偪仄心煩紆。」

「曉步

初日麗高閣，廣步愛脩廊。垂門掩秋氣，高柳蔭方塘。故園屬佳辰，登覽遍陵岡。
別來時已久，懷思寧暫忘。宦遊何所娛，要使心懷傷。」

在試院中的長廊方塘之間，朱子常常散步，但心裏總覺得不舒服，常有故園之思。

「將理西齋

欲理西齋居，厭茲塵境擾。發地得幽芳，斲石依寒篠。閑暇一題詩，懷沖獨覯眇。

偶此恆高情，公門何日了。」

公門之與高情終互相妨害，這些詩反映出朱子癸酉一年初見延平來同安後不寧的心境。下年甲戌爲朱子來同安之第二年，詩風仍然一致，沒有太大變化。

「秋夜歎 秋風淅瀝鳴清商，秋草未死啼寒螿。幽人幽人起晤歎，仰視河漢天中央。河漢西流去不息，人生辛苦何終極。蒼山萬叠云氣深，去鍊形魄生羽翼。」

朱子此時仍抱鍊形羽化之想。但值得注意的一件事是，在這一年和下年乙亥之間詩量銳減。此下進入詩集第二卷，詩風乃與第一卷中詩大異。大概就是在這兩年間，朱子且將聖人書來讀，覺得聖賢言語漸漸有味，逐漸歸嚮儒學，釋老的情調越來越減少，故詩吟特少。從這些跡象看來，甲戌乙亥兩年是朱子思想轉變有關鍵性的兩年，值得我們作進一步的注意和考察。

## 六、由詩文中看朱子思想轉變的痕跡

王譜於甲戌年沒有什麼記述。但在乙亥年朱子就有好多活動：春天時建經史閣，同一年又定釋奠禮，申請嚴婚禮，立故丞相蘇公祠於學宮。文集中收了好幾篇文章紀事，可知乙亥一年是朱子一意歸嚮儒學更爲確定之一年。

文集卷七十七泉州同安縣官書後記有曰：

「紹與二十有五年春正月，熹以檄書白事大都督府，言於連帥方公，願得撫府所有書以歸，俾學者得肄習焉，公卽日屬工官撫以予縣，凡九百八十五卷。」

又文集卷七十五泉州同安縣學故書目序有曰：

「同安學故有官書一匱，紹與二十五月乙亥，爲之料簡其可讀者，得凡六種，一百九十一卷，又募民間得故所藏弆者復二種三十六卷。」

書籍放在新建的經史閣中，學者得以覽觀，朱子對於縣學的積極的態度是不成疑問的。其實朱子對於縣學的注意並非始於乙亥，前已有同安縣諭學者與諭諸生二文。然王譜將之繫於癸酉朱子初到同安時，只恐有誤。錢穆先生指出，諭諸生文中有僕以吏事得與諸君遊今期年焉，可證此二文應在後一年甲戌（註一二）。而這些文章的味道和前引癸酉諸詩所表現的情調大不相同，不應在同一年。又文集七十七有「一經堂記」，謂紹與二十三年秋七月，予來同安。明年乃得柯君（名翰字國材）與之遊。屬予治學事，因得引君以自助。這又是朱子注意學校事在甲戌之證。如此則舉柯翰狀也應在甲戌年，不在癸酉。自此以往，朱子學問大有轉進。丙子攻語孟，頗有所見。語類曰：

「看文字却是索居獨處好用功夫方精專，看得透澈，未須便與朋友商量。某往年在同安日，因差出體究公事處，夜寒不能寐，因看得子夏論學一段分明。後官滿在郡中等批書，已遣行李，無文字看，於館人處借得孟子一冊，熟讀，方曉得養氣一章語脈。當時亦不暇寫出，只逐段以紙簽簽之，云：此是如此說，簽了便看得更分明。後來其間雖有修改，不過是轉換處，大意不出當時所見。」（一〇四，黃螢錄）

王譜謂：丙子秋七月秩滿，冬奉檄走旁郡。但據錢穆先生考證（註一三），奉檄走旁郡（漳州）是在秋天，然後到泉州候批書。大概白田是因襲舊譜而將此事漏去。丁丑春，還同安，候代不至，朱子是隨時利用時間讀書、思考。語類云：

「舊為同安簿時，下鄉宿僧寺中，衾薄不能寐。是時正思量子夏之門人小子章，聞子規聲甚切。」（四十九）

又曰：

「某舊年思量義理未透，直是不能睡。初看子夏先傳後倦一章，凡三四夜，窮究到明，徹夜聞杜鵑聲。」（一〇四）

詩集第二卷有一首詩：

「之德化宿劇頭鋪夜聞杜宇

王事賢勞秖自嗤，一官今是五年期。如何獨宿荒山夜，更擁寒衾聽子規。」

所詠即此事。而第二卷詩在此詩前僅另有「送王季山赴龍溪」一絕而已！可見朱子在上半年很少作詩。但此下則有一首：

「教思堂作示諸同志

吏局了無事，橫舍終日閑。庭樹秋風至，涼氣滿窗間。高閣富文史，諸生時往還。縱談忽忘倦，時觀非云慳。詠歸同與點，坐忘庶希顏。塵累日以銷，何必棲空山。」

此詩也應在丙子秋，與點希顏，所謂「何必棲空山」正好和壬申月夜述懷詩謂「何不棲空山」的態度轉了個一百八十度的彎，這樣的轉變可說是太淸楚了。大約同時又有一詩：

「示諸同志

端居亦何為，日夕掩柴荊。靜有絃誦樂，而無塵慮幷。良朋肯顧予，尚有夙心傾。

深慚未聞道，折衷非所寧。眷焉撫流光，中夜歎以驚。高山徒仰止，遠道何由征。」

現在他不要再與二氏折衷，高山仰止應指對儒學的嚮往。

在朱子奉檄走旁郡之後，他又因等批書到泉州。語類有一條說：

「讀書貪多最是大病，下梢都理會不得。若到閑時，無書讀時，得一件書看，更仔細。某向為同安簿，滿，到泉州候批書。在客邸借文字，只借得一冊孟子，將來仔細讀，方尋得本意見。看他初間如此問，又如此答。待再問，又恁地答。其文雖若不同，自有意脈，都相貫通。句句語意，都有下落。」（一〇四）

趙師夏跋記朱子自謂反復延平之言而若有所得，大概指的就是這幾年而言。

丁丑春，辭家重返同安。有詩曰：

「小盈道中

今朝行役是登臨，極目郊原快賞心。却笑從前嫌俗事，一春牢落閉門深。」

以前在同安時每嫌俗累，如今却心境開放，以行役爲登臨，快賞郊原。但他又有詩曰：

「題囊山寺

曉發漁溪驛，夜宿囊山寺。云海近蒼茫，層嵐擁深翠。行役倦脩途，投歸聊一憩。不學塔中仙，名塗定何事。」

由這首詩可以看到舊時意境偶然仍有流露。然不似壬申詩主調乃是脫塵逃世之想，他在丁丑春卽另有一詩：

「再至同安假民舍以居示諸生

端居託窮巷，廩食守微官。事少心慮怡，吏休庭宇寬。晨興吟誦餘，體物隨所安。杜門不復出，悠然得真歡。良朋夙所敦，精義時一殫。壺餐雖牢落，此亦非所難。」

民舍卽陳氏館，朱子題之爲畏壘菴者，詩中透露的心境顯與壬申時的體驗有本質性的差別。到了秋天，朱子臥病，有詩曰：

「秋懷二首（此處只錄一首）

秋風吹庭戶，客子懷故鄉。矧此臥愁疾，徘徊守空房。佇想澗谷居，林深慘悲涼。鵾鷄感蕭辰，拊翼號風霜。氛雜無留氣，悄蒨有餘芳。幸聞衞生要，招隱夙所臧。終期謝世慮，矯翮玆山岡。」

又有一首：

「中元雨中呈子晋

刀筆隨事屏，塵累與心休。端居諷道言，焚香味真腴。子亦玩文史，及此同優游。」

往年心習不免有時流露於不自覺者，但朱子決不可能再走回頭路了。下年戊寅正月重往見李延平，行狀謂歸自同安，不遠數百里徒步往從之遊也。大概朱子對於仕進一事十分淡泊，但於求道則勇猛精進，絕無保留，無怪乎延平稱之曰：樂善好義，鮮與倫比。究竟朱子在延平處所學實義爲何，則另有專章闡述。

## 註　釋

（註　一）錢穆：朱子新學案，五大卷，臺北三民書局，一九七一。

（註　二）牟宗三：心體與性體，三大卷，臺北正中書局，一九六八—六九。尤以第三冊爲朱子哲學思想之專門論著。

（註　三）大體錢先生認爲朱子在宋學是佔有一集大成的地位，牟先生則以爲朱子是別子爲宗，陸王心學才是善繼孟子思想的正統。此外唐君毅先生則以爲朱王都是儒家義理規模之中可以發展出來的兩個不同的型態，兩方面可以互相補足。唐先生並無專書論朱子，其意見散見於其中國哲學原論，六大卷，香港新亞研究所，一九六六—七五。

（註　四）譬如*Jorunal of Chinese Philosophy* 在一九七八年六月出了朱熹哲學專號，有陳榮捷、黃秀璣、作者，以及兩位西方學者的文章。又，請參看陳先生在亞洲研究學報一文：Wing-tsit Chan, "The Study of Chu Hsi in the West", *Journal of Asian Studies*, Vol. 35 (August, 1976), 555-577. 一九八二—

年七月於檀島開國際朱子會議，有海內外知名學者四十人與青年學者二十餘人參加，堪稱盛事。

（註　五）關於朱子早歲從學延平的經過，錢先生有很多敏銳的觀察，並善用朱子早年詩文之材料，本文受益之處良多，見朱子新學案第三冊：朱子從遊延平始末及附朱子自述早年語，頁一—四七。

（註　六）Wing-tsit Chan, "Patterns for Neo-Confucianism: Why Chu Hsi Differed from Ch'eng I", *Journal of Chinese Philosophy*. Vol. 5 (June, 1978), 101-126.

（註　七）見文集卷三十八與陳君舉書。

（註　八）見語類卷一〇四。參下節引文。本章所引語錄，有未標明卷數者，多轉引自王譜。

（註　九）見文集卷三十八答薛士龍書與答江元適書。又參看錢穆，朱子新學案第三冊，頁五。

（註一〇）同上註。

（註一一）參看錢穆：朱子新學案，第三冊：朱子從遊延平始末。本章所引詩文頗有節略處，目的只是要看到朱子在當時的思想與心境的一般情調而已。

（註一二）仝上，頁十四。

（註一三）仝上，頁十七—二一。

# 第二章　朱子從學延平的經過

## 一、延平之學術淵源與學風

延平姓李，名侗，字愿中，從學於豫章羅先生從彥（仲素）之門，出於龜山道南一脈。朱子年譜曰：

「初，龜山先生倡道東南，從遊甚衆。語其潛思力行，任重詣極者，羅公仲素一人而已。李先生諱侗，字愿中，受學羅公，實得其傳，同門皆以為不及。然樂道不仕，人罕知之。沙縣鄧迪天啓嘗曰：愿中如冰壺秋月，瑩澈無瑕。韋齋深以為知言。先生少耳熟焉。至是將赴同安，特往見之。」

宋元學案說：

「豫章篤志好學，推硏義理，必欲到聖人止宿處。遂從龜山遊，摳衣侍席，二十餘載。」

又說：

「先生嚴毅清苦，在楊門為獨得其傳。」

宋元學案並引黃宗羲之言曰：

「龜山三傳得朱子，而其道益光。豫章在及門中最無氣燄，而傳道卒賴之。」

而延平從學於羅豫章的經過，朱子作延平行狀有如下的記述：

「已而聞郡人羅仲素先生得河洛之學於龜山楊文靖公之門，遂往學焉。羅公清介絕俗，雖里人鮮克知之。見先生從遊受業，或頗非笑先生，若不聞。從之累年，受春秋中庸語孟之說，從容潛玩，有會於心，盡得其所傳之奧。羅公少然可，亟稱許焉。於是退而屏居山田，結茅水竹之間，謝絕世故。餘四十年，簞瓢屢空，怡然自適。」

至於促使延平去從學於羅豫章的因由，則宋元學案保留了延平早歲給豫章的書信，可以見其端底：

「先生服膺龜山之講席有年矣。侗之愚鄙，徒以習舉子業，不得服役於門下。而今日孳孳欲求教者，以謂所求有大於利祿也。抑侗聞之，道可以治心，猶食之充飢，衣之禦寒也。人有迫於飢寒之患者，皇皇焉為衣食之謀，造次顛沛，未嘗忘也。至於心之不治，有沒世不知慮。豈愛心不若口體哉？弗思甚矣。」

由此可見延平的初意是要學治心。他從豫章處得到的教誨是：

「先生令侗靜中看喜怒哀樂之謂中，未發時作何氣象；不惟於進學有方，亦是養心之要。」

這樣由「默坐澄心」開始，

「久之而知天下之大本真有在乎是也。蓋天下之理無不由是而出，既得其本，則凡出於此者，雖品節萬殊，曲折萬變，莫不該攝洞貫，以次融攝，各有條理，如川流脈絡之不可亂。大而天地之所以高厚，細而品彙之所以化育，以至經訓之微言，日用之小物，玩之於此，無一不得其衷焉。由是操存益固，涵養益熟，泛應曲酬，發必中節。其事親從兄，有人所難能者。」(行狀)

朱子說：

「李延平不著書，不作文，頹然若一田夫野老。」（語類一〇三）

又說：

「李先生為人簡重，却不甚會說。」（一〇四）

延平自己在辛巳年給朱子的信也說：

「但素來拙訥，發脫道理不甚明亮。」

延平不著書，不講學，看來比豫章更古拙。有關延平言行，朱子說：

「他却不曾著書，充養得極好。凡為學，也不過是恁地涵養將去，初無異義。只是先生睟面盎背，自然不可及。」（一〇四）

由此可見延平純是一重體驗與踐履之人，但在大關節處却把握得極牢。朱子作延平行狀云：

「先生既從之（羅豫章）學，講誦之餘，危坐終日，以驗夫喜怒哀樂未發之前氣象為如何，而求所謂中者。若是者蓋久之而知天下大本真有在乎是者也。（中略）其接後學答問，窮晝夜不倦。隨人深淺，誘之各不同，而要以反身自得，而可以入於聖賢之域。故其言曰，學問之道不在多言，但默坐澄心，體認天理。若見，雖一毫私欲之發亦退聽矣。久久用力於此，庶幾漸明，講學始有力耳。又嘗曰：學者之病，在於未有洒然冰解凍釋處。縱有力持守，不過苟免顯然尤悔而已。若此者，恐未足道也。（中略）蓋嘗曰：讀書者知其所言莫非吾事，而卽吾身以求之，則凡聖賢所至，而吾所未至者，皆可勉而進矣。若直以文字求之，悅其詞義，以資誦說，其不為玩物喪志者幾希。以故未嘗為講解文書。然其辨析精微，毫釐畢察。嘗語問者曰：講學切在深潛縝密，然後氣味深長，蹊徑不差。若概以理一而不審乎其分之殊，此學者所以流於疑似亂真之說而不自知也。其開端示人，大要類此。」（文集卷第九十七）

理一分殊正是延平用來分別儒學與異端的判準。延平與屏山籍溪之好佛老，學風迥然有異。無怪乎朱子少年時受家庭師友感染所信持的那一套，不為延平所印可。朱子後來自疑於此道未有所得，乃見延平，始造成了他思想上的大轉向。

## 二、由父執而師事，朱子從遊延平的經過

由於朱子的父親韋齋與延平同門，又對延平推崇備至，所以終於造成朱子從學於延平的一段機緣。但朱子早年只把延平當父執看待，並未以師事之。

趙師夏跋延平答問曰：

「始我文公朱先生之大人吏部公與延平先生俱事羅先生，為道義之交，故文公先生於延平為通家子。文公幼孤，從屏山劉公學問。及壯，以父執事延平而已。至於論學，蓋未之契。而文公每誦其所聞，延平亦莫之許也。文公領簿同安，反復延平之言，若有所得者。於是盡棄所學而師事焉。」

依王白田的考據，朱子於紹興癸酉（年二十四）年初見延平，並未拜師。戊寅再往，到庚辰才正式受學，壬午重謁，至於隆興癸未而延平作古，總共是四次，前後共歷十一個年頭之久。白田提出的證據是，朱子在戊寅年有信給范直閣云：

「熹頃至延平見李愿中丈，問以一貫忠恕之說，與卑意不約而合。」（文集卷三十七）

此時猶稱丈，而不稱先生，到庚辰始稱先生並稱朝夕受教，乃其確證。錢穆先生說：「夏炘述朱質疑辨之云：朱子祭延平文：某也小生，丱角趨拜，謂十四歲以前，韋齋尚在時也。又云從遊十年，誘掖諄至，謂自癸酉至壬午凡十年也。輓延平詩亦云：一言資善誘，十載笑徒勞。又延平行狀云：諸孤以某承事之久。又云：某蒙被教育，不爲不久。若如師夏跋，則師事僅五年，如白田所考，則師事僅三年，可謂之久乎？」（註一）錢穆先生指出夏氏之辨失之於拘執，極是。因師夏爲朱子孫婿，此跋作於嘉定甲戌，去朱子卒僅十四年，所言應有來歷，而白田所提出的證據是不可駁斥的。大概從朱子本人的觀點看，從遊十年，乃泛指他因受延平的影響而在思想上有實得的年份而言，何必作始見、再見、師事、從學的細別。

癸酉年朱子赴同安任前始見延平並不是一次隨意的禮貌上的拜訪，朱子是懷抱着一些疑難和問題去見延平的。如上章所言，大概朱子於屏山籍溪所授已不能滿意，自己從禪那裏體證到的意思也不能自信，於是去見延平以求印證，那知延平根本就否定了他少年時的進路。語類云：

「初見李先生，說得無限道理。李先生云：汝恁地懸空理會得許多，而前事却理會不得。道亦無玄妙，只在日用間著實做工夫處理會，便自見得，後來方曉得他說。」(此條董銖錄)

朱子當時所說的正是禪的昭昭靈靈的意思，但不爲延平所首肯。朱子反倒懷疑延平理會此未得。由此可見朱子初見延平不只沒有拜師之意，對他實抱着一種懷疑的態度。但延平這種堅執的態度對朱子是新鮮的，而他大約也感覺到自己所學的確太雜，「我只一個渾身，如何兼得許多」，所以姑且順從延平的意思把禪擱下，專心儒學。

從朱子初到同安所作的詩所透露的情調看來，他內心的轉變的過程是緩慢的，並不是一下子就轉變過來的。他最初以吏事爲形役，嚮往佛道高蹈避世的情調。但到次年甲戌，詩吟特少，乙亥亦如此。可見是在這兩年間，朱子且將聖人書來讀，覺得聖賢言語漸漸有味，逐漸歸嚮儒學。約摸在同時，朱子留心縣學，態度轉趨積極。丙子年則有奉檄走旁郡，在郡中等批書時讀論孟的故事。朱子的學問在這幾年之間大進。語類有云：

「李先生說，令去聖經中求義。某後刻意經學，推見實理。始信前日諸人之誤也。」（一〇四、此條余大雅錄）

朱子一心求道，一旦把心思集中在經學上，自然有得。延平答問保留了丁丑六月延平與朱子一函：

「承喻涵養用力處，足見近來好學之篤也，甚慰，甚慰。但常存此心，勿為他事所勝，即欲慮非僻之念自不作矣。孟子有夜氣之說，更熟味之，當見涵養用力處也。」

朱子如今所做顯然是儒家的涵養工夫。到次年戊寅春正月又見李先生於延平。這次即行狀謂歸自同安，不遠數百里徒步往從之遊也。有了朱子這方面的改變，二人討論甚為相得，與五年前初見時情況大不相同。朱子與范直閣書提及問延平一貫忠恕之說，答復竟和他自己的意思不約而同。四月間，籍溪又回來，朱子給范直閣的又一封信說：

「熹奉親屏處，幸粗遣免。山間深僻，亦可觀書。又得胡丈來歸，朝夕有就正之所。窮約之中，此亦足樂矣。」（文集卷三十七）

戊寅年間延平與朱子通信轉密，延平答問之中就保留了三封。譬如冬至前二日書云：

「承示問皆聖賢之至言，某何足以知之，而吾元晦好學之篤如此，又安敢默默也。輒以昔所聞者，各箋釋於所問目之下，聊以塞命爾。它日若獲款曲，須面質論難，又看合否如何。大率須見灑然處，然後為得。雖說得行，未敢以為然也。」

十一月十三日書又云：

「某自聞師友之訓，賴天之靈，時常只在心目間。雖資質不美，世累妨奪處多，此心未嘗敢忘也。於聖賢之言，亦時有會心處，亦間有識其所以然者。但覺見反為理道所縛，殊無進步處。今已老矣，日益恐懼，吾元晦乃不鄙孤陋寡聞，遠有質問所疑，何愧如之。」

這樣的口氣顯然還不是老師對學生的口氣。大抵延平答問前半所問多有關論語，春秋次之，間或及於孟子，朱子有時以二蘇語孟之說質之於延平。同時朱子此時已有他自己的體驗，戊寅九月有存齋記一文，謂：

「人之所以位天地之中，而為萬物之靈者，心而已矣。然心之為體，不可以聞見得，不可以思慮求。謂之有物，則不得於言。謂之無物，則日用之間，無適而非是也。

君子於此，亦將何所用其力哉。必有事焉而勿正，心勿忘，勿助長，則存之之道也。如是而存，存而久，久而熟，心之爲體，必將瞭然有見乎參倚之間，而無一息之不存矣。」（文集卷七十七）

由此可見此時朱子中心關注的是在把握心體，顯然是因受到延平的影響順着孟子的思路前進而有這樣的思想，此已非禪的一套，但也和延平所敎由中庸入體驗未發時氣象的一套不很相同。明儒余子積謂存齋記言心之爲體還是「少年學禪，見得昭昭靈靈的意思」（見明儒學案卷三，崇仁學案三），其說非是。

翌年己卯春，校定上蔡語錄。朱子删去五十餘章，以其內容乃至「詆程氏以助佛學」，「特以理推知其決非先生語。」後考得這些文字果爲江民表所著，並非謝氏語。可見朱子在此時已嚴辨儒釋。

到了庚辰，又有一段小插曲可以注意。是年朱子有送寄胡籍溪詩共四首。

「送籍溪胡丈赴館供職兩首

祖餞衣冠滿道周，此行誰與話端由。
心知不作功名計，祇爲蒼生未敢休。

執我仇仇詎我知，漫將行止驗天機。
猿悲鶴怨因何事，只恐先生袖手歸。

寄籍溪胡丈及劉恭父二首

先生去上芸香閣，閣老新峨豸角冠。
留取幽人臥香谷，一川風月要人看。
甕牖前頭翠作屏，晚來相對靜儀刑。
浮雲一任閑舒卷，萬古青山只麼青。」

文集卷八十一有跋胡五峯詩云：

「紹興庚辰，熹臥病山間，親友仕於朝者以書見招，熹戲以兩詩代書報之。或傳以語胡子，子謂其學者張欽夫曰：吾未識此人，然觀此詩，知其庶幾能有進矣。特其言有體而無用，故吾為是詩以箴警之，庶其聞之而有發也。（其詩曰：幽人偏愛靑山好，爲是靑山靑不老。山中出雲雨太虛，一洗塵埃山更好。）明年胡子卒，又四年熹始見欽夫而後獲聞之。」

白田年譜考異卷一云：

「是時籍溪家居，召為大理司直，未行。改秘書省正字，籍溪年已七十餘矣，耳又重聽。（原註：見文集與籍溪先生書。）門人子弟皆疑其行，朱子四詩皆有諷焉。（原註：籍溪行狀敍此頗詳）。……五峯詩……為籍溪解嘲。」

由此可見朱子所詠「留取幽人臥空谷」，乃別有因由，並非舊時高蹈避世之意境。五峯對於這個素未謀面的青年人之進學有所關注與品評，對於日後南軒朱子之論學與交誼未始不是一個機緣。學問的進境到了一個地步，不作進一步的追求是不可能的。這一年的冬天朱子見李延平，乃正式受學。洪本年譜是年載李延平與其友羅博文書有云：

「元晦進學甚力，樂善畏義，吾黨鮮有。」

又云：

「此人極穎悟，力行可畏，講學極造其微處。渠所論難處，皆是操戈入室，從源頭體認來，所以好說話。某昔於羅先生得入處，後無朋友，幾放倒了。得渠如此，極有益。渠初從謙開善處下工夫來，故皆就裏面體認。今既論難，見儒者路脈，極能指其差誤之處。自見羅先生來，未見有如此者。」

又云：

「此人別無他事，一味潛心於此。初講學時，頗為道理所縛，今漸能融釋，於日用處一意下工夫。若於此漸熟，則體用合矣。此道理全在日用處熟，若靜處有而動處無，即非矣。」

案謙開善卽朱子在劉病翁處所會見的和尙。照朱子自述，先從他父親那裏「知有意於爲己之學而未得其處」（文集卷三十八答江元適書），少年時學禪以爲由此可得到一條門徑，後自覺於道未見，乃質之於延平，延平始將他引歸聖道。但奇怪的是，朱子的問題雖由心學入，但他對延平、豫章、道南一系所傳的心學却不甚措意。文集卷四十答何叔京書有云：

「李先生敎人，大抵令於靜中體認大本未發時氣象分明，卽處事應物自然中節，此乃龜山門下相傳指訣。然當時親炙之時，貪聽講論，又方竊好章句訓詁之習，不得盡心於此。至今若存若亡，無一的實見處，辜負敎育之意。每一念此，未嘗不愧汗沾衣也。」（答何叔京三十二書之第二書）

此書在丙戌，是朱子年三十七時對以前受學的回憶和感想。大概當時朱子注重於聖經中求義理，於日用間做工夫，此皆延平之敎，而對於延平涵養未發一節，則因朱子對心自有一番體會，乃未有深入。關於此點我們在以後還會有比較詳細的分析。然朱子確因受延平的影響而慢慢脫離釋氏之說。文集卷三十答汪尙書書有云：

「熹於釋氏之說，蓋嘗師其人，尊其道，求之亦切至矣。然未能有得。其後以先生君子之敎，校夫先後緩急之序，於是暫置其說，而從事於吾學。其始蓋未嘗一日不往來於心也。以為俟卒究吾說而後求之，未為甚晚耳，非敢遽絀絕之也。而一二年來，心獨有所自安。雖未能卽有諸己，然欲復求之外學，以遂其初心，不可得矣。」（答汪尙書十一

書之第二書）

此書在癸未，朱子年三十四。所述應是實情。庚辰冬朱子見延平正式受學，逗留數月之久，在仲冬有一詩云：

「頃以多言害道，絕不作詩，兩日讀大學誠意章有感，至日之朝，起書此以自箴，蓋不得已而有言云：

神心洞玄鑒，好惡審薰蕕。云何反自誑，閔默還抱羞。今辰仲冬節，寤歎得隱憂。心知一寸光，昱彼重泉幽。朋來自茲始，羣陰邈難留。行迷亦已遠，及此旋吾輈。」

看來此詩乃在延平時所作。此年詩惟前引送胡籍溪及寄兩題四首，以及挽范直閣一題兩首而已。大概在庚辰以前的兩年之中，朱子既不作詩，也不讀佛書，只一心讀聖賢書；延平所謂能就裏面體認，於日用處一意下工夫，也可由此詩得到一些消息。

朱子既經一番苦學，到次年辛巳，乃又恢復大量作詩，以記述自己的進境以及心中的體會。

「困學二首

舊喜安心苦覓心，捐書絕學費追尋。

困衡此日安無地，始覺從前枉寸陰。
困學工夫豈易成，斯名獨恐是虛稱。
傍人莫笑標題誤，庸行庸言實未能。」

前一首說的是捨棄禪學，爲求安心苦覓心，指的是達磨與慧可的故事。後一首說在日用處下工夫，庸言庸行乃是中庸之敎。

辛巳春朱子又有下列諸詩：

「曾點
春服初成麗景遲，步隨流水玩晴漪。
微吟緩節歸來晚，一任輕風拂面吹。」

「春日
勝日尋芳泗水濱，無邊光景一時新。
等閑識得東風面，萬紫千紅總是春。」

「春日偶作
聞道西園春色深，急穿芒屨去登臨。
千葩萬蕊爭紅紫，誰識乾坤造化心。」

「觀書有感
半畝方塘一鑑開，天光雲影共徘徊。

問渠那得清如許，為有源頭活水來。
昨夜江邊春水生，蒙衝巨艦一毛輕。
向來枉費推移力，此日中流自在行。」

朱子困學數年，至此乃有自由自得的感受。有趣的是朱子晚年不喜言曾點，此時則詠曾點之樂。可見由朱子成熟以後的體驗來看，此時還是光景。但在進學的階段之中，則顯然是自覺在進入一新境界。

次年壬午春，迎謁李先生於建安，遂與俱歸延平。這是朱子最後一次見延平，蓋延平是在癸未十月中逝世。朱子這次與延平盤桓了好幾個月，住在西林院，又有下列之詩：

「題西林院壁二首
觸目風光不易裁，此間何似舞雩台。病軀若得長無事，春服成時歲一來。
巾屨翛然一鉢囊，何妨且住贊公房。却嫌宴坐觀心處，不奈簷花抵死香。」

此兩詩是在壬午。接着又錄有下列二首：

「題西林可師達觀軒
窈窕雲房深復深，層軒俄此快登臨。卷簾一目遙山碧，底是高人達觀心。」

「再題

古寺重來感慨深，小軒仍是舊窺臨。向來妙處今遺恨，萬古長空一片心。」

在再題一首之下朱子有語記述其事：

「紹興庚辰冬，予來謁隴西先生，退而寓於西林院惟可師之舍，以朝夕往來受教焉。閱數月而後去。可師始嘗為一室於其居之左，軒其東南，以徙倚瞻眺。(中略)名之曰達觀軒。(中略)予嘗戲為之詩，以示可師。既去而遂忘之。壬午春，復拜先生於建安而從以來，又舍於此者幾月，師不予厭也。且欲予書其本末置壁間，因取舊詩讀之，則歲月逝矣，而予心之所至者，未尺寸進焉，為之三歎自廢。顧師請之勤勤，不得辭，於是手書授之。(中略)予之往來師門，蓋未憖也。異時復至，又將假館於此。仰視屋壁，因舊題以尋歲月，而惕然乎其終未有聞也。然則是詩之不復，亦予所以自勵者。(下略)三月九日熹書。」

由此可見前一詩乃作於庚辰冬，當時並未錄存，此番重來，才看到而一起存抄下來。庚辰冬天朱子正式拜師，對於心的體驗，比前之附會禪道自大不相同。所謂「卷簾一目遙山碧」，極目所望，莫非吾心，那裏還要到別處去求心。朱子所以「戲爲之詩」，是在諷作意尋求達觀的思想。次年辛巳春所作諸詩，更是明顯地宣洩了同樣的體證。困學詩詠「舊喜安心苦覓心」的枉費工夫，而返歸庸言庸行的結果，才慢慢有了「萬紫千紅總是春」，「此日中流自在行」的體會。到壬午年再回到西林院，數年來的感受並沒有本質上的差別。至是他深知

「宴坐觀心」之非是；「觸目風光」，無非我心，而「簷花自香」，何礙吾心；故高人達觀，不外即在此遙山一碧間。「再題」說明自己這幾年的見解並無改變；錢先生指出朱子所謂「向來妙處今遺恨」，乃是他故作狡詭之謙辭，而「萬古長空一片心」則指明歲月雖逝，但此心常然，（註二）可見朱子對於心源已有他自己的一番體味。朱子這種入路自與延平之重默坐澄心觀未發時氣象極不相同。無怪乎日後朱子自己的回憶說：

> 「舊聞李先生論此（未發已發）最詳。後來所見不同，遂不復致思。今乃知其為人深切，然恨已不能盡記其曲折矣。（中略）但當時既不領略，後來又不深思，遂成蹉過，孤負此翁耳。」（文集卷四十三，答林擇之三十三書之第二十書）

奇怪的是延平之學由心學入，朱子之學則因受他父親的影響由為己之學入，但是他對延平所教卻無會心處。牟宗三先生所謂「延平雖供給朱子一入路，一題目，而文章卻是朱子自己作」是也。（註三）錢先生總結朱子之所獲於延平者有三大綱：

> 「一曰須於日用人生上融會。一曰須看古聖經義。又一曰理一分殊，所難不在理一處，乃在分殊處。」（註四）

這大概是不錯的。總之朱子在進學時期由延平處所受多是建設性的影響，行狀所謂「熹獲從先生遊，每一去而復來，則所聞必益超絕。蓋其上達不已，日新如此。」故朱子晚年雖對默坐澄心不很以爲然，但是他對延平的尊崇則始終不衰。壬午年孝宗卽位，朱子應詔上封事。行狀記其言之要點云：

「陛下毓德之初，親御簡策，不過諷誦文辭，吟咏情性。比年以來，欲求大道之要，又頗留意於老子釋氏之書。記誦詞藻，非所以探淵源而出治道，虛無寂滅，非所以貫本末而立大中。夫帝王之學，必先格物致知，以極夫事物之變，使義理所存，纖悉畢照，則自然意誠心正，而可以應天下之務。」

其次討論到今日之計，則以爲敵我有不共戴天之讎，不可和也。次年癸未，朱子三十四歲，冬十月，至行在，十一月六日奏事垂拱殿，入對，行狀記述朱子當時的論點與前此所上封事幾完全一致：

「其一言大學之道，在乎格物以致其知。蓋有是物，必有是理。然理無形而難知，物有迹而易覩，故因是物以求之，使是理瞭然於心目之間，而無毫髮之差，則應乎事者，自無毫髮之謬。陛下雖有生知之性，高世之行，而未嘗隨事以觀理，故天下之理多所未察；未嘗卽理以應事，故天下之事多所未明；是以擧措之間，動涉疑貳，聽納之際，未免蔽欺，平治之效所以未著，由不講於大學之道，而溺心於淺近虛無之過。其二言，君父之讎不共戴天，乃天之所覆，地之所載，凡有君臣父子之性者，發於至痛不能自已之同情，而非專出於一己之私。然則今日所當為者，非戰無以復讎，非守無以制勝，是皆天理之同然，非人欲之私忿也。末言，古先聖王，制御夷狄之道，其本不在於威强，而在於德業，其備不在於邊境，而在於朝廷，其具不在於號令，而在於紀綱。今日諫諍之塗尚壅，佞幸之勢方張，爵賞易致，而威罰不行，民力已殫，而國用未節，則德業未可謂修，朝廷未可謂正，紀綱未可謂立。凡古先聖王所以强大折衝，威制夷狄之道，皆未可謂備。」

行狀總結朱子的意思大體不外乎以爲「制治之源莫急於講學，經世之務莫大於復讎，至於德業成敗，則決於君子小人之用舍。」我們看到朱子的學問以及思想的規模至此已大體確立，而年譜誌其緣起有云：

「先是先生將趨召命，問李先生所宜言。李先生以為今日三綱不立，義利不分，故中國之道衰而夷狄盛，人皆趨利不顧義而主勢孤。先生用其說以對。」

延平對於當時朱子的影響由此可見。這一年朱子寫成論語要義一書。文集卷七十五有論語要義目錄序有云：

「熹年十三四時，受其（二程先生論語）說於先君，未通大義，而先君棄諸孤。中間歷訪師友，以為未足。於是徧求古今諸儒之說，合而編之。誦習既久，益以迷眩。晚親有道，竊有所聞。（中略）慨然發憤，盡刪諸說，獨取二先生（此五字依白田年譜補入）及其朋友數家之說，補緝訂正，以為一書，目之曰論語要義。」

晚親有道，即指延平而言。可惜的是延平就是在這一年的十月十五日逝世，朱子以十一月歸，次年甲申正月往哭之。是年有答何叔京書有云：

「熹少而魯鈍，百事不及人。獨幸稍知有意於古人為己之學，而求之不得其要。晚親有道，粗得其緒餘之一二。方幸有所向而為之焉，則又未及卒業，而遽有山頹梁壞之歎。倀倀然如瞽之無目，擿埴索途，終日而莫知所適。」（文集卷第四十，答何叔京三十二書之第一書）

延平之死對朱子打擊很大。一直到壬辰朱子四十三歲，思想又已屢經曲折，著中和舊說序還說：

「余蚤從延平李先生學，受中庸之書，求喜怒哀樂未發之旨，未達，而先生沒。余竊自悼其不敏，若窮人之無歸。（中略）暇日料檢故書，得當時往還書稿一編，輒序其所以，而題之曰中和舊說。蓋所以深懲前日之病，亦使有志於學者讀之，因予之可戒而知所戒也。獨恨不得奉而質諸李氏之門。然以先生之所已言者推之，知其所未言者，其或不遠矣。」（文集卷七十五。）

其實朱子自己所悟與延平的一套並不相同，然延平所教却又成爲一個誘因，幾次逼使朱子對自己的思想不滿，一直到他發展出自己的一套完成的思想爲止。延平的思想對於朱子的思想確實有一種啓蒙引導的作用，不可加以輕忽；則朱子一生推尊延平，又決不是一件偶然的事情。而兩師弟思想之間的同異，還值得我們作進一步的省察。

## 三、延平思想的獨特型態

牟宗三先生說：

「朱子與延平實有距離也。普通多不注意延平之實蘊。延平好似只成為朱子之開蒙師，完全為朱子所掩蓋，亦完全被忽略。」（註五）

關於這一點我深具同感，故延平思想之獨特型態應該特別表而出之，亦才能進一步看出朱子的取捨之實義。

我們回到本文第一節中所引延平行狀，朱子所記延平開端示人，據牟先生的總結，（註六）大要不過以下四點：

一、默坐澄心，體認天理。

二、洒然自得，冰解凍釋。

## 三、即身以求，不事講解。

## 四、理一分殊，始終條理。

就第一點來說，這正是根據其「危坐終日，以驗夫喜怒哀樂未發之前氣象爲何如，而求所謂中者」而來。這是龜山，豫章一脈相傳指訣。此處所謂默坐危坐，自決不只是「收斂在此，勝如奔馳」（朱子語，見語類卷一〇三葉賀孫錄）而已！走這條道路是要暫時隔離一下去體究中體。天理是與私欲相對，日常生活如不自覺，就不免順着私欲習染一路滾下去。此處乃由滾滾混流暫時超拔出來，正是黎洲所謂「此是明道以來下及延平一條血路也。」而善靜坐者決不會流於滯寂的毛病，靜中自可體認天命流行之體，澄澈體用一源之理。否則豈不成爲一種空頭的靜坐工夫，焉足爲儒者所取法。

故第二點緊接着即講洒然自得，冰解凍釋。靜中體認到的天理必須能踐履到日常生活之中才行。一般人講修養工夫只不過是苟免而已，但工夫做到純熟才能體證到一種洒然自得，冰解凍釋之境地。延平的書信幾次三番都言灑落、灑然，可見他的重點是在踐履，不能當作一種光景看待。

第三點，即身以求，不事講解。做聖賢工夫主要既是踐履之事，講論解經自其餘事。這當然不是說不要讀書、講解文義。聖經爲義理之所寄託，當然應該講求。但踐履實理畢竟爲重點所在，此間輕重本末，不容倒置。

最後一點言理一分殊，始終條理。宋儒往往以此爲儒家與異端（如二氏墨家）分疏之判準。儒家所體察之理爲實理，貫於人倫日用，則理一而分殊。在分殊處言之，則不能混淪地說兼愛，也不能如佛說俗諦僅僅只是方便設施。天理流行，乃必然在不同的分際作具體的表現，如父子有親，君臣有義等等。然義雖分殊而一切德行無非同一仁心之流露。昌言理一而分殊乃有體用，不似二氏之走上一偏枯之道路。

由此可見，延平自有其一貫之理路，但朱子由禪道翻出來，歷經周折終於拋棄了以避世爲高的思想，而體證到「萬紫千紅都是春」的境界；由他的觀點來說，似無需隔離靜坐，一下子就可以直接把握到天機活潑流行的體會。至此他根本忽視延平一脈的基本工夫。他轉從聖經中求義，故重視講解文義。當然朱子自決非爲讀書而讀書之輩，從書中把握到義理也必要求踐履到日常生活之中，而有一種融攝灑然的體會。對於理一分殊，延平並未作一分解式的解析，但朱子一上來即走上一條分解的道路，强探力索，延平所教給予他許多啓發，但他自己所體悟實非延平所教之實義。此所以他後來不免自疑，反覆幾次，最後終於回到伊川的權威，順伊川的思想發展完成一獨立之型態，這才自信無疑。回過頭來看延平之學，就不免有許多批評，但始終因感念師恩，語氣比較保留。但程門自龜山、上蔡以下莫不受到朱子嚴厲的批評。朱子之不甘於儱侗之言，打破砂鍋問到底，這造成他業績之大處。但他確發展出一特殊型態的思路，與明道所傳由上蔡至五峯，龜山至延平的路道都不同。故道統之說雖由朱子立，而牟宗三先生却只許之以別子爲宗，實在是有相當理據，不可以輕忽過去。

下面我們再詳檢朱子所編延平答問，乃可以進一步看到延平思想的規模，以及這兩師弟從頭來即表現出來的不同的心態。

戊寅（朱子是年廿九歲）十一月十三日延平一書有云：

來諭以為『人心之旣放，如木之旣伐。心雖旣放，然夜氣所息，而平旦之氣生焉，則其好惡猶與人相近。木雖旣伐，然雨露所滋，而萌蘖生焉，則猶有木之性也。』恐不用如此說。大凡人禮義之心何嘗無？惟持守之，卽在爾。若於旦晝間不至梏亡，則夜氣存矣。夜氣存則平旦之氣未與物接之時，湛然虛明，氣象自可見。此孟子發此夜氣之說，於學者極有力。若欲涵養，須於此持守可爾。恐不須說心旣放，木旣伐，恐又似隔截爾，如何如何？

又見諭云：伊川所謂『未有致知而不在敬者』。考大學之序則不然。如夫子言非禮勿視聽言動，伊川以為制之於外以養其中，數處，蓋皆各言其入道之序如此。要之，敬自在其中也。不必牽合貫穿為一說。又所謂『但敬而不明於理，則敬特出於勉強，而無洒落自得之功，意不誠矣。』洒落自得氣象，其地位甚高。恐前數說方是言學者下工夫處。不如此，則失之矣。由此持守之久，漸漸融釋，使之不見有制之於外，持敬之心，理與心為一，庶幾洒落爾。」

延平在上年（丁丑）六月二十六日有書致朱子要他注意孟子的夜氣之說，勉勵他做涵養工夫。朱子果然往這方面努力，至此乃提出一些意見來求印證。朱子顯爲一分解型之心靈，故講得似隔截爾。延平則直言存養，敬自在其中，實涵卽本體便是工夫之義。到持守既久，漸漸融釋，使之不見有制之於外，則後天之敬融釋於先天之敬，渾然是一本心性體也卽敬體之流行，此卽爲洒落之化境。朱子對於延平的體會，似乎始終湊泊不上，後來終於順着伊川的思路，發展完成出他自己的獨特的型態。

己卯長至後三日書云：

「今學者之病所患在於未有洒然冰解凍釋處，縱有力持守，不過只是苟免顯然尤悔而已。似此，恐皆不足道也。」

由此可見順着延平的路數做工夫之不易，一般人不過勉强做到苟免的地步而已，眞要稱心而發，有洒然冰解凍釋的體驗，誠非易事。

庚辰五月八日書云：

「某晚景別無他，唯求道之心甚切。雖間能窺測一二，竟未有洒落處。以此兀坐，殊憒憒不快。昔時朋友絕無人矣，無可告語，安得不至是耶？可歎可懼！

示論夜氣說甚詳，亦只是如此。切不可更生枝節尋求，恐卽有差。大率吾輩立志已定，若看文字，心慮一，澄然之時，略綽一見，與心會處，便是正理。若更生疑，卽恐滯礙。伊川語錄中有記明道嘗在一倉中坐，見廊柱多，因默數之。疑以為未定，屢數愈差。遂至令一人敲柱數之，乃與初默數之數合，正謂此也。夜氣之說所以於學者有力者，須是兼旦晝存養之功，不至梏亡，卽夜氣清。若旦晝間不能存養，卽夜氣何有。疑此便是日月至焉氣象也。

某曩時從羅先生學問，終日相對靜坐。只說文字，未嘗及一雜語。先生極好靜坐，某時未有知，退入室中，亦只靜坐而已。先生令靜中看喜怒哀樂未發之謂中，未發時作何氣象。此意不唯於進學有力，兼亦是養心之要。元晦偶有心恙，不可思索。更於此一句內求之靜坐看如何，往往不能無補也。」

又云：

「某嘗以謂遇事若能無毫髮固滯便是洒落。卽此心廓然大公，無彼己之偏倚，庶幾於理道一貫。若見事不徹，中心未免微有偏倚，卽涉固滯，皆不可也。未審元晦以為如何？為此說者，非理道明，心與氣合，未易可以言此。不然，只是說也。」

延平所愛是明道的渾淪，靈光顯處，便要當下把握住。此非知解事，過重知解，乃轉生疑慮。夜氣之存養，要做踐履工夫。故戒朱子之强探力索。但朱子終不喜渾淪，雖因推尊二程而對明道未有微詞，後來對於明道門下諸人，却深致不滿之意。又，延平的心思單純，故適合靜坐，而在此得到許多益處，朱子却想要通貫動靜，故雖承認靜坐爲一手段，但終嫌其太偏，對之採取相當保留之態度，並不以爲延平式的暫時隔離是一必要或有效之步驟。

庚辰七月書云：

「某自少時從羅先生學問。彼時全不涉世故，未有所入。聞先生之言，便能用心靜處尋求。至今淟汨憂患，磨滅甚矣。四五十年間，每遇情意不可堪處，卽猛省提掇，以故初心未嘗忘廢。非不用力，而迨于今更無進步處，常切靜坐思之，疑於持守及日用，儘有未合處。或更有關鍵，未能融釋也。向來嘗與夏丈言語間稍無間，因得一次舉此意質之。渠乃以釋氏之語來相淘，終有纖奸打訛處，全不是吾儒氣味，旨意大段各別。當俟他日相見劇論可知。」

由此可見延平式的靜坐根本與禪的靜坐是兩回事，後來朱子擔心走這條路會差近釋氏去，顯然是不相干的忌諱。

又云：

「因看『必有事焉而勿正，心勿忘勿助長』數句，偶見全在日用間非著意，非不著意處。『才有毫髮私意，便沒交涉。』此意亦好，但未知用處卻如何，須喫緊理會這裏始得。

某曩時傳得呂與叔中庸解甚詳。當時陳幾叟與羅先生門皆以此文字說得浸灌浹洽，比之龜山解卻似枯燥。晚學未敢論此。今此本為相知借去，亡之已久。但尚記得一段云：『謂之有物則不得於言，謂之無物則必有事焉。不得於言者，視之不見，聽之不聞，無聲形接乎耳目而可以道也。必有事焉者，莫見乎隱，莫顯乎微，體物而不可遺者也。學者見乎此，則庶乎能擇乎中庸，而執之隱微之間，不可求之於耳目，不可道之於言語，然有所謂昭昭而不可欺，感之而能應者，正惟虛心以求之，則庶乎見之。』

又據孟子說必有事焉，至於助長不耘之意，皆似是言道體處。來諭乃體認出來。學者正要如此。但未知用時如何？胸合渾然，體用無間，乃是。不然，非著意，非不著意，溟溟涬涬，疑未然也。某嘗謂進步不得者，髣髴多是如此類窒礙。更望思索，它日熟論。須見到心廣體胖，遇事一一洒落處，方是道理。不爾，只是說也。」

朱子之穎悟自無問題，對於延平所指點聖學之共法，亦自有領略。但按實下來說，究竟作何解釋，則兩邊不必無距離。延平是一味作內聖修養工夫者，辨解則不足。朱子後來自己走出一條道路，乃極不喜言「吾與點也」的洒脫風光，對於延平之雅言洒落融攝，實無眞切領受也。

又云：

「承諭心以氣合，及所注小字，意若逐一理會心與氣，卽不可。某鄙意止是形容到此。解會融釋。不如此，不見所謂氣，所謂心，渾然一體流浹也。到此田地，若更分別那箇是心，那箇是氣，卽勞攘爾。不知可以如此否？不然，卽成語病無疑。若更非是，無惜勁論。吾儕正要如此。」

朱子顯由分解的方式去了解延平以前提到「心與氣合」一語，延平此處覆言卽說明他這樣的說法只是境界的點撥語，是由做踐履工夫所得來的一種體驗也。

延平又有答朱子有關太極之疑問如下：

「問：太極動而生陽。先生嘗曰：此只是理，做已發看不得，熹疑旣言動而生陽，卽與復卦一陽生而見天地之心何異？竊恐動而生陽卽天地之喜怒哀樂發處，於此卽見天地之心。二氣交感，化生萬物，卽人物之喜怒哀樂發處，於此卽見人物之心。如此做兩節看，不知得否？

先生曰：太極動而生陽。至理之源只是動靜闔闢。至於終萬物，始萬物，亦只是此理一貫也。到得二氣交感化生萬物時，又就人物上推，亦只是此理。中庸以喜怒哀樂未發已發言之，又就人身上推尋。至於見得大本達道處，又袞同只是此理。此理就人身上推尋，若不於未發已發處看，卽何緣知之？蓋就天地之本源與人物上推來，不得不異。此所以於動而生陽，難以為喜怒哀樂已發言之。在天地，只是理也。今欲作兩節看，切恐差了。復卦見天地之心，先儒以為靜見天地之心，伊川先生以為動乃見。此恐便是動而生陽之理。然於復卦發出此一段示人，又於初爻，以顏子不遠復為之，此只要示人無間斷之意。人與天理一也。就此理上皆收攝來，與天地合其德，與日月合其明，與四時合其序，與鬼神合其吉凶，皆其度內爾。妄測度如此，未知元晦以為如何？有疑更容他日得見劇論。語言旣拙，又無文采，似發脫不出。元晦可意會消詳之，看理道通否？」

朱子問問題顯由宇宙論的觀點出發，延平在答復時却要將思想扭轉過來，完全由本體論的觀點着眼；通天下只是一理流行。這是很高的境界，但不必合於太極圖說原義，只怕不足以滿足朱子的追問的心靈。延平是發脫不出，但如朱子善學，眞把握到延平的線索，未始不能將其中內涵的義理分解展示出來。可惜延平不二年而逝世，終無緣令朱子把握到他的思緒。朱子乃終順伊川的分解的線索而前進，日後他把握的理，乃是「但理」，淨潔空濶，不會造作，並非延平此處所謂「此只是理」，意謂氣機之化不外一理之流行，乃一富創生性之實理。

壬午六月十一日書云：

「承諭仁一字，條陳所推測處，足見日來進學之力，甚慰。某嘗以為仁字極難講說。只看天理統體便是。更心字亦難指說，唯認取發用處是心。二字須要體認得極分明，方可下工夫。

仁字難說。論語一部只是說與門弟子求仁之方，知所以用心，庶幾私欲沉，天理見，則知仁矣。如顏子仲弓之問，聖人所以答之之語，皆其要切用力處也。孟子曰：『仁，人心也』。心體通有無，貫幽明，無不包括。與人指示，於發用處求之也。又曰：『仁者人也』。人之一體便是天理，無所不備具。若合而言之，人與仁之名亡，則渾是道理也。

來諭以為『仁是心之正理，能發能用底一箇端緒，如胎育包涵其中，生氣無不純備，而流動發生，自然之機，又無頃刻停息。憤盈發洩，觸處貫通，體用相循，初無間斷。』此說推擴得甚好。但又云：『人之所以為人而異乎禽獸者如是而已。若犬之性，牛之性，則不得而與焉』。若如此說，恐有礙。蓋天地中所生物，本源則一。雖禽獸草木，生理亦無頃刻停息間斷者。但人得其秀而最靈，五常中和之氣所聚，禽獸得其偏而已。此其所以異也。若謂流動發生，自然之機，與夫無頃刻停息間斷，卽禽獸之體亦自如此。若以為此理唯人獨得之，卽恐推測體認處未精，於他處便有差也。

又云：『須體認到此純一不雜處，方見渾然與物同體氣象』。一段，語卻無病。

又云：『從此推出分殊合宜處便是義，以下數句莫不由此。而仁一以貫之。蓋五常百行無往而非仁也』。此說大概是。然細推之，卻似不曾體認得，伊川所謂『理一分殊』，龜山云：『知其理一，所以為仁，知其分殊，所以為義』之意，蓋全在知字上用著力也。

謝上蔡語錄云：『不仁便是死漢，不識痛癢了』。仁字只是有知覺了了之體段。若於此不下工夫，令透徹，即何緣見得本源毫髮之分殊哉。若於此不了了，即體用不能兼擧矣。此正是本源體用兼擧處。人道之立正在於此。仁之一字正如四德之元。而仁義二字正如立天道之陰陽，立地道之柔剛，皆包攝在此二字爾。大抵學者多為私欲所分，故用力不精，不見其效。若欲於此進步，須把斷諸路頭，靜坐默識，使之泥滓漸漸消去方可。不然，亦只是說也。更熟思之。」

延平此處說仁，大體不背明道意思，對上蔡的了解也甚貼切。其所謂知，絕非見聞之知，而為德性本源之體認，乃可以言體用兼該。朱子所論，除講人禽之別流於隔截已經延平撥正而外，表面上似無問題。但他講「流動發生，自然之機，又無頃刻停息」，並非眞言天理流行之意，乃只落於氣機之化之迹上說。兩面實不過表面之相合，日後朱子澄澈清明自己的思想，乃由分解之路數構築一靜攝之系統。理氣二元，理為但理，氣才是實現原則，故有氣強理弱之說。理氣不離不雜，這種說法與延平之體認，自有極大距離。朱子此時思想自未定型，但日後仁說之規模多少已在。然此時尚虛心，順着延平之點撥往前探索。但朱子的性格、思想之規模與延平實不是同一回事。故不時自疑，不時又疑及延平之所教，如是造成其思想發展之多番反復。朱子之求道之誠，此處無可疑。他自無法安於渾淪之見。不斷鞭策日進，合下有一代大儒氣象。但朱子所走的方向則與延平所教越離越遠，這是宋代儒學發展之一極有趣之現象。

延平答問最後錄有與劉平甫之二書：

其一曰：

「學問之道不在於多言，但默坐澄心，體認天理，若見，雖一毫私欲之發亦退聽矣。久久用力於此，庶幾漸明，講學始有力也。」

其二曰：

「大率有疑處，須靜坐。體究人倫，必明天理，必察於日用處著力，可見端緒在。勉之耳。」

此二書雖短，頗可見延平學之精神。朱子於所作延平行狀曾引其前一書。然兩書之言「默坐澄心」，言「靜坐」，皆非朱子之所契者。由此可見，朱子從學於延平，乃實際機緣造成的結果。在朱子思想未成熟時，可以從延平學到許多節目。但延平只出了一些大題目，內容細節由朱子本人用心去做。待朱子思想成熟之後，乃發現延平雖有許多話頭為朱子所襲取，也足以匡正不成熟時期的朱子的思緒，其根本精神則有相當差距。延平的思想自成一脈絡，實未爲朱子所繼承，此處應加明辨，不能把延平僅當作朱子的啓蒙師看待。實則由明道而龜山而豫章而延平，這一條線索的發展已告一段落。朱子是由延平啓蒙，却遙接上伊川的思想而發展成一獨立之思想型態。朱子一生雖推尊延平，然到晚年對延平的入路也不能不有微辭，乃其明證。

## 四、結　語

由上節所論，可見朱子從學於延平之實際機緣，乃在朱子不滿於少年時之儱侗宏濶之言，將二氏和儒學混在一起講。但朱子既受延平的敎誨之後，不只將儒學與二氏作明白的分疏，也改正了在儒學的體會方面一些明顯的錯誤與不圓熟的理解，却又不能就滿意於延平的渾淪而必有以超越於延平所敎的範圍。事實上延平對自己晚年所收的高弟所採取的是一種十分特別的態度。延平與朱子共同探討學問義理乃可溯至朱子拜師之前，而延平對朱子從來不採取一權威獨斷的態度，始終取一互相切磋琢磨的態度。當然聞道有先後，延平在體驗上有許多可以敎誨朱子處，但也有許多地方感覺到自己還未臻化境有不敢自信處。兩師弟間有一種敎學相長的關係。尤其延平自知自己的限制，雖體證上有眞切不可棄處，却不甚發脫得開，朱子却有這一方面的天賦。而延平重渾淪的體證，朱子重分解的領悟，兩方面是可以造成一種互相刺激互相補足的妙處，師弟之間有一種融洽相得的感受，如此則朱子一生感念他眞正啓蒙的老師，不亦宜乎。但朱子所得益於延平的乃程門以來相傳的一般思想規模，其間還留下好多可以容許不同解釋的餘地。故可謂延平只出了個大題目，文章的內容細節留待朱子本人去做。然朱子不愧爲一大儒，他不能滿足於老師所敎的一些東西，故歷經辛苦，幾經轉折，終於遙繼伊川發展完成了他自己的一套東西。回過頭來和延平的思想比較，根本是兩個完全不同的規模。到晚年朱子才對延平作有保留的批評。其實看朱子的性格，做學問的路數，早就可以預料他必定會做出一套和延平完全不同的東西，然因現實的機緣他既從學於延平，由於他對延平的推尊，故在本質上延平的思想與他本人的體會有許多牴牾處，他始終不敢將之加以輕棄，時常不免自疑。故延平的思想對他來說在本質上雖不相契，却變成了一個重要的觸媒，逼着朱子不斷修改自己的思想，一直到他發展完成自己的成熟的思想爲止。而且他的思想，如昌言「先涵養而後察識」之類，在表面上是受到延平思想的影響，與延平的思想至少有表面上的契合處。宋儒必求內心之所安，不能徒尊重外在的權威，但却又尊重師輩的體驗而虛心地不斷加以學習參味，這是宋學的長處，尤其在朱子表現得十分透徹。但朱子所發展完成的思想畢竟是和延平不同的一套東西，兩下裏一比較，便應知是一無可爭辯懷疑的事實。

我們現在試總括看朱子與延平的不同與互相對照處：

首先就性格上來說，延平是拙訥，發脫不開，朱子却推拓得開，最善用文辭把自己的思想表達出來。其次，朱子從少就好奇，對什麼都要學，後來警覺到我只一箇渾身，這才收斂下來，專心儒學，然到晚年還註參同契、陰符經，而兼通義理、考據、詞章，不能不謂爲一博學鴻儒，而延平則重在持守，不著書，不作文，頹然若一田夫野老。基本上性格上之不同可見。

其次延平顯重在作踐履工夫，故卽身以求，不事講解。但朱子則因延平之敎，要他放下禪學，於聖經中求義。朱子自非不重踐履，但他深信聖經爲義理之所寄託，一生極重讀書，致力於註經講學。與延平的重點顯有未合，二人進學的階梯恰好顚倒過來。這雖是現實機緣造成的結果，但兩方面興趣之差異顯而易見，不容忽視。

再者，延平重渾淪的體證。他對朱子的指示，是要歸之於本體的證會。他旣缺乏宇宙論的興趣，也不重辨解。基本的線索把握到，就不可以再生枝節，轉生疑慮。但朱子由不滿自己少年時的好爲儱侗宏濶之言，好同而惡異，喜大而恥於小，後來乃一味反其道而行之。辨解的趣味極重，如此自決不能安於延平渾淪之體證，最後甚至以延平的入路也差近釋氏去。延平所承乃明道以下直下把握天命流行之體的直貫型態，朱子不契於這樣的線索，乃順伊川的思路前進，用分解的方式成就一橫攝的系統。這兩方面的差距由朱子的嚴厲批評程門以下高弟可見。

最後，延平所要把握的是一天命流行之體，但要見體，最好的方法却要暫時隔離一下，故承龜山、豫章之敎，先作默坐澄心的內聖之學的修養工夫，同時又重踐履，久而至於洒落融攝之境。朱子在存有論上是理氣二元。理是但理，氣才是現實原則，理氣二者之間是一種不離不雜的關係。然而在工夫論上，朱子却不喜隔離，總覺得偏於靜便近禪學，於是形成一種忌諱。「萬紫千紅總是春」，表面上看來是一種天命流行的體會，但事實上並不如此。故隨卽起疑，感覺到自己爲大化所驅，如在洪濤巨浪之中，不容少頃停泊，找不到安身立命之地。後來力主持敬，所作純是後天的持敬工夫，故終只能說心與理合，不能說心卽理。故朱子根本排斥本體論的進路，以之爲太高，無可湊泊。結果是他不贊成隔離，以之爲無必要，在工夫上反二元。但他所成就的形上學則理是理，氣是氣，不能直肯定一天命流行之實體。這兩方面又形成一有趣的對比。

朱子依其分解的路數完成其獨特之思想型態之後，乃不能不對延平式的入路有所批評，這乃是一種必然的趨勢。語類之中乃多是這類的批評，選鈔一些如下：

「問：先生所作李先生行狀云：『終日危坐以驗夫喜怒哀樂未發之前氣象為如何，而求所謂中者』，與伊川之說若不相似。

曰：這處是舊日下得語太重。今以伊川語格之，則其下工夫處亦是有些子偏。只是被李先生靜得極了，便自見得是有個覺處，不似別人。今終日危坐，只是且收斂在此，勝如奔馳。若一向如此，又似坐禪入定。」（語類一〇三，此條葉賀孫錄）

「問：延平欲於未發之前觀其氣象，此與楊氏體驗於未發之前者，異同如何？

曰：這個亦有些病。那體驗字是有個思量了，便是已發。若觀時，恁著意看，便也是已發。

問：此體驗是著意，觀，只恁平常否？

曰：此亦是以不觀觀之。」（一〇三，陳淳錄）

「或問，延平先生何故驗於喜怒哀樂未發之前，而求所謂中？

曰：只是要見氣象。

陳後之曰：持守長久，亦可見未發氣象。

曰：延平卽是此意，若一向這裏，又差從釋氏去。」（一〇三，陳淳錄）

「或問：近見廖子晦言：『今年見先生，問延平先生靜坐之說，先生頗不以為然』。不知如何？

曰：這事難說。靜坐理會道理，自不妨。只是討要靜坐，則不可。理會得道理明透，自然是靜。今人都是討靜坐以省事，則不可。」（一〇三，沈僩錄）

「問：前承先生書云：『李先生云，賴天之靈常在目前，如此安得不進？』蓋李先生為默坐澄心之學，持守得固。後來南軒深以默坐澄心為非，自此學者工夫愈見散漫，反不如默坐澄心之專。

先生曰：只為李先生不出仕，做得此工夫。若是仕宦，須出來理會事。向見吳公濟為此學時，方授徒，終日在裏默坐。諸生在外，都不成模樣。蓋一向如此不得。

問：龜山之學，云以身體之，以心驗之，從容自得於燕閒靜一之中。李先生學於龜山，其源流是如此。

曰：龜山只是要閑散，然卻讀書。尹和靖便不讀書。」（一一三，訓廖德明）

文集卷五十六答方賓王書有云：

「延平行狀中語，乃是當時所聞其用功之次第。今以聖賢之言，進修之實驗之，恐亦自是其一時入處，未免更有商量也。」（答方賓王十五書之第一書）

延平做內聖工夫，默坐澄心是黎洲所謂明道以來下及延平一條血路，朱子則以之爲一時入處，兩邊差異可見。當然我們不能說朱子從學延平十年對於延平之所用心一無了解。

「李先生說，人心中大段惡念却易制伏，最是那不大段計利害乍往乍來底念慮，相續不斷，難為驅除。今看得來是如此。」（延平答問後錄）

延平之工夫在制心，朱子也自了解靜坐的功能：

「明道教人靜坐，李先生亦教人靜坐，看來須是靜坐，始能收斂。」（同上）

然明道以至延平是以靜坐爲手段見體，既能見體，同時做踐履工夫達於洒然融釋之地，不必偏於滯寂。但朱子之看靜坐，純是收斂心神之一手段。對朱子來說，心屬氣，心與理爲二事，故朱子服膺伊川之說，居敬窮理，動靜一貫，實爲另一型態之思路，乃對明道以至延平一脈相承的線索頗不無微辭。

「道夫言：羅先生教學者靜坐中看喜怒哀樂未發謂之中，未發作何氣象。李先生以為此意不惟於進學有力，兼亦是養之心要。而遺書有云：『既思則是已發』。昔嘗疑其與前所舉有礙。細思亦甚緊要，不可以不考。

直卿曰：此問亦甚切。但程先生剖析毫釐，體用明白。羅先生探索本源，洞見道體。二者皆有大功於世。善觀之則亦並行而不相悖矣。況羅先生於靜坐觀之，乃其思慮未萌，虛靈不昧，自有以見其氣象，則初無害於未發。蘇季明以求字為問，則求非思慮不可，此伊川所以力辨其差也。

先生曰：公雖是如此分解，羅先生說終恐做病。如明道亦說靜坐可以為學。謝上蔡亦言多着靜不妨。此說終於是小偏。才偏，便做病。道理自有動時，自有靜時，學者只是敬以直內，義以方外，見得世間無處不是道理，雖至微至小處，亦有道理，便以道理處之。不可專要去靜處求，所以伊川謂，只用敬，不用靜，便說得平也。是他經歷多，故見得恁地正而不偏。若以世之大段紛擾人觀之，若會靜得固好。若講學，則不可有毫髮之偏也。如天雄，附子，冷底人喫得，也好。如要通天下喫，便不可。」（一〇二，楊道夫錄）

由此可見明道，伊川所傳是兩個不同的線索。朱子在此甚至拒絕直卿的調停，而必斷為一偏一正，無稍假借。一般都謂中國人具服從權威之心態。普通中國人自比較尊重權威，傾向於合模，這是事實。但大儒則多具備批評反省的思想。朱子不苟同於延平，甚至對他尊崇的明道不無微辭，此其明證。朱子之所以最推尊伊川，也是因為他本人的體驗思辨適與伊川相合，這才中心信服伊川的權威，正如我們要學好數學，必須遵從好老師的指導，相信他的權威同一道理。而卽此並不妨礙朱子對伊川也有細部的修正，而更重要的，他還有進一步的發展與綜合，這才確定了朱子在宋學之中的地位。

朱子一生强探力索，決不肯止於儱侗的了解，故其思想屢經轉折，歷經辛苦，最後才完成他自己思想的獨特型態。正因他肯去作衆端參觀的努力，絕不拘泥於一家言說，所以其思想的規模宏大，這是他的長處。然又正因他經歷得多，慢慢培植一種自信，也不免顯露一些短處。他的思想自成一系，毫無問題。但他遍註四書，而未自覺到他自己的一套，與孟子所傳的心學，已有若干距離。更不能承認，由孟子的思想，可發展出一直貫型的思想，而斷定心卽理；他本人析心理爲二，實不必切合孟子心學的本旨，雖則在他的思想規模之中，也可以透過後天的修養工夫使得心理爲一。但就存有論的觀點言，則心屬氣，而理氣不離不雜，不能由本體論的觀點談心理爲一。而任何人不像他那樣作後天的持敬、讀書、窮理的工夫，則朱子乃直斥之爲禪，或至少以其差近釋氏，偏離正道，不足取法。其實儒家做內聖工夫由延平式的默坐澄心入手，或如象山之先立其大，這些都和禪學沒有關係。朱子並未覺察到他實未眞正了解延平的思路，他只是通過延平，知早歲附會禪學之非，後來更越過延平而直承伊川的思想，乃覺得延平的入路還可以差近釋氏去，於晚歲乃對之有相當批評。但朱子之通過延平實不是眞通過，他只是借道延平而走上了他自己的思路。其實朱子並不能眞正把握延平思想的基本型態，加上他對禪形成的一些禁忌，乃形成一些不相干也不必要的繚繞。在儒家基本的思想規模之下，儘可以發展出幾種不同的型態，供人選擇。但宋儒之一陋習爲：每喜攻擊儒學的其他支脈爲禪。不只朱子本人每喜斥他人爲禪，乃至他自己也被斥爲禪，豈不可哂。而由此恰可以反證禪學力量在宋代之大。儒家之基本慧識雖與禪異，然不經禪之刺激則斷斷發展不出宋明儒家思想的特殊型態。這樣的歷史的事實是不容我們否定的。

## 註釋：

註一：錢穆：朱子學案，第三冊，頁四。

註二：同上，頁三十三—三十四。

註三：牟宗三：心體與性體，第三冊，頁九。

註四：錢穆，前揭，頁三十五。

註五：牟宗三，前揭，頁二十一。

註六：同上，頁四。

# 第三章 朱子參悟中和問題所經歷的曲折

## 一、緣起

朱子既從學於延平，延平的基本入路卽「危坐終日以驗夫喜怒哀樂未發之前氣象爲如何而求所謂中者」，朱子對之自不可能全無所知。由於朱子本人的性格與體驗與這一條道路不甚相合，在延平生時乃對之不甚措意，故未得其精粹而延平已逝世。然而做聖學工夫必碰到一些問題，是虔心往這方面探索求進，不肯絲毫放鬆的朱子所不能放過的，尤其再加上朱子對延平的尊崇，使他對於這一條道路的追尋，絕不能就此棄置一旁，不找到一個眞正能够使得自己安心的答案，是不可以休止的。最後朱子所得終不同於延平，故晚歲對於延平的默坐澄心以爲不過一時入處，乃至一直由延平、豫章、龜山，回溯到明道之重靜坐，也以之爲偏向，不若伊川所揭示的持敬致知來得平正沒有毛病。而朱子自以爲得力於延平者，實未必合於延平原意。譬如像他一度折從南軒，後來又以湖湘一脈的「先察識而後存養」非是，而力主先涵養而後察識，表面上是回到延平所教，其實內涵不必相同；故到他思想眞完全成熟時就不能不對延平的基本入路有所微辭了。但延平的思想却好像一種觸媒，引起朱子對中和問題的參究發生幾度轉折，這却是一個值得我們注意的現象。最初朱子聽延平所教根本不放在心中，只是任之沉落下去不浮顯在意識上層。不意延平過世之後，朱子忽然自疑，感覺到延平所見有他的道理，但已無法起延平於地下而有所印證。他既不能解決自己的體驗和他對之並無眞切了解的延平的體驗之間的矛盾，乃落於一種左右爲難的局面之中。一方面他不再能自信自己的一套，另一方面又無法由模糊的記憶之中重新喚起延平所教的一套。是在這種心情之下他會見到南軒。南軒由五峯處所學到的入路適與延平所教默坐澄心相反，乃與朱子往復辯論，終於使得朱子放棄回到延平的道路。這是朱子中和舊說產生的背景。但沒有多時朱子又發生懷疑，感覺到湖湘一派和他自己都犯了忙迫的毛病，好像缺少了一段內部涵養的工夫。於是他轉過來勸南軒放棄自己的看法，要他考慮採取他所新發展的一套不同的對中和的看法。南軒居然被他說動了幾分。大概因南軒本人也是從師時間頗短，也未必能眞了解到五峯思路的精髓，乃反過來在有些地方折從朱子，雖然他本人的思想又未必全同於朱子，如仍主先察識而後涵養之類，只不似五峯其他門人堅守師說，極力反對朱子的說法而已，但他實缺乏足够的才力和學力來與朱子抗衡。表面上朱子是回返到延平的體驗，故後來寫中和舊說序（文集卷七十五），說「獨恨不得奉而質諸李氏之門。然以先生之所已言者推之，知其所未言者，其或不遠矣」。此後朱子對於這方面的思想雖並無根本變更，但對於延平默坐澄心之教的評價則有所改變而明白地說出以之爲偏，可見朱子成熟思想與延平實非同一型態，只是不自覺地借着延平思想的外表有所入，後來澄澈清明之後，乃必分道揚鑣，不可互相調停了。

由此可見，這一個公案中間所經曲折甚多，本文卽企圖將此一曲折過程詳細解剖開來，以尋求一種比較合理的解釋，作爲學者參考之用。

## 二、延平初逝時朱子的心境

朱子少年躭於禪學，而未知儒佛之基本分疏處。及見延平，態度終於漸漸完全改變過來。壬午朱子三十三歲，春迎謁李先生於建安，遂與俱歸延平。這是朱子最後一次見到延平。在這兩三年間朱子有好幾封信談到儒釋的分野。文集卷三十九答許順之書有云：

「(上略)所寄諸說，求之皆似太過。若一向如此，恐駸駸然遂失正途，入於異端之說，為害亦不細，差之毫釐，謬之千里。況此非特毫釐之差乎？(中略)恐當且以二(程)先生及范、尹二公之說為標準，反復玩味，只於平易慤實之處認取至當之理。凡前日所從事一副當高奇新妙之說並且倚閣，久之見實理，自然都使不着矣。蓋為從前相聚時，熹亦自有此病。所以相漸染成此習尚，今日乃成相誤，惟以自咎耳。如子韶之說直截不是正理，說得儘高儘妙處病痛愈深。此可以為戒而不可學也。」(答許順之二十七書之第四書)

此書白田繫之於壬午，而張子韶即兼好佛學者。全祖望於宋元學案謂其駁學，朱子直斥之爲洪水猛獸。這也自反映出朱子對他本人少年以禪學附會儒學之反感。癸未則有上章引過的答汪尚書一書。

大概朱子受到延平的影響，乃於聖經中求義理，在日用間做功夫，並領略理一分殊之旨。既重分殊，乃反對禪學之儱侗。同時他擺脫了初赴同安前後的高蹈避世的思想。由甲戌年（朱子二十五歲）起，經過數年的努力，到辛巳春乃有了「萬紫千紅總是春」、「爲有源頭活水來」一類的體證；但獨對於延平所授默坐澄心之旨內部所涵之隔離的智慧則無所會心。然而不幸延平終於在癸未十月中逝世。

文集卷三十八答江元適有云：

「近歲以來，獲親有道，始知所向之大方。竟以才質不敏，知識未離乎章句之間。雖時若有會於心，然反而求之，殊未有以自信。」

白田繫此書於甲申。但錢穆先生據夏炘之辨正，斷定爲癸未入對垂拱殿後書也。（註一）此書當在延平逝世以前。此數年間朱子學問自有實得，然尚未臻成熟自信階段則事至顯然。

甲申春正月，如延平，哭李先生。此年有答何叔京書，乃充分宣洩其痛悼延平之心情：

「（上略）熹少而魯鈍，百事不及人。獨幸稍知有意於古人爲己之學，而求之不得其要。晚親有道，粗得其緒餘之一二。方幸有所向而爲之焉，則又未及卒業，而遽有山頹梁壞之歎。倀倀然如瞽之無目，擿埴索途，終日而莫知所適。（下略）」（文集卷四十，答何叔京三十二書之第一書）

朱子此函謂未及卒業，倀倀然如瞽之無目，這些決非普通應酬文字，乃爲當時情況與心境之眞實寫照。（註二）

越一年，丙戌朱子三十七歲，繼續與何叔京通信討論，可見朱子在這兩年間中心之關注所在。

「熹孤陋如昨。近得伯崇過此，講論踰月，甚覺有益。所恨者不得就正於高明耳。（中略）李先生教人，大抵令於靜中體認大本未發時氣象分明，即處事應物，自然中節，此乃龜山門下相傳指訣。然當時親炙之時，貪聽講論，又方竊好章句訓詁之習，不得盡心於此。至今若存若亡，無一的實見處。辜負教育之意，每一念此，未嘗不愧汗沾衣也。」（同上，答何叔京三十二書之第二書）

牟宗三先生指出朱子作延平行狀僅言：「危坐終日，以驗夫喜怒哀樂未發之前氣象爲如何，而求所謂中者」，中庸原意也只說「喜怒哀樂之未發謂之中」，決不言「體認大本未發時氣象」爲何如。朱子此一滑轉顯對龜山以至延平一脈相承之指訣無相應之契悟，對於大本中體，天命流行之體，無親切之把握（註三）。此所以朱子必奮發歷經艱苦而在數年之後開創出他自己的中和新說。但在當時朱子確在修養的過程中感覺到了問題，極力想追索延平之遺教，找到一條線索來往前作進一步的工夫。

同年又有答何叔京之二書有云：

「昨承不鄙，惠然枉顧，得以奉教累日，啓發蒙陋，爲幸多矣！杜門奉親，碌碌仍昔。體驗操存，雖不敢廢，然竟無脫然自得處。但比之舊日，則亦有間矣。所患絕無朋友之助，終日兀然。猛省提撕，僅免憒憒而已！一少懈，則復惘然。此正天理人欲消長之幾，不敢不著力。不審別來高明所進復如何？向來所疑已冰釋否？若果見得分明，則天性人心，未發已發，渾然一致，更無別物。由是而克己居敬，以終其業，則日用之間亦無適而非此事矣。中庸之書要當以是為主，而諸君子訓義，於此鮮無遺恨。比來讀之，亦覺其有可疑者。雖子程子之言，其門人所記錄，亦不能無失。蓋記者之誤，不可不審所取也。」（同上，答何叔京三十二書之第三書）

「昔聞之師，以為當於未發已發之幾默識而心契焉，然後文義事理觸類可通，莫非此理之所出，不待區區求之於章句訓詁之間也。向雖聞此，而莫測其所謂。由今觀之，始知其為切要至當之說，而竟亦未能一蹴而至其域也。僭易陳聞，不識尊意以為如何？（中略）伯崇近過建陽相見，得兩夕之款。所論益精密可喜。其進未可量也。」（同上，答何叔京三十二書之第四書）

由這兩封書信我們可以看到，朱子是在做內聖的修養體證工夫，而以中庸爲中心之關注所在。此時對於延平之信心甚堅。對於子程子之言，雖有不合，亦以爲門人所誤記，而未加以措意。范伯崇來訪朱子似不止一次，比對致何叔京之第二書與第四書可見。

這一年又有答羅參議之二書，值得我們注意：

「某塊坐窮山，絕無師友之助。惟時得欽夫書問往來，講究此道，近方覺有脫然處。潛味之久，益覺日前所聞於西林（受教於延平）而未之契者，皆不我欺矣。幸甚幸甚！

恨未得質之高明也。元來此事與禪學十分相似，所爭毫末耳。然此毫末却甚占地位。今之學者既不知禪，而禪者又不知學，互相排擊，都不割著痛處。亦可笑耳。」（文續集卷五）

朱子如今似乎在做延平所提示的默坐澄心工夫，故曰元來此事與禪學十分相似。但此時朱子對於禪佛與儒學之內聖工夫之大體分疏處自有所把捉，不致將二者混爲一談。然朱子一生並不眞正了解延平之默坐澄心爲把握天命流行之體之一手段。他本人是偏於已發與動的一面，有時感覺天機活物，妙運無窮；有時又感覺日間但爲大化所驅，不容少頃停泊，不免有好些病痛處。延平的靜坐既可以助人收斂，勝如奔馳，朱子在此自可得到一些益處。但朱子後來終嫌此法偏於靜，故謂「若一向如此，又似坐禪入定。」（語類一〇三）朱子必以他自己的方式找到一動靜一如之法方始能够安心。這使他不滿於自己初體驗儒家的道理時的偏於已發與動，也終不能不跳躍過延平之偏於未發與靜。但延平只是以默坐澄心爲方法，以此證體，另一方面乃重日用工夫，洒落融釋，實未必眞如朱子所了解之偏向一邊。朱子既未學得延平之精粹，延平的遺敎乃變成了一種觸媒，促使朱子不斷前進去尋求他自己的答案。

又答羅參議書有云：

「胡仁仲所著知言一册，內呈。其語道極精切，有實用處。暇日試熟看。有會心處，却望垂喻。（中略）欽夫嘗收安問，警益甚多。大抵衡山之學，只就日用處操存辨

察，本末一致，尤易見功。某近乃覺知如此。非面，未易究也。」（文續集卷五）

朱子此時思想既未定型，故可以往不同的方向去吸收滋養。此時他尚稱贊五峯，同時從五峯的傳人張欽夫在彼此通信之間受到好些有益的刺激。而他深深感到有好些精微問題不找到機會與欽夫面究，恐怕不易得其底奧。錢穆先生指出此書猶以操存置於辨察之前，或爲受延平之影響所致，許多地方尚待商榷也。（註四）

是年還有答許順之書有云：

「此間窮陋。夏秋間伯崇來相聚，得數十日講論，稍有所契。自其去，此間幾絕講矣。幸秋來，老人粗健。心閑無事，得一意體驗。比之舊日，漸覺明快，方有下功夫處。目前真是一盲引衆盲耳。（中略）更有一絕云：『半畝方塘一鑑開，天光雲影共徘徊。問渠那得清如許？為有源頭活水來』。試舉似石丈如何？」（文集卷三十九，答許順之二十七書之第十一書）

朱子此時眞正下功夫處是在體驗方面。此書所提及之有名絕句實作成於辛巳春朱子三十二歲時，距今已有五年時間。朱子內心的體會雖上上落落，然要求融釋自在之境界如此詩之所提示者，則數年之間並無變化。

由以上的書函，我們可以看得很清楚，在延平初逝世時，朱子深深感到自己學問未成，乃有一種若窮人之無歸的心境。既寫延平行狀，乃苦思延平遺敎，以中庸爲中心之關注，做內聖之體驗功夫。朱子此時思想並未定型，時而感覺有所實得，但又不能自信，每思質之於高明來印證自己的體驗。是在這樣的心境之下乃有與張南軒的一段交往，而引發他的所謂中和舊說。後來又整個否定舊說，發展出一套新說，這才找到朱子後來終生信守的成熟的思想規模與架局。

## 三、朱子與南軒對於中和問題的討論以及舊說形成之年分與背景之探測

朱子初見張南軒，大概是在隆興元年癸未冬。（註五）語類云：

「上初召魏公，先召南軒來，某亦赴召至行在，語南軒云（下略）。」（一〇三）

翌年春，朱子哭李先生於延平。其秋至豫章，重晤張南軒。朱子答羅參議書有云：

「九月廿日至豫章，及魏公之舟而哭之（中略）。自豫章送之豐城，舟中與欽夫得三日之款，其名質甚敏，學問甚正，若充養不置，何可量也。」（文續集卷五）

這兩次見面匆匆，而且場合不對，自不可能作有深度的學術討論。但雙方互相通信，則在情理中事。到了乾道三年丁亥朱子三十八歲時乃到潭州去訪南軒，留兩月。彼此究竟討論

些什麼，內容已不可盡考。白田年譜曰：

「是時范念德侍行，嘗言二先生論中庸之義，三日夜而不能合。」

此條洪譜李譜並載，斷是可信，白田之疑無據。洪譜還加上一句：「其後先生卒更定其說」，此語李譜所無，或爲洪之推斷，但不無其理由。

朱子又和南軒一同登衡嶽，然後分手。南軒送行詩有云：「遺經得紬繹，心事兩綢繆，超然會太極，眼底無全牛。」又云：「妙質貴強矯，精微更窮搜，毫釐有弗察，體用豈周流。」朱子答詩二首，其一述當時之體會，極爲重要，絕非一般應酬唱和之詩可比，玆錄如下：

「昔我抱冰炭，從君識乾坤。始知太極蘊，要眇難名論。謂有寧有跡，謂無復何存。惟應酬酢處，特達見本根。萬化自此流，千聖同玆源，曠然遠莫禦，惕若初不煩。云何學力微，未勝物欲昏。涓涓始欲達，已被黃流吞。豈知一寸膠，救此千丈渾。勉哉共無斁，此語期共敦。」（文集卷五）

朱子本人在長沙時曾有一書致曹晉叔云：

「熹此（九）月八日抵長沙，今半月矣。蒙敬夫愛予甚篤，相與講明其所未聞，日

有問學之益，至幸至幸。敬夫學問愈高，所見卓然，議論出人意表。近讀其語說，不覺胸中洒然，誠可歎服。」（文集卷二十四）



根據以上這些材料，我們大體可以推想到當時的情形。大概南軒繼承湖湘一派先察識後存養的看法，朱子則心中盤旋着延平默坐澄心之遺敎，那麼范念德所報導的，兩先生論中庸之義三日夜而不能合，未必不是事實。既然洪譜李譜都載有范念德這一條，連白田本人都感到不能删去，爲何可以斷言：「此語絕無所據」？其實朱子去見南軒是抱着一大堆問題去的，所以他的答詩一上來就說：「昔我抱冰炭」。他自己的體驗與延平的體驗本不相類，乃造成一些矛盾，難以委決。他本人的體驗以心爲已發實近於南軒，但又感覺到延平之重涵養不爲無理，於是提出來與南軒切磋，則彼此觀念先不可能完全一致，豈不是一件很自然的事。

我們看這一次聚會的結果，南軒的基本思想似無多大變更，他的送別詩所强調的仍是察識於已發。朱子此時從南軒處較進一步學到湖湘一派的心法，得益非淺。其實他仍未必眞正就把握到五峯一系的思想型態，以是在表面上，這一派入手的方法與他素常體驗的彼此相合而已。「惟應酬酢處，特達見本根」，這決不是默坐澄心的先培養隔離的智慧的方法。朱子的「萬化自此流，千聖同玆源」，與南軒的「超然會太極，眼底無全牛」，顯然有一契合。由此可見，兩人論學，始違而終合，臨別之時，兩人互相勉勵一同做修養工夫。朱子尤其對南軒傾倒，由前引他致曹晉叔的書函可見。

經過這番講論之後，朱子忽有所悟，乃有致南軒之幾通書信論及中和，即所謂中和舊說者。似乎朱子與南軒經過這幾番書信討論之後，乃達致一些彼此可以同意的看法。然不久之後朱子本人又推翻了這些看法，於是始有新說之提出。現在讓我們先看一看所謂中和舊說這幾通書信的內容。

與張欽夫云：

「人自有生，即有知識。事物交來，應接不暇。念念遷革，以至於死。其間初無頃刻停息。舉世皆然也。然聖賢之言，則有所謂未發之中，寂然不動者。夫豈以日用流行者為已發，而指夫暫而休息，不與事接之際，為未發時耶？嘗試以此求之，則泯然無覺之中，邪暗鬱塞，似非虛明應物之體。而幾微之際，一有覺焉，則又便為已發，而非寂然之謂。蓋愈求而愈不可見。於是退而驗之於日用之間，則凡感之而通，觸之而覺，蓋有渾然全體應物而不窮者，是乃天命流行，生生不已之機，雖一日之間，萬起萬滅，而其寂然之本體，則未嘗不寂然也。所謂未發，如是而已！夫豈別有一物，限於一時，拘於一處，而可以謂之中哉？然則天理本真，隨處發見，不少停息者，其體用固如是，而豈物欲之私所能壅遏而梏亡之哉？故雖汩於物欲流蕩之中，而其良心萌蘖亦未嘗不因事而發見。學者於是致察而操存之，則庶乎可以貫乎大本達道之全體而復其初矣。不能致察，使梏之反覆，至於夜氣不足以存，而陷於禽獸。則誰之罪哉？周子曰：『五行一陰陽也，陰陽一太極也，太極本無極也』。其論至誠，則曰：『靜無而動有』。程子（伊川）曰：『未發之前，更如何求？只平日涵養便是』。又曰：『善觀者却於已發之際觀之』。二先生之說如此，亦足以驗大本之無所不在，良心之未嘗不發矣。」（文集卷三十，與張欽夫十書之第三書）

此爲中和舊說之第一書，朱子自注云：

「此書非是，但存之以見議論本末耳。下篇同此。」

朱子此書說明他自己曾求之於未發，結果却未有得，故就已發做致察操存的工夫。這種路數顯然與延平所教距離甚遠，而近於湖湘一派的說法，其實是重新印證了他本人初受學於延平所體會的源頭活水與萬紫千紅的意思。

南軒覆書均不存，不知內容如何？如今僅存朱子酬答之函。其第二書云：

「前書所扣，正恐未得端的，所以求正。茲辱誨諭，乃知尚有認為兩物之弊。深所欲聞，幸甚幸甚。當時乍見此理，言之惟恐不親切分明，故有指東畫西，張皇造作之態。自今觀之，只一念間已具此體用。發者方往，而未發者方來，了無間斷隔截處。夫豈別有物可指而名之哉？然天理無窮，而人所見有遠近深淺之不一。不審如此見得，又果無差否？更望一言垂教，幸幸。所論龜山中庸可疑處，鄙意近亦謂然。又如所謂『學者於喜怒哀樂未發之際，以心驗之，則中之體自見』，亦未為盡善。大抵此事渾然無分段時節先後之可言。今著一時字，一際字，便是病痛。當時只云寂然不動之體，又不知如何？（伊川）語錄亦嘗疑一處說『存養於未發之時』一句，及問者謂當中之時耳目無所見聞，而答語殊不痛快。不知左右所疑是此處否？更望指誨也。向見所著中論有云：『未發之前，心妙乎性。既發，則性行乎心之用矣』。於此竊亦有疑。蓋性無時不行乎心之用，但不妨常有未行乎用之性耳。今下一前字，亦微有前後隔截氣象。如何如何？熟玩中庸，只消著一未字，便是活處。此豈有一息停住時耶？只是來得無窮，便常有個未發底耳。若無此物，則天命有已時，生物有盡處，氣化斷絕，有古無今久矣！此所謂天下之大本，若不眞的見得，亦無揣摸處也。」(文集卷三十，與張欽夫十書之第四書)

朱子自注云：「此書所論尤乖戾。所疑語錄皆非是。後自有辨說甚詳。」

大概朱子第一書說由已發求未發，從南軒的高明看來，則已發未發還不免被認爲兩物，朱子的答函深以爲然。由這一條思路下去，乃懷疑所有的時字際字。其實這種懷疑並無當於龜山一系的義理。龜山一系並未言中體有已發未發之分，而只是說在做修養工夫時驗於喜怒哀樂未發之際，乃可把握此一既超越而內在之中體。但湖湘一派根本不喜歡這種暫時隔離的做功夫的方法。朱子乃進一步謂南軒本人談未發既發也微有前後隔截氣象。其實朱子之評南軒實未見允當，以南軒思想的根據係來自五峯，他的意思是，喜怒哀樂未發時，性體昭然呈現，心雖不發用，却與性一，故曰，心妙乎性，既發，則性體又卽行乎心之敷施發用之中以實之。無論未發已發，皆顯超越的心性之爲體。(註六)朱子是由宇宙論的觀點落在氣化不息之迹上說天命流行之體，其不相應可知。已發未發移到體上來說成方往方來，「只是來得無窮，便常有個未發底耳」，則心爲已發，性爲未發，兩面滾在一齊，實未見其是。朱子後來自注謂此書尤乖戾，並非能重新檢討把握龜山、五峯兩系義理之實義。五峯謂未發爲心，已發爲性；心之成性是形著之成，非本無今有之成，性之具體而眞實化卽是心，最後心性是一，實與朱子此時所悟只有一外表之相契而已。後來朱子力攻胡氏之非，實並不眞正了解胡氏之實也。但朱子後來仔細再讀伊川語錄，乃覺此時之疑非是，終於斷定性即理，而開出一不同型態之義理型態。故此處所謂「尤乖戾」乃對他本人之新說而言，與他系之義理並無關涉也。

除上面所引朱子自注之兩書以外，王懋竑又在文集卷三十二檢出答張敬夫之兩書，斷定其作於同時。其第三書曰：

「誨諭曲折數條，始皆不能無疑。既而思之，則或疑或信而不能相通。近深思之，乃知只是一處不透，所以觸處窒礙。雖或考索强通，終是不該貫。偶却見得所以然者，輒具陳之，以卜是否？大抵日前所見，累書所陳者，只是儱侗地見得個大本達道底影相，便執認以為是了，却於致中和一句，全不曾入思議。所以累蒙教，告以求仁之為急，而自覺殊無立脚下工夫處。蓋只見得個直截根源，傾湫倒海底氣象，日間但覺為大化所驅，如在洪濤巨浪之中，不容少頃停泊。蓋其所見一向如是，以故應事接物處，但覺粗厲勇果增倍於前，而寬裕雍容之氣，略無毫髮。雖竊病之，而不知其所自來也。而今而後，乃知浩浩大化之中一家自有一個安宅，正是自家安身立命，主宰知覺處，所以立大本行達道之樞要。所謂『體用一源，顯微無間』者乃在於此。而前此方往方來之說，正是手忙足亂，無着身處。道邇求遠，乃至於是，亦可笑矣！（中略）復見天地心之說，熹則以為天地以生物為心者也。雖氣有闔闢，物有盈虛，而天地之心則亘古亘今未始有毫釐之間斷也。故陽極於外而復生於內，聖人以為於此可以見天地之心焉。蓋其復者氣也，其所以復者則有自來矣。向非天地之心生生不息，則陽之極也，一絕而不復續矣。

尚何以復生於內而為闔闢之無窮乎？此則所論（當為「謂」）動之端者，乃一陽之所以動，非徒指夫一陽之已動者而為言也。夜氣固未可謂之天地心，然正是氣之復處。苟求其故，則亦可以見天地之心矣。」（文集卷三十二，答張敬夫十八書之第三書）

此書之內容適與上書銜接，其批評也切中其弊。正因朱子前所見只是大本達道的儱侗影象，從氣化之迹去了解天命流行之體，無怪乎只覺得是個浩浩大化，簡直定不下來。此書提出一家自有一個安宅，但並未說明此安宅之落脚處究竟在那裏。事實上如眞了解天命流行之體，那裏還需要在其他地方另覓一個安宅？朱子是慢慢往他的新說的靜攝系統的方向走去。他說：「復者氣也，其所以復者則自來矣」。又分別動和所以動，朱子日後所了解的「理」的觀念幾呼之可出矣！這是一理氣二元的新系統，氣是實然，理是超越的所以然，朱子終於在屢經周折後走上對他自己來說最自然的型態。

下面再錄第四書：

「前書所稟寂然未發之旨，良心發見之端，自以為有小異於疇昔偏滯之見。但其間語病尚多，未為精切。比遣書後，累日潛玩，其於實體似益精明。因復取凡聖賢之書，及近世諸老先生之遺語，讀而驗之，則又無一不合。蓋平日所疑而未白者，今皆不待安排，往往自見灑落處。始竊自信，以為天下之理其果在是，而致知格物，居敬精義之功，自是其有所施之矣。聖賢方策，豈欺我哉？蓋通天下只是一個天機活物，流行發用，無間容息。據其已發者而指其未發者，則已發者人心，而未發者皆其性也。亦無一物而不備矣。夫豈別有一物，拘於一時，限於一處，而名之哉？即夫日用之間渾然全體，如川流之不息，天運之不窮耳。此所以體用精粗、動靜本末，洞然無一毫之間，而鳶飛魚躍，觸處朗然也。存者存此而已，養者養此而已。必有事焉而勿正，心勿忘，勿助長也。從前做多少安排，没頓著處。今覺得如水到船浮，解維正柂，而沿洄上下，惟意所適矣。豈不易哉！始信明道所謂『未嘗致纖毫之力』者，真不浪語！而此一段事，程門先達，惟上蔡謝公所見透徹，無隔礙處。自餘，雖不敢妄有指議，然味其言，亦可見矣。近范伯崇來自邵武，相與講此甚詳。亦歎以為得未曾有，而悟前此用心之左。且以為雖先覺發明指示，不為不切，而私意汩漂，不見頭緒。向非老兄抽關啓鍵，直發其私，誨諭諄諄，不以愚昧而捨置之，何以得此？其何感幸如之！區區筆舌，蓋不足以為謝也。但未知自高明觀之，復以為如何爾。（下略）」（文集卷三十二，答張敬夫十八書之第四書）

究此書之內容，因提及「前書所禀寂然未發之旨」云云，似緊接於中和舊說第一書之後。牟宗三先生以爲此書或尤在中和舊說第二書之前，因此函似非酬答性質，或者是發出前書之後，「累日潛玩，其於實體似益精明」，乃再發一書重申第一書之旨。（註七）然此書則明言「已發者人心，而未發者皆其性也」。南軒來函乃疑有兩物之弊，而後乃緊接着有第二書，第三書之討論。

此四書應在同時當無問題。但究竟是在那一年寫的則有問題。王懋竑據前引丙戌年致何叔京之函謂「未發已發，渾然一致」，以爲宗旨恰與中和舊說相附，乃斷之在丙戌。又引同年致羅宗約書謂「時得欽夫書問往來，講究此道」以爲佐證，而推翻了過去據朱子本人之中和舊說序而將四書繫之於戊子（朱子三十九歲）之見解。然而這些推論是有問題的。讓我們先看一看朱子本人在壬辰所寫的「中和舊說序」：

「余蚤從延平李先生學受中庸之書，求喜怒哀樂未發之旨，未達而先生沒。余竊自悼其不敏，若窮人之無歸。聞張欽夫得衡山胡氏學，則往從而問焉。欽夫告予以所聞，予亦未之省也。退而沈思，殆忘寢食。一日喟然嘆曰：人自嬰兒以至老死，雖語默動靜之不同，然其大體，莫非已發，特其未發者為未嘗發爾。自此不復有疑。以為中庸之旨，果不外乎此矣。後得胡氏書，有與曾吉父論未發之旨者，其論又適與余意合，用是益自信。雖程子之言有不合者，亦直以為少作失傳而不之信也。然間以語人，則未見有能深領會者。乾道己丑之春，為友人蔡季通言之，問辨之際，予忽自疑。斯理也，雖吾之所默識，然亦未有不可以告人者。今析之如此其紛糾而難明也，聽之如此其冥迷而難喻也。意者乾坤易簡之理，人心所同然者，殆不如是。而程子之言，出其門人高弟之手，亦不應一切謬誤以至於此。然則予之所自信者，其無乃反自誤乎？則復取程氏書虛心平氣而徐讀之，未及數行，凍解冰釋。然後知情性之本然，聖賢之微旨，其平正明白乃如此。而前日讀之不詳，妄生穿穴，凡所辛苦而僅得之者，適足以自誤而已。至於推類究極，反求諸身；則又見其為害之大，蓋不但名言之失而已也。於是又竊自懼，亟以書報欽夫，及當同為此論者。惟欽夫復書深以為然，其餘則或信或疑，或至於今，累年而未定也。夫忽近求遠，厭常喜新，其弊乃至於此，可不戒哉？暇日料檢故書，得當時往還書稿一編，輒序其所以而題之曰中和舊說。蓋所以深懲前日之病，亦使有志於學者讀之，因予之所戒而知所戒也。獨恨不得奉而質諸李氏之門。然以先生之所已言者推之，知其所未言者，其或不遠矣。」（文集卷七十五）

壬辰（八月）朱子四十三歲，於過去五六年間之事記憶猶新，故此序應有相當權威性。由此序可見，延平卒後，煩擾朱子者爲未發之問題。自己用力思考，而無定論，如抱冰炭。朱子求道之誠，使他問學於張欽夫，希望能了解衡山胡氏學的旨要。他和羅宗約的通信是證明了他在丙戌年卽和南軒通信，但不能證明中和舊說的那幾通書信是在丙戌年。恰正相反，他致羅宗約的函中說，要眞切了解衡山之學，一定要面究才能得其旨要。中和舊說序明明說他去訪南軒，南軒告以所聞，但他自己仍覺得有問題。此所以范念德（伯崇）說兩先生論中庸之義，三日夜而不能合，未必是不可能的事。又過了一段時間之後，他才恍然有所悟，而成立所謂中和舊說，印證之於五峯所說，似有一表面之契合，從此而自信益增，一直到己丑年與蔡季通討論時，忽然自疑，這才終於轉上中和新說的道路。其實丙戌諸函，好幾次提及延平，可見那時是在誠心追求延平遺訓。而中和舊說諸書明與延平遺訓不合，不只對於延平一字不提，並在第二函中批評龜山，與丙戌致何叔京函之求恢復龜山門下相傳指訣的心境，根本互相違背，二者不可能在同一年。至謂「已發未發，渾然一致」，這樣的話頭未必待中和舊說成立之後才能够說得出。范伯崇既到建陽不止一次，不得以伯崇在丙戌訪過朱子卽證中和舊說必在丙戌。總之丙戌年間朱子還在追求的過程中，中和舊說則是追求的結果，應在到過潭州訪問南軒以後。我們沒有理由否定朱子本人的證詞，故四函仍應繫之於戊子，白田將其移前，未見其是。錢穆先生也力證中和舊說應在戊子，可謂先得我心。（註八）

由中和舊說序，我們又可以知道，朱子是以自己所悟，比附之於五峯，乃由延平遺敎之追思轉出來。當時對於南軒推崇備至，良有以也。但朱子並不了解，五峯所謂察識實乃察識本心之發見而當下體證之，是先識仁之體，是肯認一本心，非察於喜怒哀樂之已發也。然朱子之所謂察識却指動察而言，南軒也未必清澈地把握到此間的差別。故朱子總感覺到自己常常有急迫浮露之病，無復雍容深厚之風。一直到己丑以後才找到毛病的癥結乃在「闕却平日涵養一段工夫」。從此信奉伊川「涵養在用敬，進學在致知」之說，而感到必如此始可在延平與衡山之學之間得一調停。而舊說序結尾時乃謂恨不得奉而質之李氏之門，此朱子自信之語，認定延平想必會首肯其新說。其實新說所開實爲一新義理結構。延平的涵養，默坐澄心，實亦非一空頭涵養，而爲求中體之一手段。故朱子到晚年乃轉對延平有許多批評，適反證他之所悟畢竟與延平不同。但朱子是否眞正了解衡山之學或延平遺敎，這是另一問題。從朱子本人思想體驗發展的過程中，則這兩方面確對他發生過巨大的影響。延平卒後，他追思遺敎，覺得當時未有會心，深有所憾，如今自己努力做功夫，似有相契者在。但他自己既不敢自信，乃求之於湖湘之學以爲印證。但南軒所聞則與延平之敎大相逕庭，故初論學時每不能合。然湖湘之學實與朱子本人所悟有其表面相契處，朱子乃終發展出中和舊說，以爲眞理在於是矣！但由動察入手，終感到不能安頓。到己丑時，感到涵養工夫不可廢，似又擺向延平一邊。實則此時所悟也非延平的一套，而是伊川的「涵養在用敬，進學在致知」的平行二元系統。由這一系統來看南軒乃覺其闕却平日涵養一段工夫，再看延平則又覺其偏往靜的一邊。朱子從此皈依伊川之敎，由此而發展出他自己的成熟思想架構。此系思想自成一路數，然對衡山之學與延平遺敎之實義，則未必眞有所得。朱子是誠心經過一番困學工夫，最後才終於走上了伊川的分解的道路。此為其參悟中和問題所經歷之大段曲折過程。玆再選錄朱子戊子致其他友人諸書以檢證中和舊說在於戊子之說。

答程允夫書云：

「去冬走湖湘，講論之益不少。然此事須是自做工夫，於日用間行住坐臥方自有見處，然後從此操存，以至於極，方為己物爾。敬夫所見超詣卓然，非所可及。（中略）。如艮齋銘便是做工夫底節次。近日相與考證古聖所傳，門庭建立此個宗旨相與守之。」（文集卷四十一，答程允夫十三書之第五書）

此時朱子與南軒論學極相得，蓋朱子思想幾經搖擺，南軒則緊守湖湘之學規模，在此階段之內似居一帶路之地位。南軒之「艮齋銘」全文如下：

「艮齋，建安魏元履燕居之室也。在易，艮為止，止其所也。予嘗考大學始終之序，以知止為始，得其所止為終。而知止則有道矣。易與大學，其義一也。敬為之銘：

物之感人，其端無窮；人為物誘，欲動於中。不能反躬，殆滅天理；聖昭厥猶，在知所止。天心粹然，道義俱全；是曰至善，萬化之源。人所固存，曷自違之？求之有道，夫何遠爾！四端之著，我則察之；豈惟思慮？躬以達之。功深力到，大體可明；匪由外鑠，如春發生。知其至矣，必由其知；造次克念，戰兢自持。事物雖衆，各循其則；其則匪他，吾性之體。動靜以時，光明篤實。艮止之妙，於斯為得。任重道遠，時

不我留；嗟我同志，勉哉無休。緊我小子，懼弗克立；咨爾同志，以起以掖。」（張南軒集卷七）

此銘大體是孟學精神。以心體爲萬化之源，致察乃察本心之發見。朱子並不能夠眞切了解此義，但在當時相約共守，孰知不一年而大變！然在戊子，則還在此一表面相契的路線下功夫，對於南軒可謂推崇備至。

此年答何叔京書尙有云：

「向來妄論持敬之說，亦不記其何云，但因其良心發見之微，猛省提撕，使心不昧，則是做工夫底本領。本領旣立，自然下學而上達矣。若不察於良心發見處，即渺渺茫茫，恐無下手處也。（中略）所喻多識前言往行，固君子之所急。熹向來所見亦是如此。近因返求，未得個安穩處，却始知此未免支離。如所謂因諸公以求程氏，因程氏以求聖人，是隔幾重公案！曷若默會諸心以立其本，而其言之得失自不能逃吾之鑒耶？欽夫之學所以超脫自在，不為言句所桎梏，亦為合下入處親切。今日說話，雖未能絕無滲漏，終是本領是當，非吾輩所及。但詳觀所論，自可見矣。」（文集卷四十，答何叔京三十二書之第十一書）

此書幾近於陸王之學矣，故王陽明「朱子晚年定論」錄此書而不錄中和舊說之四書。但朱子後來終於放棄這一條思路而順着伊川「凡言心者皆指已發而言」之一不諦之語的糾結而往新說的方向進發。陸平湖後來竟說「答叔京書易爲異學所借」，照這樣推下去，難道我們也可以說孟子是異學？陸氏這種門戶陋見實在不足爲訓。

又答何叔京書：

「（上略）前此僭易拜稟博觀之弊，誠不自揆。乃蒙見是，何幸如此！然觀來喻，似有未能遽舍之意何耶？此理甚明，何疑之有？若使道可以多聞博觀而得，則世之知道者為不少矣。熹近日因事，方有少省發處。如鳶飛魚躍，明道以為與必有事焉勿正之意同者，今乃曉然無疑。日用之間，觀此流行之體初無間斷處，（白田年譜錄此，注云：處疑作方）有下工夫處。乃知日前自誑誑人之罪蓋不可勝贖也。此與守書冊、泥言語、全無交涉！幸於日用間察之！知此，則知仁矣。」（同上，答何叔京三十二書之第十三書）

朱子此書意思與中和舊說完全相同，函中謂「日前自誑誑人之罪不可勝贖也」，證其不久之前始有一新的開悟。若中和舊說是在丙戌，則所謂自誑誑人又必在丙戌之前，此函則在戊子，時間相差已久，焉能謂之日前？而朱子此階段之悟顯與南軒有關，朱子稱贊南軒超脫，不爲言句所桎梏，適與守書冊，泥言語者相對。朱子一向勤力讀書，也重體驗，但自己感到未達融會貫通之境，南軒所表現之典型，對朱子乃有一積極性之刺激作用，促使朱子本人在意境上有一轉進。但朱子終不能停滯在這一階段，他本人實屬於另一型態，不旋踵又有一層新的體悟，到反過來帶着南軒體究一些新的可能性。但南軒後來雖常隨朱子脚跟轉，恐怕也只是從他本人的觀點是其所是，未必眞正完全折從朱子，只不似其他湖湘學者堅守師說，拒絕接受朱子的意見，而展開了許多義理上的論辯而已！

戊子還有答石子重一書：

「熹自去秋之中走長沙，閱月而後至，留兩月而後歸。在道繚繞又五十餘日，還家，幸老人康健，諸兄粗適。他無足言。欽夫見處，卓然不可及。從遊之久，反復開益為多。但其天姿明敏，初從不歷階級而得之，故今日語人亦多失之太高。湘中學子，從之遊者，遂一例學為虛談，其流弊亦將有害。比來頗覺此病矣。別後當有以捄之。然從遊之士亦自絕難得樸實頭理會者。可見此道之難明也。胡氏子弟及他門人亦有語此者，然皆無實得。拈槌豎拂，幾如說禪矣。與文定合下門庭大段相反，更無商量處。惟欽夫見得表裏通澈。舊來習見，微有所偏。今此相見，盡覺釋去，儘好商量也。伯崇精進之意反不逮前，而擇之見趣操持愈見精密。敬字之說，深契鄙懷。只如大學次序，亦須如此看始得。非格物致知全不用誠意正心，及其誠意正心却都不用致知格物。但下學處須是密察。見得後，便泰然行將去。此有始終之異耳。其實始終是個敬字。但敬中須有體察工夫，方能行著習察。不然，兀然持敬，又無進步處也。觀夫子答門人為仁之問不同，然大要以敬為入門處。正要就日用純熟處識得，便無走作。非如今之學者前後自為兩段，行解各不相資也。近方見此意思，亦患未得打成一片耳。『大化之中自有安宅』，此立語固有病。然當時之意却是要見自家主宰處。所謂大化，須就此識得。然後鳶飛魚躍，觸處洞然。若但泛然指天指地，說個大化便是安宅，安宅便是大化，却恐顢頇儱侗，非聖門求仁之學也。不審高明以為如何？（下略）」（文集卷四十二，答石子重十二書之第五

書）

這封信對南軒仍然備極讚揚，但對湖湘一派學子幾直斥爲禪。甚至對南軒已覺其失之過高，不是接人之道。這些地方反映出朱子本人的心態，自少年時由禪轉歸聖道，以後遂形成一種忌諱，動輒斥人爲禪。其實儒學儘可以有不同入路。延平一生主靜坐，但與釋氏無涉，朱子晚年乃評一味危坐「又似坐禪入定」；南軒是另一條路，朱子又斥其同路人幾如說禪。朱子自己開出一條路徑，這是他的貢獻，但以此排斥其他線索，後來乃與象山一系對立，由此可以看出他的限制。此函談敬，仍以密察爲主。函中提及走作，大化之中自有安宅等語，皆爲中和舊說諸函所涉及的問題。而丙戌致何叔京等友人之函則完全未提及中和舊說諸書。這是一個旁證，可見中和舊說係成於戊子，作於致石子重書之前，但時間之距離應不在久。白田考異提及朱子有雜學辨一文，（見文集卷七十二）何叔京爲之作跋，確定是在丙戌。中有辨張無垢中庸解一條云：

「喜怒哀樂未發謂之中。張云：未發以前，戒愼恐懼，無一毫私欲。愚謂未發以前，天理渾然，戒愼恐懼則旣發矣。」

此處所謂「未發以前天理渾然」，像是朱子所謂聞之西林而未契者之不我欺也。

又一條云：

「張云，由戒慎恐懼以養喜怒哀樂，使為中為和，以位天地育萬物。愚謂喜怒哀樂之未發，乃本然之中。發而中節，乃本然之和。非人之所能使也。天地位焉，萬物育焉，亦理之自然。今加以字而倒其文，非子思之本意矣。」

中和舊說主察識於已發，思想與雜學辨不類。此辨既在丙戌，則中和舊說不應在丙戌。中和舊說序既明言在問過欽夫之後才有此說，我們沒有理由不信朱子本人的證詞。白田考異硬將此四函移到丙戌，其中頗多猜測之辭。朱子決無理由保留自注以為乖戾非是之前二書，反而删削思議漸歸是處之後二書。白田以為後人復入此後二書，純屬臆測，不足採信。白田並以文集三十二卷所載不以年敍，且多未定之論的看法更是在義理和考據上還不出根據的說法。

## 四、中和新說之發端與完成

朱子既與南軒相約，以艮齋銘為做工夫底節次，建立宗旨相與守之，孰知不一年而大變。

己丑朱子四十歲。是年春，與蔡季通言未發之旨，問辨之際，忽然自疑。遂急轉直下，而有新說之發端與完成。年譜錄有已發未發說，與湖南諸公論中和第一書，以及答張欽夫書等重要文獻。

玆錄已發未發說如下：

「中庸未發已發之義」前此認得此心流行之體，又因程子『凡言心者皆指已發』之云，遂目心為已發，而以性為未發之中，自以為安矣。比觀程子文集、遺書，見其所論多不符合。因再思之，乃知前日之說，雖於心性之實未始有差，而未發已發命名未當，且於日用之際欠缺本領一段工夫，蓋所失者不但文義之間而已。因條其語，而附以己見，告於朋友，願相與講焉。恐或未然，當有以正之。

文集云：中即道也。又曰：道無不中，故以中形道。

又云：中即性也，此語極未安。中也者所以狀性之體段，如天圓地方。

又云：中之為義自過不及而立名。若只以中為性，則中與性不合。

又云：性道不可合一而言。中止可言體，而不可與性同德。

又云：中者性之德，此為近之。又云：不若謂之性中。

又云：喜怒哀樂之未發謂之中。赤子之心發而未遠乎中。若便謂之中，是不識大本也。

又云：赤子之心可以謂之和，不可謂之中。

遺書云：只喜怒哀樂不發便是中。

又云：既思，便是已發，喜怒哀樂一般。

又云：當中之時耳無聞，目無見，然見聞之理在始得。

又云：未發之前謂之靜則可，靜中須有物始得。這裏最是難處。能敬，則自知此矣。

又云：敬而無失，便是喜怒哀樂未發謂之中也。敬不可謂之中，但敬而無失，即所以中也。

又云：中者天下之大本，天地間亭亭當當直上直下之正理。出則不是，惟敬而無失最盡。(案，此條爲明道語，非伊川語。)

又云：存養於未發之前則可，求中於未發之前則不可。

又云：未發更怎生求？只平日涵養便是。涵養久，則喜怒哀樂發而中節。

又云：善觀者却於已發之際觀之。

右，據此諸說，皆以思慮未萌、事物未至之時，爲喜怒哀樂之未發。當此之時，卽是心體流行，寂然不動之處，而天命之性體段具焉。以其無過不及，不偏不倚，故謂之中。然已是就心體流行處見，故直謂之性則不可。呂博士論此，大概得之。特以中卽是性，赤子之心卽是未發，則大失之。故程子正之。(原注：解中亦有求中之意，蓋答書時，未暇辨耳)。蓋赤子之心動靜無常，非寂然不動之謂，故不可謂之中。然無營欲智巧之思，故爲未遠乎中耳。未發之中，本體自然，不須窮索。但當此之時，敬以持之，使此氣象常存而不失，則自此而發者，其必中節矣。此日用之際本領工夫。其曰：『却於已發之處（際）觀之』者，所以察其端倪之動，而致擴充之功也。一不中，則非性之本然，而心之道或幾於息矣。故程子於此，每以敬而無失爲言。又曰：『入道莫如敬，未有致知而不在敬者』。又曰：『涵養須用敬，進學則在致知』。以事言之，則有動有靜，以心言之，則周流貫徹，其工夫初無間斷也。但以靜爲本爾。(原注：周子所謂主靜者，亦是此意。但言靜則偏，故程子又說敬)。向來講論思索，直以心爲已發，而所謂致知格物亦以察識端倪爲初下手處，以故缺却平日涵養一段工夫。其日用意趣常偏於動，無復深潛純一之味，而其發之言語事爲之間，亦常躁迫浮露，無古聖賢氣象，由所見之偏而然爾。程子所謂『凡言心者皆指已發而言』，此却指心體流行而言，非謂事物思慮之交也。然與中庸本文不合，故以為未當而復正之。固不可執其已改之言，而盡疑諸說之誤，又不可遂以為〔未〕當，（脫『未』字）而不究其所指之殊也。周子曰：『無極而太極』。程子（明道）又曰：『人生而靜以上不容說，纔說時，便已不是性矣』。蓋聖賢論性，無不因心而發。若欲專言之，則是所謂無極而不容言者，亦無體段之可名矣。未審諸君子以為如何？」（文集卷六十七）

此文標題爲說，故編於文集雜著之中。此說與致湖南諸公一書內容幾完全相同，只書中未錄伊川語耳。看來此說爲原稿，後辭語略有改易，乃成爲「與湖南諸公論中和第一書」，此原稿乃保留於雜著之中，實則乃同一書文也。我們現在需要來檢討，究竟造成這一轉變的根由是什麼？這一轉變的實義又是什麼？在這裏顯然牽涉到兩重問題：一是文獻的問題，一是義理體證的問題。

第一個問題比較簡單。朱子在中和舊說序中說明，以前看程子的東西，即是意有不合，也以爲是「少作失傳而不之信也」。後來仔細讀來，情形就完全不同了。這是事實。朱子在已發未發說中所引證的除明道的一條外都是伊川語，而伊川自己是有一條思路。所引文集大都見「與呂大臨論中」。其實呂大臨本身的線索很明澈，但伊川是分解型的思路，故主張既以中爲狀詞，則中本身不能爲體。其實講道體是否需如此死煞自大可商榷。說赤子之心不即本心，顯然聖人與嬰兒不能等量齊觀，這一點呂大臨未必不知道。所引遺書則大都見於「與蘇季明論中和」，這裏牽涉到涵養問題，這才是問題的節骨眼所在。

由此轉到義理體證的問題。我們看早年朱子思想的發展，除少年時一度馳於禪道而外，多是偏於動察一面。「萬紫千紅總是春」，「為有源頭活水來」，這是他的體會的基本情調。這樣的入路往高處說是當下卽是，不必著意隔離。但在另一方面，天機活物雖可以解作天命流行之體，但在另一方面也很容易墮下來變成了奔騰不已不可止歇的氣機鼓盪。朱子在這裏下了好多年工夫，但好像在兩者之間始終把握不到一明白的分疏。所以他時而追思延平遺教，時而又回到他自己的體會的本質的情調，老在兩邊搖擺不已。從張南軒處聽到胡氏之教，初初感到並不能解決他內心的問題。但後來終於以五峯所傳下來的說法與他自己所體會到的一套有一外表相合，乃有中和舊說之成立。然卽在他堅信中和舊說之際，始終感覺到「自覺殊無立脚下工夫處」的苦惱，而「日間但覺為大化所驅，如在洪濤巨浪之中，不容少頃停泊」。後接受張南軒之艮齋銘而相約共守，以為沒有問題了。但終感覺到湖湘一派的毛病在，氣象浮淺，缺了前面一截涵養工夫。其實這也正是他眞切感到自己所犯毛病的所在。他一路强探力索，就是要尋求找到一條入路，可以該賅動靜，通貫已發未發來做工夫，結果他在伊川那裏找到了他內心終於可以完全安頓下來的答案。

朱子求道之誠，也確接觸到聖學內部一些困難的重要問題，這不成疑問。就朱子主觀上來說，他終於找到了一條路，可以兼賅延平、五峯兩系的好處而無其流弊。此所以在寫中和舊說序時，他有「恨不得奉而質諸李氏之門」的自信語。然而就客觀來說，他並不眞正了解五峯或延平的線索，所以他所完成的綜合終只是他自己心目中所想像的綜合，不必達到眞正綜合兩家的實效。就與湖湘一派的交涉來說，五峯一脈所謂「先察識而後涵養」之察識實為明道「識仁」之「識」，但朱子却將其轉義為「動察」之「察」，這顯然是差之毫厘，謬以千里。可惜的是南軒和其他湖湘學者並無足夠的體證和分析能力來向朱子解明這一誤會。其他湖湘學者堅持師說不論，卽常隨朱子脚跟轉的南軒在讀到中和新說之後也未卽放棄「先察識後涵養」之論，朱子謂二人「蓋繳紛往返者十餘年，末乃同歸而一致」，也只是合其所合耳，不必二人所信奉爲眞正同一型態的思路。延平的涵養自更不是空頭的涵養，所以根本不妨害其在日用間下工夫，更與禪無關涉。當然兩家末流之弊則朱子看得很淸楚，朱子要解決這些問題，兩條路都湊泊不上，只有逼着走上一條不同的線索。直到他在伊川的權威處找得印證，這才得以眞正建立了他自己的思想規模，從此終身信守不渝，不再有根本的變化。

朱子所開出的這一路數的實義可略加解析如下：在「已發未發說」中朱子明言過去基本的錯誤在「自來講論思索，直以心爲已發，而所論致知格物亦以察識端倪爲初下手處，以故缺却平日涵養一段工夫。其日用意趣常偏於動，無復深潛純一之味，而其發之言語事爲之間，亦常躁迫浮露，無古聖賢氣象，由所見之偏而然爾。」比對之於中和舊說，我們就可以看到這一貫是朱子自己的病根。朱子的生命本質是偏在動察一面，所以追索延平遺教，終無實得，求中於未發這一條路始終湊泊不上。旣通過南軒而與湖湘之學有一表面之相合，乃以「致察」爲功夫的進路，無需乎默坐澄心走隔離的超越的體證的路數。但依五峯，則致察還是本心的察識，只不過是純粹取內在體證的方式罷了！表面上朱子也是取這一方式，戊子朱子答何叔京書卽言：「若不察於良心發見處，卽渺渺茫茫，恐無下手處也。」此處良心自應指本心而言，本心旣立，豈會有涵養無安頓處的感覺。誰知不過一年朱子卽說「以察識端倪爲初下手處，以故缺却平日涵養一段工夫」。由此可見他所謂的心實非本心，而只是一平看的實然的心，不是提起來看的應然的義理當然的心。這樣的心在已發處致察，當然會有一種躁迫浮露的味道。明乎此，乃知新說之有進於舊說處在，朱子如今了解此心周流貫澈，不能只限於已發。未發之時，卽是心體流行，寂然不動之處，而天命之性體段具焉，以其無過不及，不偏不倚，而謂之中。已發之處可以察識，未發之中，本體自然，不須窮索，只敬以持之，使此氣象常持而不失，則自此而發者，其必中節矣。這樣朱子接上了伊川的路數，所謂「涵養須用敬，進學則在致知」。伊川更明言：「存養於未發之前則可，求中於未發之前則不可。」又云：「未發更怎生求？只平日涵養便是。涵養久，則喜怒哀樂發而中節。」如此「靜養動察，敬貫動靜」。朱子一方面仍可說以靜爲本，另一方面則以言靜過偏，故隨伊川說敬。朱子以爲這樣可以避免平日過重動察的毛病，同時却又不致流入偏於靜的流弊。涵養於未發，察識於已發，如此則靜動兩方面都可以用心做工夫，似乎可以照顧到延平一向重視而自己歷年辛勤始終無法銷融的那一方面，這才終於得以對治了自己本質上的毛病，也匡正了湖湘一派的偏失。至是朱子才找到了他自己的成熟思想的路數，此後一直謹守此規模，不再有本質性的改變。

在「已發未發說」中，朱子自己檢討舊說的結果下了這樣的斷語：「乃知前日之說，雖於心性之實未始有差，而未發已發命名未當，且於日用之際欠缺本領一段工夫，蓋所失者不但文義之間而已」。朱子求道之誠使他不斷屢易其說，這是可佩服的。但他這樣的檢討則又不免在概念上缺乏分疏，也多少對於自己有所曲恕，還需要我們作進一步的分析和檢討。

大概朱子在此前認得此心流行之體，在一極寬汎的意義下勉强自也可以說是於心性之實未始有差。但若要作進一步的解析則觸處都有問題，不能容許這樣儱侗的說法。

讓我們先由心的觀念說起。朱子本人所體會的心大概始終是一個經驗實然的心。這個心可以和理相合，也不必一定與理相合。所以這決不是超越的本心，因爲本心是禮義之源，心卽理，兩下裏沒有相違的可能性。既然朱子所體會的始終只是一經驗實然之心，就他本人思路言，當然他也可以說是未始有差。但他所用的辭語却好像是孟子以來致察本心的說法，所以就客觀來說，也不能說是未始有差。

就性來說，問題就更大了。中和舊說從「只是來得無窮，便常有箇未發底」說性，「據其已發者而指其未發者，已發者皆人心，未發者皆其性」，此義乃根據其方往方來無間而發之體悟而來。這樣未發已發一滾而下，二者之間缺少異質的分別，難怪找不到貞定的基礎。但新說則接上伊川的思路，「性卽理也」。性體是異質的一層，經驗實然的心通過後天的修養工夫與性體所涵之理相合，到了這個階段，朱子自也可以說「心卽理」。但心性之間並非同一關係，只是平行的關係。心之寂然可以涵性之渾然道義全具，但並不必然如此。性具衆理，以理卽是性體之內容；心具衆理，這則是修養的結果，如是而朱子必往一心性平行，理氣分屬之靜攝系統的思路走去。

新說的義理漸趨明確。已發未發仍就喜怒哀樂之情上說，不就體上說大本未發已發之無間，不再斤斤於時字，際字之病痛。「只不發便中」順着伊川「在中」之義前進乃突顯一異質之性體。在靜時，寂然之心與渾然之性既無可窮索，自只能施涵養之功。然而致察到此時乃明指動察。如此靜養動察各有分屬，心之周流貫徹該貫動靜，這樣朱子解決了他歷年苦思不得善解的難題，似乎既無湖湘一派的流弊，却又不似延平之只偏於靜。但他並未自覺到他這樣的思想已離開了明道以降的縱貫系統，他是順着伊川的思想發展而完成一靜攝系統。最後他所謂「無極而不容言」，乃說明性因心而發始有體段可言。如此由心之寂然以見性之渾然道義全具，故卽在此一系統之下心性之間也還是有一種相當密切的關係。性是依明道斷自有生以後說性，離開心而專就其自體而言之，則爲「無極而太極」之無極，明道所謂「人生而靜以上不容說，纔說時，便已不是性矣」。

以上大體對「已發未發說」所賅義理有一大體之解析。朱子在同時又有「與湖南諸公書」，略後則有「答張欽夫書」。前者內容與「已發未發說」完全相同，只詞句比較整飭，且並未抄錄伊川語。後者則將內容重新消化而組織得更有條理而完整，直陳己意。玆錄此二書以爲參考之用。

「與湖南諸公論中和第一書」云：

「中庸未發已發之義，前此認得此心流行之體，又因程子『凡言心者皆指已發而言』，遂目心為已發，性為未發。然觀程子之書，多所不合。因復思之，乃知前日之說，非惟心性之名，命之不當，而日用工夫全無本領。蓋所失者不但文義之間而已。

按文集遺書諸說，似皆以思慮未萌，事物未至之時，為喜怒哀樂之未發。當此之時，卻是此心寂然不動之體，而天命之性當體具焉，以其無過不及，不偏不倚，故謂之中。及其感而遂通天下之故，則喜怒哀樂之情發焉，而心之用可見。以其無不中節，無所乖戾，故謂之和。此則人心之正，而性情之德然也。

然未發之前不可尋覓，已發之心不容安排。但平日莊敬涵養之功至，而無人欲之私以亂之，則其未發也，鏡明水止，而其發也，無不中節矣。此是日用本領工夫。至於隨事省察，卽物推明，亦必以是為本。而『於已發之際觀之』，則其具於未發之前者，固可默識。故程子之答蘇季明，反復論辯，極於詳密，而卒之不過以敬為言。又曰：『敬而無失，即所以中』。又曰：『入道莫如敬，未有致知而不在敬者』。又曰：『涵養須用敬，進學則在致知』。蓋為此也。向來講論思索，直以心為已發，而日用工夫亦止以察識端倪為最初下手處，以故闕却平日涵養一段工夫，使人胸中擾擾，無深潛純一之味，而其發之言語事為之間，亦常急迫浮露，無復雍容深厚之風。蓋所見一差，其害乃至於此。不可以不審也。

程子所謂『凡言心者皆指已發而言』，此乃指赤子之心而言。而謂『凡言心者』，則其為說之誤，故又自以為『未當』，而復正之。固不可徒執已改之言，而盡疑諸說之誤，又不可遂以為『未當』，而不究其所指之殊也。不審諸君子以為如何？」（文集卷六十四）

本書既爲第一書，想必還有其他書函，然已不可考，惟南軒顯有回應，故又有「答張欽夫書」：

「諸說例蒙印可，而未發之旨又其樞要。既無異論，何慰如之！然比觀舊說，却覺無甚綱領。因復體察，見得此理須以心為主而論之，則性情之德，中和之妙，皆有條而不紊矣。然人之一身，知覺運用，莫非心之所為，則心者固所以主於身，而無動靜語默之間者也。然方其靜也，事物未至，思慮未萌，而一性渾然，道義全具，其所謂中，是乃心之所以為體，而寂然不動者也。及其動也，事物交至，思慮萌焉，則七情迭用，各有攸主，其所謂和，是乃心之所以為用，感而遂通者也。然性之靜也，而不能不動，情之動也，而必有節焉，是則心之所以寂然感通，周流貫澈、而體用未始相離者也。然人有是心，而或不仁，則無以著此心之妙。人雖欲仁，而或不敬，則無以致求仁之功。蓋心主乎一身，而無動靜語默之間，是以君子之於敬，亦無動靜語默而不用其力焉。未發之前是敬也，固已立乎存養之實，已發之際是敬也，又常行於省察之間。方其存也，思慮未萌，而知覺不昧，是則靜中之動，復之所以見天地之心也。及其察也，事物紛糾，而品節不差，是則動中之靜，艮之所以不獲其身，不見其人也。有以主乎靜中之動，是以寂而未嘗不感。有以察乎動中之靜，是以感而未嘗不寂。寂而常感，感而常寂，此心之所以周流貫澈，而無一息之不仁也。然則君子之所以致中和，而天地位，萬物育者，在此而已。蓋主於身而無動靜語默之間者，心也。仁則心之道，而敬則心之貞也。此澈上澈下之道，聖學之本統。明乎此，則性情之德，中和之妙，可一言而盡矣。

熹向來之說，固未及此。而來喻曲折，雖多所發明，然於提綱振領處，似亦有未盡。又如所謂『學者須先察識端倪之發，然後可知存養之功』，則熹於此不能無疑。蓋發處固當察識，但人自有未發時，此處便合存養。豈可必待發而後察，察而後存耶？且從初不曾存養，便欲隨事察識，竊恐浩浩茫茫，無下手處。而毫厘之差，千里之謬，將有不可勝言者。此程子所以每言『孟子才高，學之無可依據，人須是學顏子之學，則入聖人為近，有用力處』。其微意亦可見矣。且如灑掃應對進退，此存養之事也。不知學者將先於此，而後察之耶？抑將先察識，而後存養也？以此觀之，則用力之先後，判然可觀矣。來教又謂『動中涵養，所謂復見天地之心』，亦所未喻。熹前以復為靜中之動者，蓋觀卦象，便自可見。而伊川先生之意似亦如此。來教又謂『言靜則溺於虛無』，此固所當深慮。然此二字如佛者之論，則誠有此患。若以天理觀之，則動之不能無靜，猶靜之不能無動也，靜之不能無養，猶動之不可不察也。但見得一動一靜互為其根，敬義夾持，不容間斷之意，則雖下一靜字，元非死物。至靜之中，蓋有動之端焉，是乃所以見天地之心者。而先王之所以至日閉關，蓋當此之時，則安靜以養乎此爾。固非遠事絕物，閉目兀坐，而偏於靜之謂。但未接物時，便有敬以主乎其中，則事至物來，善端昭著，而所以察之者益精明爾。伊川先生所謂『却於已發之際觀之』者，正謂未發則只有存養，而已發則方有可觀也。周子之言主靜，乃就中正仁義而言。以正對中，則中為重。以義配仁，則仁為本爾。非四者之外別有主靜一段事也。來教又謂熹言以靜為本，不若遂言以敬為本。此固然也。然敬字工夫通貫動靜，而必以靜為本。故熹向來輒有是語。今若遂易為敬，雖若完全，然却不見敬之所施有先有後，則亦未得為諦當也。至如來教所謂『要須察乎動以見靜之所存，靜以涵動之所本，動靜相須，體用不離，而後為無滲漏也』。此數句卓然，意語俱到，謹以書之座右出入觀省。然上兩句次序似未甚安。意謂易而置之，乃有可行之實。不審尊意以為如何？」（文集卷三十二，答張敬夫十八書之第十八書）

此書前半直陳已意，極有條理，有好些地方比「已發未發說」或「與湖南諸公論中和第一書」更爲明澈。這封信一開始就標出「見得此理須以心爲主而論之」。如何把握心體做後天的修養工夫從來就是朱子所感受到的一個中心問題（註九），如此忽明忽昧，追索多年，至此才有一眞正成熟的解答。到此時朱子終於悟到此心之所以周流貫澈，通貫於已發未發，動靜語默之間。這封信才明白地指出，心之寂然乃相應於性之渾然，道義全具。心性平行，眞正超越之實體在性而不在心。當然朱子在此函還未能明白提出「性卽理」的思想，但隱隱然已經是涵蘊了這樣的想法。至於他說「性之靜也而不能不動」云云，只怕是因襲「樂記」「人生而靜，天之性也，感於物而動，性之欲也」的說法。照他本人的思想推下去，性卽理，實無所謂動，其動實只是假氣之動而顯現，其自身乃是氣動之所以然之理。但朱子常常不自覺地把自己的思想比附於古典，表面上似相合，按下去並不完全一樣。靜養動察，敬貫動靜，朱子如今解決了未發時如何用工夫的問題，而且既然先有未發之中然後有已發之和，表面上乃可以接上濂溪、明道以來一貫以靜爲本的說法，同時也可以照顧到延平遺敎，而可以避免湖湘學者少了上面一截工夫的流弊。有趣的是，不久以前答何叔京書還說「若不察於良心發見處，卽渺渺茫茫，恐無下手處」，如今却轉爲「且從初不曾存養，便欲隨事察識，竊恐浩浩茫茫，無下手處」，由此可見朱子於致察於良心之思路實不相應，乃滑轉成爲隨事察識之動察，至此乃必須顚倒察識存養的次序。朱子之誤解另一型態的思路是一回事，而他終於發展出自己的一條思路而感覺到可以眞正解決了自己的問題，這是另一回事。

順着朱子本人的思路，只要下後天的修養工夫，則心之寂然可以相應於性之渾然，未發之中可以引導向已發之和，在他的心性平行的理解之下，也可以說「寂而常感，感而常寂」的一類極圓融的話頭。這是朱子在歷經疑難以後所把握到的最後理境，王懋竑却以此函內的思想「亦多未定之論」，可見王氏在考據上雖見工夫，在義理的了解與體證上則實在太差，一看到這類圓融的話頭卽疑爲類似心學之玄談，而有所忌諱，其不相應之處可謂太明顯了。

對於王氏提出的論據之不諦，牟先生駁之詳矣，此間不擬再贅。（註十）

朱子如今既眞正明澈地把握到了自己的思路，所以他回答南軒的疑難就沒有一點窒礙處。其實由函中語氣可以看出南軒終不同意改變先察識而後存養的次序，只是南軒似乎並沒有手段把師門以及自己的思想的關節處說得明白暢曉，從此主客易位，南軒乃常隨着朱子脚跟轉。後來朱子在南軒死後之「又祭張敬夫殿撰文」有云：

「惟我之與兄，脗志同而心契，或面講而未窮，又書傳而不置。蓋有我之所是，而兄以為非；亦有兄之所然，而我之所議。又有始所共鄉而終悟其偏，亦有早所同嚌，而晚得其味。蓋繳紛往反者幾十餘年，末乃同歸而一致。」（文集卷八十七）

其實二人乃同其所同，理論體證的依歸蓋未必盡同。只是南軒比較隨和，肯承認朱子的觀點，所以二人的友誼終其生而不衰。

關於朱子對於中和的反省，黃黎洲宋元學案晦翁學案，先引了中和說凡四篇，然後引劉蕺山語於後，其言曰：

「此朱子特參中庸奧旨以明道也。第一書先見天地間一段發育流行之機，無一息之停待，乃天命之本然，而實有所謂未發者存乎其間。卽已發處窺未發，絕無彼此先後之可言者也。第二書則以前日所見為儱侗，浩浩大化之中，一家自有一箇安宅，為立大本行達道之樞要，是則所謂性也。第三書又以前日所見為未盡，反求之於心，以性情為一心之蘊。心有動靜，而中和之理見焉。故中和只是一理。一處便是仁，卽向所謂立大本行達道之樞要。然求仁工夫只是一敬，心無動靜，敬無動靜也。最後一書，又以工夫多用在已發爲未是，而專求之涵養一路，歸之未發之中云。合而觀之，第一書言道體也。第二書言性體也。第三書合性於心，言工夫也。第四書言工夫之究竟處也。見解一層進一層，工夫一節換一節，孔孟而後，幾見小心窮理如朱子者。愚案朱子之學，本之李延平，由羅豫章而楊龜山，而程子，而周子。自周子有主靜立極之說，傳之二程，其後羅李二先生專教人默坐澄心，看喜怒哀樂之未發時作何氣象。朱子初從延平遊，固嘗服膺其說，已而又參以程子主敬之說，靜字爲稍偏，不復理會。迨其晚年，深悔平日用功未免疏於本領，致有辜負此翁之語，固已深信延平立教之無弊。而學人向上一機，必於此而取則矣。湖南答問誠不知出於何時，考之原集，皆載在敬夫次第往復之後，經輾轉折證而後有此定論，則朱子生平學力之淺深，固於此窺其一斑。而其卒傳延平心印以得與於斯文，又當不出此書之外無疑矣。夫主靜一語，單提直入，惟許濂溪自開門戶，而後人往往從依傍而入，其流弊便不可言。幸而得，亦如短販然。本薄利奢，叩其中藏，可盡也。朱子不輕信師傳，而必遠尋伊洛以折衷之，而後有以要其至，乃所謂善學濂溪者。」

蕺山這一段議論幾乎沒有一句話沒有問題，錢穆先生駁之詳矣。（註十一）由於宋元學案是研究理學的權威著作，入門必由之徑，而錯亂偏失一至於此，所以我也不能不略綴數語爲學者們提出警戒。

晦翁學案首擧中和說，可見黎洲對它的重視。但黎洲乃刪去舊說第二書，又混和舊說新說，總稱爲中和說一二三四，這豈合乎朱子的原意！又所謂中和說三其實應該在中和說四答湖南諸公之後，次第顚倒不算，所引四篇，漫加刪節，讀者看不到全文，不知道先後的次序、詳實的內容，這樣的胡亂曲解實在是不成話。朱子的第一書自注非是，學案却刪去此注，而引蕺山說謂其「大意已是」，這豈不是厚誣朱子。蕺山硬裝上道體、性體、工夫，工夫之究竟的次序，根本不符合原書的內容和當時的情實。照蕺山的講法是朱子見解一層進一層，工夫一節換一節，好像是一個由淺而深的直線進程，前後一脈相承，看不到一點矛盾衝突的痕跡，這豈合乎朱子歷經辛苦最後才找到自己心之所安的曲折過程。朱子「辜負此翁」之語見於其四十歲時答林擇之書，焉能謂之晚年語？湖南答問也在同年，怎麼可說是「誠不知出於何時」？朱子參悟中和，追思延平遺敎是一個重要的動機，但所悟與延平終有相當距離，所以到晚年語錄乃對延平不無微詞，這怎麼可以說爲「卒傳延平心印以得與於斯文」？朱子眞正得力處在伊川，蕺山却由主靜一點來表彰濂溪。這樣數百字的議論，所失何止一端。而稱贊朱子的地方簡直是在故意造成對朱子的曲解。明儒之疏於考據，每由一己的觀點去割裂、曲解原典，由此可見。在這種情形之下，我們囘想王陽明的「朱子晚年定論」，雖不免構成陽明的盛名之累，就當時的學風看來，却不是一項不可原諒的錯誤。但我們今天要講學術史，知道當時朱子思想發展的經過，他的哲學思想的特殊型態以及所涵的義蘊，就不能一任過去之舊而不加以明白的分疏。而過去的門戶陋見更不能不澈底破除才能慢慢培養一種建立客觀的學術史的自覺。各人所得深淺自仍難說，但至少決不能有意去曲解揉搓過去的材料來適應個人一己的好惡與脾胃。是爲戒！

## 五、中和新說下之書函與議論

朱子在四十歲這一年，除上節所詳論之一說兩書外，還有致林擇之的幾封信，都和這個問題有關係。按擇之曾偕朱子至長沙，亦預聞中和之辨。「答林擇之書」有云：

「近得南軒書，諸說皆相然諾。但先察識後涵養之論，執之猶堅。未發已發、條理亦未甚明。蓋乍易舊說，猶待就所安耳。」（文集卷四十三，答林擇之三十三書之第三書）

這封信應在「與湖南諸公書」之後收到南軒復信後所寫，表示新舊說之事甚為顯明，而南軒此時顯並未放棄其一貫立場而附和朱子先涵養而後察識之說。「又答林擇之書」曰：

「（上略）昨日書中論未發者，看得如何？兩日思之，疑舊來所說，於心性之實未有差，而未發已發字頓放得未甚穩當。疑未發只是思慮事物之未接時，於此便可見性之體段，故可謂之中，而不可謂之性也。發而中節，是思慮已交之際皆得其理，故可謂之和，而不可謂之心。心則通貫乎已發未發之間，乃大易生生流行，一動一靜之全體也。云云。舊疑遺書所記不審，今以此勘之，無一不合。信乎天下之書未可輕讀，聖賢指趣

未易明，道體精微未易究也。」（同上，答林擇之三十三書之第六書）

這封信的意思與「已發未發說」同，應在該說以後不久寫成。此書表示新舊說之轉關亦甚清楚。這兩封信都是考據上極有價值的文獻，而王懋竑不知爲何未錄？十分可異。

「又答林擇之書」：

「所引『人生而靜』，不知如何看靜字？恐此亦指未感物而言耳。蓋當此之時，此心渾然天理全具。所謂中者狀性之體，正於此見之。但中庸、樂記之言有疎密之異。中庸徹頭徹尾說箇謹獨工夫，卽所謂『敬而無失』、『平日涵養』之意。樂記却直到好惡無節處，方說不能反躬，天理滅矣。殊不知未感物時，若無主宰，則亦不能安其靜，只此便自昏了天性，不待交物之引，然後差也。蓋中和二字『皆』道之體用。（『皆』字當作『乃』）以人言之，則未發已發之謂。但不能慎獨，則雖事物未至，固已紛綸膠擾，無復未發之時，旣無以致夫所謂中，而其發必乖，又無以致夫所謂和。惟其戒謹恐懼，不敢須臾離，然後中和可致，而大本達道乃在我矣。此道也，二先生蓋屢言之。而龜山所謂『未發之際能體所謂中，已發之際能得所謂和』，此語為近之。然未免有病。舊聞李先生論此最詳。後來所見不同，遂不復致思。今乃知其為人深切，然恨已不能盡記其曲折矣。如云：『人固有無所喜怒哀樂之時，然謂之未發則不可，言無主也』。又云：『致字如致師之致』。又如『先言慎獨，然後及中和』，此意亦嘗言之。但當時旣不領略，後來又不深思，遂成蹉過，孤負此翁耳。（下略）。」（同上，答林擇之三十三書之第二十書）

朱子基本的思路是「心具衆理」，這和「心卽理」的思想是有距離的。朱子重後天修養工夫，其所謂的心爲一實然之心，並非本心，一定要通過莊敬涵養工夫，才能表現理，具此理而爲心之德。此非「固具」之義。

中庸講愼獨，由龜山、延平一脈的思路，正是要在不覩不聞，喜怒哀樂未發時體驗一超越性體。這不是像朱子了解的那樣做空頭的涵養工夫。所以表面上朱子由南軒而折返於延平，其實還是與延平有距離，只當時朱子不自覺耳。故晚年語錄對延平卽不無微詞。但在心理上則朱子確是由追思延平遺敎而感到靜養工夫之不可廢，所以他必定要爲這一方面在他自己的思想系統之中找到一個定位，這才達到他自己成熟的思想架構。

「又答林擇之書」：

「（上略）。前日中和之說看得如何？但恐其間言語不能無病。其大體莫無可疑。數日來玩味此意，日用間極覺得力。乃知日前所以若有若亡，不能得純熟。而氣象浮淺，易得動搖，其病皆在此。湖南諸友，其病亦似是如此。近看南軒文字，大抵都無前面一截工夫也。大抵心體通有無，該動靜，故工夫亦通有無，該動靜，方無滲漏。若必待其發而後察，察而後存，則工夫之所不至〔者〕多矣。（脫一『者』字。）惟涵養於未發之前，則其發處自然中節者多，不中節者少。體察之際亦甚明審，易為著力，與異時無本可據之說大不同矣。用此意看遺書，多有符合。讀之，上下文極活絡分明，無凝滯處。亦嘗如此看否？」（同上。答林擇之三十三書之第二十二書）

由這封信更清楚地看得出，到此時在體驗上朱子終於找到一套他自己可以安的工夫，一直可以通貫到未發處，始得以通有無，該動靜，達到無滲漏的境地。必至此乃得以針砭自己過去的毛病，也好像可以對治湖湘一派的短處。延平遺教逼着他不能安於動察一路，而他終於在伊川處找到他一路在尋覓的東西。

「又答林擇之書」：

> 「古人只從『幼子常視(示)毋誑』以上，灑掃應對進退之間，便是做涵養底工夫了。此豈待先識端倪而後加涵養哉？但從此涵養中，漸漸體出這端倪來，則一一便為己物。又只如平常地涵養將去，自然純熟。今曰：『即日所學便當察此端倪自加涵養之功』，似非古人為學之序也。(中略)蓋義理，人心之固有。苟得其養，而無物欲之昏，則自然發見明著，不待別求。格物致知亦因其明而明之爾。今乃謂『不先察識端倪，則涵養個甚底』，不亦太急迫乎？敬字通貫動靜。但未發時，則渾然是敬之體，非是知其未發，方下敬底工夫也。既發，則隨事省察，而敬之用行焉。然非其體素立，則省察之功亦無自而施也。故敬義非兩截事。必有事焉而勿正，心勿忘，勿助長，則此心卓然通貫動靜，敬立義行，無適而非天理之正矣。(下略)。」(同上，答林擇之三十三書之第二十一書)

由這封信清楚地可以看出，朱子所謂涵養已經不是延平默坐澄心的一套。朱子對於在教育程序上應循的步驟煞有見地。但他沒有了解「先識端倪而後涵養」是自覺地做道德實踐的層次，與教育程序不可混為一談。本心不立則道德實踐缺少一個基礎。朱子這樣做的好處是在事上歷練，不致失於空疏，但缺點是自覺的道德心終挺拔不起來，難免支離之病。然朱子之重做後天的修養工夫終是要從這個方向走去，與科學式的致知顯非一事。但在朱子的架局之下，敬貫動靜，也可以達到某種程度的圓融的體會和表達，只是入路與縱貫系統實有差距，而話頭上則可以有表面之相似也。

此年還有「答林謙之書」有云：

「蓋熹聞之，自昔聖賢教人之法，莫不使之以孝弟忠信，莊敬持養為下學之本，而後博觀衆理，近思密察，因踐履之實，以致其知。其發端啓要，又皆簡易明白，初若無難解者；而及其至也，則有學者終身思勉而不能至焉。蓋非思慮揣度之難，而躬行默契之不易。故曰：『夫子之文章可得而聞也，夫子之言性與天道不可得而聞也』。夫聖門之學所以從容積累，涵養成就，隨其淺深，無非實學者，其以此與？今之學者則不然。蓋未明一理，而已傲然自處以上智生知之流，視聖賢平日指示學者入德之門至親切處，則以為鈍根小子之學，無足留意。其平居道說無非子貢所謂『不可得而聞』者。往往務為險怪懸絕之言以相高，甚者至於周行却立，瞬目揚眉，內以自欺，外以惑衆。此風肆行，日以益甚。使聖賢至誠善誘之教反為荒幻險薄之資。仁義充塞，甚可懼也。」（文集卷三十八）

朱子為學次弟大體在此確立。下學而上達，先由灑掃進退入手，慢慢內化，而後進學致知，逐漸推展開去，這是一條正路。但朱子也應體悟到，逐漸做工夫到了某一階段則又必有一異質之跳躍的過程，發現道德本心，否則只是依樣畫葫蘆而已，畢竟於自覺地做道德實踐工夫何有？但朱子似乎並不深切地感覺到此處有一問題，他只是對那些空疏躐等之輩表現一極深反感耳。其實教育程序（後天）與本質程序（先天）本是兩個不同層次的問題，朱子却把全付注意力放在前者，對後者乃形成一種忌諱，所以日後與象山起衝突實爲必然之事，絕非一偶發現象。

庚寅朱子四十一歲。王懋竑錄「答呂伯恭」「答劉子澄」「答陳師德」等三書，主旨都在討論伊川「涵養須用敬，進學則在致知」二語。王氏考異卷一曰：

「按自庚寅與呂東萊劉子澄書，拈出程子兩語，生平學問大指蓋定於此，卽中庸尊德性道問學，易大傳之敬以直內，義以方外。從古聖賢所傳若合符節。至甲寅（六十五歲）與孫敬甫書云：『程夫子之言曰：涵養須用敬，進學則在致知。此兩言者，如車兩輪，如鳥兩翼。未有廢其一而可行可飛者也』。尤為直截分明。蓋相距二十五年矣，而其言無毫髮異也。自庚寅以後，書問往來，雖因人說法，間有所獨重，而其大指不出此兩語。晚年為鄂州稽古閣記，福州經史閣記，正以此兩語相對發明，其指意尤曉然矣。通辨，（學蔀通辨）正學考，皆不載此二書，今據文集補入。陳師德書不詳何時。師德卒於甲午，（朱子四十五歲）此書當去庚寅不遠，故附載之。」

辛卯朱子四十二歲，王氏年譜錄「又答林擇之書」：

「比因朋友講論，深究近世學者之病，只是合下欠缺持敬工夫，所以事事滅裂。其言敬者，又只說能存此心，自然中理。至於容貌詞氣，往往全不加工。設使真能如此存得，亦與釋老何異？（原注：上蔡說便有此病了）又況心慮荒忽，未必真能存得耶？程子言敬，必以整齊嚴肅，正衣冠，尊瞻視為先。又言：『未有箕踞而心不慢者』。如此乃是至論。而先聖說克己復禮。尋常講說，於禮字每不快意。必訓作理字然後已。今乃知其精微縝密，非常情所及耳。（下略）。」（文集卷四十三，答林擇之三十三書之第九書）

壬辰朱子四十三歲，王氏年譜又錄「答薛士龍」（註十二）「答汪尚書」二書皆嚴辨儒釋，強調「下學」而上達之旨。「中和舊說序」卽作於此年八月。此一公案討論至此大體可告一段落。

## 六、朱子晚年對於涵養、致知問題之定見

白田「朱子年譜考異」（卷三）在戊申（朱子五十九歲）下有云：

「朱子從學延平，受求中未發之旨。延平既歿，求其說而不得，乃自悟夫未發已發渾然一致，而於求中之說，未有所擬議也。後至潭州，從南軒胡氏之學，先察識，後涵養，則與延平之說不同。己丑，悟已發未發之分，則又以先察識後涵養為非，而仍守延

平之說。逮庚寅（朱子四十一歲），拈出程子『涵養須用敬』兩語，已不主延平。甲辰（朱子五十五歲）與呂士瞻書，乃明言延平之說為有偏。戊申（朱子五十九歲）答方賓王書，亦再言之。而楊（道夫）、葉（賀孫）、陳（淳）、沈（僩）、廖（德明）諸錄，皆確然可考。自永樂性理大全略載數語，混而不明。而後來之論無及此者。學蔀通辨云：『朱子初年答何叔京書，李先生教人，大抵令於靜中體認大本未發時氣象分明，卽處事應物，自然中節。此乃龜山門下相傳指訣。朱子作延平行狀，亦深取此說。後來乃以為不然。』又云：『朱子早年亦主此說，以為入道指訣，晚年見道分明，始以為不然。』其說頗詳，雖有未盡其曲折者，而其所發明，則固昔人之所未及也。當表而出之。

答呂士瞻書，不詳其年，其及南軒集後，本自在甲辰後，與答方賓王書，其先後則未可知也。方書在戊申，今以方書為據，載於戊申。而語錄楊葉陳沈廖諸錄皆以類附焉。」

白田這一段議論眞假混雜，所謂「從南軒胡氏之學，先察識，後涵養」，實則兩方面只是表面之相合，白田用語未免過重。戊子（朱子三十九歲）「答石子重書」已對南軒不無微詞，所重者始終是自己的體悟，不能逕謂之折從南軒。但「中和舊說序」明言因讀五峯與曾吉父書而益堅所信，當時所思與延平所教頗有距離，乃是實情。後改宗新說，以「先察識、後涵養」爲非，心理上多少有延平遺教爲背景，這是不成疑問的，但謂「仍守延平之說」，這就未必合乎事實。朱子只是覺得延平之重靜養應該有它的地位，且自己已能對這一方面有所安排，故在「中和舊說序」中有「獨恨不得奉而質諸李氏之門」的自信語。其實新說成立時，朱子已經接上伊川的思想，自覺找到了一條通貫動靜的道路，當時已經體證到「言靜則偏，故程子又說敬」，並已引證了伊川「涵養須用敬」兩語，何必待之於庚寅而始不主延平。所引「學部通辨」的議論也不是沒有問題。朱子在著「延平行狀」時，正是在追思遺教的心境下重述延平遺教。但當時只不過是就記憶所及那麼說，因爲當時他自己實並不眞了解此說之底蘊，所以後來數年之間才需要那樣强探力索，辛辛苦苦去追尋。但到晚年，學生每以他早年的文章議論來叩問做聖學工夫的節次，此時已不復是當年追思遺教時的心境，乃不能不對乃師之說有一客觀評價，此處當然比較能反映出他本人對於此一問題的定見，由這一觀點着眼，則答呂士瞻、方賓王二書自有其特殊意義，不妨錄在此處。

「答呂士瞻書」：

「(上略)。南軒辨呂與叔中庸，其間多病，後本已為刪去矣。但程先生云：『涵養於未發之前則可，求中於未發之前則不可』。此語切當不可移易。李先生當日用功，未知於此兩句為如何，後學未敢輕議。但今當只以程先生之語為正，則欽夫之說亦未為非。但其意，一切要於鬧處承當，更無程子涵養之意，則又自為大病耳。渠後來此意亦改。晚年說話，儘不干事也。」(文集卷四十六)

「答方賓王書」：

「(上略)。延平行狀中語，乃是當時所聞其用功之次第。今以聖賢之言，進修之實驗之，恐亦自是一時入處，未免更有商量也。(下略)。」(文集卷五十六，答方賓王十五書之第一書。）

龜山門下相傳指訣至此說成了「一時入處」，朱子晚年對這一條路之不相契可謂明矣。白田所引語錄各段把這個意思說得更明白顯豁，但我已引在論朱子從學於延平之一章，故此處不繁再引。總之對朱子來說，「默坐澄心」是偏於靜，不必一定走這一條路，這樣做工夫只不過是「且收斂在此，勝如奔馳。若一向如此，又似坐禪入定。」（語類卷一○三）

消極方面朱子在晚年既以靜坐爲偏，再就積極方面來看，朱子的意見又如何呢？語錄的權威性自不如文集，而中國式的應對多隨機指點的話頭，有時不免有好些外表似互相矛盾的論點。但小心爬疏，也可找出一條一貫的理路來。

涵養、致知既如車之兩輪，鳥之兩翼，朱子晚年在這個方向更進一步而說兩種工夫之互相穿透，不可分割，偏於一邊。此處選錄數條以爲佐證。

「涵養中自有窮理工夫，窮其所養之理；窮理中自有涵養工夫，養其所窮之理。兩項都不相離，纔見成兩處便不得。」（語類卷九，此條葉賀孫錄）

「存養與窮理工夫皆要到。然存養中便有窮理工夫，窮理中便有存養工夫。窮理便是窮那存得底，存養便是養那窮得底。」（六三，此條輔廣錄）

「已發未發，不必太泥。只是既涵養，又省察。無時不涵養省察。若戒懼不睹不聞，便是通貫動靜，只此便是工夫。至於謹獨，又是或恐私意有萌處，又加緊切。若謂已發了，更不須省察，則亦不可。如曾子三省，亦是已發後省察。」（六二，此條黃㽦錄）

「再論湖南問答，曰：未發已發只是一件功夫。無時不涵養，無時不省察耳。如水，長長地流，到高處又略起伏則箇。如恐懼戒謹，是長長地做。到謹獨，是又提起一起。如水然，只是要不輟地做。又如騎馬，自家常常提掇。及至遇險處，便加些提控。不成謂是大路便更都不管他，任他自去之理。正淳曰：未發時當以理義涵養。曰：未發時着理義不得，纔知有理有義，便是已發。當此時，有理義之原，未有理義條件。只一個主宰嚴肅，便有涵養功夫。伊川曰：敬而無失便是，然不可謂之中。但敬而無失，即所以中也。正淳又曰：平日無涵養者，臨事必不能强勉省察。曰：有涵養者固要省察，不曾涵養者亦當省察。不可道我無涵養工夫，後於已發處更不管他。若於發處能點檢，亦可知得是與不是。今言涵養，則曰不先知理義底涵養不得。言省察則曰無涵養省察不得。二者相睚，却成擔閣。又曰：如涵養熟者固是自然中節，便做聖賢，於發處亦須審其是非而行；涵養不熟底雖未必能中節，亦須直要中節可也。要知二者可以交相助，不可交相待。」（同上）

從上面所引語錄，可見朱子是在踏實做功夫，對學生則是因時設教，務使其不落兩邊。在朱子的義理系統下自也可以講出一套極圓融的東西。語類之中可以找到好多材料與文集所收書函互相印證。語類曰：

「擇之問：且涵養去，久之自明。曰：亦須窮理。涵養窮索二者不可廢一，如車兩輪，如鳥兩翼。如溫公只恁行將去，無致知一段。」（九，此條廖德明錄）

又曰：

「思索義理，涵養本原。」（九，此條李儒用錄）

「大本用涵養，中節則須窮理之功。」（六二，此條楊方錄）

大體朱子的意思是要齊頭並進，互相穿透，乃無偏向一邊之病。涵養功夫似在先，但不可因此輕忽省察、致知、窮理之功，涵養並不能替代後來的功夫。但在另一方面，涵養所得與窮理所得則又必輻輳在一起，二者不相敵對，有一種互相助長的功效。

至於言爲學之次第，則語類之中又有分解的說法：

「道夫以疑目質之先生，其別有九。其一曰：涵養、體認、致知、力行雖云互相發明，然究竟當於甚處着力？曰：四者據公看如何先後？曰：據道夫看，學者當以致知為先。曰：四者本不可先後，又不可無先後。須當以涵養為先。若不涵養而專於致知，則是徒然思索。若專於涵養而不致知，却鶻突去了。以某觀之，四事只是三事，蓋體認便是致知也。二曰：居常持敬於靜時最好。及臨事則厭倦，或於臨事時着力則覺紛擾，不然則於正存敬時忽忽為思慮引去。是三者將何以勝之？曰：今人將敬來別做一事，所以有厭倦，為思慮引去。敬只是自家一箇心常醒醒便是，不可將來別做一事。又豈可指擎跽曲拳塊然在此而後為敬。又曰：今人將敬、致知來做兩事。持敬時只塊然獨坐，更不去思量，却是今日持敬，明日去思量道理也。豈可如此。但一面自持敬，一面去思量道

理。二者本不相妨。(下略)。」(一一五，此條楊道夫錄)

語類又曰：

「(上略)涵養、致知、力行三者便是以涵養做頭，致知次之，力行次之。不涵養則無主宰，如做事須用人，纔放下，或困睡，這事便無人做主，都由別人，不由自家。既涵養，又須致知。既致知，又須力行。若致知而不力行，與不知同。亦須一時並了。非謂今日涵養，明日致知，後日力行也。要當皆以敬為本。敬却不是將來做一箇事。今人多先安一箇敬字在這裏，如何做得？敬只是提起這心，莫教放散，恁地則心便自明。這裏便窮理格物，見得如此便是，不當如此便不是。既見了，便行將去。今且將大學來讀，便是為學次第，初無許多屈曲。某於大學中所以力言小學者，以古人於小學中已自把捉成了，故於大學之道無所不可。今人既無小學之功，却當以敬為本。」(一一五，此條楊驤錄)

朱子既不止一處如此談為學次第，應為其晚年定論。但語類之中却又可以找到其他材料似有異辭。

「為學先要知得分曉。」(九)

「問：致知涵養先後。曰：須先致知而後涵養。問：伊川言：未有致知而不在敬，

如何？曰：此是大綱說要窮理須是着意，不着意如何會理會得分曉？」（九）

「堯卿問：窮理集義孰先？曰：窮理為先，然亦不是截然有先後。曰：窮是窮在物之理，集是集處物之義否？曰：是。」（九）

「萬事皆在窮理後，經不正，理不明，看如何地持守也只是空。」（九）

「痛理會一番，如血戰相似，然後涵養將去。因自云：某如今雖便靜坐，道理自見得。未能識得，涵養箇甚？」（九）

「而今人只管說治心脩身，若不見這箇理，心是如何地治，身是如何地脩？（下略）。」（九）

卷九這一連串的說話似乎和我們剛才所引的以涵養爲先的論調正相反對，我們將如何來解釋這一個矛盾的現象呢？而且這些並不是孤立的現象，語類中到處有類似的說法。

「知言，知理也。」（五二）

「知言，然後能養氣。」（五二）

「孟子說養氣先說知言，先知得許多說話是非邪正無疑後方能養此氣也。」（五二）

「問：養氣要做工夫，知言似無工夫得做。曰：豈不做工夫，知言便是窮理。不先窮理，見得是非，如何養得氣？須是道理一一審處得是，其氣方充大。」（五二）

「孟子論浩然之氣一段緊要全在知言上，所以大學許多工夫全在格物致知。」（五二）

「知言、養氣雖是兩事，其實相關，正如致知、格物、正心、誠意之類。若知言，

便見得是非邪正，義理昭然，則浩然之氣自生。」（五二）

「（上略）不先致知，則正心誠意之功何所施？所謂敬者何處頓放？今人但守一箇敬字，全不去擇義，所以應事接物處皆顛倒了。中庸博學之，審問之，謹思之，明辨之，篤行之。孟子博學而詳說之，將以反說約也。顏子博我以文，約我以禮。從上聖賢教人，未有不先自致知始。」（一三）

「大學所謂知至意誠者，必須知至，然後能誠其意也。今之學者，只說操存，而不知講明義理，則此心憒憒，何事於操存也？（下略）。」（一五）

在這樣的情形下，我們似乎不可以說，這些是朱子在一時的指點語。那麼是否朱子在晚年已放棄中和所說所主張的涵養在先的說法呢？其實仔細查究，我們就可以看出，朱子並未改變他在四十歲以後一貫的看法，兩種說法之間其實只有一表面的矛盾。解決問題的線索實際上已隱涵在前引楊驥所記的一段語類之內。原來朱子認爲，大學的爲學次第是以格物致知（窮理）爲首。但大學並不是教育程序之始，小學的階段却是以敬爲本，所以還是「涵養做頭，致知次之，力行次之。」

文集之中有好多資料可以作這種解釋的佐證。文集卷四十三答林擇之（三十三書之第十九書）有云：

「疑古人直自小學中涵養成就，所以大學之道只從格物做起。今人從前無此工夫，但見大學以格物爲先，便欲只以思慮知識求之，更不於操存處用力，縱使窺測得十分，亦無實地可據。大抵敬字是徹上徹下之意，格物致知乃其間節次進步處耳。」

文集卷四十二答胡廣仲（六書之第一書）亦云：

「近來覺得敬之一字，真聖學始終之要。向來之論，謂必先致其知，然後有以用力，於此疑若未安。蓋古人由小學而進於大學，其於灑掃應對進退之間，持守堅定，涵養純熟，固已久矣。是以大學之序，特因小學已成之功，而以格物致知為始。今人未嘗一日從事於小學，而曰必先致其知然後敬有所施，則未知其以何為主而格物以致其知也。」

同卷答吳晦叔（十三書之第九書）更把同一論點發揮得淋漓盡致：

「夫泛論知行之理，而就一事之中以觀之，則知之為先，行之為後，無可疑者。然合乎知之淺深，行之大小而言，則非有以先成乎其小，亦將何以馴致乎其大哉？蓋古人之教，自孩幼而教之以孝悌誠敬之實。及其少長，而博之以詩書禮樂之文。皆所以使之即夫一事一物之間，各有以知其義理之所在而致涵養踐履之功也。及其十五成童，學於大學，則其灑掃應對之間，禮樂射御之際，所以涵養踐履之者略已小成矣。於是不離乎此而教之以格物以致其知焉。致知云者，因其所已知者推而致之，以及其所未知者而極其至也。是必至於舉天地萬物之理而一以貫之，然後為知之至。而所謂誠意、正心、修身、齊家、治國、平天下者，至是而無所不盡其道焉。今就其一事之中而論之，則先知後行，固各有序矣。誠欲因夫小學之成以進乎大學之始，則非涵養踐履之有素，亦豈能居然以夫雜亂紛糾之心而格物以致其知哉？（中略）。故大學之書，雖以格物致知為用力之始，然非謂初不涵養履踐而直從事於此也。」

前面所引語錄凡朱子謂致知在先者放在這一脈絡之下觀之就十分妥貼，不再感到突兀了。錢穆先生在語類之中檢得極重要之一條（註十三）如下：

「問：格物章補文處不入敬意，何也？曰：敬已就小學處做了。此處只據本章直說，不必雜在這裏，壓重了，不淨潔。」（一六，此條徐寓錄，庚戌朱子六十一歲以後所聞）

由此可見這樣的看法確爲朱子晚歲定見無疑了。很明顯的，朱子所謂涵養與延平所謂涵養完全不是一回事。延平是通過涵養去體證中體，但朱子追隨伊川所講的涵養居敬却只是保持一常惺惺的態度，並沒有確定的實質內容，所以必須另做致知窮理的工夫——只不過兩下裏却有一種互相應和的關係。敬則私欲不生，此心湛然，不流放開去，自然萬理畢顯。故在朱子的思想系統之下，也可以說涵養本源，自作主宰。如此靜坐也不失爲令此心定下來的一種方法，然如只是討靜坐便不得。朱子的涵養乃不再只是默坐澄心，而是小學做敬的工夫。但兀然持敬又無實得，一定要心靜理明，摸捉到實理，才有眞正的貞定處。敬的常惺惺的態度自可以通貫動靜，但必窮理到豁然貫通處，才可以達到大學補傳中所說的那種最高境界。

故朱子必要求在兩方面齊頭並進，此間實預設一心性平行論。必存心而後理現，但在實質上却只有理才是眞正客觀形而上的根據，在心上做工夫就是要去攝推理。這樣的思想架局正是牟先生所謂的靜攝系統。性屬理，心屬氣，但這些還要另立專章加以討論。此處只再徵引語類數條以見朱子做涵養、致知工夫之節要。

「敬字工夫乃聖門第一義，徹頭徹尾，不可頃刻間斷。」(一二)

「只敬則心便一。」(一二)

「敬只是此心自做主宰處。」(一二)

「人能存得敬則吾心湛然，天理粲然，無一分着力處，亦無一分不着力處。」(一二)

「敬則萬理具在。」(一二)

「敬則天理常明，自然人欲懲窒消治。」(一二)

「今人皆不肯於根本上理會。如敬字，只是將來說，更不做將去。根本不立，故其它零碎工夫無湊泊處。明道、延平皆教人靜坐，看來須是靜坐。」(一二)

「敬非是塊然兀坐，耳無所聞，目無所見，心無所思，而後謂之敬。只是有所畏謹，不敢放縱。如此則身心收斂，如有所畏。常常如此，氣象自別。存得此心，乃可以為學。」(一二)

「程先生所以有功於後學者，最是敬之一字有力。人之心性，敬則常存，不敬則不存。如釋老等人，却是能持敬。但是它只知得那上面一截事，却沒下面一截事。覺而今恁地做工夫，却是有下面一截，又怕沒那上面一截。那上面一截却是箇根本底。」(一二)

「心若不存，一身便無所主宰。」(一二)

「未有心不定而能進學者，人心萬事之主，走東走西，如何了得！」(一二)

「今於日用間空閑時，收得此心在這裏截然，這便是喜怒哀樂未發之中，便是渾然天理。事物之來，隨其是非便自見得分曉：是底便是天理，逆底便是逆天理。常常恁地收拾得這心在，便如執權衡以度物。」(一二)

「人心常炯炯在此，然四體不待羈束而自入規矩。只為人心有散緩時，故立許多規矩來維持之。但常常提警，斂身入規矩內，則此心不放逸，而炯然在矣。心旣常惺惺，又以規矩繩檢之，此內外交相養之道也。」(一二)

「或問：而今看道理不出，只是心不虛靜否？曰：也是不曾去看。會看底就看處自虛靜，這箇互相發。」(九)

「虛心觀理。」(九)

「窮理以虛心靜慮為本。」(九)

「一心具萬理，能存心而後可以窮理。」(九)

「心包萬理，萬理具於一心。不能存得心，不能窮得理。不能窮得理，不能盡得心。」(九)

「主敬、窮理雖二端，其實一本。」(九)

「學者工夫唯在居敬窮理二事。此二事互相發。能窮理則居敬工夫日益進，能居敬則窮理工夫日益密。譬如人之兩足，左足行則右足止，右足行則左足止。又如一物懸空中，右抑則左昂，左抑則右昂，其實只是一事。」(九)

從以上徵引的這些話看來，孰先孰後，孰爲根本的問題就不難解答了。從小學到大學的敎育程序來說，顯然涵養在先，而心先要定下來，理才會現出來。但就知行的關係言，則必致知窮理爲先，因爲不知道什麼是對什麼是錯，那麼怎樣去力行，又涵養個什麼？從修養的角度來看，當然涵養是本。但從義理的客觀根據來看，眞正的基礎還是在性理。而窮理的實際工夫則在格物。語類有曰：

「窮理一字不若格物之爲切，便就事物上窮格。」(十五)

「人多把這道理作一箇懸空底物。大學不說窮理，只說箇格物，便是要人就事物上理會，如此方見實體。所謂實體，非就事物上見不得。」(十五)

朱子的思想是一漸敎型態，做格物的工夫即是在遇事接物之間，各須一一去理會始得。故語類又曰：

「上而無極太極，下而至於一草一木，一昆蟲之微，亦各有理。一書不讀，則闕了一書道理，一事不窮則闕了一事道理，一物不格則闕了一物道理，須着逐一件與他理會過。」(十五)

由此可見，朱子的思想是不斷斷外在經驗知識的牽連。但他並非眞的將所有的知識放在同一層次，不加甄別。文集卷三十九有答陳齊仲書曰：

「格物之論，伊川意雖謂眼前無非是物，然其格之也，亦須有緩急先後之序，豈遽以為存心於一草木器用之間，而忽然懸悟也哉？且如今為此學而不窮天理、明人倫、講聖言、通世故，乃兀然存心於一草木一器用之間，此是何學問？如此而望有所得，是炊沙而欲其成飯也。」

那知日後陽明少時果因格竹子而致病，顯然對於朱子的意思未能善會。朱子只是要以漸的方式來體道。故語類又曰：

「問，格物之義固要就一事一物上窮格，然如呂氏楊氏所發明大本處，學者亦須兼考。曰：識得卽事事物物上便有大本，不知大本，是不曾窮得也。若只說大本，便是釋老之學。」（十五）

而格物、致知只是一事之兩面。語類有曰：

「致知、格物只是一箇。」（十五）

「格物是逐物格將去，致知則是推得漸廣。」（十五）

「格物以理言也。致知以心言也。」（十五）

「格物是物物上窮其至理。致知是吾心無所不知。格物是零細說，致知是全體說。」(十五)

有趣的是，朱子講心靜理明，這極像荀學的入手方法。當然我們可以說，大學也講定、靜、安、慮、得，但早就有人懷疑大學卽是荀學的文獻。再說朱子重後天的敎育程序也與荀學有若合符節之處。惟一根本不同處在，朱子肯定心具衆理，性理是超越的先天形上根源，不能像荀子那樣完全由後天敎化設施着眼。從學術史的觀點看，荀子講「虛壹而靜」，當然不能不說是受到道家的影響，大學講定、靜、安、慮、得，也不能說一定沒有受到道家的影響。但儒學的修養工夫明顯地和道家不同，大學的終極目的在明明德，而後接着講親民（或新民），止於至善，由三綱領到八條目作一種直貫式的推演，對文明、社會採取一種積極的肯定的觀點，這不是道家可以接受的態度。任何一家思想，要自己擴大就必須吸收他家的長處，但吸收過來以後，套在一個新的思想規模之下，所表現的理論效果也就完全不同了。故儒家的修養工夫畢竟與二氏只有一表面的相合，乃不能再說在儒家的規模下，做靜坐持敬的工夫還是與二氏一樣。在這裏朱子有時是缺乏了一些必要的分疏。他常常感覺到就上面一截工夫來說，二氏與儒家似無大大分別，故曰：「所差毫末耳」，好像儒家與二氏的本質區別僅在佛道沒有下面一截功夫。這種講法是不足够的，甚至也可說是不正確的。儒釋道之間有共，也有不共之處。而這種不共決不只在二氏欠缺下面一截這一點上，事實上無論在源頭上的出發點，做工夫的目標，形上的根據彼此都有極大的分別。而反過來，則道家也可以說「應帝王」，佛家更有俗諦方面的整套方便設施，那麼也就不能說他們完全沒有下面那一截子。但正因爲朱子未作出一些應有的分疏，只把注意力放在儒家與二氏的儱侗相似處，於是感覺到一種儒家容易流爲異學的威脅，以至形成許多忌諱。凡不像他那樣講下學而上達，他就必以之爲說得過高，故此他對明道已不無微詞，由程門大弟子上蔡、龜山以降，他莫不感到有問題，到他自己同時代的象山，他更直斥之爲禪，這是把流弊當作本質，不是一種允當的見解，所作的判斷評價也就都有了問題，極爲可憾。而這更授道學的敵對者以柄，當時有些攻擊朱子爲僞學的人竟也誣朱子爲禪，這就未免更離譜了，不足爲訓。中國哲學之不能建立客觀的義理規模，由此可見。今日治思想史者應該自覺地避免蹈往日的覆轍，應先分析各不同思想型態的架構，互相比較參觀，把深微的理論效果澈底引伸出來，然後才在評價上辨分高下，作出自己的實存的抉擇。於此絕對不可以先扣上人一頂帽子，然後大張撻伐，加以道德上的譴責，乃至實際上的迫害。中國人不能在這些地方自覺地改革傳統的陋習，只怕在學術和政治上就永難走上軌道，至貽百世之憂。此處不可以不戒愼。

總結下來，朱子對於中和問題的反省，逼使他發展出他自己的思想義理的獨特的架局。自此以往，他在思想的本質上沒有很大的變化，有之，只是思想的進一步的繁演與發揮罷了。他教學生，也不出乎我們在上面所討論的範圍之外。

黃勉齋作行狀有云：

「其爲學也，窮理以致其知，反躬以踐其實，居敬者所以成始成終也。謂致知不以敬，則昏惑紛擾，無以察義理之歸，躬行不以敬，則怠惰放肆，無以致義理之實。持敬之方，莫先主一。旣爲之箴以自警，又筆之書，以爲小學大學，皆本於此。儼然端坐一室，討論訓典，未嘗少輟。自吾一心一身，以至萬事萬物，莫不有理。存此心於齋莊靜一之中，窮此理於學問思辨之際，皆有以見其所當然而不容已，與其所以然而不可易。然充其知而見於行者未嘗不反之於身也。不睹不聞之前，所以戒懼者愈嚴愈敬；隱微幽獨之際，所以省察者愈精愈密。思慮未萌，而知覺不昧；事物既接，而品節不差。無所容乎人欲之私而有以全乎天理之正，不安於偏見，不急於小成，而道之正統在是矣。」

又云：

「至若求道而過者，病傳注誦習之煩，以為不立文字，可以識心見性，不假修為，可以造道入德，守虛靈之識，而昧天理之真，借儒者之言，以文老佛之說。學者利其簡便，詆訾聖賢，捐棄經典，猖狂叫呶，側僻固陋，自以為悟。立論愈下者，則又崇獎漢唐，比附三代，以便其計功謀利之私。二說並立，高者陷於空無，下者溺於卑陋，其害豈淺淺哉。先生力排之，俾不至亂吾道以惑天下。於是學者靡然向之。先生教人以大學語孟中庸為入道之序，而後及諸經。以為不先乎大學，則無以提綱挈領，而盡語孟之精微；不參之論孟，則無以融會貫通，而極中庸之旨趣。然不令其極於中庸，則又何以建立大本，經綸大經，而讀天下之書，論天下之事哉。其於讀書也，必使之辨其音釋，正其章句，玩其辭，求其義，研精覃思，以究其所難知，平心易氣，以聽其所自得。然為己務實，辨別義利，毋自欺，謹其獨之戒，未嘗不三致意焉。蓋亦欲學者窮理反身，而持之以敬也。」

王懋竑又引最先爲朱子作年譜之李果齋氏曰：

「先生之道之至，原其所以臻斯閫者，無他焉，亦曰：主敬以立其本，窮理以致其知，反躬以踐其實，而敬者又貫通乎三者之間，所以成始而成終者也。故其立敬也，一其內以制乎外，齊其外以養其內。內則無二無適，寂然不動，以為酬酢萬變之主；外則儼然肅然，終日若對神明，而有以保固其中心之所存。及其久也，靜虛動直，中一外融，而人不見其持守之力，則篤敬之驗也。其窮理也，虛其心，平其氣，字求其訓，句索其旨，未得乎前，則不敢求乎後，未通乎此，則不敢志乎彼，使之意定理明，而無躁易凌躐之患，心專慮一，而無貪多欲速之蔽。始以熟讀，使其言若出於吾之口，繼以精思，使其意皆若出於吾之心。自表而究裏，自流而溯源，索其精微若別黑白，辨其節目若數一二，而又反復以涵泳之，切己以體察之，必若先儒所謂沛然若河海之浸，膏澤之潤，渙然冰釋，怡然理順，而後為有得焉。若乃立論以驅率聖言，鑿說以妄求新意，或援引以相糾紛，或假借以相混惑，麤心浮氣，意象匆匆，常若有所迫逐，而未嘗徘徊顧戀，如不忍去，以待其浹洽貫通之功，深以為學者之大病，不痛絕於此，則終無入德之期。蓋自孔孟以降，千五百年間，讀書者衆矣，未有窮理若此其精者也。其反躬也，不睹不聞之前，所以戒懼者，愈嚴愈敬；隱微幽獨之際，所以省察者，愈精愈密。思慮未萌，而知覺不昧；事物既接，而品節不差。視聽言動，非禮不為；意必固我，與迹俱泯。無所容乎人欲之私，而有以全夫天理之正。蓋語默云為之際，周旋出入之頃，無往而非斯道之流行矣。合是三者，而一以貫之，其惟敬乎。」

勉齋、果齋爲親炙朱子之入室弟子，所言與文集所錄晚歲書函文字以及語錄所記若合符節，想必足以反映朱子晚年對於涵養、致知、力行問題之定見。

## 註釋

註一：錢穆：「朱子新學案」第三冊頁五。

註二：參上章第二節所引朱子己丑答林擇之書（文集卷四十三、答林擇之三十三書之第二十書），與壬辰之中和舊說序（文集卷七十五）。

註三：牟宗三：「心體與性體」第三冊頁一〇〇至一〇三。朱子所繼承與發揮的是伊川的橫攝系統，而不契於明道所體證的縱貫系統。二系之差別參牟先生書，頁四八至四九。

註四：錢穆：「朱子新學案」第二冊頁一六一至一六二。

註五：仝上，頁一二三，一六九至一七〇。

註六：牟宗三，前揭，頁八五至九〇。

註七：仝上，頁九三至九四。

註八：錢穆，前揭，第二冊頁一二三至一八二。

註九：隨便舉兩個例，由朱子少年所作文：存齋記，及辛巳詩：「舊喜安心苦覓心」等可見其當時用心所在。參第一章。

註十：牟宗三，前揭，頁一五四至一七五。

註十一：錢穆，前揭，第二冊頁一五三至一五八。牟先生對宋元學案之晦翁學案也頗有微詞，見其所著，前揭，頁二〇四。

註十二：錢穆，前揭，第三冊頁五至六，依夏炘辨，薛季宣卒於辛卯，壬辰不得有是書。書中云孤露餘生，則是己丑丁母憂以後。陳清瀾將此列之于庚寅。

註十三：錢穆，前揭，第二冊頁一九九至二〇〇。

# 第四章 朱子對於仁的理解與有關仁說的論辨

## 一、朱子對於仁說的醞釀、論辨、以及撰寫的過程的考察

在中和新說之後，朱子進而撰仁說，觸發與湖湘學者有關仁的問題的理解的一場大辯論。朱子仁說似乎數易其稿，等到定稿之後，其心性情三分的架局已經大定。所以這一場的辯論對於朱子思想的發展之走向定型有決定性的影響。但王懋竑年譜正文對於仁說竟然隻字不提，甚爲可異，連錢穆先生的「朱子新學案」都不錄現行仁說之全文，不知什麼緣故？（註一）只有牟宗三先生獨具隻眼，將相關文獻輯錄在一起，詳加疏釋，功不可沒（註二）。但牟先生推測，「關此之論辨大體開始於四十三歲，其結束當在四十六、七之間」（註三）。年限似放得太寬。其實論辨諸函多在同時，集中討論這一問題不出壬辰、癸巳兩年之外，現行仁說當改定於癸巳朱子年四十四歲時，正好像中和舊說之在戊子，新說則在己丑（註四），眞正集中討論中和問題也不過就在兩年之間。乙未年朱子四十六歲，呂伯恭（東萊）來訪，兩人合作編成近思錄，同年乃有鵝湖之會，注意力已轉移他處；次年更如婺源修祖墳，夫人則卒於同一年的冬天，時間上也不容許他還在作有關仁說之辯論。以下我將廣徵文獻來證成我對於這一件事情的推測和論斷。

朱子蘊釀關於仁的理解約與對於中和的反省同時。語錄曰：

> 「問：先生舊與南軒反覆論仁，後來畢竟合否？曰：亦有一二處未合。敬夫說本出胡氏。胡氏之說，惟敬夫獨得之。其餘門人皆不曉，但云當守師之說。向來往長沙，正與敬夫辨此。」（一○三，此條鄭可學錄）

南軒是否獨得胡氏之說？此點大可商榷。但這一條却證明，朱子三十八歲往潭州晤南軒時並不專討論中和問題，亦兼論仁之問題。只不過中和問題站在前哨，仁的問題暫隱幕後而已！關於中和問題的討論主要是在戊子、己丑兩年，到壬辰年朱子寫中和舊說序，對於全案作一追敍式的總結，可惜所編有關中和之論辨的文集無存，王懋竑已不及見，所以需要花好多考據功夫以復其舊。有關仁說之論辨則大體恰正始自壬辰，當時辯論是如火如荼，正如語類所說：「某嘗說仁主乎愛，仁須用愛字說，被諸友四面攻道不是」（註五）。王懋竑則是有意忽略此一論辨，決非如牟先生所謂「如許之信函，其確定年月恐不必能詳考。此或王懋竑朱子年譜所以不列載此部論辨之故與？」（註六）事實上我們利用王譜做參考，詳查答張敬夫、呂伯恭、呂子約、胡廣仲（五峯從弟）、胡伯逢（五峯從子）、吳晦叔（五峯弟子）等有關信函，就可理出一條大體的線索來。

現行的朱子文集，有的文章、書函標明年月日，多數則沒有日期，但若能找到幾個重要的樞紐點，再推概其餘，也就雖不中，不遠矣。

文集卷七十七有克齋記一文，標明為壬辰所作，茲錄如下：

「性情之德，無所不備，而一言足以盡其妙，曰仁而已。所以求仁者蓋亦多術，而一言足以擧其要，曰克己復禮而已。蓋仁也者，天地所以生物之心，而人物之所得以為心者也。惟其得夫天地生物之心以為心，是以未發之前四德具焉，曰仁義禮智，而仁無不統。已發之際，四端著焉，曰惻隱、羞惡、辭讓、是非，而惻隱之心無所不通。此仁之體用所以涵育渾全，周流貫徹，專一心之妙，而為衆善之長也。然人有是身，則有耳目鼻口四肢之欲，而或不能無害夫仁。人既不仁，則其所以滅天理而窮人欲者，將益無所不至。此君子之學所以汲汲於求仁，而求仁之要亦曰去其所以害仁者而已。蓋非禮而視，人欲之害仁也。非禮而聽，人欲之害仁也。非禮而言且動焉，人欲之害仁也。知人欲之所以害仁者在是，於是乎有以拔其本塞其源，克之克之，而又克之，以至於一旦豁然欲盡而理純，則其胸中之所存者，豈不粹然天地生物之心，而藹然其若春陽之溫哉？默而成之，固無一理之不具，而無一物之不該也。感而通焉則無事之不得於理，而無物之不被其愛矣。嗚乎！此仁之為德所以一言而可以盡性情之妙，而其所以求之之要，則夫子之所以告顏淵者亦可謂一言而擧也與？（下略）。」

現行仁說的正面內容和這篇克齋記相同，克齋記是朱子四十三歲時為石子重而作。與張欽夫四論仁說中有云：「熹向所呈似仁說，其間不免尚有此意，方欲改之而未暇，來教以為不如克齋之云是也。然於此却有所未察。」（文集卷三十二）由此可見，仁說之初稿是在克齋記以前，現行之定文在壬辰朱子四十三歲以後，與張欽夫之辨仁說也大體在四十三歲以後。其他湖湘學者如胡廣仲、胡伯逢、吳晦叔等與朱子的論辨也應在同時，因為那一連串的書函互相關涉，很明顯地是同一時期的作品。問題是在論辨的下限究竟在什麼時候？現行仁說究竟改定在那一年？

文集卷三十三朱子答呂伯恭云：

「仁說近再改定，比舊稍分明詳密，已復錄呈矣。此說固太淺，少含蓄。然竊意此等名義，古人已教、自其小學之時，已有白直分明訓說，而未有後世許多淺陋玄空、上下走作之弊。故其學者亦曉然知得如此名字但是如此道理，不可不著實踐履。所以聖門學者皆以求仁為務。蓋皆已略曉其名義，而求實造其地位也。若似今人茫然理會不得，則其所汲汲以求者，乃其平生所不識之物，復何所向望愛說（同悅），而知所以用其力耶？故今日之言比之古人，誠為淺露，然有所不得已者，其實亦只是祖述伊川仁性愛情之說，但剔得名義稍分界分、脈絡，有條理，免得學者枉費心神，胡亂揣摸，喚東作西爾。若不實下恭敬存養、克己復禮之功，則此說雖精，亦與彼有何干涉耶？故却謂此說正所以為學者向望之標準，而初未嘗侵過學者用功地步。明者試一思之，以為如何？似不必深以為疑也。自己功夫與語人之法固不同。然如此說，却似有王氏所論高明中庸之弊也。須更究其曲折，略與彼說破，乃佳。」（文集卷三十三，答呂伯恭四十九書之第二十四書）

這封信把朱子作仁說的動機說得明明白白，主要是概念分解上事。如果我們能確定這一封信的日期，那麼上面我們所問的問題自然而然可以迎刃而解矣。

案同卷編次在此函之前一書有云：

「欽夫近答書，寄語解數段，亦頗有未合處，然比之向來，收歛慤實，則已多矣。言仁諸說錄呈。渠別寄仁說來，比亦答之，並錄去。有未安處，幸指誨也。」(同上，答呂伯恭四十九書之第二十三書)

白田年譜對此書繫之癸巳，可見有關仁的討論一直延伸到癸巳年，同卷稍前又有一書有云：

「仁字之說，欽夫得書云，已無疑矣。所諭愛之理，猶曰動之端、生之道云爾者，似頗未親。蓋仁者愛之理，此理字重。動之端，端字却輕。試更以此意秤停之，卽無侵過用處之嫌矣。如何？(中略)。欲作淵源錄一書，盡載周程以來諸君子行實文字，正苦未有此及永嘉諸人事跡首末。因書士龍告為託其搜訪見寄也。」(同上，答呂伯恭四十九書之十八書)

年譜謂伊洛淵源錄成於癸巳，此書卽繫於癸巳，但此時淵源錄還在搜訪材料中，當然朱子不必一定等待薛士龍所搜之資料而後成書，士龍是否把資料很快寄交朱子亦非所知。同卷往後則又有一書有云：

「淵源錄許為序引，甚善。（中略）。所論克己之功，切中學者空言遙度之病。然向來所論，且是大綱要識得仁之名義氣味，令有下落耳。初不謂只用力於此，便可廢置克己之功。然亦不可便將克己功夫占過講習地位也。中間有一書論古人小學已有如此訓釋一段，其詳幸更考之。然克己之誨則尤不敢不敬承也。欽夫近得書，別寄言仁錄來，修改得稍勝前本。仁說亦用中間反覆之意改定矣。」（同上，答呂伯恭四十九書之二十七書）

白田年譜將此函亦繫之於癸巳。文集諸函雖不必完全以年敍，但此函語氣緊接着前引朱子解釋自己爲何著仁說之一函之後，應爲同時作品無疑。這樣我們可以說有很強的證據可以斷定仁說係改定於癸巳朱子四十四歲時。如果仁說改定稿是論辨完成以後的結果，則這一場論辨必在壬辰、癸巳兩年之間，可以斷言。

現行四部備要本仁說之下有注曰：

「浙本誤以南軒先生仁說為先生仁說，而以先生仁說為序。仁說又註此篇疑是仁說序。姑附此十字，今悉刪正之。」（文集卷六十七，雜著）

混淆所以產生的原因在，南軒、朱子都分別有仁說、論語說，王懋竑考異卷一論朱子三十八歲去潭州訪南軒有云：

「祭南軒文云：蓋繳紛往反者幾十有餘年，末乃同歸而一致。此統言之。如論語說、仁說之類，非指中和說而言。洪譜蓋誤認此語也。」

白田這樣的辨正是沒有問題的。但當知所討論固不只是朱子的論語說，仁說。南軒也有論語說，仁說，朱子文集卷三十一有與張敬夫論癸巳論語說，所論的卽南軒之論語說，朱子在討論時已堅持「仁字正指愛之理而言」。後來朱子聲名日大，南軒之說被壓蓋下去，以至產生一些混淆。然現行本的仁說就內容來說，前半直陳己意，後半批評異說，是一篇極完整的論文，決然是仁說本身，不會是仁說序，可以斷言。

到了乙巳年，朱子五十六歲，有信給呂子約有云：

「仁字固不可專以發用言，然却須識得此是個能發用底道理始得，不然此字便無義理，訓釋不得矣。且如元者善之長，便是萬物資始之端，能發用底本體，不可將仁之本體做一物，又將發用底別做一物也。（中略）。大抵仁之為義須以一意一理求得，方就上面說得無不通貫底道理。如其不然，卽是所謂儱侗眞如、顢頇佛性，而仁之一字遂無下落矣。向來鄙論之所以作，正為如此。中間欽夫蓋亦不能無疑。後來辨析分明，方始無說。然其所以自為之說者，終未免有未親切處。須知所謂純粹至善者，便指生物之心而言，方有著實處也。今欲改性之德、愛之本六字為心之德、善之本，而天地萬物皆吾體也。但心之德可以通用其他，則尤不著題，更須細意玩索，庶幾可見耳。」（文集卷四十七答呂子約二八書之第二十五書）

從這封信的口氣看，朱子與南軒關於仁說的辯論固早已結束，在回敍之中，我們可以看出，似乎朱子先作仁說，南軒有所致疑，後南軒自作仁說，則朱子始終不以爲然。函中提及之「性之德、愛之本」之語不見於今本仁說，僅見於與南軒二論仁說函中，然意思則涵於與湖湘學者討論之書函之中，姑誌之以存疑。但南軒之思想根源在明道，說萬物一體，爲一本之論，朱子則宗伊川所謂仁性愛情之說，兩方面之距離甚不可掩。

關於仁說的考據討論到此爲止。下節將分析今本仁說所涵蘊之義理架構。

## 二、今本仁說所涵之義理架構之解析

今本仁說見文集卷六十七，雜著之中，玆錄其全文如下：

「天地以生物為心者也，而人物之生又各得夫天地之心以為心者也。故語心之德，雖其總攝貫通、無所不備，然一言以蔽之，則曰仁而已矣！請試詳之。蓋天地之心，其德有四，曰元亨利貞，而元無不統。其運行焉，則為春夏秋冬之序，而春生之氣無所不通。故人之為心，其德亦有四，曰仁義禮智，而仁無不包。其發用焉，則為愛恭宜別之情而惻隱之心無所不貫。故論天地之心者，則曰乾元坤元，則四德之體用不待悉數而足。論人心之妙者，則曰仁人心也，則四德之體用亦不待遍擧而該。蓋仁之為道，乃天地生物之心卽物而在。情之未發而此體已具，情之旣發，而其用不窮。誠能體而存之，則衆善之源，百行之本，莫不在是。此孔門之敎所以必使學者汲汲於求仁也。其言有曰：克己復禮為仁，言能克去己私，復乎天理，則此心之體無不在，而此心之用無不行也。又曰：居處恭、執事敬、與人忠，則亦所以存此心也。又曰：事親孝、事兄弟、及物恕，則亦所以行此心也。又曰：求仁得仁，則以讓國而逃，諫伐而餓，為能不失乎此心也。又曰：殺身成仁，則以欲甚於生、惡甚於死，為能不害乎此心也。此心何心也？在天地則坱然生物之心，在人則溫然愛人利物之心，包四德而貫四端者也。

或曰：若子之言，則程子（伊川）所謂愛情仁性，不可以愛為仁者非歟？曰：不然。程子之所訶，以愛之發而名仁者也。吾之所論，以愛之理而名仁者也。蓋所謂情性者，雖其分域之不同，然其脈絡之通，各有攸屬者，則曷嘗判然離絕而不相管哉？吾方病夫學者誦程子之言而不求其意，遂至於判然離愛而言仁。故特論此以發明其遺意，而子顧以為異乎程子之說，不亦誤哉？或曰：程氏之徒言仁多矣。蓋有謂愛非仁，而以萬物與我為一為仁之體者矣。亦有謂愛非仁，而以心有知覺釋仁之名者矣。今子之言若是，然則彼皆非歟？曰：彼謂物我為一者，可以見仁之無不愛矣，而非仁之所以為體之真也。彼謂心有知覺者，可以見仁之包乎智矣，而非仁之所以得名之實也。觀孔子答子貢博施濟衆之問，與程子所謂覺不可以訓仁者，則可見矣。子尚安得復以此而論仁哉？抑泛言同體者，使人含胡昏緩而無警切之功。其弊或至於認物為己者有之矣。專言知覺者，使人張皇迫躁而無沉潛之味，其弊或至於認欲為理者有之矣。一忘一助，二者蓋胥失之，而知覺之云者，於聖門所示樂山能守之氣象尤不相似。子尚安得復以此而論仁哉？因並記其語，作仁說。」

**附：仁說圖**

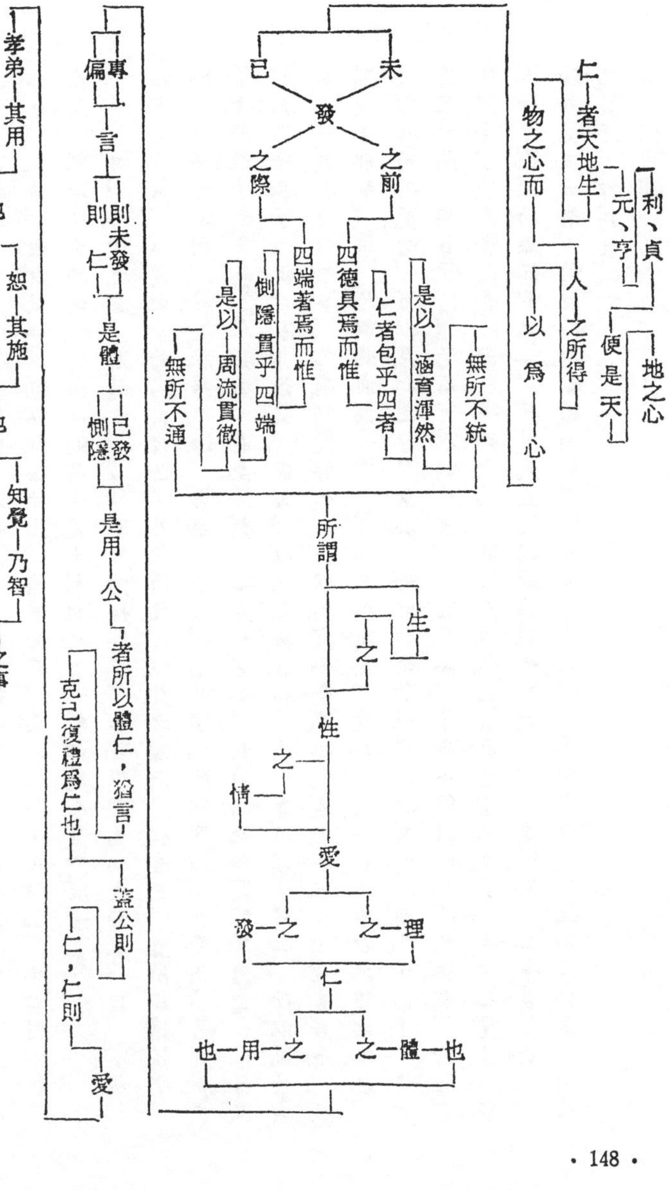


（述先案：原圖見朱子語類卷一〇五。本圖係轉摘自范壽康：朱子及其哲學）

這篇仁說的前半直陳己意，極圓整而有條理。朱子首先肯定天心，以生生爲內容。語類有云：

「天之生物之心，無停無息，春生冬藏，其理未嘗間斷。到那萬物各得其所時，便是物物如此。乾道變化，各正性命。各正性命，是那一草一木，各得其理。變化是個渾全底。」（二七）

又曰：

「康節詩云：冬至子之半，天心無改移。一陽初動處，萬物未生時。玄酒味方淡，大音聲正希。此言如不信，更請問包犧。可謂振古豪傑。」（七一）

康節詩直指天心，故朱子譽之爲振古豪傑。語類另一處有較詳細之疏釋：

「康節云：一陽初動處，萬物未生時。蓋萬物生時，此心非不見也。但天地之心悉已布散叢雜，無非此理呈露，倒多了難見。若會看者能於此觀之，則所見無非天地之心矣。惟是復時萬物皆未生，只有一個天地之心昭然著見在這裏，所以易看也。」（七一）

天心之內在於人而爲人心，其本質卽爲仁。語類曰：

「得此生意以有生，然後有禮智義信。以先後言之，則仁爲先。以大小言之，則仁

為大。」(六)

朱子最喜歡用穀種之喻言仁。語類有云：

「問：愛之理、心之德。曰：理便是性。緣裏面有這愛之理，所以發出來無不愛。程子曰：心如穀種，其生之性乃仁也，生之性便是愛之理也。」(二〇)

又曰：

「所謂心之德者即程先生穀種之說，所謂愛之理者，則正謂仁是未發之愛，愛是已發之仁爾。只以此意推之，不須外邊添入道理。著於此處認得仁字，即不妨與天地萬物同體，若不會得，便將天地萬物同體為仁，却轉無交涉矣！」(二〇)

朱子的說法就近來說，是要把周敦頤、張載、邵康節的天道論與二程論性的思想鎔爲一爐，就遠來說，則要會通易庸論孟，乃至兼採漢儒之說，規模是宏大，當然就問題來說，也就牽進了更多的葛藤。他把元亨利貞四項天德配上了春夏秋冬四時，而人心也正好表現爲仁義禮智四德。這裏面似乎有一客觀的統序。但朱子並不是一個專重分析的多元論者，他深悉理一分殊之旨。故由他的觀點來看，一氣之流行實貫串四季，即冬日肅殺之時，那同一生氣即作用於無形之中，終於引致春陽之復甦，萬物乃由正面來表現此一生氣。利用這一譬喻，他說明若以專言則仁只是四德之一，但統而言之，則仁無所不包。朱子合下是一實在論者，這不成疑問。但他所撲到的理並不只是平舖散列的理，而是一個高下有所統屬秩序井然的理的統系。故人可以只把握到一德一時，但久之終可以體悟到一氣之流行、一理之萬殊，而可以提綱絜領，對宇宙、人性有一通貫有機之理解。

大概朱子對於天地生生不已的過程永無停息，以及生生而條理，這兩方面的體會是眞切的。但如我們要進一步順着他的分解的思路去求心性情等之實義，不止於一表面上浮汎儱侗的了解，我們就可以發現，朱子順着伊川「仁性愛情」的思路，實已發展出一套新型態的思想，未必與傳統說下來的一套完全相合。

大抵朱子心性情的三分概念必套在他理氣二元的形上觀下才能得到一貼切的了解。性是理，是形而上者，故無不善。心是氣之精爽者，故爲一實然之心。心之本體當具衆理，但心也可以流放出去，失却主宰，乃爲情欲所制。如果心能燭照衆理，以理御情，自然便能得到中和的效果。此所以心之貞靜，致知窮理，乃是做功夫之節要，在仁說之中乃以克己復禮的方式表達出來。由此可見，心與理的關係只是當具，不是本具，必做後天的功夫才能使得心與理一。如此說仁是心之德，並不眞表示心必具仁德，而只是說心若能做主宰，發揮其應有之作用，乃可具此仁德。心在此成爲性情之間的一道橋樑，故朱子盛讚張載，語類曰：

「橫渠心統性情一句，乃不易之論。孟子說心許多，皆未有似此語端的。仔細看便見。其他諸子等書，皆無依稀似此。」（一〇〇）

又曰：

「性情心惟孟子、橫渠說得好。仁是性，惻隱是情，須從心上發出來，心統性情者也。性只是合如此底，只是理。非有個物事。若是有底物事，則既有善，亦必有惡。惟其無此物，只是理，故無不善。」(五)

朱子又曾打比方來說明它們彼此間的關係：

「性是未動，情是已動，心包得已動未動。蓋心之未動，則為性，已動，則為情，所謂心統性情也。欲是情發出來底。心如水，性猶水之靜，情則水之流，欲則水之波瀾。但波瀾有好底，有不好底。欲之好底如我欲仁之類。不好底則一向奔馳出去。若波濤飜浪。大段不好底欲，則滅却天理，如水之壅決，無所不害。」(五)

由此看來，說仁是心之德，只是虛說，意謂心當具此仁德，但說仁是愛之理，却是坐實來說，故嚴格言之，仁乃是性之德，此即伊川所謂「仁性」之微意。朱子又由統分的角度來看心之德，愛之理。語類說：

「心之德是統言。愛之理是就仁義禮智上分說。如義便是宜之理，禮便是別之理，智便是知之理。但理會得愛之理，便理會得心之德。又曰：愛雖是情，愛之理是仁也。仁者愛之理，愛者、仁之事。仁者愛之體，愛者、仁之用。」(二十)

既把握到朱子對仁的了解的實義，再看仁說下半批評論辨的部分，也就不難得到綱領。朱子說他沒有違背伊川「愛情仁性、不可以愛爲仁」的說法，這是實情。從經驗實然的層面上說，愛當然不就是仁。伊川以愛爲情，以仁爲性，這是凸顯出仁是屬於一個超越異質的層面。朱子以仁爲愛之理，正是表明同一意思。但在另一面朱子又反對把仁與愛完全切斷，愛情之發如中理，即表現仁之用。仁既超越而內在，與愛情的具體關連既不切斷，乃似有一親切之體會。伊川到朱子是表現一明確的理路，但却與孟子到明道的一貫思想不類。孟子講惻隱之心，講良知，四端之萌，擴而充之，沛然莫之能禦，這是一本之論，並不是伊川、朱子二本的說法。牟宗三先生歸納明道與伊川言仁之綱領不同如下：(註七)

明道：

一、「仁者渾然與物同體」，「仁者以天地萬物為一體，莫非己也」。

二、「醫書言手足痿痺為不仁，此言最善名狀」。

三、「學者識得仁體，實有諸己，只要義理栽培」。

四、「切脈最可體仁」，「觀鷄雛、此可觀仁」，「觀天地生物氣象」。

五、「萬物之生意最可觀，此元者善之長也，斯可謂仁也」。

伊川：

一、「愛自是情，仁自是性」。

二、「仁之道，要之，只消道一公字。公卽是仁之理，不可將公便喚做仁。公而以人體之，故爲仁」。

三、「仁是性也，孝弟是用也。性中只有仁義禮智四者，幾曾有孝弟來？（或：幾曾有許多般數來？）」

四、「心生道也。有斯心，斯有是形以生。惻隱之心，人之生道也」。

五、「心是所主言，仁是就事言」。「心譬如穀種，生之性便是仁也」。

這樣的分析大體不謬，當然伊川有時也可以有天地萬物一體的話頭，朱子對之亦有微詞，但兩組綱領之不同互相對比，極其明顯。仁是生道，這是共法。但如何進一步體仁，則兩方面完全不同。明道利用借喻指點，直識仁體。伊川則以抽象分解的思路入。朱子進一步推展的是伊川的思想規模，仁變成了但理。朱子感覺明道說話渾淪，學者難看。兩下子根本接不上。故近思錄不錄明道之識仁篇。朱子一定要用仁之量來釋「渾然與物同體」，彼此之不能契合可知。但於明道，朱子雖不免有微辭，然每爲賢者諱。於程門高弟，如龜山、上蔡，思想多由明道轉手，在語錄中朱子乃直斥之爲禪，有不客氣的批評。仁說旣解釋自己的意思與伊川無本質上的差別，而後卽據以批評龜山、上蔡以至湖湘學者之說。

朱子之攻「物我爲一」，直接是批評龜山，他之攻「心有知覺」，則直接是批評上蔡，而間接則都是在辨駁明道。

朱子最怕說「物我爲一」、「同體」一類的混淪話頭。語類有云：

「近世如龜山之論便是如此，以為反身而誠，則天下萬物之理皆備於我。萬物之理須你逐一去看，理會過，方可。如何會反身而誠了，天下萬物之理便自然備於我，成個什麼？」（六二）

「萬物皆備於我，反身而誠，樂莫大焉」，這一類的話源出孟子，並非龜山所揑造，朱子和孟子到龜山這一條思路之不相契合由此可見。如果天下萬物之理指的是經驗實然層面發現的理，朱子的批評當然是正確的。但為「同體」之論者根本說的是另一層次的義理，彼乃由渾然一體而無隔以示仁體之無外。這正是說仁之質（所以為體之真），不是說仁之量（仁之無不覺）。朱子以分解的方式來處理這一層次的問題，其不相應可知。

至於上蔡「心有知覺」之論，乃由明道「痿痺為不仁」的說法引伸而來。此處所言之覺是惻然有所覺之覺，不安不忍之覺，顯然不可能像朱子所謂只是智邊事。而且這樣言覺是指點語，不可以坐實下來說。伊川就不喜歡這種路數，故曰：「覺不可以訓仁」，朱子援引伊川的權威，乃深契於伊川的分解的思路。朱子所懼怕的是，從知覺來說，沒法子凸顯出仁之屬於一超越的異質層。但上蔡所謂知覺，知是知此仁體，覺是覺此仁體，這裏已預設一逆覺體證的工夫，朱子將之誤解為順趣之感官知覺，其不相應，事至顯然。

朱子既攻上蔡之論，湖湘學者則由上蔡轉手，由致察以識仁體，朱子乃統評之為「使人張皇迫躁，而無沈潛之味」，與辨中和說所作之評語大體相同。

大概朱子自己有一條理路，乃作仁說初稿，後與湖湘學者辨難，乃數易其稿，最後寫成定稿，乃不只從正面說明自己的意思，也從反面批駁敵論來反顯自己的立場。語類之中這一類的材料正多，玆再抄錄幾條以結束本節的討論。

「問：先生答湖湘學者書以愛字言仁，如何？曰：緣上蔡說得覺字太重，便相似說禪。問：龜山却推惻隱二字。曰：龜山言萬物與我為一云云，說亦太寬。問：此還是仁之體否？曰：此不是仁之體，却是仁之量。仁者固能覺，謂覺為仁不可。仁者固能與物為一，謂萬物為一為仁亦不可。譬如說屋，不論屋是木做柱，竹做壁，却只說屋如此大，容得許多物。如萬物為一，只是說得仁之量。」(六)

「問：程門以知覺言仁，克齋記乃不取，何也？曰：仁離愛不得。上蔡諸公不把愛做仁。他見伊川言博愛非仁也，仁是性，愛是情。伊川也不是道愛不是仁，若當初有人會問，必說道愛是仁之情，仁是愛之性，如此方分曉。惜門人只領那意，便專以知覺言之。於愛之說，若將浼焉。遂蹉過仁地位去說，將仁更無安頓處。見孺子匍匐將入井，皆有怵惕惻隱之心。這處見得親切。聖賢言仁，皆從這處說。又問：知覺亦有生意。曰：固是。將知覺說來，冷了。覺在知上却多，只些小搭在仁邊。仁是和底意。然添一句，又成一重。須自看得，便都理會得。」(六)

「湖南學者說仁，舊來都是深空說出一片。頃見王日休解孟子云：麒麟者，獅子也。仁本是惻隱溫厚底物事，却被他們說得擡虛打險，瞠眉弩眼，却似說麒麟做獅子，有吞伏百獸之狀，蓋自知覺之說起之。」(六)

## 三、與張南軒論仁說

南軒於朱子爲諍友。朱子對於當時湖湘學者之印象甚爲惡劣，獨與南軒之友誼始終不衰。或者是因爲南軒系出名門，在潭州講論時對朱子的思想有啓導之功，其態度又較和順，比較能够接受朱子的觀點，不似其他湖湘學者堅守師說，與朱子的思想矛盾衝突，無調停之餘地。朱子與南軒討論中和告一段落後，又不斷通信劇論仁說。大概朱子先作仁說，南軒有許多意見，後來南軒作仁說，朱子又有許多意見。大概兩方面的意見都不斷在修正，有時達成一些至少在表面上共認的結論，但兩人思想路數之差別終不可掩，由現行朱子文集保留的與南軒論仁說之諸函可以見其一般。

「答張欽夫論仁說」：

「『天地以生物為心，此語恐未安。』

熹竊謂此語恐未有病。蓋天地之間，品物萬形，各有所事，惟天確乎於上，地隤然於下，一無所為，只以生物為事。故易曰：天地之大德曰生，而程子亦曰：天只是以生為道。其論復見天地之心，又以動之端言之。其理亦已明矣！然所謂以生為道者，亦非謂將生來做道也。凡若此類，恐當且認正意，而不以文害詞焉，則辨詰不煩，而所論之本指得矣。

『不忍之心可以包四者乎？』

熹謂孟子論四端，自首章至孺子入井，皆只是發明不忍之心一端而已。初無義禮智之心也。至其下文，乃云無四者之心非人也。此可見不忍之心可以包夫四端矣！蓋仁包四德，故其用亦如此。前說之失，但不曾分得體用。若謂不忍之心不足以包四端，則非也。今已改正。

『仁專言，則其體無不善而已。對義禮智而言，其發見則為不忍之心也。大抵天地之心粹然至善，而人得之，故謂之仁。仁之為道，無一物而不體，故其愛無所不周焉。』

熹詳味此言，恐說仁字不著。而以義禮智與不忍之心均為發見，恐亦未安。蓋人生而靜，四德具焉，曰仁曰義曰禮曰智，皆根於心而未發，所謂理也，性之德也。及其發見，則仁者惻隱，義者羞惡，禮者恭敬，智者是非，各因其體以見其本。所謂情也，性之發也。是皆人性之所以為善者也。但仁乃天地生物之心而在人者，故特為衆善之長，雖列於四者之目，而四者不能外焉。（程氏）易傳所謂專言之則包四者，亦是正指生物之心而言，非別有包四者之仁，而又別有主一事之仁也。惟是卽此一事，便包四者，此則仁之所以為妙也。今欲極言仁字，而不本於此，乃概以至善目之，則是但知仁之為善而不知其為善之長也。却於已發見處方下愛字，則是但知已發之為愛，而不知未發之愛之為仁也。又以不忍之心與義禮智均為發見，則是但知仁之為性而不知義禮智之亦為性也。又謂仁之為道無所不體，而不本諸天地生物之心，則是但知仁之無所不體而不知仁之所以無所不體也。凡此皆愚意所未安，更乞詳之。復以見教。

『程子之所訶，正謂以愛名仁者。』

熹按程子曰仁性也愛情也，豈可便以愛為仁。此正謂不可認情為性耳。非謂仁之性不發於愛之情，而愛之情不本於仁之性也。熹前說以愛之發對愛之理而言，正分別性情之異處，其意最為精密。而來諭每以愛名仁為病，下章又云：若專以愛命仁，乃是指其用而遺其體，言其情而略其性，則其察之亦不審矣。蓋所謂愛之理者，是乃指其體性而言，且見性情體用各有所主而不相離之妙。與所謂遺體而略性者正相南北。請更詳之。

『元之為義不專主於生。』

熹竊按此語恐有大病。請觀諸天地而以易彖、文言、程傳反復求之，當見其意。若必以此言為是，則宜其不知所以為善之長說矣。此乃義理根源，不容有毫厘之差。竊意高明非不知此，特命辭之未善爾。

『孟子雖言仁者無所不愛，而繼之以急親賢之為務，其差等未嘗不明。』

熹按仁但主愛，若其等差乃義之事。仁義雖不相離，然其用則各有主而不可亂也。若以一仁包之，則義與禮智皆無所用矣，而可乎哉？（原注：無所不愛四字今亦改去）（文集卷三十二，答張敬夫十八書之第十二書）

南軒為何疑「天地以生物為心」一語？理由不可曉。朱子辯說以為這是易傳、程子以來之共法，大體不差。或者南軒的意思是，說生，說愛，都不足以盡仁之本質，故標明「天地之心、粹然至善，而人得之，故謂之仁。」南軒之說恐是本明道而來，「仁之為道無一物而不體」，是則仁爲絕對普遍性之體，其自體爲至善，至善卽函衆善之長，朱子的辯駁謂其「但知仁之爲善，而不知其爲善之長」，顯然不諦。專言之，則爲無對之仁體，偏言之，對義禮智而見，則其發見爲不忍之心。回返到孟子的本心，孟子只是就四端上指示人，並非謂心只有此四端而已！此心包四端，賅萬德，不必一定謂仁包四德，不忍之心包四端也。孟子只是以此例彼，但朱子則一定要講四德，與宇宙論之講元亨利貞排比起來，而以元、以仁爲統。這樣講自比較有系統，但也比較死煞，不似論孟之由指點的方式以見仁爲全德或本心之賅萬德也。

南軒自也不了解朱子仁性愛情之說根本是表示另一系統的義理，他之疑「天地以生物爲心」的說法則證明他本人的思想並不十分明澈，這種節外生枝的辯論徒增朱子之自信而已。

「又(二)論仁說」：

「昨承開諭仁說之病，似於鄙意未安，卽已條具請教矣。再領書誨亦已具曉，然大抵不出熹所論也。請復因而申之。謹按程子(伊川)言仁，本末甚備。今撮其大要，不過數言。蓋曰：仁者、生之性也，而愛其情也，孝悌其用也。公者、所以體仁，猶言克己復禮為仁也。學者於前三言者，可以識仁之名義，於後一言者，可以知其用力之方矣。今不深考其本末指意之所在，但見其分別性情之異，便謂愛之與仁，了無干涉；見其以公為近仁，便謂直指仁體，最為深切。殊不知仁乃性之德而愛之本。因其性之有仁，是以其情能愛。(原注：義禮智亦性之德也。義、惡之本，禮、遜之本，智、知之本，因性有義，故情能惡，因性有禮，故情能遜，因性有智，故情能知，亦若此爾。) 但或蔽於有我之私，則不能盡其體用之妙，惟克己復禮，廓然大公，然後此體渾全，此用昭著，動靜本末，血脈貫通爾。程子之言，意蓋如此，非謂愛之與仁了無干涉也。（原注：此說前書言之已詳，今請復以兩言決之。如熹之說，則性發爲情，情根於性。未有無性之情，無情之性，各爲一物而不相管攝。二說得失，此亦可見。）非謂公之一字，便是直指仁體也。（原注：細觀來喻，所謂公天下而無物我之私，則其愛無不溥矣。不知此兩句甚處是直指仁體處。若以愛無不溥爲仁之體，則陷於以情爲性之失，高明之見，必不至此。若以公天下而無物我之私便爲仁體，則恐所謂公者，漠然無情，但如虛空木石，雖其同體之物，尚不能有以相愛，況能無所不溥乎？然則此兩句中，初未嘗有一字說著仁體。須知仁是本有之性，生物之心，惟公爲能體之，非因公而後有也。故曰：公而以人體之故爲仁。細看此語，却是人字裏面帶得仁字過來。）由漢以來，以愛言仁之弊，正為不察性情之辨而遂以情為性爾。今欲矯其弊，反使仁字汎然無所歸宿，而性情遂至於不相管，可謂矯枉過直，是亦枉而已矣。其弊將使學者終日言仁而實未嘗識其名義，且又并與天地之心、性情之德、而昧焉。竊謂程子之意必不如此。是以敢詳陳之，伏惟采察。」（同上，答張敬夫十八書之第十三書）

朱子此函說明自己根據伊川的思想發展出來的一條理路，極爲明澈。提出仁爲「性之德、愛之本」，實在更能反顯出他的思想的特色。這封信中所說的程子明指伊川而言，但南軒却沒有能力指出明道實另有一思路，他借着伊川的辭語與朱子辨，自未見其是。但他的思想或者仍是以明道「仁者渾然與物同體」的思想爲背景，公表示無局限卽可以直指仁體，愛無不溥則是仁體之呈現，並不是以「愛無不溥」爲仁體。由明道的思路，則仁體卽性體、心體、誠體，其顯露卽表現爲諸德，不必只局限於愛而僅爲愛之理。但程門後學不免過分輕視愛，朱子接上伊川的思想，要爲仁愛之間重新找到關連，遂由其分解的方式而界定仁爲愛之理，偏言之，則仁爲四德之一，統言之，則仁仍爲全德，正如春之生氣貫注於夏秋冬。這一思想型態顯與明道的思想有了相當距離。

「又(三)論仁說」：

「熹再讀別紙所示三條，竊意高明雖已灼知舊說之非，而此所論者，差之毫忽之間，或未必深察也，謹復論之，伏幸裁聽。廣仲引孟子先知先覺以明上蔡心有知覺之說，已自不倫，其謂知此覺此，亦未知指何為說。要之，大本既差，勿論可也。今觀所示，乃直以此為仁，則是以知此覺此為知仁覺仁也。仁本吾心之德，又將誰使知之而覺之耶？若據孟子本文，則程子釋之已詳矣。曰：知是知此事（原注：知此事當如此也），覺是覺此理（原注：知此事之所以當如此之理也）。意已分明，不必更求玄妙。且其意與上蔡之意，亦初無干涉也。上蔡所謂知覺正謂知寒暖飽饑之類爾。推而至於酬酢佑神，亦只是此知覺，無別物也。但所用有小大爾。然此亦只是智之發用處。但惟仁者為能兼之。故謂仁者心有知覺則可，謂心有知覺謂之仁，則不可。蓋仁者心有知覺，乃以仁包四者之用而言，猶云仁者知所羞惡辭讓云爾。若曰：心有知覺謂之仁，則仁之所以得名，初不為此也。今不究其所以得名之故，乃指其所兼者便為仁體，正如言仁者必有勇，有德者必有言，豈可遂以勇為仁、言為德哉。今伯逢必欲以覺為仁，尊兄既非之矣。至於論知覺之深淺，又未免證成其說，則非熹之所敢知也。至於伯逢又謂上蔡之意自有精神，得其精神，則天地之用皆我之用矣。此說甚高甚妙。然既未嘗識其名義，又不論其實下功處，而欲驟語其精神，此所以立意愈高，為說愈妙，而反之於身，愈無根本可據之地也。所謂天地之用卽我之用，殆亦其傳聞想像如此爾。實未嘗到此地位也。愚見如此，不識高明以為如何？」（同上，答張敬夫十八書之第十四書）

由於湖湘學者乃由上蔡轉手，朱子於此乃猛攻上蔡心有知覺之說。上蔡之說直接由明道來，心有知覺是指點語，知此覺此卽明道識仁之意。但朱子却把知覺轉義爲感官知覺的意思，上蔡程門高弟，豈能不知道大體小體之分別。但朱子以分解的說法，以仁者心有知覺，這樣說當然是不錯，但却沒有意義，因其只是對一實然狀態之描述，而失却了指點的作用。胡廣仲、伯逢不肯讓步，他們在分解的能力上或不如朱子，但却知道所把握的是另一條義理之入路，所以不肯因朱子的辯駁而轉移。南軒常隨着朱子脚跟轉，或者他是承認朱子的觀點，以覺不可以訓仁。但他又要順着胡伯逢的說法由知覺的深淺來說明此處所謂知覺者，並不指一般官覺而言。但朱子既執定由了解仁之名義入手，自不可能同意南軒之修正。伯逢所謂天地之用皆我之用，朱子斥之爲高妙，其實只不過是仁者內外通貫的意思而已，別無玄妙。人做不做得到這樣的境地是一回事，義理的方向是否正確是另一囘事。二者不可混爲一談。

朱子此函提及與胡廣仲、伯逢之論辯，下節再詳徵文獻加以解析。此處與南軒函是間接加以破斥耳。牟宗三先生由宋元學案查得相關文獻轉錄如下：（註八）

玆查宋元學案卷五十、南軒學案、南軒答問中有以下兩問答：

一、問：心有知覺謂之仁。此謝先生救拔千年餘陷溺固滯之病，豈可輕議哉？云云。夫知者知此者也，覺者覺此者也，果能明理居敬，無時不覺，視聽言動，莫非此理之流行，而大公之理在我矣。尚何躁憤險薄之有？（宋元學案卷四十二、五峯學案、「五峯家學」項下列此段文爲「廣仲問答」，故知此問爲廣仲問。）

曰：元晦前日之言固有過當，然知覺終不可以訓仁。如所謂「知者知此者也，覺者覺此者也」，此言是也。然所謂「此」者乃仁也，知覺是知覺「此」，又豈可遂以知覺為「此」哉？

二、問：以愛名仁者，指其施用之迹也。以覺言仁者，明其發見之端也。（宋元學案卷四十二、五峯學案、「五峯家學」項下列此兩語爲「廣仲問答」，故知此問亦廣仲問。）

曰：愛固不可以言仁，然體夫所以愛者，則固求仁之要也。此孔子答樊遲之問以「愛人」之意。

又查宋元學案卷四十二、五峯學案、「五峯家學」項下「伯逢問答」中有以下兩段：

一、心有知覺之謂仁，此上蔡傳道端的之語，恐不可為有病。夫知覺亦有深淺。常人莫不知寒識暖，知饑識飽。若認此知覺為極至，則豈特有病而已？伊川亦曰：「覺不可以訓仁」，意亦猶是。恐人專守着一個覺字耳。若夫謝子之意自有精神。若得其精神，則天地之用卽我之用也。何病之有？以愛言仁，不若覺之為近也。

二、「觀過知仁」云者，能自省其偏，則善端已萌。此聖人指示其方，使人自得。必有所覺知，然後有地可以施功而為仁也。

案此兩段不知是答誰。想是答南軒，南軒轉告朱子，朱子復於答南軒書中據以駁斥之也。

由以上所徵引這些文獻，可見湖湘學者所謂覺絕非一般感官知覺，那是另一層次之覺。但朱子討厭一切心覺之論，斥之近禪，這是一種誤會。關於「觀過知仁」的問題，將留在下一節再詳加討論。

「又㈣論仁說」：

「來教云：夫其所以與天地萬物一體者，以夫天地之心之所有，是乃生生之蘊，人與物所公共，所謂愛之理也。熹詳此數句似頗未安。蓋仁只是愛之理，人皆有之。然人或不公，則於其所當愛者，又有所不愛。惟公，則視天地萬物皆為一體，而無所不愛矣。若愛之理，則是自然本有之理，不必為天地萬物同體而後有也。熹向所呈似仁說，其間不免尚有此意，方欲改之而未暇。來教以為不如克齋之云是也。然於此卻有所未察。竊謂莫若將公字與仁字且各作一字看得分明，然後卻看中間兩字相近處之為親切也。若遽混而言之，乃是程子所以謂以公便為仁之失。此毫厘間正當仔細也。又看仁字，當幷義禮智字看，然後界限分明，見得端的。今舍彼三者而獨論仁字，所以多說而易差也。又謂體用一源、內外一致為仁之妙，此亦未安。蓋義之有羞惡，禮之有恭敬，智之有是非，皆內外一致，非獨仁為然也。不審高明以為如何？」（同上，答張敬夫十八書之第十五書）

朱子這封信是駁斥南軒以一體說仁。大概南軒對以覺訓仁之說不契，對於一體之義則有相當體悟。這種思路之來源恐仍由明道來，一體所指的是從本體論上說，仁體之感通無礙，覺潤無方，莫非己也。但南軒却用朱子語也談「愛之理」，乃不免纏夾。朱子講愛之理，是有分限的，明道的仁體則通貫衆德不必限於愛之理，也可以爲義禮智之理，是爲一本之論。由這一條思路自可以講「體用一源、內外一致」。但朱子不喜歡這種儱侗的話頭，他要由分解的方式講仁義禮智。使抽象的仁理具體化則要靠公，公不卽是仁，但公所以體仁，是所以用力之方。能公則仁之量可以擴大，這是後天漸敎的型態。

朱子文集卷三十二還有一篇「答欽夫仁說」，玆錄如下：

「仁說明白簡當，非淺陋所及。但言性而不及情，又不言心貫性情之意，似只以性對心，卽下文所引孟子仁人心也，與上文許多說話似若相戾。更乞詳之。又曰：『己私旣克，則廓然大公，與天地萬物血脈貫通，愛之理得於內，而其用形於外，天地之間無一物之非吾仁矣。此亦其理之本具於吾性者，而非強爲之也。(原注：此數句亦未安)。蓋己私旣克，則廓然大公，皇皇四達而仁之體無所蔽矣。夫理無蔽，則天地萬物血脈貫通，而仁之用無不周矣。』然則所謂愛之理者，乃吾本性之所有，特以廓然大公而後在，非因廓然大公而後有也，以血脈貫通而後達，非以血脈貫通而後存也。今此數句有少差紊，更乞詳之。愛之理便是仁。若無天地萬物，此理亦有虧欠。於此識得仁體，然後天地萬物血脈貫通，而用無不周者，可得而言矣。蓋此理本甚約，今便將天地萬物夾雜說，却鶻突了。夫子答子貢博施濟衆之問，正如此也。更以復見天地之心之說觀之，亦可見。蓋一陽復處，便是天地之心，完全自足，非有待於外也。又如濂溪所云，與自家意思一般者，若如今說，便只說得一般兩字，而所謂自家意思者，却如何見得耶？又云：『視天下無一物之非仁』，此亦可疑。蓋謂視天下無一物不在吾仁中，則可。謂物皆吾仁，則不可。蓋物自是物，仁自是心，如何視物為心耶？又云：『此亦其理之本具於吾性者，而非強為之也』。詳此，蓋欲發明仁不待公而後有之意，而語脈中失之。要之，『視天下無一物非仁』與此句，似皆剩語。並乞詳之。如何？」（同上，答張敬夫十八書之第十七書）

大概南軒在朱子之後自作仁說，朱子此函加以批評。心性對擧之觀念乃來自五峯，此處行文過簡，難以討論。朱子仍以南軒忽視愛情，則事至顯然。南軒似仍堅持其一體之觀念，朱子誤解之爲仁之量的問題，故引博施濟衆之問爲辯。朱子從分解的方式講愛之理，故不許與天地萬物夾雜說。南軒實爲另一義理骨幹，所以有些話對朱子的系統言爲剩語，對另一系統言，則亦未必一定爲剩語也。

以上討論仁說諸函均見之於文集卷三十二。但文集卷三十一還有相關資料，擇其要者選錄如下：

「答張敬夫」：

「類聚孔孟言仁處以求夫仁之說，程子為人之意可謂深切。然專一如此用功，却恐不

> 免長欲速好徑之心，滋入耳出口之弊，亦不可不察也。大抵二先生之前，學者全不知有仁字。凡聖賢說仁處不過只作愛字看了。自二先生以來，學者始知理會仁字，不敢只作愛說。然其流復不免有弊者。蓋專務說仁，而於操存涵泳之功，不免有所忽略，故無復優柔厭飫之味，克己復禮之實，不但其蔽也愚而已。而又一向離了愛字懸空揣摸，既無真實見處，故其為說恍惚驚怪，弊病百端，殆反不若全不知有仁字，而只作愛字看卻之為愈也。熹竊嘗謂若實欲求仁，固莫若力行之近，但不學以明之，則有擿埴冥行之患，故其蔽愚。若主敬致知，交相為助，則自無此蔽矣。若且欲曉得仁之名義，則又不若且將愛字推求，若見得仁之所以愛，而愛之所以不能盡仁，則仁之名義意思瞭然在目矣。初不必求之於恍惚有無之間也。此雖比之今日高妙之說稍為平易，然論語中已不肯如此迫切注解說破。至孟子方間有說破處，然亦多是以愛為言，（原注：如惻隱之類）殊不類近世學者驚怪恍惚窮高極遠之言也。今此錄所以釋論語之言，而首章曰：『仁其可知』，次章曰：『仁之義可得而求』，其後又多所以明仁之義云者，愚竊恐其非聖賢發言之本意也。又如首章雖列二先生之說，而所解實用上蔡之意，正伊川說中，問者所謂由孝弟可以至仁，而先生非之者，恐當更詳究之也。」（文集卷三十一，答張敬夫二十一書之第六書）

由這封信的語脈看來，似早於卷三十二與南軒論仁說之書。看來南軒似有釋論語之言，不斷提到仁字，朱子不滿，乃在此函中首先提出從愛字推求，以曉得仁之名義。後乃著仁說乾脆澈底說破，以對治當時那些所謂高妙之論。迨經討論之後，終於安於「愛之理」的公式，始不再變。

同卷又「答張敬夫」有云：

「以愛論仁，猶升高自下尚可，因此附近推求，庶其得之。若如近日之說，則道近求遠，一向沒交涉矣。此區區所以妄為前日之論而不自知其偏也。至謂類聚言仁，亦恐自有病者，正為近日學者厭煩就簡，避迂求捷，此風已盛，方且日趨於險薄，若又更為此以導之，恐益長其計獲欲速之心，方寸愈見促迫紛擾而反陷於不仁耳。然却不思所類諸說，其中下學上達之方，蓋已無所不具，苟能深玩而力行之，則又安有此弊。今蒙來喻，始悟前說之非，敢不承命。然猶恐不能人人皆肯如此慤實用功，則亦未免尚有過計之憂，不知可以更作一後序，略采此意以警後之學者否？不然，或只盡載此諸往返議論以附其後，亦庶乎其有益耳。不審尊意以為如何？」（同上，答張敬夫二十一書之第九書）

此書編次於標明在壬辰冬之一函以前，故錢穆先生推斷此函也應在壬辰（註九）。如此則此前引文之一函也極有可能在壬辰。朱子此函所謂「往返議論」不知是否包含卷三十二論仁說諸書？至少壬辰一年是以仁爲中心課題往返討論，則無可疑。

卷三十一最後有「與張敬夫論癸巳論語說」，逐條檢討南軒的說法，玆選錄兩條如下：

「『孝弟也者，其為仁之本與。』

『自孝弟而始為仁之道生而不窮』。按有子之意，程子之說，正謂事親從兄、愛人利物，莫非為仁之道。但事親從兄者本也，愛人利物者末也。本立然後末有所出，故孝弟立而為仁之道生也。今此所解，語意雖高而不親切。『其愛雖有差等而其心無不溥矣』。此章仁字正指愛之理而言，曰（程氏）易傳所謂偏言則一事者是也。故程子於此但言孝弟行於家，而後仁愛及於物，乃著實指事而言。其言雖近，而指則遠也。今以心無不溥形容，所包雖廣，然恐非本旨，殊覺意味之浮淺也。（下略）。

『博施濟衆』。

『不當以此言仁也。仁之道不當如此求也』。但言不當而不言其所以不當之故，不足以發聖人之意。『先言仁者，而後以仁之方結之』。立人達人仁也，能近取譬，恕也。自是兩事，非本一事，而先言後結也。」（同上，答張敬夫二十一書之第二十一書）

由這封信可以看到，朱子與南軒辨仁說、論語說一直延伸到癸巳年。朱子說與南軒反覆論仁最後有一二處未合，其實是根本處未合。南軒始終未放棄心無不溥的觀念，而不贊成以博施濟衆言仁。南軒過世，朱子爲之編文集，其序有云：

「敬夫既沒，其弟定叟裒其故稿，得四巨編。（中略）。然吾友平生之言，蓋不止此也。因復益為求訪，得諸四方學者所傳凡數十篇。又發吾篋，出其往還書疏，讀之，亦多有可傳者。方將為之定著繕寫，歸之張氏，則或者已用別本摹印，而流傳廣矣。遽取觀之，蓋多向所講焉而未定之論。而凡近歲以來，談經論事，發明道要之精語，反不與焉。予因慨念敬夫天資甚高，聞道甚早，其學之所就，旣足以名於一世，然察其心，蓋未嘗一日以是而自足。比年以來，方且窮經會友，日反諸心而驗諸行事之實，蓋有所謂不知年數之不足者。是以其學日新而無窮，其見於言語文字之間，始皆極於高遠，而卒反就於平實。此其淺深疏密之際，後之君子其必有以處之矣。顧以序次之不時，使其說之出於前而棄於後者猶得以雜乎篇秩之間，而讀者或不能無疑信異同之惑，是則予之罪也已夫。於是乃復亟取前所蒐輯，參伍相校，斷以敬夫晚歲之意，定其書為四十四卷。」（文集卷七十六）

朱子刪削他認為南軒早歲未定之論，如今我們只能看到朱子致南軒諸函，而看不到南軒致朱子諸函，這是治思想史者之一大損失。在宋元學案之南軒學案中黃宗羲因朱子而盛讚南軒，其言曰：

「南軒之學，得之五峯。論其所造，大要比五峯更純粹。蓋由其見處高，踐履又實也。朱子生平相與切磋得力者，東萊、象山、南軒數人而已！東萊則言其雜，象山則言其禪，惟於南軒，為所佩服。一則曰：敬夫見識卓然不可及，往遊之久，反復開益為多；一則曰：敬夫學問愈高，所見卓然，議論出人表，近讀其語，不覺胸中灑然，誠可歎服。然南軒非與朱子反復辯難，亦焉取斯哉？第南軒早知持養是本，省察所以成其持養，故力省而功倍。朱子缺却平日一段涵養工夫，至晚年而後悟也。」

這段議論中最後兩句話最難解。已丑年朱子答林擇之書還說南軒對「先察識後涵養之論，執之猶堅」。「又答林擇之書」還在埋怨：「近看南軒文字，大抵都無前面一截工夫也」。黎洲的話不知根據何在？現存之南軒文集，以及宋元學案之南軒學案所存錄，幾無五峯學之痕跡，也看不出他本人思想的特色何在，其學也無傳人，大概因此附於朱子，遂完全爲朱子學所壓蓋下去。在思想史上的地位則恰如黎洲所曰，若「非與朱子反復辯難，亦焉取斯哉？」朱子以南軒獨得胡氏之學，這是他的主觀的判斷。實則南軒從師日短，也不能堅守師說。反而其他湖湘學者，學力理解或不足，卻拒絕折從朱子，而在與朱子的辨論之中，凸顯出五峯所開出來的湖湘一派思想的特色。

## 四、與胡廣仲等論知覺、觀過知仁等問題

大約與南軒論辨之同時，朱子卽與其他湖湘學者論辨相關諸問題。「答胡廣仲書」有云：

「至於仁之爲說，昨兩得欽夫書，詰難甚密，皆已報之。近得報云，却已皆無疑矣。今觀所喻，大概不出其中者更不復論，但所引孟子知覺二字，却恐與上蔡意旨不同。蓋孟子之言知覺，謂知此事、覺此理，乃學之至而知之盡也。上蔡之言知覺，謂識痛癢、能酬酢者，乃心之用而知之端也。二者亦不同矣。然其大體皆智之事也。今以言

仁，所以多矛盾而少契合。憤驕險薄，豈敢輒指上蔡而言，但謂學者不識仁之名義，又不知所以存養，而張眉努眼，說知說覺者必至此耳。(原注：如上蔡詞氣之間亦微覺少些小溫粹，恐未必不坐此也)。夫以愛名仁固不可，然愛之理則所謂仁之體也。天地萬物與吾一體，固所以無不愛，然愛之理則不為是而有也。須知仁義禮智四字，一般皆性之德，乃天然本有之理無所為而然者。但仁乃愛之理、生之道，故即此而又可以包夫四者，所以為學之要耳。細觀來諭，似皆未察乎此。(中略)。(原注：晦叔書中論此，大略與吾丈意同，更不及別答。只乞轉以此段呈之。大抵理會仁字須并義禮智三字通看，方見界分分明。血脈貫通。近世學者貪說仁字而忽略三者，所以無所據依，卒并與仁字而不識也)。夫來教之為此數說者，皆超然異於簡册見聞之舊，此其致知之功，亦足以為精矣。然以熹之所疑考之，則恐求精之過而反失之於鑿也。大抵天下事物之理亭當均平，無無對者。惟道為無對，然以形而上下論之，則亦未嘗不有對也。蓋所謂對者，或以左右，或以上下，或以前後，或以多寡，或以類而對，或以反而對，反復推之天地之間，真無一物兀然無對而孤立者，此程子(明道)所以中夜以思不覺手舞而足蹈也。究觀來教，條目固多，而其意常主於別有一物之無對。故凡以左右而對者，則扶起其一邊，以前後而對者，則截去其一段。既強加其所主者以無對之貴名，而於其所賤而列於有對者，又不免別立一位以配之。於是左右偏枯，首尾斷絕，位置重疊，條理交併，凡天下之理勢一切畸零贅剩，側峻尖斜，更無齊整平正之處。凡此所論陰陽、動靜、善惡、仁義等說，皆此一模中脫出也。常安排此箇意思規模在胸中，竊恐終不能得中正和樂廣大公平底地位，此熹所以有『所知不精、害於涵養』之說也。若必欲守此，而但少加涵養之功，別為一事，以輔之於外，以是為足以合內外之道，則非熹之所敢知矣。要須脫然頓舍舊習而虛心平氣以徐觀義理之所安，則庶乎其可也。仰恃知照，不鄙其愚，引與商論以求至當之歸，敢不罄竭所懷以求博約。蓋天下公理非一家之私，儻不有益於執事之高明，則必有警乎熹之淺陋矣。」（文集卷四十二、答胡廣仲六書之第五書）

按此書甚長，朱子有關仁的討論僅是所疑七點中之最後一點，前面既已解析過朱子這方面的思想，故不再贅。此書在最後的總結之中痛斥湖湘學者的思想、學風，甚可注意。大概湖湘學者的思想由五峯來。五峯言性無善惡，是要凸顯出性是超越無對的絕對體，自不可與告子之說混爲一談。朱子本人也知「道之無對」，而欣賞「無極而太極」一語，無極也即彰顯超越無對之義。但湖湘學者大概把無對的觀念用得太泛太廣，於是惹起朱子的反感。朱子偏重在由宇宙的觀點看到陰陽、動靜、善惡、左右、上下、前後之對稱。但湖湘學者則偏重在本體論的觀點以體現道之無對。朱子乃直斥之爲好爲高妙奇突之論。這兩方面態度的差別更具體地反映在朱子與湖湘學者有關「觀過知仁」的論辨。

「答胡伯逢書」曰：

「昨承諭及知仁之說，極荷開曉之詳，然愚終覺未安。來諭大抵專以自知自治為說，此誠是也。然聖人之言有近有遠，有緩有急，論語一書言知處亦豈少耶？大抵讀書須是虛心平氣，優游玩味，徐觀聖人立言本意所向如何，然後隨其遠近淺深輕重緩急而為之說，如孟子所謂以意逆志者，庶乎可以得之。若便以吾先入之說橫於胸次，而驅率聖賢之言以從己意，設使義理可通，已涉私意穿鑿，而不免於郢書燕說之誚，況又義理窒礙，亦有所不可行者乎。竊觀來教所謂，苟能自省其偏，則善端已萌，此聖人指示其方，使人自得，必有所覺知，然後有地可以施功而為仁者，亦可謂非聖賢之本意，而義理亦有不通矣。熹於晦叔廣仲書中論之已詳者，今不復論，請因來教之言而有以明其必不然者。昔明道先生嘗言，凡人之情，易發而難制者，惟怒為甚。能於怒時遽忘其怒，而觀理之是非，亦可以見外誘之不足惡，而於道亦思過半矣。若如來教之云，則自不必忘其怒而觀理之是非。第即乎怒而觀乎怒，則吾之善端固已萌矣，而可以自得矣。若使聖賢之門已有此法，則明道豈故欲捨夫徑捷之塗，而使學者支離迂緩以求之哉？亦以其本無是理故爾。且孟子所謂君子深造之以道，欲其自得之者，正謂精思力行，從容涵泳之久，而一日有以泮然於中，此其地位亦已高矣。今未加克復為仁之功，但觀宿昔未改之過，宜其方且悔懼愧赧之不暇，不知若何而遽能有以自得之邪？有所知覺，然後有地以施其功者，此則是矣。然覺知二字所指自有淺深。若淺言之，則所謂覺知者，亦曰覺夫天理人欲之分而已。夫有覺於天理人欲之分，然後可以克己復禮而施為仁之功，此則是也，今連上文讀之，而求來意之所在，則此謂覺知者，乃自得於仁之謂矣。如此則覺字之所指者已深，非用力於仁之久，不足以得之。不應無故而先能自覺，却於既覺之後，方始有地以施功也。觀孔子所以告門弟子，莫非用力於仁之實事，而無一言如來諭所云指示其方使之自得者。豈子貢、子張、樊遲之流皆已自得於仁，而既有地以施其功邪，其亦必不然矣。然熹前說，其間亦不能無病。(原注：如云：爲仁淺深之驗，觀人觀己之說，皆有病)。以今觀之，自不必更為之說。但以伊川、和靖之說明之，則聖人之意坦然明白，更無可疑處矣。」(文集卷四十六，答胡伯逢四書之第三書)

查「觀過知仁」之典出於論語里仁第四：「子曰：人之過也，各於其黨。觀過，斯知仁矣。」朱註：「黨，類也。」並引伊川曰：「人之過也，各於其類。君子常失於厚，小人常失於薄。君子過於愛，小人過於忍。」又引尹和靖曰：「於此觀之，則人之仁不仁可知矣」。這句話的意思相當明白，歷來亦無異解。黨可以解爲類，也可以解爲偏，黨類或黨偏總是關連着人的氣質說，但「觀過斯知仁」明是指點語，因爲卽是君子之過也不能謂之仁，必往上看，始反顯一無偏無黨的仁道，也就是說不能安於個性的偏黨，始得轉化爲一仁心覺情洋溢之生命，而仁體顯現。但朱子不喜談仁體，答張敬夫函有云：

> 「大抵觀過知仁之說，欲只如尹說發明程子之意，意味自覺深長。如來喻者，猶是要就此處強窺仁體。又一句歧爲二說，似未甚安帖也。」（文集三十一，答張敬夫二十一書之第七書）

其實要自覺做道德實踐功夫，必先凸顯一超越仁體，這不是順着社會習俗依樣畫葫蘆所可得而立的。這裏必定有一逆覺，先識仁之體，有所察識，而後有可以施功之地，不是強窺不強窺的問題。湖湘學者大體皆採取此一入路，而胡伯逢所謂自得，顯然是把握到一確定的方向的意思，並不是說，此地就可完全滿足，不須再做進一步功夫之謂。人在現實生活之中，隨時都有過錯，並不需要坐在那裏等過錯發生，而後冷然觀之。羞惡之心一萌，若非分言，而就統觀，卽是同一仁心之流露。此處而有所知覺，決非一般知覺，必定爲一逆覺，在這裏把握得住，就可以不斷向前用功，此處所謂自得是依道深造之目標，不表示地位已甚高，只不過有地可以施功而爲仁耳。朱子順伊川、和靖的意思疏釋論語原文，大體自不差。但伊川之意豈只是要人冷觀君子小人之過，難道這樣就算仁麼？故必由此進而悟仁之爲仁，則湖湘學者的說法對原文雖是一引伸，但却是一有意義的引伸。在義理上並無差錯，在實踐上也有一條進路。其實宋明儒學對先秦儒學根本是一引伸，如不許引伸，那朱子自己的一套也就沒有了落脚之點。根本的理由在，朱子是實在論的心態，走順取的道路，以漸進的步驟去窮理，所以對於取逆覺的方式以體證本心仁體的路數極不相契，總誤會之以爲禪，故極力加以駁斥。湖湘學者之末流自不必無流弊，但朱子攻擊其義理之本質，則是因爲他自己發源的根本是另一義理之型態，對於這一方面缺少同情的了解之故。

又，答吳晦叔書曰：

「觀過一義，思之甚審。如來喻及伯逢兄說，必謂聖人教人以自治為急，如此言乃有親切體驗之功，此固是也。但聖人言知人處亦不為少，自治固急，亦豈有偏自治而不務知人之理耶？又謂人之過不止於厚薄愛忍四者，而疑伊川之說為未盡。伊川止是舉一隅耳。若君子過於廉，小人過於貪，君子過於介，小人過於通之類皆是。亦不止於此四者而已也。但就此等處看，則人之仁不仁可見，而仁之氣象亦自可識。故聖人但言斯知仁矣，此乃先儒舊說，為說甚短，而意味甚長。但熟玩之，自然可見。若如所論，固若親切矣。然乃所以為迫切淺露而去聖人氣象愈遠也。且心既有此過矣，又不捨此過而別以一心觀之，既觀之矣，而又別以一心知此觀者之為仁。若以為有此三物遞相看覷，則紛紜雜擾，不成道理。若謂止是一心，則頃刻之間，有此三用，不亦忽遽急迫之甚乎？凡此尤所未安，姑且先以求教。」（文集卷四十二，答吳晦叔十三書之第六書）

由這一封信看來，湖湘學者所重是做自治的功夫，朱子所重則是在知人與事之理。朱子的意思似乎是，人只要多由外面了解事理，就能夠把握仁的本質與氣象。但實際上人之所以能識仁之氣象已先預設自己內在有一種變化。徒觀察社會的規範，實在並不能建立內在道德自律的原則。此處必涉一異質的跳躍才能夠自覺地做道德實踐的功夫。這和迫切淺露根本拉不上關係。朱子是要自己的心向外去捕捉一些實理，他所最不契也最忌諱的是以心觀心之說。

在這樣的背景下，朱子乃斥晦叔有三心而造成兩難。照朱子的解析，過心是一層，別以一心觀之又是一層，又別以一心知此觀者之爲仁又是一層。兩難則在：三心互用則必紛紜雜擾，不成道理，而一心三用則必忽遽急迫，難以應付。但照牟宗三先生的解析，此處實無三心，而只有二心。過心即是習心，觀過之心乃是超越之本心，本心起作用則善端已萌則必轉化此一過心，故觀過也不能是冷冷然之觀。（註十）何以朱子對這樣的思路有如許反感？原來他中心眞正的忌諱是在禪。他曾著觀心說有云：

「或問：佛者有觀心說，然乎？

曰：夫心者，人之所以主乎身者也，一而不二者也，為主而不為客者也，命物而不命於物者也。故以心觀物，則物之理得。今復有物以反觀乎心，則是此心之外復有一心而能管乎此心也。然則所謂心者爲一耶，爲二耶？爲主耶，爲客耶？爲命物者耶，爲命於物者耶？此亦不待教而審其言之謬矣。」（文集卷六十七，雜著）

照朱子這樣的解析，儒佛的分野乃在，儒是以心燭理，佛是以心觀心。也就是說，反身體證乃是佛說。這樣說來不只湖湘學者是禪，象山是禪，龜山、上蔡是禪，連孟子講「反身而誠、樂莫大焉」也都是禪了，寧有是理？孟子一脈相傳所相應的是本心、中體的實法，佛禪相應的則是空，佛說的中道是虛說，不可與儒家的說法混爲一談。但朱子却缺少這樣的分疏，所以既不了解孟子以降一脈相傳的心學，也不眞正了解佛禪。朱子要人虛心讀書，但他自己對心的說法顯與孟子有距離，等另章論朱子心的概念時再行詳析。

又、答吳晦叔書有云：

「前書所論觀過之說，時彪文行速，忽遽草率，不能盡所懷。然其大者亦可見，不知當否？如何？其未盡者，今又見於廣仲、伯逢書中，可取一觀。未中理處，更得反復詰難，乃所深望。然前所示教，引巧言令色，剛毅木訥兩條，以爲聖人所以開示爲仁之方，使人自得者，熹猶竊有疑焉，而前書亦未及論也。蓋此兩語正是聖人教人實下功夫，防患立心之一術，果能戒巧令、務敦朴，則心不姿縱，而於仁爲近矣。非徒使之由是而知仁也。大抵向來之說皆是苦心極力要識仁字，故其說愈巧，而氣象愈薄。近日究觀聖門垂教之意，却是要人躬行實踐，直內勝私，使輕浮刻薄、貴我賤物之態，潛消於冥冥之中，而吾之本心渾厚慈良，公平正大之體常存而不失，便是仁處。其用功著力，隨人淺深，各有次第。要之，須是力行久熟，實到此地，方能知此意味。蓋非可以想象臆度而知，亦不待想象臆度而知也。近因南軒寄示言仁錄，亦嘗再以書論所疑，大概如此。而後書所論仁智兩字，尤為明白，想皆已見矣。並為參詳可否，復以見教，幸甚幸甚。」（文集卷四十二，答吳晦叔十三書之第七書）

晦叔引巧言令色、剛毅木訥兩條，以爲聖人所以開示爲仁之方，不必有什麼差錯。總之朱子只是反對於踐履中就主體以識仁體的進路而已。函中提及之彪丈，即彪居正，亦爲五峯弟子。語類曰：

「看知言彪居正問仁一段云：極費力，有大路不行，只行小徑。至如操如存之等語，當是在先。自孟子亦不專以此為學者入德之門也。且齊王人欲蔽固，故指其可取者言之。至如說自牖開說，亦是為蔽固而言。若吾儕言語，是是非非，亦何須如此？而五峯專言之，則偏也。又云：居正問：以放心求放心可乎？既知其放，又知求之，則此便是良心也，又何求乎？又何必俟其良心遇事發見而後操之乎。」（一〇一，此條楊方錄）

又曰：

「五峯曾說：如齊宣王不忍觳觫之心乃良心，當存此心。敬夫說：觀過知仁，當察過心則知仁。二說皆好意思，然却是尋良心與過心，也不消得。只此心常明，不為物

蔽，物來自見。」（一〇一，此條竇從周錄）

五峯論求放心恐怕即後來湖湘學者講「觀過知仁」之所本。五峯的意思大概是：良心既萌，即顯一逆覺之契機，存此心即是入德之門徑。觀過知仁也正是凸顯這樣的契機。朱子與這樣的思路則完全接不上。

又，答胡廣仲書有云：

「知仁之說前日答晦叔書已具論之。今細觀來教，謂釋氏初無觀過功夫，不可同日而語，則前書未及報也。夫彼固無觀過之功矣，然今所論亦但欲借此觀過而知觀者之為仁耳。則是雖云觀過，而其指意卻初不為遷善改過，求合天理設也，然則與彼亦何異邪？嘗聞釋氏之師有問其徒者曰：汝何處人？對曰：幽州。曰：汝思彼否？曰：常思。曰：何思？曰：思其山川、城邑、人物、車馬之盛耳。其師曰：汝試反思思底還有許多事否？今所論因觀過而識觀者，其切要處正與此同。若果如此，則聖人當時自不必專以觀過為言，蓋凡觸目遇事，無不可觀。而已有所觀，亦無不可因以識觀者而知夫仁矣。以此譏彼，是何異同浴而譏裸裎也耶？」（文集卷四十二，答胡廣仲六書之第三書）

朱子此函竟以反身而識仁與佛同，這樣的論辨焉能折服胡廣仲？觀過有一重要契機，這雖不必是修德進路的唯一途徑，總不可以與「觸目遇事無不可觀」等而同之。朱子並說：「雖云觀過而其指意卻初不為遷善改過、求合天理設也」，這樣的論辨是離譜了。觀過以知仁體，正是打下基礎來作變化氣質的功夫。朱子硬要說成純然冷冷然之觀，那是不必辯了。

從朱子與湖湘學者的論辨就可以推想到朱子日後與象山論辨之必無結果。此時朱子思想在形成中，直接是斥責湖湘學者，間接實隱指明道，乃至孟子。象山的思想則直承孟子而來，比較上又近明道，焉能不以朱子爲支離。而他不比湖湘學者的客氣，思想力敏銳得多，自信更強得多，彼此間一開始接觸就不愉快，而終於形同敵國，也就是必然之勢了。

牟宗三先生查得宋元學案卷五十，南軒學案，南軒答問有云（註十一）：

「問：觀過斯知仁矣。舊觀所作訥齋韋齋記，與近日所言殊異。得非因朱丈『別以一心觀，又別以一心知，頃刻之間有此二用為急迫，不成道理』，遂變其說乎？某嘗反覆紬繹，此事正如懸鏡當空，萬象森羅一時畢照，何急迫之有？必以觀人之過為知仁，則如觀小人之過於薄，何處得仁來？又如觀君子之過於厚，則如鬻拳之以兵諫，豈非過於忠乎？唐人之刲股，豈非過於孝乎？陽城兄弟之不娶，豈非過於友悌乎？此類不可勝數。揆之聖人之中道，無取焉耳。仁安在哉？若謂因觀他人之過而默知仁之所以為仁，則曷若反之為愈乎？奭於先生舊說，似未能遽捨。更望詳教。

曰：後來玩伊川先生之說，乃見前說甚有病。來說甚似釋氏。講學不可潦草。蓋過，須是仔細玩味，方見聖人當時立言意思也。過於厚者，謂之仁則不可。然心之不遠者可知。比夫過於薄、甚至於為忮為忍者，其相去不亦遠乎？請用此意體認，乃見仁之所以為仁之義，不至渺茫恍惚矣。」

問問題之夷或卽今南軒文集所提及之周夷。其中雖不免有些浮汎之辭，但基本思路的方向則不可拚。徒觀人之過並不足以知仁，必反之於內有一逆覺，始得以知仁之體。南軒的答復只說玩伊川之說如何如何，實不構成一答覆。因爲周夷的問題正因伊川之說之不盡而引起。君子之過既非仁，卽可謂心之不遠，仍必經歷一異質之跳躍，才能眞正把握仁體。但南軒却於此因朱子之抨擊而也引起了對於禪的忌諱。前引朱子致南軒之短函批評南軒「猶是要就此處强窺仁體。又一句歧爲二說，似未甚安帖也。」歧爲二說卽意謂觀過、知仁爲二心。南軒守不住湖湘一派本有的立場，乃隨着朱子的脚根轉，難怪其學無特色也。

宋元學案在上錄答問之後，並附黎洲答姜定庵問觀過知仁曰：

「黨、偏也。無偏無黨，王道蕩蕩。人之氣質，剛柔狂狷，各有所偏，而過亦從之而生。過則不仁。識得過底是己私，便識得不過底是仁。如工夫有間斷，知間斷便是續。故觀過斯知仁。此南軒韋齋記意如此。晦翁以爲一部論語何嘗只說知仁？便須有下手處。殊不知，不知仁，亦無從有下手處。果視其所知者、懸空測度，只在影響一邊，便是禪門路徑。若觀過知仁，消融氣質，正下手之法。明道之識仁獨非知乎？」

黎洲的說法大體不錯。所提及南軒之韋齋記既不見於宋元學案，也不見於今存之南軒文集。如果黎洲所述不差，顯見黎洲對韋齋記一路的思想的了解比之於南軒本人更爲明澈。其實南軒不只在觀過知仁一端，五峯諸說幾多不能守，他大體同情朱子知言疑義對五峯之批評。南軒文集卷一答胡伯逢有云：

「知言之說，究極精微，固是要發明向上事。第恐未免有病，不若程子之言為完全的確也。某所恨在先生門闌之日甚少。玆焉不得以所疑從容質扣於前，追恨何極！然吾曹往返論辯不為苟同，尚先生平日之志哉？」

按此由「性不可以善惡言」說下來，南軒以「究極精微」一類浮詞稱贊知言，其實則甚不以爲然，由於其受教之日淺，所得不能深入故也。又南軒文集卷二答陳平甫曰：

「僕自惟念，妄意於斯道有年矣。始時，聞五峯胡先生之名，見其話言而心服之，時時以書質疑求益。辛巳之歲，方獲拜之於文定公書堂。先生顧其愚而誨之，所以長善救失，蓋自在言語之外者。然僅得一再見耳，而先生沒。」

辛巳時南軒還不到三十歲，總共只得兩見五峯，親炙之時日比朱子之於延平更少。大概少年時的南軒天資明敏，五峯之論若不明其底蘊則似好爲險論，南軒一時被聳動而體會不很眞切，故朱子一攻卽守不住陣脚。而朱子竟謂只南軒獨得胡氏之學，不亦異乎？其實只不過是南軒因其父張浚的關係，早露頭角，儼然爲湖湘學者之中心。結果其餘湖湘學者尚可以守師說而不變，南軒卻不然。南軒的好處是心智開放，願意放棄自己的成見，壞處是缺乏一堅定立場，他有好多地方被朱子所轉移，但所說又時露五峯學之痕跡，本應歸本於明道，卻又因朱子而推尊伊川，以至不能成一獨立型態，終爲朱學完全壓蓋下去，以至學無傳人，這也不能說是一個完全偶然的現象了。

朱子之評五峯知言，大體可以約歸八事。語類曰：

「知言疑議，大端有八：性無善惡，心為已發，仁以用言，心以用盡，不事涵養，先務知識，氣象迫狹，語論過高。」（一〇一，此條楊方錄）

朱子有一書致胡伯逢，廣辨知言性無善惡之論，並斥湖湘學者之觀過知仁說，有一綜括性之論斷。玆錄此長書如下：

「知言之書，用意深遠，析理深微，豈末學所敢輕議。向輒疑之，自知已犯不韙之罪矣。玆承誨喻，尤切愧悚。但鄙意終有未釋然者。知行先後，已具答晦叔書中，其說詳矣。乞試取觀，可見得失也。至於性無善惡之說，則前後論辨不為不詳。近又有一書與廣仲，文論此尤詳於前。（原注：因龜山中庸首章而發，及引易傳大有卦及遺書第二十二卷者）。此外蓋已無復可言者矣。然既蒙垂諭，反復思之，似亦尚有一說，今請言之。蓋孟子所謂性善者，以其本體言之，仁義禮智之未發者是也。（原注：程子曰：止於至善，不明乎善，此言善者，義理之精微無可得而名，姑以至善目之是也。又曰：人之生也，其本眞而靜，其未發也。五性具焉，曰仁義禮智信。）所謂可以為善者，以其用處言之，四端之情發而中節者是也。（原注：程子曰：繼之者善，此言善却言得輕。但謂繼斯道者莫非善也，不可謂惡是也。）蓋性之與情，雖有未發已發之不同，然其所謂善者則血脈貫通，初未嘗有不同也。（原注：程子曰：喜怒哀樂未發何嘗不善？發而中節，則無往而不善是也。）此孟子道性善之本意，伊洛諸君子之所傳而未之有改者也。知言固非以性為不善者。竊原其意，蓋欲極其高遠以言性，而不知名言之失，反陷性於搖蕩姿睢，駁雜不純之地也。（原注：所謂極其高遠以言性者，以性為未發，以善為已發，而惟恐夫已發者之混夫未發者也。所謂名言之失者，不察乎至善之本然，而概謂善為已發也。所謂反陷性於搖蕩姿睢駁雜不純之地者，既於未發之前除却善字，即此性字便無着實道理，只成一箇空虛底物，隨善隨惡，無所不為。所以有發而中節，然後為善，發不中節，然後為惡之說，又有好惡性也，君子好惡以道，小人好惡以己之說，是皆公都子所問、告子所言，而孟子所闢者，已非所以言性矣。又其甚者，至謂天理人欲同體異用，則是謂本性之中，已有此人欲也，尤為害理，不可不察。）竊意此等偶出於前輩一時之言，非其終身所守、不可易之定論。今既未敢遽改，則與其爭之而愈失聖賢之意、違義理之實，實似不若存而不論之為愈也。

知仁之說、亦已累辨之矣。大抵如尊兄之說，則所以知之者甚難，而未必是，而又以知仁、為仁為兩事也。（原注：所謂觀過知仁，因過而觀，因觀而知，然後即夫知者而謂之仁，其求之也崎嶇切促，不勝其勞。而其所謂仁者，乃智之端也，非仁之體也。且雖如此，而亦曠然未有可行之實，又須別求為仁之方，然後可以守之。此所謂知之甚難，而未必是，又以知與為為兩事者也。）如熹之言，則所以知之者雖淺，而便可行，而又以知仁為仁為一事也。（原注：以名義言之，仁特愛之未發者而已。程子所謂仁性也、愛情也。又謂仁性也、孝弟用也。此可見矣。其所謂豈可專以愛為仁者，特謂不可指情為性耳，非謂仁之與愛了無交涉，如天地、冠屨之不相近也。而或者因此，求之太過，便作無限玄妙奇特商量，此所以求之愈工而失之愈遠。如或以覺言仁，是以知之端為仁也。或以是言仁，是以義之用為仁也。夫與其外引智之端、義之用而指以為仁之體，則孰若以愛言仁，猶不失為表裏之相須，而可以類求也哉？故愚謂欲求仁者，先當大概且識此名義氣象二彷彿，與其為之之方，然後就此慤實下功，尊聞行知以踐其實，則所知愈深，而所存益熟矣。此所謂知之甚淺，而便可行，又以知與爲爲一事者也。）不知今將從其難而二者乎？將從其易而一者乎？以此言之，則兩家之得失可一言而決矣。來教又謂，方論知仁不當兼及不仁。夫觀人之過而知其愛與厚者之不失為仁，則知彼忍而薄者之決不仁，如明暗、黑白之相形，一舉而兩得之矣。今乃以為節外生枝，則夫告往知來、擧一反三、聞一知十者，皆適所以重得罪於聖人矣。竊謂此章只合依程子、尹氏之說，不須別求玄妙，反失本指也。直敍胸臆，不覺言之太繁，伏惟高明財擇其中。幸甚幸甚。」（文集卷四十六，答胡伯逢四書之第四書）

關於性無善惡之說，朱子已在前引答胡廣仲書中提出反駁。但五峯之意明明是要凸顯一超越無對之性體，朱子却硬要和告子的經驗實然平面的思想拉在一起，自不足以服人心。但在此函之論辨之中，却可以看出，朱子對於自己的思想已相當明澈，故下語確定，不再用疑問、商榷的口吻。但對敵論則頗缺少同情的了解。朱子一貫把知覺當作智邊事，故有知仁、爲仁成爲兩事的批評。他以爲自己的入路是「易」而「二」，所謂易者是識仁之名義，無需高妙之論出之，所謂一者，是由愛的日常經驗而把握到愛之理，當下即可以有躬行之實。朱子爲證成己說每徵引孟子之權威，孰知後來直承孟學的象山，乃直斥朱子之學支離，易簡功夫另是一番了解，與朱子此處之論調適成對比，暫誌之以爲後來討論朱陸異同之張本。

文集卷六十七有「觀過說」，顯亦爲針對湖湘學者而發，其言曰：

「觀過之說，詳味經意，而以伊川之說推之，似非專指一人而言，乃是通論人之所以有過，皆是隨其所偏，或厚或薄，或不忍或忍。一有所過，無非人欲之私。若能於此

> 看得兩下偏處，便見勿忘勿助長之間，天理流行，鳶飛魚躍，元無間斷。故曰：觀過斯知仁矣。蓋言因人之過而觀所偏，則亦可以知仁。非以為必如此而後可以知仁也。若謂觀己過，竊嘗試之，尤覺未穩。蓋必俟有過而後觀，則過惡已形，觀之無及。久自悔咎，乃是反為心害，而非所以養心。若曰：不俟有過而預觀平日所偏，則此心廓然本無一事，却不直下栽培涵養，乃豫求偏處，而注心觀之，聖人平日教人養心求仁之術，似亦不如此之支離也。」

此說前半說明觀過乃觀己之過，於此卽可歸納得一道德原理。後半更明白看出朱子根本反對反身體證之方式。無事時但涵養，有事時乃致察，此心必撲捉理，最忌諱是以心求心，反爲心害，而非所以養心。故朱子所謂知仁，乃是知仁之理，非明道以降一直到湖湘學者知仁乃識仁之體之謂。兩方面的差異應該看得很明白了。

## 五、結　語

以上詳述朱子有關仁說之論辨，大體可以確定這場論辨是在壬辰、癸巳兩年之間，當朱子年四十三、四歲之時。

朱子蘊釀仁的觀念，應與蘊釀中和的觀念同時。但中和先成爲一焦點，對仁的理解退居於背景的地位，到中和問題的論辨告一段落以後，乃與湖湘學者展開有關於仁的問題的大段論辨。

中和新說既立，朱子思想之貞定處在建立一異質層之性理；心之周流貫徹在未發、已發都可以做工夫，靜養動察，敬貫內外；思想的規模，做工夫的節次，都已把握到了南針。中和的參究涉及喜怒哀樂之情的問題，故心統性情的觀念已隱涵在裏面。通過對於仁的問題的論辨，朱子的思想義理的架構有了更進一步的確定，大體可謂定型矣。

大概仁說初稿之作是因爲對於當時所謂高妙之說有一反感，乃決定撰一短文，初識仁之名義，並指示一躬行實踐的方案，朱子克齋記之作也是由於同一背景產生的結果。朱子的指導原則是伊川的仁性愛情之說，伊川雖曰愛不可以名仁，但朱子在愛之上找到所以愛之理，於是一方面可以保住仁之超越性，另一方面又可以重新發現仁與愛的關係，就朱子看來是一條極平穩踏實的道路。但朱子剛一提出這個觀念，就被諸友四面攻道不是。但朱子有伊川的權威做支持；南軒雖一方面提出許多疑問，另一方面也對朱子提出的一些論點表示同情；其他湖湘學者則堅守師說，但缺少深厚的學力和敏銳的思考分析的力量來與朱子抗衡；乃反益堅朱子的自信。而在論辨的過程之中，朱子反而根據伊川的權威說不可以覺訓仁，乃直搗湖湘學者的根源，猛攻上蔡之說，同時也就抨擊湖湘學者觀過知仁的說法，中間並牽涉到有關五峯的知言有所質疑的一些問題，在本章之中只能附帶着略加討論，以彰顯出兩派思想型態的差異。

大概朱子在討論的初期只分辨出愛與所以愛的不同，並沒有一定的概念名言來討論這一問題。從他乙巳年致呂子約書的回敍看來，他先提出了仁是「性之德、愛之本」之說，但南軒則提出改「性之德」一語爲「心之德、善之本」，這還是五峯思想的變體。朱子當時的反應認爲心之德一語太汎，所指可以各異，而極不契於南軒「天地萬物皆吾體也」之說。後來找到了「心之德」與「愛之理」二語聯用的公式，這才寫定在現存的仁說定本之中。但朱子始終未放棄「性之德、愛之本」的說法，乙巳致呂子約函卽爲一證。總之，仁說曾經屢易其稿，朱子是在不斷的論辨之中修改自己的概念與表達，最後至於定型爲止。語錄曰：

「心之德是統言，愛之理是就仁義禮智上分說，如義便是宜之理，禮便是別之理，智便是知之理。但理會得愛之理便理會得心之德。又曰：愛雖是情，愛之理是仁也。仁者、愛之理，愛者，仁之事。仁者、愛之體，愛者、仁之用。」（二十，此條楊道夫錄己酉朱子年六十以後所聞。）

這應反映出朱子晚年的定見。

最後再引朱子答吳晦叔函來總結本章的討論：

「復非天地心。復則見天地心。此語與所以陰陽者道之意不同。但以易傳觀之，則可見矣。蓋天地以生物爲心，而此卦之下一陽爻，卽天地所以生物之心也。關於復之得名，則以此陽之復生而已，猶言臨泰大壯夬也。豈得遂指此名以爲天地之心乎。但於其復而見此一陽之萌於下，則是因其復而見天地之心耳。天地以生物爲心，此句自無病。昨與南軒論之，近得報云，亦已無疑矣。大抵近年學者不肯以愛言仁，故見先生君子以一陽生物論天地之心，則必欲然不滿於其意，復於言外生說，推之使高，而不知天地之所以爲心者，實不外此。外此而言，則必溺於虛、淪於靜，而體用、本末不相管矣。聖人無復，故未嘗見其心者。蓋天地之氣所以有陽之復者，以其有陰故也。衆人之心所以有善之復者，以其有惡故也。若聖人之心，則天理渾然，初無間斷，人孰得以窺其心之起滅耶？若靜而復動，則亦有之，但不可以善惡而為言耳。愚意如此，恐或未然，更乞詳諭。

（中略）。

所示下學上達、先難後獲之說，不貴空言，務求實得，立意甚美。顧其間不能無可疑者，請試論之。蓋仁者性之德而愛之理也。愛者情之發而仁之用也。公者、仁之所以為仁之道也，元者、天之所以為仁之德也，仁者、人之所固有，而私或蔽之以陷於不仁，故為仁者必先克己，克己則公，公則仁，仁則愛矣。不先克己，則公豈可得而徒存？未至於仁，則愛胡可以先體哉？至於元，則仁之在天者而已，非一人之心，既有是元而後有以成夫仁也。若夫知覺、則智之用，而仁者之所兼也。元者、四德之長，故兼亨利貞。仁者、五常之長，故兼義禮智信。此仁者所以必有知覺，而不可便以知覺名仁也。大凡理會義理，須先剖析得名義界分，各有歸著，然後於中自然有貫通處。雖曰貫通，而渾然之中所謂粲然者，初未嘗亂也。今詳來示，似於名字界分，未嘗剖析，而遽欲以一理包之。故其所論既有巴攬牽合之勢，又有雜亂重複、支離渙散之病。而其所謂先難下學、實用功處，又皆倒置錯陳，不可承用。今更不暇一一疏舉，但詳以此說考之，亦自可見矣。」（文集卷四十二，答吳晦叔十三書之第十書）

這一封信前面一半談天地以生物爲心，朱子似乎認爲湖湘學者好爲高妙之論，乃不肯接受天地以生物爲心這一類的卑之無甚高論的說法。朱子思想多宇宙論之傾向，極不契於湖湘一派以本體論的方式談性的說法。語類曰：

「性是實理。仁義禮智皆具。」（五，此條廖德明錄。）

又曰：

「性不是卓然一物可見者。只是窮理格物，性自在其中，不須求。故聖人罕言性。」（同上）

這兩條清楚地說明朱子的實在論的心態，心必要撲捉到性中所涵實理。此所以他反對反身體證的方式，以之爲病。但在致晦叔函中朱子說聖人之心不可以善惡爲言，這是一個有趣的論點，對湖湘學者而言，頗有「只許州官放火，不許百姓點燈」之嫌。

後半論仁的一段是朱子對仁的看法之一扼要之綜述。仁畢竟是性之德、愛之理，所謂心之德者只是虛說，不是實說。經驗實然之心必通過後天的功夫克制私欲乃可以具性中本有之理。朱子對當時把仁與愛之間關係互相切斷的說法表示一反感。但他不是孟子式的由惻隱之情一貫而下以體現本心的方法，他要由情以反顯出情後面的理，方法則是通過克己、通過公，而後能仁。但公偏於義，故朱子必補上公而以人體之一語，但這只表示理之內化的過程，決非孟子的直貫方式的原義。朱子在此成就的是一橫攝系統，通過心去窮理致知，久而久之，終於把握到理的統系，始有豁然貫通的體證。顯然這樣建立的乃一典型的漸教的型態。

## 註釋

註一：錢穆先生朱子新學案共有三處專門討論仁的問題。「提綱」之中第九節（第一冊頁五五——六〇）講宇宙之仁，第十二節（第一冊頁七三——八一）講人心之仁。第一冊有專章：「朱子論仁」（頁三四五——三六五）。第二冊又有專章：「朱子論仁下」（頁三九——八一）。僅「論仁下」（頁六五）節錄仁說數行而已！並未鈔錄全文。所引文集、語錄意思儘有與仁說一文相同者，但比之於中和舊說、新說之鈔錄全部相關文獻，顯然對於此文不夠重視，不知何故？難道是下意識地受到王懋竑年譜正文對於仁說隻字不提的影響？姑誌之以存疑。

註二：牟宗三：「心體與性體」第三冊第四章：「中和新說後關於『仁說』之論辨」（頁二二九——三五四）。

註三：同上，頁二三〇。

註四：參上章：「朱子參悟中和問題所經歷的曲折」。

註五：轉引自錢穆，前揭，第二冊，頁六五，經查出該語見語類卷二十。

註六：牟宗三，前揭，頁二三〇。

註七：同上，頁二三一——二三二。

註八：同上，頁二七四——二七五。

註九：錢穆，前揭，第二冊，頁一五一——一五二。錢先生只引此函之前一半討論「中字之說」的部分，我引的則是該函末尾的一段討論「以愛論仁」的部分。錢先生的推斷若正確，則我所引的部分既在同一函自也必然是壬辰年的作品。

註十：牟宗三，前揭，頁三一四——三一九。

註十一：同上，頁三二三——三二四。

# 第二部　朱子哲學思想的完成

## 第五章　朱子思想之心性情三分架局

### 一、概　說

朱子發展中和新說，思想之貞定處在超越之性理，做功夫的關鍵則在於心之周流貫徹，涵養於未發，致察於已發，指導原則是伊川的「涵養在用敬，進學則在致知」二語。喜怒哀樂自是情，這不成問題，但在論辨中和時這一觀念還未受到充分注意。到論辨仁說時，朱子擷出伊川「仁性愛情」一語爲指導原則，乃自覺地注意到情的問題，他把仁當作「性之德、愛之本」，或「心之德、愛之理」，而不滿南軒「心之德，善之本」之說，以爲不够親切。後來乃對五峯之說不無微詞，又正因五峯忽視了情。語類有云：

「舊看五峯說，只將心對性說，一箇情字都無下落。」（五，此條沈僴錄）

從正面來說，則朱子服膺橫渠「心統性情」之說。上引語類繼續下去有這樣的議論：

「後來看橫渠心統性情之說，乃知此話大有功，始尋得箇情字着落，與孟子說一般。

孟子言：惻隱之心，仁之端也。仁、性也，惻隱、情也，此是情上見得心。又曰：仁義禮智根于心，此是性上見得心。蓋心便是包得住那性情。性是體，情是用。心字只一箇字母。故性情字皆從心。」（同上）

這是朱子以他本人思想之心性情的三分架局來解析孟子，孟子本身並沒有這樣的分疏。在孟子的詞彙之中，情用在「乃若其情」一類的話之中，並沒有宋儒所謂情的涵義。孟子有時說，惻隱之心，仁之端也，有時又說，惻隱之心，仁也。在孟子來說，仁義內在，性由心顯，本性本心根本是一回事，一旦發用，乃沛然莫之能禦，莫非本心之呈現。就其本質言，則惻隱之心卽仁，就發用而言，則惻隱之心爲仁之端，兩種說法都可以通，無需過分拘執。但對朱子的分析的頭腦來說，則必須將名言概念完全確定，才有着落，這樣他把孟子的說法解析成爲三層：惻隱是情，仁是性，惻隱之心是仁之端，不能卽是仁，卽孟子本人明說惻隱之心仁也，他也必須解釋爲用語之省略，其實義仍必須爲仁之端也。這樣，情是形而下的一層，性是形而上的一層，心則兼攝形上、形下二層。孟子的縱貫系統遂轉變成爲了朱子的橫攝系統。

朱子曾經擧例來說明他自己的看法。語類有云：

「性是未動，情是已動，心包得已動未動。蓋心之未動則為性，已動則為情。所謂心統性情也。欲是情發出未底。心如水，性猶水之靜，情則水之流，欲則水之波瀾。」（五）

在朱子的思想之中，心佔一樞紐性的地位。性卽理，情欲則是氣機鼓盪的結果。心是氣之精爽者，故可以理御情，令喜怒哀樂之情發而中節，故有一主宰之意義。語類曰：

「心者主乎性而行乎情，故喜怒哀樂未發則謂之中，發而皆中節則謂之和。心是做功夫處。」(五)

故朱子所言之心爲一經驗實然之心，它與理的關係是當具，不是本具。是通過後天的修養工夫才可以使心與理一。但此心也自可以流放出去，失却主宰，聽任情欲翻騰，乃變成一個人欲橫流的世界，不可收拾。

這是朱子思想之心性情的三分架局的大指。這一個架局隱涵在他的中和新說的後面，在有關仁說的論辨之中顯發出來。晚年之思想更進一步加以繁演，用善巧的譬喻多方說明，但無有逾於此一基本規模者。以下卽分就性、情、心的概念詳加闡釋，而後再給以一總括性之綜述。

## 二、朱子對於性的了解

朱子對於性的看法屢經變易。他倡中和舊說時的體會是：「只是來得無窮，便常有個未發底耳」。這個「未發底」就是性。這樣性體的超越義根本顯不出來。而朱子當時所感覺到的困難在：「日間但覺爲大化所驅，如在洪濤巨浪之中，不容少頃停息」。在這樣的情形下說：「乃知浩浩大化之中一家自有一個安宅」，實在是一句浮辭。故不久卽放棄舊說，另立新說，乃體會到「方其靜也，事物未至，思慮未萌，而一性渾然，道義全具」。這樣性不只是個未發底，它的內容，日後卽用伊川「性卽理」的公式表達出來。（註一）自此以後，朱子對於性理的超越性的基本觀念沒有什麼改變。但配合上朱子理氣二元的宇宙觀，再分解成爲義理之性、氣質之性來討論性的觀念，則朱子的思想似又歷經變易。據錢穆先生的觀察，又有以下幾個階段的變化。（註二）

語類曰：

「問近思錄中說性，似有兩種，何也？曰：此說往往人都錯看了。才說性，便有不是。人性本善而已，才墮入氣質中，便薰染得不好了。雖薰染得不好，然本性卻依舊在此，全在學者着力。今人卻言有本性，又有氣質之性。此大害理。」（九五）

此條金去僞錄乙未所聞，朱子年四十六。照這個說法，本善之性墮入氣質中便薰染得不好，那根本就不需立氣質之性之一名，好像不必把性分作兩截看。這是朱子較早時的說法。

語類又曰：

「明道論性一章，人生而靜，靜者固其性。然只有生字，便帶卻氣質了。但生字以上又不容說，蓋此道理未有形見處。故今才說性，便須帶着氣質，無能懸空說得性者。

繼之者善，本是說造化發育之功。明道此處，却是就人性發用處說，如孟子所謂乃若其情則可以為善之類是也。伊川言極本窮源之性，乃是對氣質之性而言。言氣質之稟，雖有善惡之不同，然極本窮源而論之，則性未嘗不善也。」（九五）

這一條是程端蒙錄，內容和文集卷四十九答王子合十八書之第十三書中所言差不多完全相同，不知是否端蒙把這封信論性的部分錄入所聞語錄之中？答子合書當在朱子五十八至六十之三年間，距上引金去偽錄的一條有十二到十五年的時間。朱子現在說，才說性，便須帶着氣質，無能懸空說得性者。態度和前說完全不同，又把極本窮源之性與氣質之性對舉來說，而重點似放在氣質之性上面。似乎越往朱子晚年走，就越傾向於由經驗實然的觀點看氣的成分，而不要懸空談性理的觀念。

語類又曰：

「問人生而靜以上不容說一段。曰：人生而靜以上卽是人物未生時，只可謂之理。說性未得。此所謂在天曰命也。纔說性時便已不是性者，言纔謂之性，便是人生以後，此理已墮在形氣之中，不全是性之本體矣。故曰便已不是性也。此所謂在人曰性也。大抵人有此形氣，則是此理始具於形氣之中而謂之性。纔是說性，便已涉乎有生而兼乎氣質，不得為性之本體也。然性之本體，亦未嘗雜。要人就此上面見得其本體，元未嘗離，亦未嘗雜耳。凡人說性，只是說繼之者善也者，言性不可形容，而善言性者，不過卽其發見之端而言之，而性之理固可默識矣。如孟子言性善與四端是也。（原注：未有形氣，渾然天理，未有降付，故只謂之理。已有形氣，是理降而在人，具於形氣之中，方謂之性。已涉乎氣矣，便不能超然專說得理也。程子曰：天所賦爲命，物所受爲性；又曰：在天曰命，在人曰性是也。）」（九五）

此條董銖錄丙辰朱子年六十七歲以後所聞，距前引答王子合書，又後七至九年。朱子在這裏把他自己的說法又更加繁演，並對明道的說法加以新的分解的說明。明道所謂生之謂性被朱子解釋爲理之具於形氣之中，故說才說性時便已不是性，也卽是說，氣質之性不是性之本體，兩者的關係乃是不離不雜。而人物未生時，根本就談不上性，只能謂之理。這一種說法確代表一種自圓的思路，分解得很細密。雖仍守住伊川性卽理的綱領，但必須分析地了解爲：只有性之本體才是理，氣質之性則是理之墮於形氣，便不那麼純粹了。但這種說法和明道的原意差得很遠。明道謂生之謂性，的確是從人的禀賦上說，其實就是天命之謂性的另一種說法。他所把握的性仍是純善的本性，既和告子的生之謂性無關，也和朱子與氣質拉在一起的說法沒有關係。朱子是根據伊川的綱領而發展出來一條他自己的思路。

語類又一條云：

「（上略）。蓋性須是箇氣質，方說得箇性字。若人生而靜以上，只說得箇天道，下性字不得。所以子貢曰：夫子之言性與天道，不可得而聞也，便是如此。所謂天命之謂性者，是就人身中指出這箇是天命之性，不離氣禀者而言爾。若才說性時，則便是夾氣禀而言，所以說時便已不是性也。（下略）。」（九五）

此條沈僩錄戊午朱子年六十九以後所聞，應該代表朱子對此問題之晚年定論。理氣二元不離不雜落在性論上便形成這樣的說法，朱子分解型的頭腦要每一個概念都可以落實，這才心安理得。這和明道之喜用指點語以入道，完全是兩條不同的途徑。朱子以他本人的思想去附會明道的思想實未見其是。

語類又曰：

「論性不論氣不備，論氣不論性不明。蓋本然之性只是至善。然不以氣質而論之，則莫知其有昏明開塞剛柔强弱，故有所不備。徒論氣質之性，而不自本原言之，則雖知有昏明開塞剛柔强弱之不同，而不知至善之源未嘗有異，故其論有所不明。須是合性與氣觀之然後盡。蓋性卽氣，氣卽性也。若孟子專於性善，則有些是論性不論氣。韓愈三品之說，則是論氣不論性。」（五九，此條程端蒙錄）

這一條最足以闡明朱子的根本思想。理氣兩邊都要照顧到，才能够有一個全面的看法。我們該注意，朱子所謂「性卽氣，氣卽性」的說法並不眞是一本之論，只是說明二者不離不雜的關係罷了！把握到了朱子論性的思想發展的線索，以及基本的綱領，我們再看朱子對性的各種說法，就都可以知其定位，不至於飄忽搖蕩，把握不到他立論的命意了。

朱子論性無疑是以伊川爲基準與出發點。語類云：

「伊川性卽理也，自孔孟後無人見得到此，亦是從古無人敢如此道。」（五九）

「伊川說話，如今看來，中間寧無小小不同，只是大綱統體說得極善。如性卽理也一語，直自孔子後，惟是伊川說得盡。這一句便是千萬世說法之根基。（下略）。」（九三）

但若兼氣質而言，則朱子在二程之外也推尊濂溪與橫渠。語類有云：

「論性不論氣不備，論氣不論性不明，二之則不是，須如此兼性與氣說方盡。此論蓋自濂溪太極言陰陽五行有不齊處，二程因其說推出氣質之性來，使程子生在周子之前，未必能發明到此。」（五九）

「孔子謂性相近也，習相遠也，孟子辨告子生之謂性，亦是說氣質之性。近世被濂溪拈掇出來，而橫渠二程始有氣質之性之說。」（五九）

性之問題爲宋朝儒學之一大公案，朱子由此理出思想之線索，可見其道統之論絕非泛說，他自己顯然是有志於一綜和集大成的地位。

單就性卽理而言，語類卷五有更詳密的討論如下：

「道卽性，性卽道，固是一物。然須看因甚喚做性，因甚喚做道。」

「性卽理也。在心喚做性，在事喚做理。」

「生之理謂性。」

「性只是此理。」

「性是合當底。」

「性則純是善底。」

「性是天生成許多道理。」

「性是許多理，散在處為性。」

「問：性既無形，復言以理，理又不可見。曰：父子有父子之理，君臣有君臣之理。」

「性是實理，仁義禮智皆具。」

「問：性固是理，然性之得名是就人生稟得言之否？曰：繼之者善，成之者性。這箇理在天地間時只是善，無有不善者。生物得來，方始名曰性。只是這理。在天則曰命，在人則曰性。」

「鄭問：先生謂性是未發，善是已發，何也？曰：纔成箇人影子，許多道理便都在那人上。其惻隱便是仁之善，羞惡便是義之善。到動極復靜處，依舊只是理。曰：這善也是性中道理，到此方見否？曰：這須就那地頭看。繼之者善也，成之者性也。在天地言，則善在先，性在後。是發出來，方生人物。發出來是善，生人物便成箇性。在人言，則性在先，善在後。或舉孟子道性善。曰：此則性字重，善字輕，非對言也。文字須活看。此，且就此說，彼，則就彼說。不可死看。牽此合彼，便處處有礙。」

「性不是卓然一物可見者。只是窮理格物，性自在其中，不須求。故聖人罕言性。」

「諸儒論性不同，非是於善惡上不明，乃性字安頓不着。」

「聖人只是識得性。百家紛紛，只是不識性字。揚子鶻鶻突突，荀子又所謂隔靴爬癢。」

由以上這些話，我們可以看得很清楚，對朱子來說，性是理之內在化的結果，人得之爲人性，物得之爲物性。由於性卽理，故彰顯其超越性。性理並不是存在的實物，故不是卓然一物可見者。它不只是存在物的本質，而且卽是應然的標準。由於它不雜氣質，所以是純善。但性理旣無形又不可見，那麼我們怎樣可以湊泊得上呢？原來理不離事，故我們可以卽事而窮理。只須勤懇地做窮理格物的工夫，則性自在其中，不須求。由問答之中可以看出，朱子似乎始終持性爲未發之說，認定它根本無法直接去把捉，只能通過窮理格物的間接的方法來體察。故一生對於直下談心論性的說法形成忌諱，每斥之爲禪。同時朱子的說法始終有一宇宙論的背景。故曰在天地言則善在先性在後。但人旣有生，則成乎性，善成爲後天修養工夫的結果，故曰在人言，則性在先，善在後。在朱子這樣的思想間架之中，作先天功夫如象山的爲學先立其大是絕無可能的。只有不斷作後天的功夫，到了某個階段，乃有一神秘的異質的跳躍，而達到一種豁然貫通的境界。然而我們却不容易看得出，如何由道德習俗的追隨與奉行的過程之中，忽然能夠轉出一條新途徑而把握到自覺地作道德的踐履的工夫的樞紐？但是朱子似乎並不感覺到這裏有一嚴重的問題，由這裏卽可看出朱陸思想不同的分水嶺。

語類卷二十八朱子討論論語性與天道的問題曰：

「性與天道，性是就人物上說，天道是陰陽五行。」

「吉甫問性與天道。曰：譬如一條長連底物事。其流行者是天道，人得之者為性。乾之元亨利貞，天道也。人得之則為仁義禮智之性。」

「（上略）。至於性與天道，乃是此理之精微。蓋性者是人所受於天有許多道理為心之體者也。天道者謂自然之本體所以流行而付與萬物，人物得之以為性者也。（下略）」

這裏把性和天道之間的關係規定得相當確定。天道流行，人得之以為性，天德和人的仁義禮智之性有一種互相對應的關係。性和天道的內容則又要通過理的觀念來規定。論語性與天道章集註有云：性者，人所受之天理。天道者，天理自然之本體。其實一理也。朱子可謂充分發揮了伊川性卽理也一路的思想。

朱子又曾打比方來說明：

「性只是理。萬理之總名。此理亦只是天地間公共之理，稟得來便為我所有。天之所命，如朝廷指揮差除人去做官，性如官職，官便有職事。」（一一七）

理之內在化才成為人物之性，故我們不可以倒轉過來說理卽性。但又正因為性卽理，故為一內在的超越。針對具體的心或情而言，由於性本身沒有氣的夾雜，所以是純善，故凸顯其超越義，乃成為朱子思想在建立中和新說之後不可動搖之一貞定的基礎。在這樣的情形之下所談到的性極明顯地卽一般所謂義理之性，這不成疑問。然而性既為內在化以後的理，它雖與氣不雜，然也與氣不離，由是而逼得朱子往老年走必須正視所謂氣質之性的問題，其中所牽連的理論效果，就不能爲「性卽理」這樣一個簡單的公式所得以範圍的了。

既要談氣質之性，首先我們必須了解朱子用這一詞的確切含義究竟是什麼。文集卷五十八答徐子融有云：

「氣質之性只是此性墮在氣質之中，故隨氣質而自為一性，正周子所謂各一其性者。向使元無本然之性，則此氣質之性又從何處得來耶？」（文集卷五十八，答徐子融四書之第三書）

由此可見，性本無二，但又不能不在性之本然與氣質之性之間作出必要的分別。

又文集卷六十一答嚴時亨有云：

「氣質是陰陽五行所為。性卽太極之全體。但論氣質之性，則此全體墮在氣質之中耳，非別有一性也。

（中略）

人生而靜，是未發時，以上卽是人物未生之時，不可謂性。才謂之性，便是人生以後，此理墮在形氣之中，不全是性之本體矣。然其本又未嘗外此。要人卽此而見得其不雜於此者耳。易大傳言繼善，是指未生之前。孟子言性善，是指已生以後。雖曰已生，然其本體初不相雜也。」（文集卷六十一，答嚴時亨三書之第一書）

據錢穆先生的考證，此函約與前引董銖錄丙辰朱子年六十七歲以後所聞語同時，（註三）是代表朱子晚年的見解。這樣談性必形成一有趣的弔詭：因爲人物未生之時根本不可以談性，但此理墮在形氣之中，却又不全是性之本體矣！又無法抽離地談性之在其自己。由此可見，朱子並不相信有一離存的性之本體，它是因氣質而見，却又不與氣質相雜，與之形成一種不離不雜的微妙關係。

語類有云：

「問：先生說太極有是性則有陰陽五行云云，此說性是如何？曰：想是某舊說，近思量又不然。此性字為稟於天者言。若太極只當說理，自是移易不得。易言一陰一陽之謂道，繼之者則謂之善，至於成之者方謂之性，此謂天所賦於人物，人物所受於天者也。」（九四）

又曰：

「才說太極便帶着陰陽，才說性便帶着氣。不帶着陰陽與氣，太極與性那裏收附？然要得分明，又不可不拆開說。」（九四）

這兩條徐寓錄庚戌朱子年六十一歲以後聞，也是朱子晚年的說法。從分析的觀點說，太極只能說理，不能說性，性必由稟於天者言，詞義規定得極爲明確。但就存有的實際情況來說，則太極無法離開陰陽，性無法離開氣，決沒有法子蹈空來討論。

語類又曰：

「問：繼之者善，成之者性，何以分繼善成性為四截？曰：繼成屬氣，善性屬理。性已兼理氣，善則專言理。又曰：理受於太極，氣受於二氣五行。」(九四)

此條潘植錄癸丑朱子年六十四歲時所聞。朱子從宇宙論的觀點分解來說，善專屬於理，性之本然屬理，但性必通過氣質而具現，故性已兼理氣兩面而言。朱子的肯用分析頭腦用力思考，委實令人嘆服，但他所分解出來的說法顯與易傳渾淪一本的體會有相當距離，此則不可掩者也。

朱子自己既有一套獨特的思想，乃以此來平章歷來論性諸異說。語類曰：

「孟子言性，只說得本然底，論才亦然。荀子只見得不好底。揚子又見得半上半下底。韓子所言，却是說得稍近。蓋荀揚說既不是，韓子看來端的見有如此不同，故有三品之說。然惜其言之不盡，少得一箇氣字耳。程子曰：論性不論氣不備，論氣不論性不明，蓋謂此也。」(四)

此條王力行錄辛亥朱子年六十二歲時所聞。從正面來說。則朱子除程子外，特別推尊橫渠。依朱子的看法，氣質之說，

「起於張程，某以為極有功於聖門，有補於後學。」(四)

「或問：人物之性一源，何以有異？曰：人之性論明暗，物之性只是偏塞。暗者可使之明，已偏塞者不可使之通也。橫渠言：凡物莫不有是性，由通蔽開塞，所以有人物之別。而卒謂塞者牢不可開。厚者可以開而開之也難。薄者開之也易是也。（下略）」(四)

由於朱子喜歡套在宇宙論的間架之下言性，於是引生了許多複雜的理論效果，語類曰：

「某有疑問呈先生曰：人物之性有所謂同者，又有所謂異者；知其所以同，又知其所以異，然後可以論性矣。夫太極動而二氣形，二氣形而萬(物)化生。人與物俱本乎此，則是其所謂同者。而二氣五行絪縕交感，萬變不齊，則是其所謂異者。同者，其理也。異者，其氣也。必得是理而後有以為人物之性，則其所謂同然者，固不得而異也。必得是氣而後有以為人物之形，則所謂異者，亦不得而同也。是以先生於大學或問因謂，以其理而言之，則萬物一原，固無人物貴賤之殊。以其氣而言之，則得其正者通者為人，得其偏且塞者為物。是以或貴或賤，而有所不能齊者，蓋以此也。然其氣雖有不齊，而得之以有生者，在人物莫不皆有理。雖有所謂同而得之以為性者，人則獨異於物。故為知覺為運動者，此氣也。為仁義為禮智者，此理也。知覺運動人能之，物亦能之。而仁義禮智，則物固有之，而豈能全之乎？今告子乃欲指其氣而遺其理，梏於其同者而不知其所謂異者，此所以見闢於孟子。而先生於集註則亦以為，以氣言之，則知覺運動人物若不異。以理言之，則仁義禮智之禀，非物之所能全也。於此則言氣同而理異者，所以見人之為貴，非物之所能。並於彼則言理同而氣異者，所以見太極之無虧欠，而非有我之所得為也。以是觀之，尚何疑哉！有以集注或問異同為疑者，答之如此，未知是否？先生批示：此一條論得甚分明。昨晚朋友正有講及此者，亦已略為言之，然不及此之有條理也。」(四)

從宇宙之然而追溯其所以然則惟有一理，此所以理同而氣異。性理既通於人物，此處不能有異。但就具體的生命人物而言，則因關連到氣，性既墮在形氣之中而有所謂氣質之性，則一理化而為萬殊。故換一個角度言，又可以說氣同而理異。

語類又曰：

「先生答黃商伯書有云：論萬物之一原則理同而氣異，觀萬物之異體則氣猶相近而理絕不同。問：理同而氣異。此一句是說，方付與萬物之初，以其天命流行只是一般，故理同。以其二五之氣，有清濁純駁，故氣異。下句是就萬物已得之後說。以其雖有清濁之不同，而同此二五之氣，故氣相近。以其昏明開塞之甚遠，故理絕不同。中庸是論其方付之初，集注是看其已得之後。曰：氣相近，如知寒煖、識飢飽，好生惡死、趨利避害，人與物都一般。理不同，如蜂蟻之君臣，只是他義上有一點子明，虎狼之父子，只是他仁上有一點子明。其他更推不去。恰似鏡子，其他處都暗了，中間只有一兩點子光。大凡物事，稟得一邊重便占了其他底。如慈愛底人少斷制，斷制之人多殘忍。蓋仁多便遮了義，義多便遮了那仁。（下略）。」（四，此條沈僩錄）

把這一條和上一條配合起來看，則朱子的意思十分明朗。我們需要注意的是，他如何由不同的角度討論理氣之同異。朱子又用比方來說明他的意思。

「或說：人物性同。曰：人物性本同，只氣稟異。如水無有不清，傾放白椀中是一般色，及放黑椀中又是一般色，放青椀中又是一般色。又曰：性最難說。要說同亦得，要說異亦得。如隙中之日，隙之長短大小自是不同，然卻只是此日。」（四）

其實通透了朱子的義理思想型態，性也無甚難說處。大體義理之性同，而氣質之性異。若着眼點放在氣質之性、分殊之理上，乃也可說是氣同而理異。

朱子曾經批評五峯天理人欲同體異用之論。語類曰：

「或問：天理人欲同體而異用、同行而異情。曰：胡氏之病，在於說性無善惡。性中只有天理，無人欲，謂之同體，則非也。同行異情，蓋亦有之。如口之於味，目之於色，耳之於聲，鼻之於臭，四肢之於安佚，聖人與常人皆如此，是同行也。然聖人之情不溺於此，所以與常人異耳。（中略）。龜山云天命之謂性，人欲非性也。胡氏不取其說，是以人欲為性矣。此其甚差者也。」（一〇一）

朱子不了解五峯所言根本是另一不同的思想型態，但他批評的根據卽他自己所信奉的性氣二元的思想。到了朱子晚年，又有關於枯槁有性的辯論，此則見於他和余方叔、徐子融的書函討論之中。

文集卷五十九答余方叔有云：

「天之生物，有有血氣知覺者，人獸是也。有無血氣知覺而但有生氣者，草木是也。有生氣已絕而但有形色臭味者，枯槁是也。是雖其分之殊，而其理則未嘗不同。但以其分之殊，則有其理之在是者不能不異。故人為最靈，而備有五常之性。禽獸則昏而不能備。草木枯槁則又並與其知覺而亡焉。但其所以為是物之理則未嘗不具爾。若如所謂纔無生氣便無生理，則是天下乃有無性之物，而理之在天下乃有空闕不滿之處也，而可乎？」

方叔之意有一段引於朱子答函中，其言曰：

「竊謂仁義禮智信元是一本，而仁為統體。故天下之物有生氣，則五者自然完具。無生氣，則五者一不存焉，只是說及本然之性。先生以為枯槁之物亦皆有性有氣，此又是以氣質之性廣而備之，使之兼體洞照而無不偏耳。」

方叔這一段話語焉不詳，他所謂的本然之性究竟含義是什麼不可曉。但明顯的是，方叔以爲以仁爲統體的仁義禮智信之性不能爲枯槁之物之性。單就這一點而言，孟子之論性側重人禽之別，則不只枯槁無性，禽獸亦不能有此性。朱子之說顯然與孟子不符，他所謂性是由事物之然推至其所以然之理，元無差別，則人獸草木枯槁雖分殊，本來只是一理。但性既墮於氣質之中，乃有了差別，連帶也可以說理之差別。方叔解釋朱子的意思自有差謬。他不說性墮於氣質之中，而是就氣質之殊說性。這也可以成一思路，但顯非朱子之思路，故朱子斥之。至於謂枯槁之物只有氣質之性，而無本然之性這樣的說法，則朱子另有一長函致徐子融，有廣辨，可能這一說法是方叔、子融共同的主張。玆錄答徐子融書如下：

「有性無性之說，殊不可曉。當時方叔於此，本自不曾理會，卒然躐等揀難底問。熹若照管得到，則於此自合不答，且只教他仔細熟讀聖賢明白平易切實之言，就己分上依次第做工夫，方有益於彼，而我亦不為失言。却不合隨其所問，率然答之，致渠一向如此狂妄，此熹之罪也。駟不及追，雖悔莫追。然既有此話頭，又不容不結束。今試更為諸君言之。若猶未以為然，則亦可以忘言矣。伊川先生言性即理也，此一句自古無人敢如此道。心則知覺之在人而具此理者也。橫渠先生又言，由太虛有天之名，由氣化有道之名，合虛與氣有性之名，合性與知覺有心之名。其名義亦甚密，皆不易之至論也。蓋天之生物，其理固無差別。但人物所稟形氣不同，故其心有明暗之殊，而性有全不全之異耳。若所謂仁，則是性中四德之首，非在性外別為一物，而與性並行也。然惟人心至靈，故能全此四德，而發為四端。物則氣偏駁，而心昏蔽，固有所不能全矣。然其父子之相親，君臣之相統，間亦有僅存而不昧者。然欲克己復禮以為仁，善善惡惡以為義，則有所不能矣。然不可謂無是性也。若生物之無知覺者，則又其形氣偏中之偏者。故理之在是物者，亦隨其氣形而自為一物之理。雖若不復可論仁義禮智之彷彿，然亦不可謂無是性也。此理甚明，無難曉者。自是方叔暗昧膠固，不足深責，不謂子融亦不曉也。至引釋氏識神之說，則又無干涉。蓋釋氏以虛空寂滅為宗，故以識神為生死根本。若吾儒之論，則識神乃是心之妙用，如何無得？但以此言性則無交涉耳。又謂枯槁之物只有氣質之性，而無本然之性，此語尤可笑。若果如此，則是物只有一性，而人却有兩性矣！此語非常醜差。蓋由不知氣質之性只是此性墮在氣質之中，故隨氣質而自為一性，正周子所謂各一其性者，向使元無本然之性，則此氣質之性又從何處得來耶？況亦非獨周程張子之言為然。如孔子言：成之者性，又言：各正性命，何嘗分別某物是有性底，某物是無性底？孟子言山之性、水之性，山水何嘗有知覺耶？若於此看得通透，即知天下無無性之物。除是無物！方無此性，若有此物，即如來諭木燒成灰，入陰為土，亦有此灰土之氣。既有灰土之氣，即有灰土之性。安得謂枯槁無性耶？又如狹其性而遺之以下種種怪說，尤為可笑。今亦不暇細辨。但請虛心靜慮，詳味此說，當自見得。如看未透，即且放下，就平易明白切實處玩索涵養，使心地虛明，久之須自見得。不須如此信口信意，馳騁空言，無益於己，而徒取易言之罪也。如不謂然，則請子融方叔自立此論以為宗旨，熹亦安能必二公之見從耶？至於易之說，又別是一事。今於自己分上，見成易曉底物，尚且理會不得，何暇及此？當俟異日心虛氣平，萬理融澈，看得世間文字言語無不通達，始可細細商量耳。此等若理會不得，亦未妨事，且闕所疑而徐思之，

不當便如此咆哮無禮也。」（文集卷五十八，答徐子融四書之第三書）

這一封信的主旨，由正面而來說是再一次說明天之生物，其理固無差別的看法，由負面來說，則在駁斥枯槁只有氣質之性而無本然之性的說法。在這封信中，朱子雖廣引孔孟周程張子諸說，却不一定能够折服子融方叔之輩。朱子自謂主張一性之說，而以二性之說非常醜差，這是以他本人的看法爲標準所下的結論。但這種看法並不見得是古人本來的看法。此處單以孟子爲例，孟子雖不用本然之性，氣質之性的名詞，但他說：「口之於味也，耳之於聲也，目之於色也，鼻之於臭也，四肢之於安佚也，性也，有命焉，君子不謂性也」，意思就是說，這樣的性，也卽氣質之性，君子不謂性也，不能把它當作人的本然之性。那麼依孟子的思路，二性說不必有甚不妥，而氣質之性顯無本然之性墮落於氣質之中的涵義。同時朱子一性之說表面上似圓融，其實是把兩方面的對立往後推一步，乃據於一理氣二元之形上學。於此，理是但理，活動的是氣。這種說法未必合於易傳、濂溪、張程之說。由此可見，子融方叔等討論的是涉及一些實質的問題，不只是能否虛心讀書的態度的問題。這批後輩的態度可能不遜，朱子自可以教訓之，但哲學上的基本差別處自不能因此而解消。

語類卷四之中還有相關的討論：

「徐子融以書問枯槁之中有性有氣，故附子熱，大黃寒。此性是氣質之性。陳才卿謂卽是本然之性。先生曰：子融認知覺爲性，故以此爲氣質之性。性卽是理，有性卽有氣，是他稟得許多氣，故亦只有許多理。才卿謂有性無仁。先生曰：此說亦是。是他元不曾稟得此道理，惟人則得其全。如動物，則又近人之性矣。故呂氏云：物有近人之性，人有近物之性。蓋人亦有昏愚之甚者。然動物雖有知覺，才死則其形骸便腐壞。植物雖無知覺，然其質却堅久難壞。」

徐子融是否主張知覺是性，不得而知。但朱子本人的意思很明確，此處「許多」一詞卽「如許多」的意思。

「問：曾見答余方叔書，以為枯槁有理，不知枯槁瓦礫如何有理？曰：且如大黃附子亦是枯槁，然大黃不可為附子，附子不可為大黃。」

此則乃由分殊之理立論。

「問：枯槁之物亦有性，是如何？曰：是它合下有此理。故云：天下無性外之物。因行街云：階磚便有磚之理。因坐云：竹椅便有竹椅之理。枯槁之物謂之無生意則可，謂之無生理則不可。如朽木無所用，止可付之爨竈，是無生意矣。然燒甚麼木，則是甚麼氣，亦各不同。這是理元如此。」

朱子是偏向在宇宙論、存有論的觀點談性，事至顯然。朱子自己是有一套一貫的想法，尤其到了晚歲，信心甚堅。但他的說法是否合乎古義，是否優於另外的說法，此則是完全不同的問題，不可一概而論。

## 三、朱子對於情的重視

朱子一貫以爲性是未發，性既無形，故不可以直接的方法掌握，必由已發倒溯回去，始可以見性之本然。而已發之著者爲情，此所以朱子也重視情，道理是很明顯的。語類曰：

「有這性，便發出這情。因這情，便見得這性。因今日有這情，便見得本來有這性。」(五)

又曰：

「性不可言。所以言性善者，只看他惻隱辭遜四端之善，則可以見其性之善。如見水流之清，則知源頭必清矣。四端情也。性則理也。發者情也，其本則性也。如見影知形之意。」(五)

由此可見朱子所用的是後天 (a posteriori) 由流溯源的方法。但一旦既已把握到性的本源，自也可以倒轉來說。故曰：

「性是根，情是那芽子。」(一一九)

「情者，性之所發。」(五九)

再由性情的內容來看，則朱子又有進一步的議論。語類有云：

「仁，性也。性只是理而已。愛是情，情則發於用。性者，指其未發，故曰：仁者愛之理。情卽已發，故曰：愛者仁之用。」(二〇)

又曰：

「仁是愛之理，愛是仁之用。未發時只喚做仁。仁卽無形影。旣發後方喚做愛，愛却有形影。未發而言仁，可以包義禮智。旣發而言惻隱，可以包恭敬辭遜是非。四端者，端如萌芽相似，惻隱方是從仁裏面發出來底端。程子曰：因其惻隱，知其有仁，因其外面發出來底，便知是性在裏面。」(二〇)

簡括起來則可說：

「愛是惻隱，惻隱是情，其理則謂之仁。」(二〇)

這樣的看法基本上是遵守伊川仁性愛情的綱領，但規定得更爲確定，仁成爲但理。說仁無形影，至少論語並不給人這個印象。朱子又以他自己的一套解孟子，其實也只是一表面的相合，發展的是另一型態的思路。

語類有云：

「孟子道性善，性無形容處，故說其發出來底。」（五九）

又曰：

「孟子說性，乃是於發處見其善。」（五七）

「問：孟子言性何必於其已發處言之？曰：未發是性，已發是善。」（五五）

孟子基本的思路是仁義內在，性由心顯，由惻隱之心以說性善，由已發而言未發，似乎並無差謬之處。問題是出在進一步的闡釋之上。孟子講惻隱之心，根本沒有說到惻隱是情的問題。這一個心，只要不流放出去，擴而充之乃沛然莫之能禦。盡心知性，這裏所謂的心是本心，性即是本然之性。心性一貫，兩下裏毫無睽隔，純爲一本之論。但朱子是一經驗實然的心態，不能純由超越的立場談本心本性，爲了要安排現實之惡，乃必須將性情分層，理氣二元不離不雜，發展出一不同的義理格局來。

語類曰：

「問：乃若其情。曰：性不可說，情却可說。所以告子問性，孟子却答他情。蓋謂情可為善，則性無有不善。所謂四端者，皆情也。仁是性，惻隱是情。惻隱是仁發出來底端芽，如一箇穀種相似。穀之生是性，發為萌芽是情。所謂性只是那仁義禮智四者而已。四件無不善，發出來則有不善，何故？殘忍便是那惻隱反底，冒昧便是那羞惡反底。」（五九）

先由章句本身來說，孟子所謂乃若其情，乃是情實之情，根本沒有朱子所說的情的意思，顯是誤釋。再由義理的角度來看，孟子雖不否認有現實上之惡。但惻隱之心的本心一發，決無不善可言，卽是本然之性的表現。朱子却把性和情打成兩截，性卽理，自無不善。但性理缺乏作爲，一關連到氣，談到情的問題，便有善有不善。孟子是純由超越的立場講心性之一貫，朱子則將超越的性理與實然的情氣分解爲二。這樣也可以自成一思路，但決非孟子原來的思路。

討論情的問題，順着孟子的思路追溯下去，自不能不接觸到才的問題。語類曰：

「德粹問：孟子道性善。又曰：若其情，可以為善，是如何？曰：且道性情才三者是一物是三物？德粹云：性是性善，情是反於性，才是才料。曰：情不是反於性，乃性之發處。性如水，情如水之流。情既發，則有善有不善，在人如何耳。才則可為善者也。彼其性既善，則其才亦可以為善。今乃至於為不善，是非才如此，乃自家使得才如此。故曰非才之罪。某問下云：惻隱羞惡辭遜是非之心，亦是情否？曰：是情。舜功問：才是能為此者，如今人曰才能。曰：然。李翺復性則是云滅情以復性，則非。情如何可滅？此乃釋氏之說，陷於其中不自知。不知當時曾把與韓退之看否？」(五九)

這一段話把性情之間的關係規定得很淸楚。情並不是反於性，只是既發則有善有不善。更不可以滅情，所以批評李翺是釋氏之說，顯然是認定此處乃是儒釋之一重要分野。在這一段話中又牽涉到才的問題，從問答中看出朱子以才爲才料、才能，似乎是很平常的解法。但細接下去却可以看出朱子的思路與孟子不同。孟子說的是本心，故在心性之間未明分界線，情指情實之意，才只是換一種說法而已！它既關連着本然之性說下來，故不能指材料言，它是一種能，但專指性之能，也卽孟子所謂良能。在孟子，情與才是虛位字，但在朱子，情和才則關連到氣而轉成有實質的內容，並非如孟子所謂的純善，而可以爲善爲不善。(註四)

語類曰：

「問：孟子言情才皆善，如何？曰：情本自善，其發也，未有染汚，何嘗不善？才只是資質，亦無不善。譬物之白者未染時，只是白也。」(五九)

「孟子論才，專言善，何也？曰：才本是善，但為氣所染，故有善不善。亦是人不能盡其才。人皆有許多才，聖人却做許多事，我不能做得些子出。故孟子謂：或相倍蓰而無算者，不能盡其才者也。」(五九)

「孟子言才，不以為不善，蓋其意謂善性也。只發出來者是才。若夫就氣質上言

才，如何無善惡？」（五九）

朱子顯然是在以他自己的思想解孟子。朱子並進一步用譬喻來闡明心性情才之間的關係。語類曰：

「問：情與才何別？曰：情只是所發之路陌，才是會恁地去做底。且如惻隱，有懇切者，有不懇切者，是則才之有不同。又問：如此則才與心之用相類。曰：才是心之力，是有氣力去做底。心是管攝主宰者，此心之所以為大也。心譬水也。性，水之理也。性所以立乎水之靜，情所以行乎水之動，欲則水之流而至於濫也，才者水之氣力所以能流者，其流有急有緩，則是才之不同。伊川謂性稟於天，才稟於氣是也。只有性是一定，情與心與才便合著氣了。心本未嘗不同，隨人生得來便別了。情則可以善可以惡。又曰：要見得分曉，但看明道云：其體則謂之易，其理則謂之道，其用則謂之神。易，心也，道，性也，神，情也，此天地之性情也。」（五）

朱子將性屬理，心、情、才則屬於氣，但三者之性質與功能又彼此不同。此決非明道之說本意。語類曰：

「性者，心之理。情者，心之動。才便是那情之會恁地者。情與才絕相近。但情是遇物而發，路陌曲折，恁地去底。才是那會如此底。要之，千頭萬緒皆是從心上來。」

(五)彼此的價值也有不同。

「問：性之所以無不善，以其出於天也。才之所以有善不善，以其出於氣也。要之，性出於天，氣亦出於天，何故便至於此？曰：性是形而上者，氣是形而下者。形而上者全是天理。形而下者只是那渣滓。至於形，又是渣滓，至濁者也。」(五)

孟子講踐形，乃是一本之論，顯然缺少朱子這樣的分疏。朱子的根據在伊川，其實他本人也知道伊川與孟子是不同的思路。語類曰：

「問：孟程所論才同異。曰：才只一般，能為之謂才。問：集注說，孟子專指其出於性者言之，程子兼指其稟於氣者言之，又是如何？曰：固是，要之，才只是一箇才。才之初亦無不善，緣他氣稟有善惡，故其才亦有善惡。孟子自其同者言之，故以為出於性。程子自其異者言之，故以為稟於氣。大抵孟子多是專以性言，故以為性善，才亦無不善。到周子程子張子方始說到氣上。要之，須兼是二者言之方備。只緣孟子不曾說到氣上，覺得此段話無結殺，故有後來荀揚許多議論出。韓文公亦見得人有不同處，然亦不知是氣稟之異，不妨有百千般樣不同。故不敢大段說開，只說性有三品。不知氣稟不同，豈三品所能盡耶？」(五九)

由此可見孟子所言是超越層，程子所言是經驗實然層，本不是一回事。朱子則極力想和會兩家之說。語類有云：

「若孟子與伊川論才，則皆是。孟子所謂才，止是指本性而言。性之發用無有不善處。如人之有才，事事做得出來。一性之中萬善完備。發將出來，便是才也。又云：惻隱羞惡是心也，能惻隱羞惡者才也。如伊川論才却是指氣質而言也。氣質之性，古人雖不曾說著，考之經典，却有此意。如書云：惟人萬物之靈，亶聰明，作元后，與夫天乃錫王勇智之說，皆此意也。孔子謂性相近也，習相遠也，孟子辨告子生之謂性，亦是說氣質之性。近世被濂溪拈掇出來，而橫渠二程始有氣質之性之說。此伊川論才所以云有善不善者，蓋主此而言也。如韓愈所引越椒等事，若不著箇氣質說，後如何說得他？韓愈論性，比之荀揚，最好。將性分三品，此亦是論氣質之性，但欠一箇氣字耳。」(五九)

由這一段話可見，朱子直以宋儒之提出氣的概念論性，乃是一大突破。語類又曰：

「揚尹叔問：伊川曰：語其才則有下愚之不移，與孟子非天之降才爾殊，語意似不同。曰：孟子之說自是與程子之說小異。孟子只見得是性善，便把才都做善，不知有所謂氣稟各不同。如后稷岐嶷，越椒知其必滅若敖，是氣稟如此。若都把做善，又有此等處。須說到氣稟方得。孟子已見得性善，只就大本處理會。更不思量這下面善惡所由起處有所謂氣稟各不同。後人看不出，所以惹得許多善惡混底說來相炒。程子說得較密，因舉論性不論氣不備，論氣不論性不明，二之則不是，須如此，兼性與氣說，方盡。此論蓋自濂溪太極言陰陽五行有不齊處，二程因其說推出氣質之性來，使程子生在周子之前，未必能發明到此。又曰：才固是善，若能盡其才，可知是善是好。所以不能盡其才處，只緣是氣稟恁地。問：才與情如何分別？情是才之動否？曰：情是這裏（原注：以手指心）發出，有個路脈曲折，隨物恁地去。才是能主張運用做事底。同這一事，有人會發揮得，有不會發揮得。同這一物，有人會做得，有人不會做得。此可見其才。又問：氣出於天否？曰：性與氣皆出於天。性只是理。氣則已屬於形象。性之善固人所同，氣便有不齊處。（下略）。」（五九）

朱子費了很大的苦心來調和孟子與伊川的說法。伊川以才爲一有實質內容之獨立概念。他認爲才稟於氣，也可以說出一番道理來。但以這一方式去說孟子的非才之罪，非天之降才爾殊，却甚不相應。朱子的意思似謂，依性理而發的是本然之情，依性理而會發能發的是本然之才，但性理本身不能活動，能活動的是氣，是才情。然才情旣關連到氣，故必通過後天的功夫使其附合於性理，此處並沒有必然性，眞正純善的只是性理，故不能從本質上言才情本善。孟子則是由超越的層面講心性情才之一貫，沒有這種二元分疏的說法。故朱子說孟子和伊川是小異，其實是代表兩個不同的思想系統。朱子喜歡談氣稟，同情顯然是在伊川一邊。但他企圖由才情之合於性理的說法來縮短伊川與孟子之間的距離，確是花了一番苦心。只不過兩種思想之間的差別終不可掩。伊川與朱子的說法是照顧到經驗實然層次的惡，但由

超越層面講本性，本心則有一間之隔，有透不上去的感覺。（註五）

與這些問題相關的還有命的問題。孟子盡心章有這樣一段話：

「孟子曰：口之於味也，目之於色也，耳之於聲也，鼻之於臭也，四肢之於安佚也，性也，有命焉，君子不謂性也。仁之於父子也，義之於君臣也，禮之於賓主也，智之於賢者也，聖人之於天道也，命也，有性焉，君子不謂命也。」

朱子注：「性也有命焉，君子不謂性也」說：

「程子曰：五者之欲，性也。然有分，不能皆如其願，則是命也。不可謂我性之所有，而求必得之也。愚按不能皆如其願，不止為貧賤，蓋雖富貴之極，亦有品節限制，則是亦有命也。」

注「命也有性焉，君子不謂命也」則說：

「程子曰：仁義禮智天道在人，則賦於命者，所稟有厚薄清濁。然而性善，可學而盡，故不謂之命也。張子曰：晏嬰智矣，而不知仲尼，是非命耶？愚按所稟者厚而清，則其仁之於父子也至，義之於君臣也盡，禮之於賓主也恭，智之於賢否也哲，聖人之於天道也無不脗合，而純亦不已焉。薄而濁，則反是。是皆所謂命也。或曰：者當作否，人衍字，更詳之。愚聞之師曰：此二條者，皆性之所有，而命於天者也。然世之人以前五者為性，雖有不得而必欲求之，以後五者為命，一有不至，則不復致力，故孟子各就其重處言之，以伸此而抑彼也。張子所謂養則付命於天，道則責成於己，其言約而盡矣。」

集注的意思大體是不錯的。大概孟子的原意是，口之於味之類雖也是性，一般生之謂性即此說法，但這不是人之所以為人之眞性。這些固然是發於生理欲望之動物性之所欲，然有命存焉，不可藉口爲性，而必欲求之。所重是在命之限制，故曰君子不謂性也。至於仁義禮智，實現到什麼程度，自也牽涉到氣命的問題，但却不應諉之於命，只應盡心盡性而已，故曰君子不謂命也。但兩句話之中所談到的命，均係指氣命而言，應無疑義。

朱子語類卷六十一對於口之於味也章又有以下的討論：

「孟子亦言氣質之性，如口之於味也之類是也。」

「徐震問：口之於味以至四肢之於安佚是性否？曰：豈不是性，然以此求性不可，故曰君子不謂性也。」

「敬之問：有命焉，君子不謂性也，有命焉，乃是聖人要人全其正性。曰：不然。此分明說，君子不謂性。這性字便不全是就理上說。夫口之欲食、目之欲色、耳之欲聲、鼻之欲臭、四肢之欲安逸，如何自會恁地？這固是天理之自然。然理附於氣，這許多却從血氣軀殼上發出來，故君子不當以此為主，而以天命之理為主，都不把那箇當事。但看這理合如何。有命焉，有性焉，此命字與性字是就理上說。性也君子不謂性也，命也君子不謂命也，此性字與命字是就氣上說。」

「仁之於父子、義之於君臣、禮之於賓主、智之於賢者、聖人之於天道，命也，有性焉，君子不謂命也。此命字有兩說，一以所禀言之，一以所值言之。集注之說是以所禀言之。清而厚，則仁之於父子也至。若瞽瞍之於舜，則薄於仁矣。義之於君臣也盡，若桀紂之於逢干，則薄於義矣。禮薄而至於賓主之失其歡。智薄而至於賢者之不能盡知其極。至於聖人之於天道。有性之反之之不同，如堯舜之盛德，固備於天道。若禹入聖域而不優，則亦其禀之有未純處。是皆所謂命也。」

「或問：君子不謂性、命。曰：論來口之於味、目之於色、耳之於聲、鼻之於臭、四肢之於安佚，固是性，然亦便是合下賦予之命。仁之於父子、義之於君臣、禮之於賓主、智之於賢者、聖人之於天道，固是命，然亦便是各得其所受之理，便是性。孟子恐人只見得一邊，故就其所主而言。舜禹相授受，只說人心惟危，道心惟微。論來只有一箇心，那得有兩樣？只就他所主而言，那箇便喚做人心，那箇便喚做道心。人心如口之於味、目之於色、耳之於聲、鼻之於臭、四肢之於安佚，若以為性所當然，一向惟意所欲，却不可。蓋有命存焉，須着安於定分，不敢少過，始得。道心如仁之於父子、義之於君臣、禮之於賓主、智之於賢者、聖人之於天道，若以為命已前定，任其如何，更不盡心，却不可。蓋有性存焉。須着盡此心以求合乎理始得。又曰：口之於味、目之於色、耳之於聲、鼻之於臭、四肢之於安佚，這雖說道性，其實這已不是性之本原。惟性中有此理，故口必欲味、耳必欲聲、目必欲色、鼻必欲臭、四肢必欲安佚，自然發出如

> 此。若本無此理，口自不欲味、耳自不欲聲、目自不欲色、鼻自不欲臭、四肢自不欲安佚。」

朱子作這一些進一步議論的發揮，却看出他的思想自成一個理路，與孟子並不相同。論性、論命都有他自己特別的見解。先就性來說，如口之於味之類，孟子雖順着一般生之謂性的說法，其實並不以之爲眞性。但朱子却以之爲氣質之性，將之坐實來說，意思顯然有了轉變。其實以氣質之性說口之於味並不妥當。氣質之性一般是以剛柔緩急，有才與不才之氣之偏而說的一種氣性或才性，口之於味則只是發於生理欲望之一般相同之動物性，還談不上氣性才性。荀子之說性惡卽關連此動物性而來。孟子既分辨小體、大體，故不能眞以之爲性。但朱子不只以之爲氣質之性，並認爲所以口之欲食，乃是天理之自然，惟性中有理，故口必欲食，若本無此理，口自不欲味。這樣的思路是由口之欲食之實然推出其所以然之理，但這樣推證出來的性理是一中性無色的性理，和孟子由內在道德性以言性的思路，乃有了很大的距離。

其次再談命。孟子言命，本是有兩個不同的層次。此處所言乃是氣命，也卽命限之命。孟子所謂「殀壽不貳，修身以俟之，所以立命也」，「莫非命也，順受其正，是故知命者不立乎巖墻之下」，這些都帶着氣化言，故都有氣命的意味。但另一方面則有理命，孟子之言「君子所性，雖大行不加焉，雖窮居不損焉，分定故也」，理命是盡性之事，是我可以掌握的，性之所命而當爲，故只須盡之而已！談理命本身並沒有慨嘆的意味，只有在實際盡命時碰到限制，接觸到氣命的問題，才有無可奈何之感，羅近溪所謂眞正仲尼臨終不免嘆口氣者也。這兩層的界限是很清楚的。但朱子說，「有命焉、有性焉，此命字與性字是就理上說」，這是不合乎孟子原義的。

語類又曰：

「或問命字之義。曰：命謂天之付與，所謂天令之謂命也。然命有兩般，有以氣言者，厚薄清濁之稟不同也。如此謂道之將行將廢命也，得之不得曰有命，是也。有以理言者，天道流行，付而在人，則為仁義禮智之性。如所謂五十而知天命，天命之謂性是也。二者皆天所賦與，故皆曰命。（下略）」（六一）

命有氣命、理命之不同，此不在話下。但氣命是命限之命，有限制義。理命是命令義。天命之謂性是直接賦與義，命令義，天賦與我以眞性，此處不顯限制義。必涉氣命，而後有命限之感，此處也說天賦，似不甚妥。五十而知天命已不純以理言，朱子的解釋也有問題。總之朱子是由一泛認知主義的觀點出發，理的觀念擴大到道德範圍以外，平鋪着講，理論效果自不能不有異。（註六）

## 四、朱子哲學思想的樞紐點：心（註七）

朱子哲學思想的樞紐點是在心。語類曰：

「人多說性，方說心。看來當先說心。古人制字亦先制得心字。性與情皆從心。以人之生言之，固是先得這道理；然才生，這許多道理却都具在心裏。且如仁義，自是性，孟子則曰仁義之心。惻隱羞惡自是情，孟子則曰惻隱之心羞惡之心。蓋性卽心之理，情卽性之用。今先說一箇心，便教人識得箇情性底總腦，教人知得箇道理存着處。若先說性，却似性中別有一箇心。橫渠心統性情語極好。又曰合性與知覺有心之名，則恐不能無病，便似性外別有一箇知覺了。」(五)

語類又有云：

「孟子言惻隱之心仁之端也。仁性也，惻隱情也，此是情上見得心。又曰仁義禮智根於心，此是性上見得心。蓋心便是包得那性情。性是體，情是用，心字只一箇字母，故性情字皆從心。」(五)

由以上這兩段話，可見朱子是以他的心性情的三分架局來解析心的概念。性是理，對朱子言是一必要的形上基礎。然而但理不能起任何作用。情雖說是用，但情是已發，可以漫蕩無歸，不必一定中理純善，故必須加以節制駕御才行。情既是被節制駕御者，它不可能是自己的主宰，此實際主宰者也不能是理，因爲理只是一些道理，本身不能有任何作爲，必另有一作主宰者用這些道理來節制駕御情才行。這一主宰就朱子看來就是心。此所以心的觀念在朱子的思想之中乃佔一樞紐性的地位，而朱子終生服膺橫渠心統性情之說。

語類曰：

「惟心無對。心統性情，二程却無一句似此切。」（九八）

又有云：

「橫渠心統性情一句乃不易之論。孟子說心許多，皆未有似此語端的，仔細看便見。其他諸子等書皆無依稀似此。」（一〇〇）

專就這一點而言，朱子對於橫渠可謂推崇備至，以其超過孟子與二程，理由也自顯而易見。如孟子是混淪一貫的說法，根本未作心性情的分解；他講的是超越層面的本心本性，則心、性、情（實）、才皆善，人在實際層面上爲惡，不能歸咎於人的本來的稟賦，故曰非才之罪也。但朱子以性卽理，情落實爲喜怒哀樂、惻隱羞惡之情，才則落實爲氣質層面之才，心亦爲一經驗實然層面之心，故才情可以爲善爲不善，心雖具衆理而可以爲主宰，但必須做後天致知窮理的工夫，才可以到達最後心卽理的境界。朱子這樣的解析自不必合於孟子的原義，伊川性卽理之說首開其先河，仁性愛情之說更奠定了朱子仁說的思想的基礎，但如不能凸顯出心之可以作主宰義，則整個思想系統缺少了一個通貫的原理，同時也沒法子講做工夫的次第。

由以上的解析，我們可以看得很清楚，姑無論朱子所講的心是否合於孟子心學的原義，朱子的思想是否眞正能掌握到一超越的本心而無憾，毫無疑問的乃是由於朱子思想內部的要求，必須把心當作他的哲學思想的樞紐點。再由發展的觀點着眼，朱子之師李延平是爲了解決制心的問題而從學於羅豫章；朱子本人在西林受學於延平時曾經詠過「舊喜安心苦覓心」的詩句；早年所撰存齋記一文討論的是存心的問題；乃至促使朱子思想由中和舊說之轉向中和新說的一個重要的理由卽乃是對於心之周流貫徹的體認，始放棄了其舊說以心爲已發的說法；如此則謂朱子思想的一個中心是對於心的問題的關注，是絕不爲過的。如果以上的解析無誤的話，那麼世稱朱子之學爲「理學」，以對立於陸王所謂「心學」，就不能說是沒有問題了。這一類的名詞如果不經過適當的闡釋，是可以引起誤解的。錢穆先生極不滿意這兩個名詞是有他的理由的。（註八）事實上朱子雖服膺伊川性卽理之說，但決非不重視心，而陸王既講心卽理，顯非不重視理。兩條思路對心、對理的了解有本質性的區別，則不可掩。陸王講心卽理，心與理之間是同一關係。朱子講心具衆理，一定要經過後天工夫的修養，才可以講心與理一。故朱子也可講心卽理，但其含義乃和陸王的講法不同。牟宗三先生在「心體與性體」一書中，以陸王爲縱貫系統，而以程（伊川）朱爲橫攝系統，比較說來，能够把握到兩系分疏的要點。（註九）

我們對於總的綱領既有一大體把握，以下乃進一步來分析朱子對於心的理解的細節內容。朱子講心性情，最後都得要銷融到理氣這兩個基本概念來了解。性是理，情才是氣，這不成問題，心的地位又是如何呢？就其爲一經驗實然之心而言，心肯定是氣，因爲在朱子的思想之中，理不能有作爲，而心有作爲，故心不可能是理。但心是氣所形成的一樣極其特殊的東西。心具衆理，也卽心的知是以理爲內容。同時心又有主宰義。從這個角度說來，心又可以說爲理與氣之間的橋樑。但這當然是一較鬆弛的說法，因爲心本身屬氣，若理氣之間眞有一橋樑，應爲一不同於理氣之第三者，但朱子的着眼點是，只有心能够依理御氣，此地所言之氣顯指氣之靈重者而言，朱子的意思並非不可曉，故我們可以不必以詞害意，下面就讓我們略事徵引來闡明剛才所說的那些意思。

語類曰：

「心者氣之精爽。」(五)

「問：靈處是心抑是性？曰：靈處只是心，不是性。性只是理。」(五)

「所覺者心之理也。能覺者氣之靈也。」(五)

「性便是心所有之理，心便是理之所會之地。」(五)

「性是理。心是包含該載敷施發用底。」(五)

「心以性爲體，心將性做餡子模樣，蓋心之所以具是理者，以有性故也。」(五)

「性猶太極也，心猶陰陽也。太極只在陰陽之中，非能離陰陽也。(下略)」(五)

「心之理是太極，心之動靜是陰陽。」(五)

「所知覺者是理。理不離知覺，知覺不離理。」(五)

「問：知覺是心之靈，固如此，抑氣爲之邪？曰：不專是氣。是先有知覺之理，理未知覺。氣聚成形，理與氣合，便能知覺。譬如這燭火，是因得這脂膏便有許多光燄。

（下略）」（五）

「問：心是知覺，性是理，心與理如何得貫通為一？曰：不須去貫通，本來貫通。如何本來貫通？曰：理無心則無着處。」（五）

「虛靈自是心之本體，非我所能虛也。耳目之視聽、所以視聽者卽其心也，豈有形象？然有耳目以視聽之，則猶有形象也。若心之虛靈，何嘗有物？」（五）

「心之全體、湛然虛明、萬理具足、無一毫私欲之間。其流行該徧、貫乎動靜、而妙用又無不在焉。故以其未發而全體者言之，則性也。以其已發而妙用者言之，則情也。然心統性情，只就渾淪一物之中，指其已發未發而為言爾，非是性是一箇地頭、心是一箇地頭，情又是一箇地頭，如此懸隔也。」（五）

以上由朱子語類卷五徵引來這許多段落，大體可以了解朱子意旨之所在。心是氣之精爽者，我們所以能有知覺就是因爲心之靈的緣故。但心並非一物，它的本體是虛靈，所以沒有形象。但心之沒有形象與性之無形的涵義却並不一樣。性是理，在而不有，故無形，也無作用，無計度；心却是實際存在的有，只不可當作一物看待，它的存有乃由其作用見，知覺便是一最明顯的例子。心和性的關係正反映了理和氣的不離不雜的關係。若沒有知覺之理，自不能有知覺，但另一方面理本身也不能够知覺，必理與氣合，才能知覺。朱子用太極與陰陽來比喻性與心的關係。太極不卽是陰陽，却又在陰陽之中，不能離開陰陽。坐實來說，性便是心所有之理，心便是理之所會之地。在朱子的思想系統之中，心、氣是性、理的具體化實現所必須依賴的憑藉，反過來，性理則又是一切現實存有的超越形而上的根據。朱子很喜歡用心將性做餡子模樣的比喻來說明二者的關係。在問答中，朱子說心與理本來貫通所表明的仍是同一意思，理無心則無着處，這是心具衆理的另一說法，決非陸王心卽理之以心、理爲同一關係那種本來貫通的意思。而朱子這一答覆，顯然不是由工夫論的觀點着眼，他是由存有論的觀點肯定心、氣、性、理之間的不離不雜的關係。專就這個問題來說，朱子曾極贊邵子的卓識。

語類曰：

「性者道之形體，心者性之郛郭，康節這數句極好。蓋道卽理也，如父子有親、君臣有義是也。然非性何以見理之所在？故曰：性者道之形體。仁義禮智性也、理也，而具此性者心也，故曰：心者性之郛郭。」（一〇〇）

又有云：

「邵堯夫說：性者道之形體，心者性之郛郭，此說甚好。蓋道無形體，只性便是道之形體。然若無箇心，却將性在甚處？須是有箇心，便收拾得這性，發用出來。」（四）

道理要落實到人而表現爲人之性，但性理却還要通過心才能有眞正具體的表現。

朱子之孟子盡心注曰：

「心者人之神明，所以具衆理而應萬事者也。」

大學明德注曰：

「虛靈不昧，以具衆理而應萬事。」

正因爲心的本質功能如此，所以朱子又著重心之主宰義。

語類有云：

「性是心之道理，心是主宰於身者，四端便是情，是心之發見處。四者之萌皆出於心，而其所以然者，則是此性之理所在也。」(五)

「蓋主宰運用底便是心，性便是會恁地做底理。性則一定在這裏，到主宰運用却在心。情只是幾箇路子，隨這路子恁地做去底却又是心。」(五)

而心之所以能有主宰的作用，則正是因爲心有知的緣故。

語類有云：

「或問：心之神明妙衆理而宰萬物。(中略)曰：理是定在這裏，心便是運用這理

底。須是知得到。知若不到，欲為善也未肯便與你為善，欲不為惡也未肯便不與你為惡。知得到了，直是如飢渴之於飲食。」（一七）

又有云：

「大凡道理皆是我自有之物，非從外得。所謂知者，便只是知得我底道理，非是以我之知去知彼道理也。道理固本有，用知方發得出來。若無知、道理何從而見？所以謂之妙衆理，猶言能運用衆理也。運用字有病，故只下得妙字。」（一七）

在朱子的思想系統中，心具衆理，故也可以說道理本有，但必須用知才發得出來。語類曰：

「問：知如何宰物？曰：無所知覺則不足以宰制萬物，要宰制他，也須是知覺。」（一七）

又曰：

「或問：宰萬物是主宰之宰、宰制之宰？曰：主便是宰，宰便是制。又問：孟子集注言，心者具衆理而應萬事，此言妙衆理而宰萬物如何？曰：妙字便稍精彩，但只是不甚穩當。具字便平穩。」（一七）

其實必用這兩種說法才足以盡朱子的意思。心具衆理，同時如果心能夠運用理，便能夠作主宰，應萬事。但這一經驗實然之心也可以流放出去，失却其主宰的作用。文集卷三十二答張敬夫有云：

「感於物者心也，其動者情也。情根乎性而宰乎心。心為之宰，則其動也無不中節矣，何人欲之有！惟心不宰而情自動，是以流於人欲而每不得其正也。然則天理人欲之判，中節不中節之分，特在乎心之宰與不宰，而非情能病之，亦已明矣。蓋雖曰中節，然是亦情也。但其所以中節者乃心耳。」（文集卷三十二答張敬夫十八書之第六書）

心而不宰即可以爲惡。語類曰：

「凡事莫非心之所為，雖放僻邪侈，亦是此心。善惡但如反覆手，翻一轉，便是惡，只安頓不着，亦便是不善。」（一三）

由此可見，心與性理不同。語類曰：

「心有善惡，性無不善。若論氣質之性，亦有不善。」（五）

又曰：

「或問：心有善惡否？曰：心是動底物事，自然有善惡。且如惻隱是善也，見孺子入井而無惻隱之心，便是惡矣。離着善便是惡，然心之本體未嘗不善。又却不可說惡全不是心，若不是心，是甚麼做出來？（下略）」（五）

朱子的意思是，心的本體或本質狀態雖是虛靈不昧，具衆理而應萬事，但在實際上它却不必如此，於是產生出惡來。朱子體驗到善惡之間的距離是極小的。語類曰：

「惡不可謂從善中直下來，只是不能善，則偏於一邊爲惡。」（五五）

善惡的關係如此，天理人欲的關係也是如此。文集卷四十答何叔京有云：

「人之本心無有不仁。但既汩於物欲而失之，便須用功親切，方可復得其本心之仁。（中略）來教謂不知自何而有此人欲，此問甚緊切。熹竊以謂人欲云者，正天理之反耳。謂因天理而有人欲則可，謂人欲亦是天理則不可。蓋天理中本無人欲，惟其流之有差，遂生出人欲來。程子謂善惡皆天理，（原注：此句若甚可駭）。謂之惡者本非惡，（原注：此句便

都轉了）但過與不及便如此，（原注：自何而有此人欲之問，此句答了）。（下略）。」（文集卷四十答何叔京三十二書之第三十書）

惡與人欲之源決不可能在性理，甚至也不在心之本體，但却不能說不在心。這樣朱子乃有人心、道心之說，相應於其氣質之性與義理之性的分疏。

文集卷三十九答許順之有云：

「心一也。操而存則義理明而謂之道心，舍而亡則物欲肆而謂之人心。（原注：亡不是無，只是走出逐物去了。）自人心而收回便是道心，自道心而放出便是人心。頃刻之間，恍惚萬狀，所謂出入無時，莫知其嚮也。」（文集卷三十九答許順之二十七書之第十九書）（註十）

僞古文尚書有「人心惟危，道心惟微，惟精惟一，允執厥中」之語，宋明理學家稱之爲十六字傳心訣，對於這一問題之重視也實由於朱子所倡導。其說見文集卷七十六中庸章句序，有曰：

「自上古聖神，繼天立極，而道統之傳，有自來矣。其見於經，則允執厥中者，堯之所以授舜也。人心惟危，道心惟微，惟精惟一，允執厥中者，舜之所以授禹也。（中略）蓋嘗論之，心之虛靈知覺，一而已矣，而以爲有人心道心之異者，則以其或生於形氣之私，或原於性命之正，而所以為知覺者不同，是以或危殆而不安，或微妙而難見耳。然人莫不有是形，故雖上智不能無人心。亦莫不有是性，故雖下愚不能無道心。二者雜於方寸之間，而不知所以治之，則危者愈危，微者愈微，而天理之公，卒無以勝夫人欲之私矣。精則察夫二者之間而不雜也。一則守其本心之正而不離也。從事於斯，無少間斷，必使道心常為一身之主，而人心每聽命焉，則危者安，微者著，而動靜云為，自無過不及之差矣。夫堯舜禹、天下之大聖也，以天下相傳，天下之大事也。以天下之大聖行天下之大事，而其授受之際，丁寧告戒，不過如此，則天下之理，豈有加於此哉？」

語類之中對於這個問題又有進一步的討論和發揮：

「因鄭子上書來問人心道心，先生曰：此心之靈，其覺於理者，道心也，其覺於欲者，人心也。（中略）大雅云：前輩多云，道心是天性之心，人心是人欲之心，今如此交互取之，當否？曰：既是人心如此不好，則須絕滅此身，而後道心始明，且舜何不先說道心，後說人心？大雅云：如此則人心生於血氣，道心生於天理，人心可以為善，可以為不善，而道心則全是天理矣。曰：人心是此身有知覺有嗜欲者。如我欲仁，從心所欲，性之欲也。感於物而動，此豈能無，但為物誘而至於陷溺，則為害爾。故聖人以為此人心有知覺嗜欲，然無所主宰，則流而忘反，不可據以為安，故曰危。道心則是義理之心，可以為人心之主宰，而人心據以為準者也。（中略）故當使人心每聽道心之區處方可。然此道心卻雜出於人心之間，微而難見，故必須精之一之，而後中可執，然此又非有兩心也，只是義理與人欲之辨爾。（下略）。」（六二）

朱子以人心不可無，人欲不可絕，惟不能據此爲安，而必須以道心爲主宰，這一見解實是始終一致，無大改變。語類又有云：

「人心，堯舜不能無，道心，桀紂不能無。蓋人心不全是人欲，若全是人欲，則直是喪亂，豈止危而已哉。只飢食渴飲，目視耳聽之類是也，易流故危。道心卽惻隱羞惡之心，其端甚微故也。」（二一八）

此條吳琮錄甲寅記見，朱子年六十五。語類又曰：

「問：人心本無不善，發於思慮，方始有不善。今先生指人心對道心而言，謂人心生於形氣之私，不知是有形氣便有這個人心否？曰：有恁地分別說底，有不恁地說底。如單說人心，則都是好。對道心說着，便是勞攘物事，會生病痛底。」（六二）

此條林夔孫錄丁巳朱子年六十八歲以後所聞。是朱子晚年對人心的看法。但朱子以人心道心只是一心，則先後見解並無大殊。

正由於人心可以放逸，所以求放心在朱子的思想之中也成爲一個重要的問題。但朱子卻有他自己與衆不同的見解。語類曰：

「或問：求放心愈求則愈昏亂，如何？曰：卽求者便是賢心也。知求則心在矣。今以已在之心復求心，卽是有兩心矣。雖曰譬之鷄犬，鷄犬却須尋求乃得。此心不待究轉尋求，卽覺其失，覺處卽心，何更求為？自此更求，自然愈失。此用力甚不多，但只要常知提惺耳。惺則自然光明，不假把捉。今言操之則存，又豈在用把捉，亦只是說欲常常惺覺，莫令放失便是。此事用力極不多，只是些子力爾，然功成後却應事接物觀書察理事事賴他。如推車子，初推却用些力，車既行後，自家却賴他以行。」（五九）

其實朱子不僅認爲孟子鷄犬之喩不全妥當，事實上他對所謂求放心的說法就不很滿意。語類曰：

「孟子說學問之道無他求其放心而已矣，可煞是說得切，仔細看來，却反是說得寬了。孔子只云居處恭、執事敬、與人忠、出門如見大賓，使民如承大祭，若能如此，則此心自無去處，自不容不存，此孟子所以不及孔子。」（五九）

朱子要把心注在事上，極不喜反身的說法，此所以他要把放心與致知窮理的問題拉在一起。語類曰：

「學問之道無他，求其放心而已。舊看此只云但求其放心，心正則自定。近看儘有道理。須是看此心果如何。須是心中明盡萬理方可。不然，只是空守此心，如何用得？如平常一件事合放重，今乃放輕，此心不樂，放重則心樂，此可見此處乃與大學致知格物正心誠意相表裏。可學謂：若不於窮理上作工夫，遽謂心正，乃是告子不動心，如何守得？曰：然。又問：舊看放心一段，第一次看謂不過求放心而已？第二次看謂放心既求，儘當窮理，今聞此說，乃知前日第二說已是隔作兩段，須是窮理而後求得放心，不是求放心而後窮理。曰：然。」（五九）

此條鄭可學錄辛亥朱子六十二歲時所聞，可見朱子是以大學去銷融、訂正孟子。而致知窮理的關鍵則又在心。語類曰：

「一心具萬理，能存心而後可以窮理。」（九）

「心包萬理，萬理具於一心。不能存得心，不能窮得理。不能窮得理，不能存得心。」（九）

「窮理以虛心靜慮為本。」（九）

「人生天地間都有許多道理，不是自家硬把與它，又不是自家鑿開它肚腸白放在裏面。」（九）

「理不是面前別有一物，卽在吾心。人須是體察得此物誠實在我方可。譬如修養家所謂鉛汞龍虎皆是我身內之物，非在外也。」（九）

朱子所謂存心顯然也非孟子原義，存心是存此心知之明，不使其昏昧，乃可以發揮窮理的作用。理之在心，是認知地具，涵攝地具，關聯的具，不是孟子仁義內在之本具。語類曰：

「五峯曾說如齊宣王不忍觳觫之心乃良心，當存此心。敬夫說，觀過知仁，當察過心則知仁。二說皆好意思，然却是尋良心與過心，也不消得。只此心常明，不為物蔽，物來自見。」（一〇二）

五峯之說乃直接本孟子不忍人之心而來，南軒之說則又本於五峯而來，其知仁爲識仁體之意，朱子與這類的思路不相契合，乃轉爲心知常明，物來自見之意。語類又曰：

「器遠問：窮事物之理，還當窮究箇總會處如何？曰：不消說總會，凡是眼前底都是事物，只管恁地逐項窮，教到極至處。漸漸多，自貫通。然為之總會者，心也。」（九）

朱子這樣的說法和他的大學章句格物補傳所謂「必使學者卽凡天下之物，莫不因其已知之理而益窮之，以求至乎其極，至於用力之久，而一旦豁然貫通焉，則衆物之表裏精粗無不到，而吾心之全體大用無不明矣」，是完全一致的。朱子講盡心，也是放在同一間架下說。

他有「盡心說」曰：

「盡其心者知其性也，知其性則知天矣。言人能盡其心，則是知其性，能知其性，則知天也。蓋天者理之自然，而人之所由以生者也。性者理之全體，而人之所得以生者也。心則人之所以主於身而具是理者也。天大無外，而性稟其全。故人之本心，其體廓然，亦無限量。惟其梏於形器之私，滯於見聞之小，是以有所蔽而不盡。人能卽事卽物窮究其理，至於一日會貫通徹，而無所遺焉，則有以全其本心廓然之體，而吾之所以為性，與天之所以為天者，皆不外乎此而一以貫之矣。」（文集卷六十七，雜著）

此文可以見其汎認知主義之大體傾向，然語猶未盡。孟子盡心章注曰：

「心者人之神明，所以具衆理而應萬事者也。性則心之所具之理，而天又理之所從以出者也。人有是心，莫非全體。然不窮理，則有所蔽，而無以盡乎此心之量。故能極其心之全體而無不盡者，必其能窮夫理而無不知者也。旣知其理，則其所從出亦不外是矣。以大學之序言之，知性則物格之謂，盡心則知至之謂也。」

這個注是朱子晚年成熟的見解，不只用大學的架局來釋孟子，而且倒轉了盡心知性的次序，明言盡心由於知性。語類中的討論意思大體相同，玆再選錄幾條以爲印證。

「知性然後能盡心，先知然後能盡，未有先盡而後方能知者，蓋先知得，然後見得盡。」（六十）

「盡其心者由知其性也。知得性之理，然後明得此心，知性猶格物，盡心猶知至。」（六十）

此條甘節錄癸丑朱子六十四歲以後所聞。

這兩條所說和盡心章注是完全一致的。語類又曰：

「某前以孟子盡心為如大學知至。今思之，恐當作意誠說。蓋孟子當時特地說箇盡心，然須用功。所謂盡心者，言心之所存更無一毫不盡。好善便如好好色，惡惡便如惡惡臭。徹底如此，沒些虛偽不實。童云：如所謂盡心力而為之之盡否？曰：然。」（六十）

此條劉砥錄庚戌朱子年六十一歲時所聞。把盡心解作意誠在語類中也是常見的見解，玆再錄一條如下：

「盡心知性知天，工夫在知性上。盡心只是誠意，知性却是窮理。心有未盡，便有空闕。如十分只盡得七分，便是空闕了二三分。須是如惡惡臭，如好好色。孝便極其孝，仁便極其仁。性卽理，理卽天。我旣知得此理，則所謂盡心者，自是不容已。如此說却不重疊。旣能盡心知性，則胸中已是瑩白淨潔，却只要時時省察，恐有汚壞，故終

以存養之事。」（六十）

但無論朱子把盡心解作知至或意誠，他那種汎認知主義的說法與孟子的原義是有很大的距離。孟子的思路是仁義內在，性由心顯。惻隱之心的推擴，沛然莫之能禦，盡心則所以知性，而知性則所以知天。但在朱子的思想中，性即理，故必倒轉過來說盡其心者由知其性也，工夫乃落實在格物窮理之上，盡心本身失却其獨立意義。朱子又用例子來說明他自己的看法。語類有云：

「盡心如明鏡，無些子蔽翳。只看鏡子，若有些少照不見處，便是本身有些塵污。如今人做事，有些子鶻突窒礙，便只是自家見不盡。此心本來虛靈，萬理具備，事事物物皆所當知。今人多是氣質偏了，又爲物欲所蔽，故昏而不能盡知。聖賢所以貴於窮理。又曰：萬理雖具於吾心，還使教他知始得。今人有箇心在這裏，只是不曾使他去知許多道理。少間遇事，做得一邊，又不知那一邊，見得東遺却西，少間只成私意，皆不能盡道理。盡得此心者，洞然光明，事事物物無有不合道理。」（六十）

此條葉賀孫錄辛亥朱子六十二歲以後所聞。鏡子的例是有重要性的，心能燭理，但不能自照。心之具備萬理，乃是認知地具，心必先知許多道理，而後行事才能合乎道理。朱子又用另外的比方來說明心具的意義。語類曰：

「問先生解盡心知性處云心無體以性為體，如何？曰：心是虛底物，性是裏面穰肚餡草。性之理包在心內，到發時却是性底出來。性不是有一箇物事在裏面喚作性，只是理所當然者便是性。只是人合當如此做底便是性。惟是孟子惻隱之心仁之端也這四句，也有性，也有心，也有情，與橫渠心統性情一語好看。」（六十）

朱子心具衆理的意義既明，但心所具的理是些什麼內容呢？語類曰：

「窮理如性中有箇仁義禮智，其發則為惻隱、羞惡、辭遜、是非，只是這四者，任是世間萬事萬物皆不出此四者之內。曹問：有可一底道理否？曰：見多後，自然貫。又曰：會之於心可以一。得心便能齊，但心安後便是義理。」（九）

心靜則理明，所明之理不外乎性中所涵仁義禮智的道理。語類又曰：

「黃敬之問盡心知性。曰：性是吾心之實理，若不知得，却盡箇甚麼？又問：知其性則知天矣。曰：性以賦於我之分而言，天以公共道理而言。天便脫模是一箇大底人，人便是一箇小底天。吾之仁義禮智即天之元亨利貞。凡吾之所有者，皆自彼而來也。故知吾性則自然知天矣。」（六十）

天人之間乃有一種互相應和的關係。由此而可以言天地之心。語類曰：

「天地以生物為心，天包着地，別無所作為，只是生物而已，亙古亙今，生生不窮，人物則得此生物之心以為心，所以箇箇肖他，本不須說以生物為心，緣箇語句難，故着箇以生物為心。」(五三)

說得更鑿實一點，則天心卽仁。語類有云：

「仁者天地生物之心而人物所得以為心。」(九五)

「心，生道也。心乃生之道。惻隱之心，人之生道也，乃是得天之心以生，生物便是天之心。」(九五)

「人皆有不忍人之心者，是得天地生物之心為心也。蓋無天地生物之心，則沒這身。才有這血氣之身，便具天地生物之心矣。」(五三)

「發明心字，曰：一言以蔽之曰：生而已。天地之大德曰生，人受天地之氣而生，故此心必仁，仁則生矣。」(五)

「當來得於天者只是箇仁，所以為心之全體。却自仁中分四界子。一界子上是仁之仁，一界子是仁之義，一界子是仁之禮，一界子是仁之智。一箇物事四脚撑在裏面，唯仁兼統之。心裏只有此四物，萬物萬事皆自此出。天之春夏秋冬最分曉。春生、夏長、秋收、冬藏，雖分四時，然生意未嘗不貫。縱雪霜之慘，亦是生意。」(六)

仁統諸德，適與天之元德相配比，融貫一切，關於這一方面的詳細討論見於論仁說之一章，此處不必再贅。

朱子又由另一個角度討論到天地有心無心的問題。語類曰：

「道夫言：向者先生教思量天地有心無心，近思之切，謂天地無心，仁便是天地之心。若使其有心，必有思慮有營為，天地曷嘗有思慮來，然其所以四時行萬物生者，蓋以其合當如此便如此，不待思惟，此所以為天地之道。曰：如此則易所謂復其見天地之心，正大而天地之情可見，又如何？如公所說，衹說得他無心處爾。若果無心，則須牛生出馬，桃樹上發李花，他又却自定。程子曰：以主宰謂之帝，以性情謂之乾，他這名義自定，心便是他箇主宰處，所以謂天地以生物為心。中間欽夫以為某不合如此說，某謂天地別無勾當，只是以生物為心，一元之氣運轉流通，略無停息，只是生出許多萬物而已。問：程子謂天地無心而成化，聖人有心而無為。曰：這是說天地無心處，且如四時行，百物生，天地何所容心？至於聖人則順理而已，復何為哉。所以明道云：天地之常以其心普萬物而無心，聖人之常以其情順萬事而無情，說得最好。問：普萬物莫是以心周徧而無私否？曰：天地以此心普及萬物，人得之遂為人之心，物得之遂為物之心，草木禽獸接着遂為草木禽獸之心，只是一個天地之心爾。今須要知得他有心處，又要見得他無心處，只恁定說不得。」(一)

討論這樣的問題就可以看到人的語言之不足。從天地之有法有則自有主宰而說天地有心，從天地之無思慮營為而說天地無心。這些意思是沒法子只用一個一定的說法解得明白的。

語類又曰：

「萬物生長是天地無心時，枯槁欲生是天地有心時。」(一)

這又是由另一角度來說天地之有心無心。上半的一句卽是天地無心以成化的另一說法，而下半的一句則是復見天地心的另一說法，只是說得更爲生動活潑罷了！從存有論的觀點看，朱子認爲，究極來說，就只是同一個天地之心。語類有曰：

「萬物之心便如天地之心，天下之心便如聖人之心。天地之生萬物，一箇物裏面便有一箇天地之心，聖人於天下，一箇人裏面便有一箇聖人之心。」(二七)

但理雖同，落實下來却不能不分殊。語類又有云：

「聖人言語只是發明這個道理，這箇道理吾身也在裏面，萬物亦在裏面，天地亦在裏面，通同只是一箇物事。無障礙，無遮礙，吾之心卽天地之心。(中略)。但天命至正，人心便邪，天命至大，人心便小，所以與天地不相似。而今講學便要去得與天地不相似處，要與天地相似。」(三六)

在經驗實然的層面上，人心與天心乃不相似，故必須勤做工夫，克己復禮，始得恢復自己的本心，而與天心一致。

朱子論心，正面的那些意思大體上都討論到了。由負面來說，則他最討厭以心覓心之說，對於當時流行的一種識心之論極爲反感。

文集卷四十九答王子合有云：

「所謂可識心體者則終覺有病。蓋窮理之學只是要識如何為是，如何為非，事物之來，無所疑惑耳，非以此心又識一心，然後得為窮理也。」（文集卷四十九答王子合十八書之第五書）

又有一書曰：

「窮理之學誠不可以頓進。然必窮之以漸，俟其積累之多，而廓然貫通，乃為識大體耳。今以窮理之學不可頓進，而欲先識夫大體，則未知所謂大體果何物耶？

（中略）

心猶鏡也。但無塵垢之蔽則本體自明，物來能照。今欲自識此心，是欲以鏡自照而見夫鏡也。既無此理，則非別以一心又識一心而何？後書所論欲識端倪，未免助長者，得之矣。然猶曰其體不可不識，似未離前日窠臼也。」（文集卷四十九答王子合十八書之第十二書）

朱子這種思想與象山爲學先立其大的進路彼此距離之大可見。文集卷五十六答方賓王有云：

「心固不可不識，然靜而有以存之，動而有以察之，則其體用亦昭然矣。近世之言識心者則異於是。蓋其靜也，初無持養之功，其動也，又無體驗之實。但於流行發見之處認得頃刻間正當底意思，便以為本心之妙不過如是。擎夯作弄，做天來大事看，不知此只是心之用耳。此事一過，此用便息，豈有只據此頃刻間意思，便能使天下事事物物無不各得其當之理耶。所以為其學者，於其功夫到處，亦或小有效驗，然亦不離此處。而其輕肆狂妄，不顧義理之弊，已有不可勝言者。此其不可以不戒。然亦切勿以此語人，徒增競辨之端也。」（文集卷五十六答方賓王十五書之第四書）

朱子對於當時的學風極不滿意。語類有云：

「如湖南五峯多說人要識心。心自是箇識底，又把甚底去識此心。且如人眼，自是見物，却如何見得眼。故學者只要去其物欲之蔽，此心便明。如人用藥以治眼，而後眼明。」（二〇）

朱子本人的看法自異乎是。文集卷四十五答廖子晦有云：

「所論近世識心之弊則深中其失。古人之學所貴於存心者，蓋將卽此而窮天下之理。今之所謂存心者，乃欲持此而外天下之理，其得失之端，於此亦可見矣。」（文集卷四十五答廖子晦十八書之第七書）

文集卷五十六答方賓王十五書之第三書有一小段話意思完全相同，只兩三個字不一樣，可見這是朱子的一貫見解。語類曰：

「心只是一箇心，非是以一箇心治一箇心，所謂存，所謂收，只是喚醒。」（十二）

「今於日用間空閑時收得此心在這裏截然。這便是喜怒哀樂未發之中，便是渾然天理。事物之來，隨其是非便自見得分曉，是底便是天理，非底便是逆天理。常常恁地收拾得這心在，便如執權衡以度物。」（十二）

朱子所發揮的不外乎是伊川涵養在用敬，進學在致知的道理。存心只是把心收斂在這裏，終必要落實在窮理上。朱子所怕的是，求放心一類的話若不得善解，就會流入釋老去。語類有云：

「今說求放心，說來說去，卻似釋老說入定一般。但彼到此便死了。吾輩卻要得此心主宰得定，方賴此做事業，所以不同也。」（十二）

文集卷六十七有觀心說駁斥佛家，在朱子的心目中，這卽是當時流行識心說的由來。玆錄全文如下：

「或問：佛者有觀心說，然乎？曰：夫心者、人之所以主乎身者也。一而不二者也。為主而不為客者也。命物而不命於物者也。故以心觀物，則物之理得。今復有物以反觀乎心，則是此心之外復有一心，而能管乎此心也。然則所謂心者為一耶？為二耶？為主耶？為客耶？為命物者耶？為命於物者耶？此亦不待教而審其言之謬矣。或者曰：若子之言，則聖賢所謂精一，所謂操存，所謂盡心知性、存心養性，所謂見其參於前而倚於衡者，皆何謂哉？應之曰：此言之相似而不同，正苗莠朱紫之間，而學者之所當辨也。夫謂人心之危者、人欲之萌也，道心之微者、天理之奧也。心則一也，以正不正而異其名耳。惟精惟一，則居其正而審其差者也，絀其異而反其同者也。能如是則信執其中，而無過不及之偏矣。非以道為一心，人為一心，而又有一心以精一之也。夫謂操而存者，非以彼操此而存之也，舍而亡者非以彼舍此而亡之也。心而自操，則亡者存，舍而不操，則存者亡。然其操之也，亦曰不使旦晝之所為、得以梏亡其仁義之良心云爾，非塊然兀坐以守其炯然不用之知覺，而謂之操存也。若盡心云者，則格物窮理廓然貫通而有以極夫心之所具之理也。存心云者、則敬以直內、義以方外，若前所謂精一操存之道也。故盡其心而可以知性知天，以其體之不蔽而有以究夫理之自然也。存心而可以養性事天，以其體之不失而有以順夫理之自然也。是豈以心盡心，以心存心，如兩物之相持而不相舍哉。若參前倚衡之云者，則為忠信篤敬而發也。蓋曰忠信篤敬，不忘乎心，則無所適而不見其在是云爾，亦非有以見夫心之謂也。且身在此而心參於前，身在輿而心倚於衡，是果何理也耶。大抵聖人之學，本心以窮理，而順理以應物，如身使臂，如臂使指，其道夷而通，其居廣而安，其理實而行自然。釋氏之學，以心求心，以心使心，如口齕口，如目視目，其機危而迫，其途險而塞，其理虛而其勢逆。蓋其言雖有若相似者，而其實之不同，蓋如此也。然非夫審思明辨之君子，其亦孰能無惑於斯耶。」

在此文中朱子把他本人的意思說得很清楚。他一方面闢佛，一方面也是針對胡氏子弟觀過知仁說而發。(註十二)朱子自己確有一條特別的理路，然對敵論則往往缺乏一種同情的了解。蓋他本人自早年由禪轉出乃形成一種忌諱，極端排斥由反身的觀點以了解心的說法，一律以之爲禪，恐有未當理者。

朱子又有答廖子晦一長書，亦斥當時學者做工夫之不當，並闢所謂洞見全體之說，茲摘錄重要段落如下：

「蓋詳來喻，正謂日用之間別有一物，光輝閃爍，動蕩流轉，是卽所謂無極之眞，所謂谷神不死。二語皆來書所引，所謂無位眞人，此釋氏語，正谷神之酋長也。學者合下便要識得此物，而後將心想像照管，要得常在目前，乃為根本功夫。至於學問踐履，零碎湊合，則自是下一截事，與此粗細、迥然不同。雖以顏子之初，鑽高仰堅，瞻前忽後，亦是未見此物，故不得為實見耳。此其意則善矣。若果是如此，則聖人設教，首先便合痛下言語，直指此物，教人著緊體察，要令實見，著緊把捉，要常在目前，以為直截根源之計，而却都無此說，但只教人格物致知、克己復禮，一向就枝葉上零碎處做工夫，豈不誤人，枉費日力耶？論孟之言，平易明白，固無此等玄妙之談，雖以子思、周子喫緊為人，特著中庸太極之書以明道體之極致，而其所說用功夫處，只說擇善固執、學問思辨而篤行之，只說定之以仁義中正而主靜，君子修之吉而已。未嘗使人日用之間必求見此天命之性、無極之真而固守之也。蓋原此理之所自來，雖極微妙，然其實只是人心之中許多合當做底道理而已。但推其本，則見其出於人心，而非人力之所能為，故曰天命。雖萬事萬化皆自此中流出，而實無形象之可指，故曰無極耳。若論功夫，則只擇善固執、中正仁義，便是理會此事處，非是別有一段根原功夫，又在講學應事之外也。如說求其放心，亦只是說日用之間收斂整齊，不使心念向外走作，庶幾其中許多合做底道理漸次分明，可以體察，亦非捉取此物，藏在胸中，然後別分一心出外以應事接物也。

來書又云：事事物物皆有實理，如仁義禮智之性，視聽言動之則，皆從天命中來。須如顏曾洞見全體，即無一不善。此說雖似無病，然詳其語脈，究其意指，亦是以天命全體者為一物之渾然，而仁義禮智之性，視聽言動之則，皆是其中零碎渣滓之物，初不異於前說也。至論所以為學，則又不在乎事事物物之實理，而特以洞見全體為功，凡此似亦只是舊病也。且曰洞見全體，而後事無不善，則是未見以前，未嘗一一窮格，以待其貫通，而直以意識想像之耳。是與程子所訶對塔而說相輪者，何以異哉？」（文集卷四十五答廖子晦十八書之第十八書）

語類卷一百一十三之中對於這個問題還有進一步的討論：

「安卿問：前日先生與廖子晦書云：道不是有一箇物事閃閃爍爍在那裏。固是如此。但所謂操則存、捨則亡，畢竟也須有箇物事。曰：操存只是教你收斂，教那心莫胡思亂量，幾曾捉定有一箇物事在裏。又問：顧諟天之明命，畢竟是箇甚麼？曰：只是說見得道理在面前，不被物事遮障了，立則見其參於前，在輿則見其倚於衡，皆是見得理如此。不成是有一塊物事光輝輝地在那裏。」

「廖子晦得書來云：有本原，有學問。某初不曉得，後來看得他們都是把本原處是別有一塊物來模樣。聖人教人，只是致知格物，不成真箇是有一個物事，如一塊水銀樣，走來走去？那裏這便是禪家說，赤肉團上，自有一箇無位真人模樣。」

「以前看得心只是虛蕩蕩地，而今看得來湛然虛明，萬理便在裏面。向前看得便似一張白紙，今看得便見紙上都是字。廖子晦們便只見得是一張紙。」

這三條都是黃義剛錄癸丑朱子年六十四歲以後所聞。王懋竑朱子年譜附錄朱子論學切要語卷之二把前引答廖子晦書和語錄的前兩條列於庚申朱子年七十一歲時，並作考異如下：

「按此兩條，發明答廖子晦書尤確，故附著之。據安卿祭文，以己未冬暮至建寧，未久辭去，與子晦書蓋在其後。書中有安卿向來至此之語，可考也。廖書在庚申正二月間；此真所謂晚年定論者。安卿在建寧時，不得預以廖書為問，此記者之誤。義剛錄在癸丑以後，據錄言侍教半年，當是癸丑。淳錄在己未（朱子年七十），義剛錄多與淳錄同。凡此皆不可考。而安卿舉廖書為問，則其誤無疑矣。」

此處之第一條，也見於語類卷一百一十七訓陳淳處，文字方面只有兩三個字不同。即使記者有誤，詳細情形不必盡考，無論如何，答廖子晦書和黃義剛所錄的三條是在朱子逝世不久之前，大概沒有問題，正如白田所謂，足可以反映朱子晚年定論。

以上我們由正面和負面反復說明朱子對於心的看法。就存有論言，心屬氣，却具衆理。就認識論言，必通過心以致知窮理。就倫理學言，只心才有主宰作用。心之觀念在朱子思想中佔一樞紐性之地位，應可無疑。（註十二）

## 五、結語

以上我們分別審查了朱子對性、對情、對心的見解，現在再把它們綜合起來以得到一個通盤的印象。

文集卷五十八有答陳器之一長函：

「性是太極渾然之體，本不可以名字言。但其中含具萬理，而綱理之大者有四，故命之曰仁義禮智。孔門未嘗備言，至孟子而始備言之者，蓋孔子時性善之理素明，雖不詳著其條，而說自具。至孟子時，異端蠭起，往往以性為不善，孟子懼斯理之不明，而思有以明之。苟但曰渾然全體，則恐其如無星之秤，無寸之尺，終不足以曉天下，於是別而言之，界為四破，而四端之說於是而立。蓋四端之未發也，雖寂然不動，自其中自有條理，自有間架，不是儱侗都無一物。所以外邊纔感，中間便應。如赤子入井之事感，則仁之理便應，而惻隱之心於是乎形。如過廟過朝之事感，則禮之理便應，而恭敬之心於是乎形。蓋由其中間衆理渾具，各各分明，故外邊所遇，隨感而應，所以四端之發，各有面貌之不同。是以孟子析而為四，以示學者，使知渾然全體之中而粲然有條若此，則性之善可知矣。然四端之未發也，所謂渾然全體，無聲臭之可言，無形象之可見，何以知其粲然有條如此？蓋是理之可驗乃依然就他發處驗得。凡物必有本根。性之理雖無形，而端的之發最可驗，故由其惻隱，所以必知其有仁，由其羞惡，所以必知其有義，由其恭敬，所以必知其有禮，由其是非，所以必知其有智。使其本無是理於內，則何以有是端於外？由其有是端於外，所以必知有是理於內，而不可誣也。故孟子言：乃若其情則可以為善矣，乃所謂善也。是則孟子之言性善，蓋亦溯其情而逆知之耳。

仁義禮智，既知得界限分曉，又須知四者之中，仁義是箇對立底關鍵。蓋仁，仁也，而禮，則仁之著。義，義也，而智則義之藏。猶春夏秋冬雖屬四時，然春夏皆陽之屬也，秋冬皆陰之屬也。故曰：立天之道曰陰曰陽，立地之道曰柔與剛，立人之道曰仁與義。是知天地之道，不兩則不能以立。故端雖有四，而立之者則兩耳。仁義雖對立而成兩，然仁實貫通乎四者之中。蓋偏言則一事，專言則包四者。故仁者仁之本體，禮者仁之節文，義者仁之斷制，智者仁之分別。猶春夏秋冬雖不同，而同出乎春。春則春之生也，夏則春之長也，秋則春之成也，冬則春之藏也。自四而兩，自兩而一，則統之有宗、會之有元矣。故曰：五行一陰陽，陰陽一大極。是天地之理固然也。仁包四端，而智居四端之末者，蓋冬者藏也，所以始萬物而終萬物者也。智有藏之義焉，有始終之義焉，則惻隱、羞惡、恭敬，是三者皆有可為之事，而智則無事可為。但分別其為是為非爾，是以謂之藏也。又惻隱、羞惡、恭敬皆是一面底道理，而是非則有兩面。既別其所是，又別其所非，是終始萬物之象。故仁為四端之首，而智則能成始能成終。猶元氣雖四德之長，然元不生於元，而生於貞。蓋由天地之化，不翕聚，則不能發散，理固然也。仁智交際之間，乃萬化之機軸。此理循環不窮，脗合無間，程子所謂動靜無端、陰陽無始者，此也。」（文集卷五十八答陳器之二書之第二書）

牟宗三先生說：

「此書是朱子答陳器之（埴）問玉山講義。玉山講義見朱文公文集卷第七十四，雜著，講於朱子六十五歲冬十一月。陳器之問之，故有此書之答。此答書亦列入陳器之之木鐘集，題名四端說。蓋陳埴『轉以之答其弟子之問』，而『能墨守師說者也』。（參看宋元學案卷六十五、木鐘學案）。此答書是朱子晚年成熟之作，最有代表性。語類中關於四端之解說者，皆不外此書所陳之義，而措辭之周到圓熟皆不及此書。」（註十三）

牟先生之言是也。

這封信應該分成兩半來讀。此書前一半朱子以自己的意思來重新解釋孟子，必溯其情而逆知性體。後一半則將仁義禮智與春夏秋冬排比起來，昌言仁無不包、元無不統之旨。這些意思實不外中和新說和仁說的範圍，所以必須通過此二說來理解。

中和新說以性爲未發，心則爲周流貫徹，仁說則發揮伊川仁性愛情之說，而界定仁爲心之德愛之理，這樣以性情對言與心性情之三分架局來看孟子所言之四端本心，但孟子只言惻隱之心，並沒有朱子式的情的觀念，又未在四端（情）與心、性之間劃下鴻溝，朱子所言顯不合孟子原義，是另一型態的思路，不知不覺把重點潛移到知上面。

至於朱子之講仁無不包、元無不統是落在氣化之相引生上說，不必合乎孔子所示仁爲全德的意思，也不合乎孟子所言本心之義。朱子有極强的宇宙論的興趣，他把仁義禮智與春夏秋冬排比起來，是兼採漢儒之說，格局雖宏却反而顯不出德性之超越義而不免於歧出的批評。

總之朱子自己有一套思想，用以比附古典，實則不必相合。朱子由於種種方面的考慮逼出他自己的一條思路，語類之中最可以找到他晚年有關心性情成熟的見解。

「問：性情心仁。曰：橫渠說得最好，言心統性情者也。孟子言惻隱之心仁之端、羞惡之心義之端，極說得性情心好。性無不善，心所發爲情，或有不善。說不善非是心亦不得，却是心之本體本無不善，其流爲不善者，情之遷於物而然也。性是理之總名，仁義禮智皆性中一理之名。惻隱、羞惡、辭遜、是非，是情之所發之名，此情之出於性而善者也。其端所發甚微，皆從此心出，故曰心統性情者也。性不是別有一物在心裏，心具此性情。心失其主，却有時不善。如我欲仁斯仁至，我欲不仁斯失其仁矣。回也三月不違仁，言不違仁，是心有時乎違仁也。出入無時，莫知其嚮，存養主一，使之不失去，乃善。大要在致知，致知在窮理，理窮自然知至。要驗學問工夫，只看所知至與不至。不是要逐件知過。因一事研磨一理，久久自然光明。如一鏡然，今日磨些，明日磨些，不覺自光。若一些子光，工夫又歇，仍舊一塵鏡。已光處會昏，未光處不復光矣。（下略）。」（五）

此條廖謙錄甲寅朱子六十五歲時所聞。朱子把自己的意思說得相當清楚明白。茲再舉一朱子素常愛用的譬喻來說明心性情之間的關係。語類有曰：

「天命之謂性。命便是告劄之類，性便是合當做底職事，如主簿銷注，縣尉巡捕。心便是官人。氣質便是官人所習尚，或寬或猛。情便是當廳處斷事。如縣尉捉得賊，情便是發用處。」（四）

「（上略）。天便似天子。命便似將告勑付與自家。性便似自家所受之職事，如縣尉職事便在捕盜，主簿職事便在掌簿書。情便似去親臨這職事。才便似去動作行移，做許多工夫。」（五九）

同時朱子言心性不離宇宙論的基礎也在語錄之中得到證成。語類有曰：

「合虛與氣，有性之名。有這氣，道理便隨在裏面，無此氣，則道理無安頓處。如水中月，須是有此水，方映得那天上月，若無此水，終無此月也。心之知覺又是那氣之虛靈底，聰明視聽作為運用，皆是有這知覺方運用得這道理。所以横渠說，人能弘道，是心能盡性，非道弘人，是性不知檢心。又邵子曰：心者性之郛郭，此等語皆秦漢以下人道不到。又問：人與鳥獸固有知覺，但知覺有通塞，草木亦有知覺否？曰：亦有。如一盆花，得些水澆灌，便敷榮，若摧抑他，便枯悴。謂之無知覺，可乎？周茂叔窗前草不除去，云與自家意思一般，便是有知覺。只是鳥獸底知覺不如人底，草木底知覺又不如鳥獸底。又如大黃喫着便會瀉，附子喫着便會熱，只是他知覺只從這一路去。又問：腐敗之物亦有否？曰：亦有。如火燒成灰，將來泡湯吃，也嶮苦。因笑曰：頃信州諸公正說草木無性，今夜又說草木無心矣。」（六十）

此條沈僩錄戊午朱子六十九歲以後所聞，乃朱子晚年語。錢穆先生以此條「可謂是朱子說理說性說心之總滙，學者所當細玩。」（註十四）

朱子因釋横渠語，旁及康節，討論到理氣、心性間的關係，乃本於伊川性卽理之說，而對於象山則有所批評。理必安頓在氣上：無此氣，則理無安頓處。性是理的個別化，故不能不關聯着氣質說。但若言性體，則雖不離氣質，但也不與氣質相雜。性只是理，然有此理才有此實際的存有，此理是實際存有之所以然的超越形而上的根據。但性因只是理，乃不能有實際行動，故必須心（氣）來包含、顯發此理。心的作爲雖不能出乎理的範圍，但實際的盡性工夫却必須心來做，性理既不能有作爲，故性不知檢心，而必待有知覺的心來運用得這道理。心雖是氣，但却是氣之虛靈底，它的特質是在它的知覺。朱子釋邵子心者性之郛郭一言爲心具衆理的意思——如此之具乃是關聯地具認知地具，所以特重後天的工夫，這不是孟子的本心本具的意思。知覺既爲心之特質，則有知覺卽有心，故不能說鳥獸草木無心。世界上的理一，乃與氣關聯而有分之殊。由這樣的思想推擴出去，則枯槁也不能謂之無性，因枯槁亦具枯槁之理，不能將枯槁之所具加以抹煞，而謂天下有無性之物。只不過人心最靈，所以具五常之氣，物則氣昏，知覺的程度偏低，却又不能謂之無心。朱子的說法如此，所以不滿當時言草木無性、草木無心之說。信州諸公所指爲象山陸學。其實象山根本是另一條完全不同的思路。象山所說的是本心，是講的人與禽獸不同，充塞着理義的心，如此不能不說草木無心；所言性善之性乃指本性而言，故也不能不說草木無性。象山要建立的是一超越的道德的形而上學，但朱子却是由宇宙論的觀點平鋪出去講。這兩派學風之不同可見。但要講朱子的思想，乃不能不講他的宇宙論，始能了解他的立論之根源。

## 註　釋

註一：請參考「朱子參悟中和問題所經歷的曲折」一章。

註二：錢穆：朱子新學案，第一册，頁四四六——四四八。

註三：同上，頁四五一。

註四：參牟宗三：心體與性體，第三册，頁四一六——四一八。

註五：同上，頁四二〇——四二五。

註六：同上，頁四二五——四三九。

註七：參拙著英文論文：Shu-hsien Liu, "The Function of the Mind in Chu Hsi's Philosophy,"

Journal of Chinese Philosophy, Vol.5 (June 1978), 195-208.

註　八：錢穆，前揭，第一冊，頁四八，五五，一三九，第二冊，頁一，一〇四——六，四二四，第三冊，頁三六八——九。

註　九：牟宗三，前揭，頁五四，六六——六七，三五二——三，四七六——四八四。

註　十：錢穆，前揭，第二冊，頁一一五——六，錢先生誤以此函爲文集卷四十答何叔京書。但頁二七一則又列爲答許順之書，不知怎樣會將二函混淆？

註十一：牟宗三，前揭，頁三三三。

註十二：同註七。

註十三：牟宗三，前揭，頁四〇九。

註十四：錢穆，前揭，第一冊，頁四四五。

# 第六章　朱子理氣二元不離不雜的形上學

## 一、概　說

朱子解析心性情的三分架局已經預設了理氣二元的觀念：性是理，情是氣，心是氣之精爽所以具衆理而應萬事者也。故此由形上學的觀點看，最後終極的實在不外乎理氣二元，整個宇宙乃是理氣二元配合變化所產生的結果。

試問朱子爲何一定需要理氣之二元呢？由中和的參究，我們已經看到，朱子深深地體悟到，光是氣機鼓盪，日爲大化所驅，不容少頃停息，絕對是不行的。由此而逼出了一超越的性理層爲他的思想貞定的基礎。把這一路的思想推展出去，就形成了他的理氣二元不離不雜的偉大的形上學的間架，整個宇宙人生都在這一思想之下得到了合理的解釋，並且樹立了價值的標準。朱子思想的淵源固然其來有自，但這樣深入的分析，宏偉的綜合，却是朱子獨特的貢獻，確可謂前無古人。然北宋儒學周張程的道統雖由朱子所倡建，但朱子的精神却與濂溪、橫渠、尤其明道不類，他所眞正繼承的只是伊川。但即伊川談易極不喜象數，朱子則連康節之學也要兼容並包。朱子的思想強探力索，格局恢宏，千古不作第二人想。可惜他的中心慧識欠缺了那麼一點子，以至牟宗三先生評定之爲別子爲宗（註一），這眞是中國思想史發展過程中之一異數，且不說難以估計其功罪，卽對朱子思想求作一客觀平情之了解，已感大是不易。以下擬先對朱子理氣論之基本觀念作一極簡略的介紹，然後再就文集語類廣爲徵引，來闡明朱子心中所積蓄的那些意思。

依朱子的思想，理是形而上的；理只「在」而不「有」，也就是說，理不是現實具體的存有，它乃是現實存有的所以然之超越的形上的根據。以此，理只是個淨潔空濶的世界，無情意、無計度、無造作、無作用。只有這樣的理是純善。但理要具體實現，就不能不憑藉氣。氣恰與理相對，乃是形而下者。氣本身並不壞，它是一必要的實現原理。但有了氣，就不能不有駁雜與壞滅，故也可以說氣是惡之根源，雖則惡並無它本身積極獨立之意義。理是包含該載在氣，正如性是包含該載在心，而心則有情意、有計度、有造作、有作用。故理之敷施發用在氣，又正如性之敷施發用在心。由此可見，理氣二元，不雜不離，互賴互依。從時間的觀點看，同時並在，不可以勉强分先後。但由存有論的觀點看，則必言理先氣後，因爲有此理始有此物（氣），而無此理必無此物，故決不可以顚倒過來說。然而由現實的觀點看，則又因爲理本身無作用，氣才有作用，故又可以說氣强而理弱。理氣二者之間既有如此錯綜複雜的關係，自難一言而盡，必須多方說明，始能得其綮要。

同時純粹由外部的觀點來看朱子哲學的基本觀念，很難找到相應的了解。譬如馮友蘭用新實在論「潛存」（Subsistence）的觀念來解釋朱子的理（註二），表面上似乎言之成理。但羅素與其同調的新實在論是一無色彩的多元論，朱子則講一理化而爲萬殊，肯定天命之於穆不已，這是西方現代的新實在論湊泊不上的慧解。馮友蘭又提到柏拉圖也有類似的觀念（註三），這尤其是誤解。柏拉圖的理型是永恒不變不動，根本立於時間流變之外之上，所以其高弟亞里士多德才深致不滿之情，以爲其思想之致命傷在不能解決超越的理型與內在的事物的分離問題（Problem of Chorismos）。但朱子之理一方面雖然是但理，只存有而不活動，另一方面却又必須講「理生氣」，此理之內涵爲一生生不已之天道，故一氣之流行實有其必然性。世間決沒有完全睽隔於理的氣，也無完全睽隔於氣的理，理氣之間爲一不雜不離的關係。這決不是柏拉圖式的思路。最後馮友蘭埋怨朱子沒有把倫理和邏輯的觀念劃分開來（註四），這樣的批評可以不錯，但却要看立論的出發點的正確與否而定。如果馮友蘭的心目中想要建立的是一無色彩汎客觀主義的實在論哲學，那麼他根本就脫離了宋明儒學的正統，由價值立體的思想墜落成爲存在平面的思想。朱子是想建立一套道德的形上學，但因他的思想有所歧出而未能證成，但這並不表示，道德的形上學一定無法建立起來。而在這裏正可以見到宋明儒學的共同理想，故朱子的哲學仍然是道學內部的別傳。馮友蘭則根本脫離了宋明儒學的正統，胡適之反而一定要稱之爲正統的觀點，而馮友蘭竟也就此自居於正統的觀點而無疑（註五），思想上的缺乏分疏一至於此，寧非怪事！

依朱子的看法，理氣二者不只互相對立（不雜），同時也互相依賴（不離）。天地間只是一理，但此理既是生之理，就必變現出萬物來，而萬物化生自不能不有氣之憑藉。有了氣稟乃有萬類之不同，若由分殊的觀點着眼，也可以說各自之理不同。於此文字上必須活用，才能由各個不同的方面說明宇宙萬有的眞相，故「論萬物之一源，則理同而氣異。觀萬物之異體，則氣猶相似而理絕不同。氣之異者，粹駁之不齊，理之異者，偏全之或異。」（文集卷四十六答黃商伯）說穿了仍不外乎理一而分殊之旨，朱子是用理氣二元來解析這一原則，他的思想是既銳利而深入，所以才能用如此簡潔的語言，把裏面牽連的複雜理論效果明白地展示了出來，於此可見他的一代宗師的地位，絕非倖致。

朱子既用氣稟來說明萬類，則得其氣之正且通者爲人，氣之偏且塞者爲物。譬如大爐鎔鐵，其好者在一處，其渣滓又在一處，所採取爲一自然的解釋，根本沒有西方宗教神學辯神論（Theodicy）的問題。萬物也有此理，只爲氣昏塞，如置寶珠於濁泥中，不可復見，然物類中亦有一線明處，只不如人心之虛靈不昧，以具衆理而應事。人既有如此稟賦，所以只要肯下死力做格物窮理的工夫，「至於用力之久，而一旦豁然貫通焉，則衆物之表裏精粗無不到，而吾心之全體大用無不明矣。」（大學補傳）朱子的意思是，人心如小宇宙（Microcosm），恰好是大宇宙（Macrccosm）的反映。萬物之內不是不含藏此理，只因氣昏塞，所以不可復見，但人心虛靈，只要把鏡上灰塵抹去，磨得通體光明，則宇宙之全之理，自然當體顯現。這是一種汎認知主義的思想，也含藏着一整套的宇宙論的思想。朱子喜歡由具理之偏全來看人物的差別。只人心可攝衆理之全，整個宇宙表現爲一相應的秩序。「天有春夏秋冬，地有金木水火，人有仁義禮智，皆以四者相爲用也。」（語類卷一）天德是元亨利貞，在人就是仁義禮智。而天終究只是一元之氣，元統四德，春生之氣包夏秋冬三時之氣，故仁也包四德。天人之間有一相應關係。由此可見，朱子並不是沒有把倫理和自然的觀念劃分開來，而是他相信兩方面有一相應關係，只有人得其氣之正（不偏）且通（不塞），才可以把這一通貫形上、宇宙、倫理之理全幅展露出來。

朱子所表現的是一偉大的綜合的心靈。他的思想自成一個架局，超越了北宋諸儒的規模。他不只要兼收周張程的思想，還要吸納康節的象數之學，漢儒陰陽五行之說，甚至他還去注參同契。而且不只是義理，朱子於考據、詞章，無一不精。但他的兼收諸說，又決不只是調和折衷，雜揉一爐，他的思想是一種眞正的綜合。他一定要使自己心安，否則決不肯輕易放手，如此强探力索，至死方休。然而在他的綜合之中，我們却發現，在精神上他和濂溪、橫渠、明道，乃至孔孟都有了分歧。宋明儒學繼承孟子開出的傳統乃是一本之論，朱子却是理氣二元，眞難爲他爲古典作注，講得頭頭是道，但裏面却有極根本的差別乃不可掩者。譬如濂溪的「太極圖說」，朱子與象山辯論，以爲這確是濂溪的作品，從今天看來，似乎不成問題，因爲太極圖說與通書之理並不互相違背，彼此貫通，象山的辯駁甚爲無謂。但朱子解「無極而太極」一句沒有問題，解「太極動而生陽」一句就不能沒有問題。對朱子來說，太極是理，怎麼可以動，殊不可曉，所以他一定要曲爲之解，而終難自圓其說。因濂溪之體既存有亦活動，朱子之理則只存在而不活動，在直貫和橫攝兩個型態的思想之間有了裂縫。牟宗三先生「心體與性體」一書最大的貢獻就是指出了朱子的思想根本屬於另一型態。朱子眞正相契的是伊川，可謂伊川開其端，朱子繼其緒，完成了一個汎認知主義的橫攝系統，其格局之宏大，思想之周納，可謂無與倫比，但在基本的精神上，用孟學做標準，却不免有所歧出。而朱子的問題更遠複雜於伊川，正因爲伊川的格局小，與康節同里巷數十年從不討論象數的問題，朱子却要義理象數兼顧，所以歧出的程度也更甚。朱子的宇宙論的玄想不能說沒有它的價值，他的思想格局的宏大使他不隔斷於自然的觀察與探究。但他在見聞、德性之知的分疏上却掌握得不够，在內聖之學的根本體驗上不免有一間之隔，未能鞭辟入裏，而有支離之患。此間得失，應可有一概念。討論宋明儒學，最後終不能避免評價的問題。但我們不必先存門戶之見，而應該訴之於同情的了解，還出朱子思想的本來面目，由此也可以看出，我國先哲決非盲目崇拜權威的人云亦云之輩，他們是有他們的獨立批評的思考。以下我們將由文集、語類廣爲徵引來說明朱子的理氣，以及相關的項目：如太極、陰陽、道器、體用、天人等概念，始可以對朱子的形上學與宇宙論有一比較全面的認識。

## 二、朱子論理氣

朱子語類卷㈠一上來就是討論理氣問題，可見這一個問題在他的哲學思想中的重要性。由存有論的次序言，自必先由理氣而後談到性情心的問題，朱子門人後學所契似正是這樣的存有論的思想，故由此次序順下來講，不由盡心知性知天的路數逆反上去講。

朱子明確地肯定了理氣二者不能互相分離的關係：

「天下未有無理之氣，亦未有無氣之理。」(一)

理和氣同時並存，無分先後，故由宇宙論的觀點言孰先孰後乃一無意義的問題，是由形上學的觀點看始可以說理先氣後。

「或問：必有是理，然後有是氣，如何？曰：此本無先後之可言。然必欲推其所從來，則須說先有是理。然理又非別為一物，即存乎是氣之中，無是氣則是理亦無掛搭處。(下略)。」(一)

朱子的意思是說理是一切具體存有的超越的形而上的根據，有了這樣的根據才能有氣的具體存在，然而脫離了氣却又無法談它的超越的形而上的根據。理氣是兩層，故決不可混雜，二者之間是一微妙的不離不雜的關係。理先氣後在朱子的思想之中是一個關鍵性的重大問題，門人問者特多，朱子也要由各種不同的角度來說明他自己的意思。語類曰：

「問：有是理便是有氣，似不可分先後？曰：要之，也先有理。只不可說是今日有是理，明日却有是氣，也須有先後。且如萬一山河大地都陷了，畢竟理却只在這裏。」(一)

又曰：

「徐問：天地未判時，下面許多都已有否？曰：只是都有此理。天地生物千萬年，古今只不離許多物。」(二)

具體的存有物有成有毀，但形上的理却無生滅。且必有此理，始有此物。山河大地陷了，還是有此理；天地未判時，亦已有此理。若根本無此理，自也不可能有是氣。有是氣，是因爲有此理；不是因爲有是氣，而後才有此理。在這一意義之下，我們乃必須說理先氣後。

「問：先有理抑先有氣？曰：理未嘗離乎氣。然理形而上者，氣形而下者。自形而上下言，豈無先後？理無形；氣便粗，有渣滓。」(一)

再詳細一點來說，語類有曰：

「或問：理在先，氣在後？曰：理與氣本無先後之可言。但推上去時，却如理在先，氣在後相似。又問：理在氣中，發見處如何？曰：如陰陽五行錯綜不失條緒便是理。若氣不結聚時，理亦無所附著。(下略)。」(一)

又曰：

「或問：先有理後有氣之說。曰：不消如此說。而今知得他合下是先有理後有氣耶？後有理先有氣耶？皆不可得而推究。然以意度之，則疑此氣是依傍這理行。及此氣之聚，則理亦在焉。蓋氣則能凝結造作，理却無情意、無計度、無造作。只此氣凝聚處，理便在其中。且如天地間人物草木禽獸，其生也莫不有種。定不會無種了，白地生出一箇物事。這箇都是氣。若理則是個淨潔空濶底世界，無形跡，他却不會造作。氣則能醞釀、凝聚、生物也。但有此氣，則理便在其中。」(一)

朱子在這裏說話極有分寸。純由現象觀察很難斷定理氣之先後，但考慮到形而上的根據問題，似乎不能不說是氣依傍理而行。實際的生滅靠氣，而所以有實際的生滅却靠理。理無作爲，只氣才有實際作爲。但因有此理方有是氣，在這一特殊的意義之下，乃也可以說理生氣。語類有曰：

「有是理後生是氣。」(一)

又曰：

「先有箇天理了，却有氣，氣積為質，而性具焉。」(一)

「問：理與氣。曰：伊川說得好，曰：理一分殊。合天地萬物而言，只是一箇理，及在人，則又各自有一箇理。」(一)

依朱子的思想，有理斯有氣，這是總的說法。理的個別化而爲性，故言性必涉義理之性以及氣質之性，凡此皆詳於論心性情之一章，此處毋需再贅。語類曰：

「問：昨謂未有天地之先畢竟是先有理，如何？曰：未有天地之先，畢竟也只是理。有此理便有此天地。若無此理，便亦無天地，無人無物，都無該載了。有理，便有氣流行，發育萬物。曰：萬物是理發育之否？曰：有此理便有此氣流行發育。理無形體。曰：所謂體者，是強名否？曰：是。曰：理無極，氣有極否？曰：論其極，將那處

做極？」（一）

此一段把朱子理生氣的思想講得十分明白：有理便有氣流行，乃是在這一意義之下，朱子的理是一生理。但理並不直接發育萬物，是此氣在流行發育。沒有理，固然沒有萬物，但沒有氣，一樣沒有萬物。只不過有了理，就必有此氣流行。理氣之間的不離不雜關係清晰可見。

文集卷四十六答劉叔文有曰：

「所謂理與氣，此決是二物。但在物上看，則二物渾淪不可分開各在一處。然不害二物之各為一物也。若在理上看，則未有物而已有物之理，然亦但有其理而已，未嘗實有是物也。大凡看此等處，須認得分明，又兼始終，方是不錯。」（文集卷四十六答劉叔文二書之第一書）

朱子思想界劃極為清明，由此可見。又文集卷五十八答黃道夫云：

「天地之間，有理有氣。理也者，形而上之道也，生物之本也。氣也者，形而下之器也，生物之具也。是以人物之生，必稟此理，然後有性。必稟此氣，然後有形。其性其形，雖不外乎一身。然其道器之間，分際甚明，不可亂也。若劉康公所謂天地之中所謂命者，理也，非氣也。所謂人受以生，所謂動作威儀之則者，性也，非形也。今不審此，而以魂魄鬼神解之，則是指氣為理，而索性於形矣，豈不誤哉！所引禮運之言，本亦自有分別。其曰天地之德者，理也；其曰陰陽之交鬼神之會者，氣也；今乃一之，亦不審之誤也。詩曰：天生烝民，有法有則。周子曰：無極之真，二五之精，妙合而凝。所謂真者，理也。所謂精者，氣也。所謂則者，性也。所謂物者，形也。上下千有餘年之間，言者非一人，記者非一筆，而其說之同，如合符契，非能牽聯配合而強使之齊也。此義理之原，學者不可不察。」（文集卷五十八答黃道夫二書之第一書）

朱子以己意解析古典，雖不必盡合古籍原意，但自成一條思路，殆無疑義。氣的運作是以理爲根據，爲範圍。但氣有形質，乃有分殊、美惡。語類有曰：

「造化之運如磨，上面常轉而不止。萬物之生似磨中撒出，有粗有細，自有不齊。」(一)

又曰：

「二氣五行始何嘗不正，只滾來滾去，便有不正。（原注：如陽爲剛躁，陰爲重濁之類。）。」(四)

「人所稟之氣是皆天地之正氣，但滾來滾去，便有昏明厚薄之異。蓋氣是有形之

物，才是有形之物，便自有美有惡也。」（四）

「問：天理變易無窮，由一陰一陽先生無窮，繼之者善，全是天理，安得不善？孟子言性之本體以為善者是也。二氣相軋相取，相合相乖，有平易處，有傾側處，自然有善有惡，故禀氣形者，有惡有善，何足恠？語其本，則無不善也。曰：此却無過。（下略）。」（四）

由此可見，朱子對於惡的根源問題並不感到困難。理無不善，由理生氣，氣本來何嘗不正。但氣是有形之物，便自有美有惡，這是十分自然的事情，不必強爲之解。落在氣化之迹上說，自沒有必然性。語類有曰：

「問，如此則天地生聖賢，又只是偶然，不是有意矣。曰：天地那裏說我特地要生箇聖賢出來也，只是氣數到那裏，恰相湊著，所以生出聖賢。及至生出，則若天之有意焉耳。又問：康節云：陽一而陰二，所以君子少而小人多，此語是否？曰：也說得來，自是那物事好底少而惡底多，且如面前事也自是好底事少，惡底事多，其理只一般。」（四）

朱子通過氣的概念對於世界人生有一澈底現實主義的了解。且事態決不會永遠保持現狀，其成也，毀也，循環無端，陰陽無始。語類有曰：

「問：不知人物消靡盡時，天地壞也不壞。曰：也須一場鶻突。既有形氣，如何得不壞，但一箇壞了，又有一箇。」（四五）

又曰：

「問：自開闢以來，至今未萬年，不知已前如何？曰：已前也須如此一番明白來。又問：天地會壞否？曰：不會壞，只是相將人無道極了，便一齊打合，混沌一番，人物都盡，又重新起。問：生第一箇人時如何？曰：以氣化二五之精而成形，釋家謂之化生，如今物之化生者甚多，如虱然。」（一）

牟宗三先生案曰：「此情蒼涼悲壯，亦見嚴肅」。此條所說「是其道德形上學所透示的莊嚴悲情」。（註六）純由氣化現實的觀點着眼，則朱子又有氣強理弱之說。語類有曰：

「氣雖是理之所生，然既生出，則理管他不得。如這理寓於氣了，日用間運用都由這箇氣。只是氣強理弱。」（四）

又曰：

「氣升降無時止息，理只附氣，惟氣有昏濁，理亦隨而間隔。」（四）

理本爲一，但落實到個體，乃爲形質所限，往往無法透得出來。物則氣昏，根本不能推。到人亦還是有氣稟的差別。但我們在此切不可誤會朱子是主張一氣稟之決定論。朱子只是指出「氣稟的限制難以超越」這一事實，故特重做後天的功夫以復性之本然。語類曰：

「人之性皆善。然而有生下來善底，有生下來便惡底，此是氣稟不同。且如天地之運，萬端而無窮。其可見者，日月清明，氣候和正之時。人生而稟此氣，則為清明渾厚之氣，須做箇好人。若是日月昏暗，寒暑反常，皆是天地之戾氣。人若稟此氣，則為不好底人，何疑？人之為學，却是要變化氣稟，然極難變化。如孟子道性善，不言氣稟，只言人皆可以為堯舜，若勇猛直前，氣稟之偏自消，功夫自成，故不言氣稟。看來吾性既善，何故不能為聖賢，却是被這氣稟害。如氣稟偏於剛，則一向剛暴，偏於柔，則一向柔弱之類。人一向推托道氣稟不好，不向前又不得。一向不察氣稟之害，只昏昏地去又不得。須知氣稟之害，要力去用功克治，裁其勝而歸於中乃可。濂溪云：性者剛柔善惡中而已。故聖人立教，俾人自易其惡，自至其中而止矣。貴沈言：氣質之用狹，道學之功大。」㈣

這一段中所謂之性，顯指超越的性理而言，故與氣稟相對，朱子一貫認爲應該兩邊兼顧才能切實做聖學的功夫。

總之，朱子之講理氣，隨角度之不同而有歧義，但其思想却又始終一貫。讀者必須善會，乃可充分把握朱子之理氣觀念。

## 三、朱子論太極

理氣的問題又可以通過太極、陰陽的方式來解析。太極是理，而陰陽則是氣。語類曰：

「太極只是一個理字。」(一)

又有云：

「問：太極不是未有天地之先，有箇渾成之物，是天地萬物之理之總名否？曰：太極只是天地萬物之理。在天地言，則天地中有太極。在萬物言，則萬物中各有太極。未有天地之先，畢竟是先有此理。動而生陽，亦只是理，靜而生陰，亦只是理。」(一)

從存有論的觀點言，太極必在先，這是理先氣後的另一說法。又曰：

「若無太極，便不翻了天地。」(一)

這是由負面的角度來看出太極是一切現實存有的基礎。太極之落實乃不外乎陰陽二事。

語類曰：

「太極分開，只是兩箇陰陽，括盡了天下物事。」(九四)

而陰陽則是氣。語類曰：

「陰陽只是一氣。陽之退便是陰之生，不是陽退了又別有箇陰生。」(六五)

「陰陽做一箇看亦得，做兩箇看亦得。做兩箇看是分陰分陽，兩儀立焉。做一箇看，只是一箇消長。」(六五)

太極雖是理，陰陽雖是氣，兩不相雜，却又兩不相離。語類有云：

「只從陰陽處看，則所謂太極者，便只是在陰陽裏，所謂陰陽者，便只是在太極裏。而今人說陰陽上面別有一箇無形無影底物是太極，非也。」(九五)

又曰：

「(上略)。蓋太極卽在陰陽裏。如易有太極，是生兩儀，則先從實理處說。若論其生，則俱生，太極依舊在陰陽裏。但言其次序，須有這實理，方始有陰陽也。其理則

一，雖然自見在事物而觀之，則陰陽函太極，推其本，則太極生陰陽。」（七五）

太極與陰陽同時並在，無分先後。只不過由存有論的次序上說，則必說太極生陰陽，猶言理生氣，不可逆轉來說氣生理也。如此綱領既立，以下我們乃可以更詳細地徵引材料來說明此間牽涉的理論效果。

朱子之言太極，顯然是由濂溪之太極圖說啓廸而來，他討論太極的方式也深深受到太極圖說的影響。語類有云：

「易之有太極，如木之有根，浮圖之有頂，但木之根、浮圖之頂是有形之極。太極却不是一物，無方所頓放，是無形之極。故周子曰：無極而太極，是他說得有功處。」（七五）

又曰：

「（上略）。周子曰：無極而太極。蓋云無此形狀而有此道理耳。」（九四）

「無極而太極，蓋恐人將太極做一箇有形象底物看，故又說無極，言只是此理也。」（九四）

顯然朱子是用自己所體悟到的理的觀念來解析周子無極而太極的說法。他曾更詳細地闡明有無的意思，語類曰：

「無極而太極，只是說無形而有理。所謂太極者，只二氣五行之理，非別有物為太極也。又云：以理言之，則不可謂之有，以物言之，則不可謂之無。」（九四）

「無極而太極，只是無形而有理。周子恐人於太極之外更尋太極，故以無極言之。既謂之無極，則不可以有底道理強搜尋也。問：太極始於陽動乎？曰：陰靜是太極之本。然陰靜又自陽動而生。一靜一動便是一箇闢闔。自其闢闔之大者推而上之，更無窮極，不可以本始言。」（九四）

理自非現存，故不能謂之有，但它是一切存有的基礎，只不過是無形，決不是絕對的虛無，故也不可謂之無。由於太極不是別有一物，所以不能以一般的觀念去了解它。陰靜爲本，這是朱子繼承太極圖說主靜以立人極的說法，中和新說就是這樣的思路，只是現在更移向宇宙論上說。而動靜相須，陰陽無始，由此也可以說無極。文集卷六十七「已發未發說」引周子「無極而太極」，程子（明道）「人生而靜以上不容說，纔說時，便已不是性矣」二語，而謂「聖賢論性，無不因心而發。若專言之，則是所謂無極而不容言者，亦無體段之可名矣」，由性逼反到理之無極，這是朱子一貫的思路。語類曰：

「問：無極而太極固是一物，有積漸否？曰：無積漸。曰：上言無極，下言太極，竊疑上言無極無窮，下言至此方極。曰：無極者無形，太極者有理也。周子恐人把作一

物看，故云無極。曰：太極旣無氣，氣象如何？曰：只是理。」（九四）

物始有積漸，理無積漸，也不可以本始言。語類又曰：

「周子所謂無極而太極，非謂太極之上別有無極也。但言太極非有物耳。如云上天之載無聲無臭。故云無極之眞，二五之精，旣言無極，則不復別擧太極也。若如今說，則此處豈不欠一太極字耶？」（九四）

「原極之所以得名，蓋取樞極之義。聖人謂之太極者，所以指夫天地萬物之根也。周子因之而又謂之無極者，所以大（原注：一作著夫）無聲無臭之妙也。」（九四）

「問：太極解引上天之載無聲無臭，此上天之載卽是太極否？曰：蒼蒼者是上天，理在載字上。」（九四）

朱子一貫由無聲無臭來說無極，其解上天之載是分析開來說，蒼蒼者天是氣，太極只是理，思想的分際極爲明確。

文集卷四十九答王子合有云：

「周子所謂無極而太極，非謂太極之上別有無極也。但言太極非有物耳，如云上天之載無聲無臭。故下文云：無極之眞，二五之精；旣言無極，則不復別擧太極也。若如今說，則此處豈不欠一太極字耶？人生而靜，靜者固是性，然只有生字，便帶却氣質了。但生字已上又不容說。蓋此道理未有形見處。故今纔說性，便須帶着氣質，無能懸空說得性者。」（文集卷四十九答王子合十八書之第十三書）

此書所論與語類所記完全吻合，性理與氣質分屬兩層，兩不相雜。但理既內在化而為性，則又不能不帶着氣質說，兩不相離。

文集卷四十五答楊子直一書對於無極太極問題有更詳盡的發揮：

「（上略）。天地之間，只有動靜兩端，循環不已，更無餘事，此之謂易。而其動其靜，則必有所以動靜之理焉，是則所謂太極者也。聖人既指其實而名之，周子又為之圖以象之，其所以發明表著，可謂無餘蘊矣。原極之所以得名，蓋取樞極之義。聖人謂之太極者，所以指夫天地萬物之根也。周子因之而又謂之無極者，所以著夫無聲無臭之妙也。然曰無極而太極，太極本無極，則非無極之後，別生太極，而太極之上先有無極也。又曰五行陰陽，陰陽太極，則非太極之後別生二五，而二五之上先有太極也。以至於成男成女，化生萬物，而無極之妙蓋未始不在是焉。此一圖之綱領，大易之遺意，與老子所謂物生於有，有生於無，而以造化為真有始終者，正南北矣。來喻乃欲一之，所以於此圖之說多所乖礙，而不得其理也。熹向以太極為體，動靜為用，其言固有病。後已改之曰：太極者本然之妙也，動靜者所乘之機也。此則庶幾近之。來喻疑於體用之云甚當，但所以疑之之說則與熹之所以改之之意又若不相似。然蓋謂太極含動靜則可。（原注：以本體而言也）。謂太極有動靜則可。（原注：以流行而言也）。若謂太極便是動靜，則是

形而上下者不可分，而易有太極之言亦贅矣。（下略）。」（文集卷四十五答楊子直五書之第一書）

朱子解濂溪太極圖說是否能够切合周子原義，這是另一問題，但他本人的思路極爲明澈，太極即無極，理（形上）氣（形下）二元不離不雜之旨發揮得甚爲詳盡，太極之先只是存有論上的先，並非時間上的先，故太極不在陰陽之外。而太極動靜不只分屬兩層，乃至不可以體用言，思想分疏之細密由此可見。朱子並非不知道太極圖與道家有關，只是他斷定太極圖說的思想是儒家式的思想，不是道家式的思想，此處識斷，並無差錯。

由太極圖說的解釋而引起了朱陸之間一場大辯論（註七）。象山承梭山之說，以太極圖說之思想與通書不類，疑非周子所作，或周子少時所作，或傳他人之文，後人不辨也；無極爲老氏之用語，即二程未嘗一及無極字；故責朱子推尊太極圖說之不當。然而象山並無直接證據以圖說非周子所作，只以前賢及通書不及此一詞爲辯，不能構成堅强的理由；至由思想之融貫性着眼，則圖說與通書只有一表面之不類（註八），實則「無極而太極，太極動而生陽」即通書「靜無而動有」一語之引申，而濂溪亦實可有無極之極的思路，通書多言無思、無爲，並不使它變成道家的文獻。象山只是借題發揮，就辯論圖說本身而言，乃是失敗的一方。

文集卷三十六朱子答陸子美（梭山）有云：

「只如太極篇首一句，最是長者所深排，然殊不知不言無極，則太極同於一物而不足為萬化之根，不言太極，則無極淪於空寂而不能為萬化之根，只此一句，便見其下語精密，微妙無窮。」（文集卷三十六答陸子美三書之第一書）

文集卷三十六朱子答陸子靜（象山）又有云：

「伏羲作易，自一畫而下，文王演易，自乾元而下，皆未嘗言太極也，而孔子言之。孔子贊易，自太極以下，未嘗言無極也，而周子言之。夫先聖後聖，豈不同條而共貫哉？若於此有以灼然實見太極之真體，則知不言者不為少，而言之者不為多矣，何至若此之紛紛哉？（中略）。至於大傳既曰形而上者謂之道矣，而又曰一陰一陽之謂道，此豈真以陰陽為形而上者哉，正所以見一陰一陽雖屬形器，然其所以一陰而一陽者，是乃道體之所為也。故語道體之至極則謂之太極，語太極之流行，則謂之道。雖有二名，初無兩體。周子所以謂之無極，正以其無方所，無形狀，以為在無物之前，而未嘗不立於有物之後；以為在陰陽之外，而未嘗不行乎陰陽之中；以為通貫全體，無乎不在，則又初無聲臭影響之可言也。」（朱子答陸子靜六書之第五書）

朱子一貫以遮狀詞釋無極，此不必違背儒家之義理，也不必一定違背周子之原義。依朱子，則無極而太極實只是一太極，太極爲主，無極並非一獨立之實概念，只是形容太極之無方所無形狀而已！就正面立言，只太極乃是存有的超越之根據。語類有云：

「太極者，自外而推入去，到此極盡，更沒去處，所以謂之太極。」（九八）

又曰：

「太極非是別有一物，卽陰陽而在陰陽，卽五行而在五行，卽萬物而在萬物，只是一箇理而已。因其極至，故名曰太極。」（九四）

這一概念似乎簡單，但細加分析，還有許多曲折。文集答程可久有云：

「太極之義，正謂理之極致耳。有是理卽有是物，無先後次序之可言。故曰易有太極，則是太極乃在陰陽之中，而非在陰陽之外也。今以大中訓之，又以乾坤未判大衍未分之時論之，恐未安也。形而上者謂之道，形而下者謂之器，今論太極，而曰：其物謂之神，又以天地未分，元氣合而為一者言之，亦恐未安。有是理卽有是氣，氣則無不兩者，故易曰：太極生兩儀，而老子乃謂道先生一而後一乃生二，則其察理亦不精矣。」（文集卷三十七答程可久十書之第三書）

朱子的意思是，太極是生理，故有此理必有此氣，而氣則無不兩，於此可謂一函二，但由二氣之作用也可逆推到理之一，則也可以說二函一。但一自一，二自二，兩不相雜，却又同時並在，兩不相離，所以動靜無端陰陽無始，此非時間先後事，乃斥老氏之宇宙論的說法爲不諦。

接着又有一書曰：

「熹前書所謂太極不在陰陽之外者，正與來教所謂不倚於陰陽而生陰陽者合。但熹以形而上下者，其實初不相離，故曰在陰陽之中。吾丈以形而上下者，其名不可相雜，故曰不在陰陽之外。雖所自而言不同，而初未嘗有異也。但如今日所引舊說，則太極乃在天地未分之前，而無所與於今日之為陰陽，此恐於前所謂不倚於陰陽而生陰陽者有自相矛盾處。更望詳考見教。」（文集卷三十七答程可久十書之第四書）

朱子所着重的是太極既超越而內在的觀念。語類有云：

「五行一陰陽也，陰陽一太極也。二氣交感，所以化生萬物，這便是天地之塞吾其體，天地之帥吾其性。只是說得有詳略，有急緩，只是這一箇物事。所以萬物到秋冬時各自收斂閉藏，忽然一下春來，各自發越條暢，這只是一氣。一箇消，一箇息。只如人相似，方其默時便是靜，及其語時便是動。那箇滿山青黃碧綠，無非是這太極。」（九四）

天地萬物只是一理，此一理化而爲萬殊，兼爲一切價值之泉源。語類曰：

「或問太極。曰：太極只是箇極好至善底道理。人人有一太極，物物有一太極。周子所謂太極是天地人物萬善至好的表德。」（九四）

但太極之表現，則不能不依賴氣。語類曰：

「問：動靜者所乘之機。曰：理搭於氣而行。」（九四）

由此而引伸出乘馬的妙喻。語類曰：

「問：動靜者所乘之機。曰：太極理也，動靜氣也。氣行則理亦行。二者常相依而未嘗相離也。太極猶人，動靜猶馬，馬所以載人，人所以乘馬。馬之一出一入，人亦與之一出一入。蓋一動一靜，而太極之妙未嘗不在焉。此所謂所乘之機，無極二五所以妙合而凝也。」（九四）

由理一講到分殊，我們乃不能不進一步討論陰陽二氣的問題。

## 四、朱子論陰陽

語類有曰：

「陰陽五行為太極之體。」（三六）

這個體當然不是形而上的本體的意思。朱子是繼承了伊川「與道爲體」的說法。語類曰：

「周元興問：與道為體。曰：天地日月陰陽寒暑皆與道為體。又問：此體字如何？曰：是體質。道之本然之體不可見，觀此則可見無體之體。」(三六)

道體之本然沒有體質，故曰無體之體，這還是無極而太極的意思。道體本身不可見，要把握道體，乃必須看由道所規定的有形質的具體表現。語類有云：

「向見先生說道無形體，却是這物事盛載那道出來，故可見。與道為體言與之為體也，這體字較粗，如此則與本然之體微不同。曰：也便在裏面。只是前面體字說得來較闊，連本末精粗都包在裏面，後面與道為體之體，又說出那道之親切底骨子，恐人說物自物，道自道，所以指物以見道。其實這許多物事湊合來便都是道之體，道之體便在這許多物事上。」(三六)

朱子要說明他的意思必須煞費苦心。道是無體之體：一方面道無體，故道不即是陰陽；但另一方面道又是一切存有的超越的形而上的根據，是由它的規定而必須產生萬物，故又必須通過陰陽來表現，對道的把握也必須通過陰陽的實質內容逆推而得，在這一意義下，陰陽又可說是太極之體，其實不外是說陰陽(氣)是太極之理所規定之下的具體的表現。故語類曰：

「一陰一陽之謂道。陰陽是氣，不是道，所以為陰陽者乃道也。若只言陰陽之謂道，則陰陽是道。今曰一陰一陽，則是所以循環者乃道也。一闔一闢謂之變亦然。」(七四)

「問：一陰一陽之謂道。曰：此與一闔一闢謂之變相似。陰陽非道也，一陰又一陽，循環不已，乃道也。只說一陰一陽，便見得陰陽往來循環不已之意，此理卽道也。」(七四)

「道須是合理與氣看。理是虛底物事。無那氣質，則此理無安頓處。易說一陰一陽之謂道，這便是兼理與氣而言。陰陽氣也，一陰一陽則是理矣。猶言一闔一闢謂之變。闔闢非變也，一闔一闢則是變也。蓋陰陽非道，所以陰陽者道也。」(七四)

朱子是以自己的意思去解易，他得到的結論是：

「一陰一陽之謂道。陰陽何以謂之道？曰：當離合看。」(七四)

由此而可以明白看到他的理氣二元不離不雜的宗旨。故嚴格說來，只所以陰陽是道，而道又不離乎陰陽。陰陽自是兩，但却是一氣流行的兩種必然表現，故曰氣則無不兩者。由兩乃可以看到氣化消長的過程，不似理之完全無方所形狀。語類有云：

「因論天地間只有一箇陰陽。故程先生云：只有一箇感與應。所謂陰與陽，無處不是。且如前後，前便是陽，後便是陰。又如左右，左便是陽，右便是陰。又如上下，上面一截便是陽，下面一截便是陰。文蔚曰：先生易說中謂：伏羲作易，驗陰陽消息，兩端而已，此語最盡。曰：陰陽雖是兩個字，然却只是一氣之消息。一進一退，一消一長。進處便是陽，退處便是陰。長處便是陽，消處便是陰。只是這一氣之消長，做出古今天地間無限事來。所以陰陽做一箇說亦得，做兩箇亦得。」（七四）

再進一步來說，理之一必通過氣之兩而能化。語類曰：

「一故神，兩故化。兩者，陰陽消長進退。（原注：兩者所以推行於一，一所以爲兩。）一不立則兩不可得而見，兩不可見則一之道息矣。橫渠此說極精，非一則陰陽消長無自而見，非陰陽消長則一亦不可得而見矣。」（九八）

「或問：一故神。曰：一是一箇道理，却有兩端用處不同。譬如陰陽，陰中有陽，陽中有陰，陽極生陰，陰極生陽，所以神化無窮。」（九八）

又有云：

「兩故化，注云：推行乎一。凡天下之事，一不能化，惟兩而後能化。且如一陰一陽，始能化生萬物。雖是兩箇，要之亦是推行乎此一爾。此說得極精，須當與他仔細

看。」（九八）

朱子是借了張子的說法來說明他自己的理必藉助於氣之兩而化的見解，此說不必一定合乎張子原意，然自成一個義理的系統。理雖是一切現實存有的超越的形上的根據，但却與氣同時並在，故朱子特別著重動靜無端，陰陽無始的觀念。

「問：本義云：道具於陰而行乎陽。竊意道之大體云云。是則動靜無端，陰陽無始。要之，造化之初，必始於靜。曰：既曰無端無始，如何又始於靜？看來只是一箇實理。動則為陽，靜則為陰云云。今之所謂動者，便是前面靜底末梢。其實靜前又動，動前又靜，只管推上去，更無了期。所以只得從這處說起。」（七四）

又曰：

「橫渠言：游氣紛擾合而成質者，生人物之萬殊，其陰陽兩端循環不已者，立天地之大義。說得似稍支離。只合云：陰陽五行，循環錯綜，升降往來，所以生人物之萬殊，立天地之大義。」（九八）

游氣不外乎陰陽，故曰稍支離，但中間也有分別。語類曰：

「問：游氣莫便是陰陽？橫渠如此說似開了。曰：此固是一物。但橫渠所說游氣紛擾合而成質，恰是指陰陽交會言之。陰陽兩端循環不已，却是指那分開底說。蓋陰陽只管混了闢，闢了混，故周子云：混兮闢兮，其無窮兮。」（九八）

朱子這裏所指涉的是周子通書動靜第十六，其文曰：

「動而無靜，靜而無動，物也。動而無動，靜而無靜，神也。動而無動，靜而無靜，非不動不靜也。物則不通，神妙萬物。水陰根陽，火陽根陰。五行陰陽，陰陽太極，四時運行，萬物終始。混兮闢兮，其無窮兮。」

動而不顯動相，靜而不顯靜相，由此而顯出太極誠體之神。通書誠下第二則有云：

「靜無而動有，至正而明達也。」

動靜一如，靜時乃顯無相，動時則顯有相，至正呼應於靜無，而明達呼應於動有，是同一誠體的表現。由通書的線索以釋太極圖說，可謂毫無困難。「無極而太極，太極動而生陽」兩語實卽「靜無而動有」一語之引申。靜無卽無極而太極，動有卽太極動而生陽。由此而朱子拒絕以直線的宇宙論的演生義來釋太極圖說是有他的理由的。但朱子解無極而太極一語雖甚切，其解太極動而生陽一語却不合乎周子原義。其注太極圖說「太極動而生陽」一段云：

「太極之有動靜是天命之流行也。所謂一陰一陽之謂道、誠者聖人之本、物之終始、而命之道也。其動也、誠之通也，繼之者善，萬物之所資以始也。其靜也，誠之復也，成之者性，萬物各正其性命也。動極而靜，靜極復動，一動一靜，互為其根，命之所以流行而不已也。動而生陽，靜而生陰，分陰分陽，兩儀立焉，分之所以一定而不移也。蓋太極者，本然之妙也。動靜者，所乘之機也。太極、形而上之道也。陰陽、形而下之器也。是以自其著者而觀之，則動靜不同時，陰陽不同位，而太極無不在焉。自其微者而觀之，則冲穆無朕，而動靜陰陽之理已悉具於其中矣。雖然，推之於前，而不見其始之合，引之於後，而不見其終之離也。故程子曰：動靜無端，陰陽無始。非知道者，孰能釋之。」

周子太極誠體寂然不動則靜無，感而遂通則動有。「寂然不動者誠也，感而遂通者神也。」（通書聖第四）這裏講的是神用，不是氣用。寂然不動是靜而無靜之靜，感而遂通是動而無動之動，故即寂即感，動靜一如也。即體即用，體用一如也。但朱子的理氣却不可以體用言，而只能說太極者本然之妙，動靜者所乘之機也。太極是理，本身既不可以動靜言，乃不得不將語氣滑轉為太極有動靜，意謂太極函有氣之所以動靜之理。眞正流行的只是氣，理之流行僅是虛說而已！這顯然是轉上了一條不同的思路。語類有云：

「問：太極動而生陽，是有這種之理便能動而生陽否？曰：有這動之理，便能動而生陽；有這靜的理，便能靜而生陰。既動，則理又在動之中；既靜，則理又在靜之中。曰：動靜是氣也。有此理為氣之主，氣便能如此否？曰：是也。既有理，便有氣。既有氣，則理又在乎氣之中。（下略）。」（九四）

這一段可說是把朱子本人的思想說得很清楚。朱子以分解的方式把理氣分屬二元，不離不雜。同時朱子對於陰陽還有更進一步的分疏。語類曰：

「陰陽有相對而言者，如東陽西陰南陽北陰是也。有錯綜而言者，如晝夜寒暑。一箇橫一箇直是也。伊川言易，變易也。只說得相對底陰陽流轉而已，不說錯綜底陰陽交互之理。言易須兼此二意。」（六五）

又曰：

「陰陽有箇流行底，有箇定位底。一動一靜，互為其根，便是流行底，寒暑往來是也。分陰分陽，兩儀立焉，便是定位底，天地上下四方是也。易有兩義，一是變易，便是流行底，一是交易，便是對待底。魂魄以二氣言，陽是魂，陰是魄；以一氣言，則伸為魂，屈為魄。」（六五）

依朱子，天地萬物都要通過陰陽來了解。語類曰：

「易字義只是陰陽。」(六五)

「易只消道陰陽二字括盡。」(六五)

「都是陰陽。無物不是陰陽。」(六五)

「無一物不有陰陽乾坤，至於至微至細，草木禽獸亦有牝牡陰陽。」(六五)

「天地之間無往而非陰陽。一動一靜，一語一默，皆是陰陽之理。至如搖扇，便屬陽，住扇便屬陰，莫不有陰陽之理。繼之者善是陽，成之者性是陰。陰陽只是此陰陽，但言之不同，如二氣迭運，此兩相為用，不能相無者也。(下略)。」(六五)

再過細來說，語類又曰：

「方其有陽，那裏知道有陰，有乾卦，那裏知道有坤卦。天地間只是一箇氣。自今年冬至到明年冬至，是他地氣周匝。把來折做兩截時，前面底便是陽，後面底便是陰。又折做四截也，如此便是四時。天地間只有六層，陽氣到地面上時，地下便冷了。只是這六位陽，長到那第六位時，極了無去處，上面只是漸次消了。上面消了些個時，下面便生了些個，那便是陰。這只是箇噓吸。噓是陽，吸是陰。喚做一氣，固是如此，然看他日月男女牝牡處，方見得無一物無陰陽。如至微之物也有箇背面。若說流行處，却只是一氣。」(六五)

從至微之物也有箇背面來說，則陰陽猶一體之兩面。但既說正反，乃也可以說主從，依朱子則乾陽爲主，坤陰爲從。語類有曰：

「問：乾剛健中正。或謂乾剛無柔不得言中正。先生嘗言天地之間本一氣之流行而有動靜耳。以其流行之統體而言，則但謂之乾而無所不包。以動靜分之，然後有陰陽剛柔之別。所謂流行之統體，指乾道而言耶？曰：大哉乾元，萬物資始，乾道變化，各正性命。只乾便是氣之統體，物之所資始，物之所正性命，豈非無所不包。但自其氣之動而言，則為陽。自其氣之靜而言，則為陰。所以陽常兼陰，陰不得兼陽。陽大陰小，陰必附陽。皆此意也。」（六九）

又有云：

「乾坤陰陽以位相對而言，固只是一般。然以分言，乾尊坤卑，陽尊陰卑，不可並也。」（六八）

順着這個意思來說，故語類曰：

「乾無對，只是一箇物事。至陰則有對待。大體陰常虧於陽。」（六九）

「乾無對待，只有乾而已，故不言坤。坤則不可無乾。陰體不足，常虧欠，若無乾，便沒上截。大抵陰陽二物，本別無陰，只陽盡處便是陰。」（六九）

由此而我們可以了解剝復之幾。語類曰：

「問：剝一陽盡而為坤。程云：陽未嘗盡也。曰：剝之一陽未盡時，不曾生。才盡於上，這些子便生於下了。」（七一）

「問：一陽復於下，是前日既退之陽已消盡，而今別生否？曰：前日既退之陽已消盡，此又是別生。伊川謂陽無可盡之理。剝於上則生於下，無間可容息，說得甚精。(下略)。」（七一）

同時也可以把握到原始反終之理。語類有云：

「且如造化周流，未著形質，便是形而上者屬陽，才麗於形質，為人物，為金木水火土，便轉動不得，便是形而下者屬陰。若是陽時，自有多少流行變動在。及至成物，一成而不返。謂如人之初生屬陽，只管有長，及至長成，便只有衰。此氣逐漸衰減。至於衰盡，則死矣。周子所謂原始反終，只於衰盡處可見反終之理。」（九四）

陰陽之落實在具體的人性上乃有善惡的表現。語類曰：

「問：五性感動而善惡分。曰：天地之性是理也。才到有陰陽五行處便有氣質之性，於此便有昏明厚薄之殊，得其性而最靈乃氣質以後事。」（九四）

「問：五行之生，各一其性，五性感動而善惡分，此性字是兼氣稟言之否？曰：性離氣稟不得，有氣稟性方存在裏面，無氣稟性便無所寄搭了。稟得氣清者，性便在清氣之中，這清氣不隔蔽那善。稟得氣濁者，性在濁氣之中，為濁氣所蔽。五行之生，各一其性，這又隨物各具去了。」（九四）

由此可見，善惡之分是自然的。兩方面互相對立，互相爭衡。語類曰：

「天地間無兩立之理。非陰勝陽，即陽勝陰。無物不然，無時不然。（原注：寒暑、晝夜、君子小人、天理人欲）。」（六五）

人在此乃貴立主宰。語類曰：

「問：自太極一動而為陰陽，以至於為五行，為萬物，無有不善。在人則才動便差，是如何？曰：造化亦有差處，如冬熱夏寒，所生人物有厚薄，有善惡。不知自甚處差，將來便沒理會了。又問：惟人才動便有差，故聖人主靜以立人極歟？曰：然。」（九四）

朱子這一段話極有意味。造化雖有法有則，但在實際的氣化的過程中，即造化也可以有差處。但這卻不妨害人的自作主宰。語類又曰：

「陰陽不可分先後說。只要人去其中自主靜。陰為主，陽為客。」（六五）

這種地方一定要活着看才行。大概朱子的意思是，就天德流行言，當然是陽爲主，陰爲從。但繼之者善是陽，成之者性是陰。就人之既受生而言，乃必須主靜以立人極。由這個觀點看，則又陰爲主，陽爲客。語類曰：

「聖人定之以中正仁義。此四物常在這裏流轉。然常靠着箇靜做本。若無夜，則做得晝不分曉。若無冬，則做得春夏不長茂。如人終日應接，却歸來這裏空處少歇，便精神較健。如生物而無冬，只管一向生去，元氣也會竭了。中仁是動，正義是靜。通書都是恁地說，如云禮先而樂後。」（九四）

人要了解天道與人道的運作，不是主張氣化命定之論，而是可以培育智慧做成德的工夫。語類曰：

「化而裁之化是因其自然而化，裁是人為變，是變了他。且如一年三百六十日，須待一日日漸次進去，到那滿時，這便是化。自春而夏，夏而秋，秋而冬，聖人自這裏截做四時，這便是變。化不是一日內便頓然恁地底事。人之進德亦如此。三十而立，不是到那三十時便立，須從十五志學，漸漸化去方到。橫渠去這裏說做化而裁之，便是這意。柔變而趨於剛，剛變而趨於柔，與這個意思也只一般。自陰來做陽，其勢浸長，便覺突兀，有頭面。自陽去做陰，這只是漸漸消化去。這變化之義，亦與鬼神屈伸意相似。」（七五）

自然之道每每自陽去做陰，故必濟之以人文之道，自陰來做陽。語類曰：

「能說諸心，乾也。能研諸慮，坤也。說諸心，有自然底意思，故屬陽。研諸慮，有作為意思，故屬陰。定吉兇，乾也。成亹亹，坤也。事之未定者屬乎陽，定吉兇所以為乾。事之已為者屬陰，成亹亹所以為坤。大抵言語兩端處皆有陰陽。如開物成務，開物是陽，成務是陰。如致知力行，致知是陽，力行是陰。周子之書，屢發此意，推之可見。」（七六）

總之，整個宇宙大自然，人文社會，莫非陰陽之事。乃至鬼神，也不能超出此範圍。語類曰：

「鬼神不過陰陽消長而已。（下略）。」（三）

「鬼神只是氣。屈伸往來者氣也。天地間無非氣。人之氣與天地之氣常相接，無間

斷。人自不見。（下略）。」(三)

又有云：

「橫渠曰：物之初生，氣日至而滋息。物生旣盈，氣日反而遊散。至之謂神，以其伸也。反之謂鬼，以其歸也。」(三)

「神，伸也。鬼，屈也。如風雨雷電，初發時，神也。及至風止雨過，雷住電息，則鬼也。」(三)

朱子是完全由自然的眼光來釋鬼神。文集四十五答廖子晦有云：

「性只是理，不可以聚散言。其聚而生，散而死者，氣而已矣！所謂精神魂魄，有知有覺者，皆氣之所為也。故聚則有，散則無。若理則初不為聚散而有無也。但有是理則有是氣。苟氣聚乎此，則其理亦命乎此耳。不得以水漚比也。鬼神便是精神魂魄，程子所謂天地之功用，造化之跡。張子所謂二氣之良能，皆非性之謂也。」（文集卷四十五答廖子晦十八書之第二書）

由此可見，鬼神是氣邊事。又文集卷四十四答梁文叔有云：

「鬼神通天地間一氣而言。魂魄主於人身而言。方氣之伸，精魂固具，然神為主。及氣之屈，魂氣則存，然鬼為主。氣盡則魄降而純於鬼矣。故人死曰鬼。」（文集卷四十四答梁文叔四書之第四書）

鬼神是就天地說，魂魄則就人身說，其實不外乎一氣之流行。語類曰：

「問：鬼神便是精神魂魄如何？曰：然且就這一身看。自會笑語，有許多聰明知識。這是如何得恁地？這都是陰陽相感，都是鬼神。看得到這裏，見一身只是箇軀殼在這裏，內外無非天地陰陽之氣。所以夜來說道，天地之塞吾其體，天地之師吾其性，思量來只是一個道理。」（三）

再詳細來說，語類又有云：

「問：生死鬼神之理。曰：天道流行，發育萬物。有理而後有氣。雖是一時都有，畢竟以理為主。人得之以有生。氣之清者為氣，濁者為質。知覺運動，陽之為也。形體，陰之為也。氣曰魂，體曰魄。高誘淮南子註曰：魂者陽之神，魄者陰之神。所謂神者，以其主乎形氣也。人所以生，精氣聚也。人只有許多氣，須有箇盡時。盡則魂氣歸于天，形魄歸于地而死矣。人將死時，熱氣上出，所謂魂升也。下體漸冷，所謂魄降也。此所以有生必有死、有始必有終也。夫聚散者，氣也。若理，則只泊在氣上。初不

是凝結自為一物，但人分上所合當然者便是理，不可以聚散言也。」(三)

由此可見，朱子對生死也取一自然的看法。語類曰：

「氣聚則生，氣散則死。」(三)

「譬如一身，生者為神，死者為鬼，皆一氣耳。」(六三)

「只今生人，便自一半是神，一半是鬼了。但未死以前，則神為主；已死之後，則鬼為主。縱橫在這裏。以屈伸往來之氣言之，則來者為神，去者為鬼。以人身言之，則氣為神而精為鬼。然其屈伸往來也各以漸。」(三)

「此所謂人者，鬼神之會也。」(六三)

「人生初間是先有氣，既成形是魄在先。形既生矣，神發知矣。既有形後，方有精神知覺。」(三)

「人死則氣散，理之常也。」(三)

但偶然也可以有例外的情形。語類有云：

「問：遊魂為變，間有為妖孽者，是如何得未散？曰：遊字是漸漸散，若是為妖孽者，多是不得其死，其氣未散，故鬱結而成妖孽。」(三)

「問：有人死而氣不散者，何也？曰：他是不伏死，如自刑自害者，皆是未伏死，

又更聚得這精神。安於死者便自無。何曾見堯舜做鬼來。」(三)

朱子是由自然的觀點看，是可以有鬼、怪一類的事，但這些並不是常態，而傳說也不可盡信，要我們用批評的眼光來甄別。文集答王子合有云：

「天神、地示(祇)、人鬼只是一理，也只是一氣，中庸所云，未嘗分別人鬼不在內也。人鬼固是終歸於盡。然誠意所格，便如在其上下左右，豈可謂祀典所載，不謂是耶。奇怪不測，皆人心自為之，固是如此，然亦須辨得合有合無。若都不分別，則又只是一切唯心造之說，而古今小說所載鬼怪事，皆為有實矣。此又不可不察也。」(文集卷四十九答王子合十八書之第十書)

由這封信又可以看出，朱子並不把祭祖祭天看作鬼怪不經一類的事，語類之內有更詳細的說明。

「只是這箇天地陰陽之氣，人與萬物皆得之。氣聚則為人，散則為鬼。然其氣雖已散，這箇天地陰陽之理生生而不窮，祖考之精神魂魄雖已散，而子孫之精神魂魄自有些相屬。故祭祀之禮，盡其誠敬，便可以致得祖考之魂魄。這箇自是難說，看既散後一似都無了。能盡其誠敬，便有感格，亦緣是理常只在這裏也。」(三)

「此身在天地間，便是理與氣凝聚底。天子統攝天地，負荷天地間事，與天地相關，此心便與天地相通。不可道他是虛氣，與我不相干。如諸侯不當祭天地，與天地不相關，便不能相通。聖賢道在萬世，功在萬世，今行聖賢之道，傳聖賢之心，便是負荷這物事，此氣便與他相通。」（三）

朱子顯然不信個體不朽或輪廻之說。語類有云：

「然已散者不復聚。釋氏却謂人死為鬼，鬼復為人。如此則天地間常只是許多人來來去去，更不由造化生生。必無是理。」（三）

文集卷三十五答劉子澄亦有曰：

「天運不息，品物流行，無萬物皆逝，而己獨不去之理。」（文集卷三十五答劉子澄十六書之第四書）

由此可見，朱子對生死、鬼神完全取一理性、自然的解釋，間或也取一種不可知論的態度。文集卷五十一答董叔重有云：

「鬼神之理，聖人蓋難言之。謂真有一物固不可，謂非真有一物亦不可。若未能曉然見得，且闕之可也。」（文集卷五十一答董叔重十書之第五書）

但這種不知並不足以爲病。語類卷三鬼神一開始的兩條卽有云：

「鬼神事自是第二著。那箇無形影是難理會底，未消去理會。且就日用緊切處做工夫。」(二)

「此事自是第二着。未能事人，焉能事鬼，此說盡了。今且須去理會眼前事。那箇鬼神事，無形無影，莫要枉費心力。」(三)

文集卷四十七答呂子約把這個問題的癥結指點得更爲明白透澈：

「熹嘗謂：知乾坤變化萬物受命之理，則知生而知死矣，盡親親長長貴貴尊賢之道，則能事人而能事鬼矣。只如此看，意味自長。」(文集卷四十七答呂子約二十八書之第四書)

這是粹然儒者之言。由此可見，朱子雖有極强的探討自然的興趣，正如大學補傳所謂：「天下之物，莫不有理」，莫不可以「因其已知之理而益窮之」，但這樣的探究在朱子本人的思想之中畢竟只佔第二義的地位。故此朱子的自然哲學雖也有一宏大的規模，他的最中心處畢竟是要建立一成德之學。朱子當然是希望能兼顧到兩方面，但兼顧不了時，就必須分別主從。朱子的思想極富分析力，想得很深入，層次分明，井然有序。他能發展出一個以理爲只存在而不活動的橫攝的大系統決不是偶然的。但他終不覺得自己的思想和古典與前賢有什麼本質性的差別，這却是一個弔詭。譬如語類有曰：

「問：質諸鬼神而無疑，只是龜從筮從，與鬼神合其吉凶否？曰：亦是。然不專在此，只是合鬼神之理。」（六四）

由此可見，朱子並不排斥龜筮之事，但這是次要的一面，更重要的是把握鬼神之理。這自不是中庸原義，但朱子自己可以說出一套，而他的思想的貞定處在理。他自己則認爲所發揮的正是古典之內所包含的道理。

朱子更清晰地分辨出，言鬼神之所謂神，與單言神之所謂神，意義完全不同。語類有曰：

「鬼神，自有迹者而言之。言神，只言其妙而不可測識。」（六三）

鬼神是氣之精英，二氣之良能，但還微有跡。一故神，此神字不指造化之跡而言。語類曰：

「神化二字，雖程子說得亦不甚分明，惟是横渠推出來。推行有漸為化，合一不測為神。」（九八）

「問：一故神。曰：横渠說得極好，須當你細看。（中略）。横渠親注云：兩在故不測。只是這一物却周行乎事物之間，如所謂陰陽、屈伸、往來、上下以至於行乎什伯千萬之中，無非這一箇物事，所以謂兩在故不測。」（九八）

鬼神還是陰陽屈伸邊事，合一不測之神却通貫而兩在。文集卷六十二答杜仁仲有云：

「但謂神卽是理，却恐未然，更宜思之。」（文集卷六十二答杜仁仲六書之第四書）

又有云：

「神是理之發用而乘氣以出入者。故易曰：神也者，妙萬物而為言者也。來喻大概得之，但恐却將神字全作氣看，則又誤耳。」（文集卷六十二答杜仁仲六書之第六書）

這兩封信說得比較確定。神自不能只是但理，但也不能只是氣機鼓盪。它是理之發用而乘氣以出入者。就其有作用而言，它不能是理。但就其未對象化，合一不測而言，是理的直接表現，所以才能有妙萬物的作用。語類又有云：

「問：神是氣之至妙處，所以管攝動靜。十年前曾聞先生說：神亦只是形而下者。賀孫問：神既是管攝此身，則心又安在？曰：神卽是心之至妙處，滾在氣裏說，又只是氣。然神又是氣之精妙處。到得氣，又是粗了。精又粗，形又粗。至於說魂說魄，皆是說到粗處。」（九五，此條葉賀孫錄辛亥朱子六十二歲以後所聞）（原注：寓錄云：直卿云：看來神字本不專說氣也，可就理上說，先生只就形而下者說。先生曰：所以某就形而下說，畢竟就氣處多發出光彩便是神。）（九五）

「蓋神之為物，自然是超然於形器之表，貫動靜而言，其體常如是而已矣。」（九四）

形上、形下，這裏面還牽涉到好些複雜的問題，下面我們就順着這個線索來討論道器的觀念。

## 五、朱子論道器

朱子一貫以形而上者爲理，形而下者爲氣，但也可以換一個方式講形而上者爲道，形而下者爲器。語類有云：

「問：諸先生都舉形而上、形而下，如何說？曰：可見底是器，不可見底是道。理是道，物是器。因指面前火爐曰：此是器。然而可以向火，所以為人用，便是道。」（二十四）

由此可見，道卽是理。但兩者也有區別。語類曰：

「道是統名，理是細目。」（六）

「問：道與理如何分？曰：道便是路，理是那文理。問：如木理相似？曰：是。問：如此却似一般。曰：道字包得大，理是道字裏面許多理脈。又曰：道字宏大，理字精密。」（六）

「理是有條辦，逐一路子，以各有條，謂之理。人所共由謂之道。」（六）

「道訓路。大概說人所共由之路。理各有條理界辦。因擧康節云：夫道也者，道也。道無形，行之則見于事矣。如道路之道，坦然使千億萬年行之，人知其歸者也。」（六）

「道者，兼體用、該費隱而言也。」（六）

落在人事上言也是一樣。語類有曰：

「問：仁與道如何分別？曰：道是統言，仁是一事。如道路之道，千枝百脈，皆有一路去。」（六）

「至德至道。道者人之所共由。德者己之所獨得。」（六）

「問：萬理粲然，還同不同？曰：理只是這一箇道。理則同，其分不同。君臣有君臣之理，父子有父子之理。」（六）

道之名義既明，以下我們可以進一步來看道器形上形下的分別與彼此的關係。語類曰：

「形是道形質。以上便是道，以下便為器。這箇分別得最親切，故明道云：惟此語截得上下最分明。又曰：形以上底虛渾是道理，形以下底實便是器。」（七五）

「問：形而上下如何以形言？曰：此言最的當。設若以有形無形言之，便是物與理相間斷了。所以謂截得分明者，只是上下之間分別得一箇界止分明。器亦道，道亦器，有分別而不相離也。」（七五）

對朱子來說，形而上下的分別是確定而必然的，但兩方面在事實上却不相離，所以不會有像柏拉圖那樣的理型與事物分離的問題。事實上形而上者卽在形而下者之中，道理卽在事物之內，兩方面是一種互相依賴的關係。語類曰：

「形而上者謂之道，形而下者謂之器。道是道理。事事物物皆有箇道理。器是形跡，事事物物亦皆有箇形跡。有道須有器，有器須有道。物必有則。」（七五）

「形而上謂道，形而下謂器。這箇在人看始得。指器為道固不得，離器於道亦不得。且如此火是器，自有道在裏。」（七五）

而且是要卽事卽物（形而下）去見理（形而上），這裏自有它的艱苦，要做格物的工夫才行。語類曰：

「形而上者指理而言，形而下者指事物而言。事事物物皆有其理。事物可見而其理難知。卽事卽物便要見得此理。只是如此看，但要真實於事物上見得這箇道理，然後於己有益。為人君，止於仁，為人子，止於孝，必須就君臣父子上見得此理。大學之道曰窮理，而謂之格物，只是使人就實處窮竟。事事物物上有許多道理，窮之不可不盡也。」（七五）

形而上、形而下又可以由另一個角度來分別。語類曰：

「問：如何分形器？曰：形而上者是理，才有作用便是形而下者。問：陰陽如何是形而下者？曰：一物便有陰陽、寒暖、生殺，皆見得是形而下者。事物雖大，皆形而下者，堯舜之事業是也。理雖少，皆形而上者。」（七五）

聖人是根據道理因其自然化而裁之。語類曰：

「形而上者謂之道一段只是這一箇道理。但卽形器之本體而離乎形器則謂之道，就形器而言，則謂之器。聖人因其自然化而裁之則謂之變，推而行之則謂之通，擧而措之則謂之事業。裁也、行也、措也，都只是裁行措這箇道。曰：是。」（七五）

在這裏天道人道是既分而合。語類曰：

「問：明於天之道而察於民之故，天之道便是民之故否？曰：論得到極處固只是一箇道理。看時須做兩處看，方看得周匝無虧欠處。問：天之道只是福善禍淫之類否？曰：如陰陽變化，春何為而生，秋何為而殺，夏何為而暑，冬何為而寒，皆要理會得。問：民之故，如君臣父子之類是否？曰：凡民生日用皆是。若只理會得民之故，却理會不得天之道，便卽民之故亦未是在。到得極時，固只是一理。要之，須是都看得周匝始得。」（七五）

朱子是個先分析而後綜合型的頭腦，就內容來說，當然天道與人道不同，都要窮究，但終極來說，則是一箇道理。語類有云：

「禮是那天地自然之理。理會得時，繁文末節皆在其中。禮儀三百，威儀三千，却只是這箇道理。千條萬緒，貫通來只是一箇道理。夫子所以說：吾道一以貫之，曾子曰：忠恕而已矣是也。蓋為道理出來處只是一源，散見事物都是一箇物事做出底。一草一木，與他夏葛冬裘、渴飲饑食，君臣父子、禮樂器數，都是天理流行活潑潑地，那一件不是天理中出來。見得透徹後都是天理，理會不得，則一事各自是一事，一物各自是一物，草木各自是草木，不干自己事。」（四十一）

朱子是以漸教的方式逐事逐物理會，最後却又必須道通為一。道理與事物是兩層，故不雜，但道理由事物而見，又不離。朱子甚至在這裏作出儒佛的分別。語類卷六十二有一長段把他的意見說得很明白，玆擇要節錄如下：

「衣食動作只是物，物之理乃道也。將物便喚做道則不可。且如這個椅子有四隻脚，可以坐，此椅之理也。若除去一隻脚，坐不得，便失其椅之理矣。形而上為道，形而下為器。說這形而下之器之中便有那形而上之道。若便將形而下之器作形而上之道，則不可。且如這個扇子，此物也便有個扇子底道理。扇子是如此做，合當如此用，此便是形而上之理。天地中間，上是天，下是地，中間有許多日月星辰、山川草木、人物禽獸，此皆形而下之器也。然這形而下之器之中，便各自有個道理，此便是形而上之道。所謂格物便是要就這形而下之器窮得那形而上之道理而已。如何便將形而下之器作形而上之道理得？饑而食，渴而飲，日出而作，日入而息，其所以飲食作息者，皆道之所在也。若便謂食飲作息者是道，則不可。與龐居士神通妙用、運水搬柴之頌一般，亦是此病。如徐行後長與疾行先長，都一般是行，只是徐行後長方是道，若疾行先長，便不是道。豈可說只認行底便是道。神通妙用、運水搬柴，須是運得水搬得柴是方是神通妙用。若運得不是，搬得不是，如何是神通妙用？佛家所謂作用是性，便是如此。他都不理會是和非，只認得那衣食作息視聽舉履便是道。說我這個會說話底，會作用底，叫着便應底，便是神通妙用，更不問道理如何。儒家則須是就這上尋討個道理方是道。(中略)。佛家者雖是無道理，然他却一生受用、一生快活，便是它就這形而下者之中，理會得似那形而上者。而今學者看來須是先曉得這一層，却去理會那上面一層方好，而今都是和這下面一層也不曾見得，所以和那上面一層也理會不得。

又曰：天地中間，物物上有這個道理，雖至沒緊要底物事，也有這道理。蓋天命之謂性。這道理卻無形無安頓處，只那日用事物上，道理便在上面。這兩個元不相離。凡有一物，便有一理。所以君子博學於文，看來博學是個沒緊要物事，然那許多道理便都在這上，都從那源頭上來，所以無精粗小大，都一齊用理會過。蓋非外物也。都一齊理會，方無所不盡，方周遍無疏缺處。

又曰：道不可須臾離，可離非道也。所謂不可離者謂道也。若便以日用之間舉止動作便是道，則無所適而非道，無時而非道，然則君子何用恐懼戒謹，何用更學道為？為其不可離，所以須是依道而行。如人說話，不成便以說話者為道，須是有個仁義禮智始得。若便以舉止動作為道，何用更說不可離得？

又曰：大學所以說格物，卻不說窮理。蓋說窮理，則似懸空無捉摸處。只說格物，則只就那形而下之器上便尋那形而上之道，便見得這個元不相離。所以只說格物。天生蒸民，有物有則，所謂道者是如此，何嘗說物便是則。(下略)。」(六二)

朱子一定要嚴分形而上形而下的界限，卻又強調形而上必就形而下而見，必須做格物窮理的工夫，這裏的確煞費苦心，極見功力。但他自己雖有一條一貫的思路，極爲明澈，但其闢佛，不必諦，尤其因此而遮撥儒家內部所有圓頓的話頭，更不必稱理。朱子順着他的分解的線索大步前進，道作理來解，器、物、事是氣邊事。如此他說天道流行，乃只能够虛說。其實義爲：在天道天理規定的範圍以內氣之流行，生生而不已。在這樣的方式之下，說道、理是體，氣是用，就會產生額外的問題。因爲理氣分屬二層，理本身不能有作用，有作用的是氣，這樣說體用一源，也只能够虛說。朱子講體用問題，有沿襲舊說處，也有自創新說處，此處也還需要作進一步的分疏，方能得其實義。

## 六、朱子論體用

朱子之解體用，並不拘於一說，完全要看當時討論的系絡而定。語類曰：

「問：知者動，集註以動為知之體；智者樂水，又曰：其用周流而不窮；言體用相類，如何？曰：看文字須活着意思，不可局定。知對仁言，則仁是體，知是用。只就知言，則知又自有體用。如乾道成男，坤道成女，豈得男便都無陰，女便都無陽？這般須相錯看，然大抵仁都是箇體，知只是箇用。」（三一）

又曰：

「伊川樂山樂水處言動靜皆其體也。此只言體段，非對用而言。」（三二）

此處的分疏極為細密。就體用對舉而言，朱子也曾用常識的例子來說明它的意思。語類有曰：

「問：道之體用。曰：假如耳，便是體，聽便是用。目是體，見是用。」(一)

又曰：

「體是這箇道理，用是他用處。如耳聽目視，自然如此，是理也。開眼看物，着耳聽聲，便是用。江西人說箇虛空底體，涉事物便喚做用。」(六)

朱子還是用理氣二元的方式解釋體用的觀念。有此理斯有此用。這透露出一種客觀實在論的心態，故極不喜闢空談體之說。這裏藉機攻擊陸學，甚是無謂，但頗反映出他自己的那一條思路。語類有曰：

「道只是人所當行之道，自有樣子。如為人父止於慈，為人子止於孝，只從實理上行，不必向渺茫中求也。」(三四)

「聖人語言甚實，且卽吾身日用常行之間可見。惟能審求經義，將聖賢言語虛心以觀之，不必要著心去看他，久之道理自見，不必求之太高也。今如所論，卻只於渺渺茫茫處想見一物，懸空在，更無捉摸處，將來如何頓放？更沒收殺。如此則與身中日用自然判為二物，何緣得有諸己？」(一一三)

這樣的話很反映出朱子的漸教型態的思想。扣到體用上來說，朱子又用常識的例子來說明他的意思。語類曰：

「人只是合當做底便是體。人做處便是用。譬如此扇子，有骨有柄用紙糊，此則體也。人搖之則用也。如尺與秤相似，上有分寸星銖，則體也。將去秤量物事，則用也。」(六)

由此可見，朱子肯定實然與應然之間有一定的關聯，必有如是之體，始有如是之用。用是理的具體現實化的表現。

既了解體用的一般觀念，移往天道上說，語類曰：

「問：汎觀天地間，日往月來，寒往暑來，四時行百物生，這是道之流行發見處。卽此而總言之，其往來生化無一息間斷處，便是道體否？曰：此體用說得是。但總字未當，總便成兼用說了。只就那骨處便是體。如水之或流或止，或激成波浪，是用。卽這水骨，可流可止，可激成波浪處便是體。如這身是體，目視耳聽手足運動處便是用。如這手是體，指之運動提掇處便是用。淳舉論語集注曰：往者過，來者續，無一息之停，乃道體之本然也。曰：卽是此意。」(六)

朱子還是以理氣二元不離不雜的方式來解釋體用，一方面有體斯有用，卽用而見體，但另一方面，體是體，用是用，不可以總起來說。朱子以這種分解的方式講體用一源，乃有他本人獨特的意思。文集卷四十答何叔京有云：

「體用一源者，自理而觀，則理為體，象為用，而理中有象，是一源也。顯微無間者，自象而觀，則象為顯，理為微，而象中有理，是無間也。先生後答語意甚明，仔細消詳便見歸著。且既曰：有理而後有象，則理象便非一物，故伊川但言其一源而無間耳。其實體用顯微之分，則不能無也。今曰：理象一物，不必分別，恐陷於近日含胡之弊，不可不察。」（文集卷四十答何叔京三十二書之第三十書）

此函可謂把朱子的意思說得確定明白。其前一函亦有云：

「所以言性理之本，以其一源也，此亦未安。體用是兩物而不相離，故可以言一源。性理兩字，即非兩物，謂之一源，却倒說開了。」（文集卷四十答何叔京三十二書之第二十九書）

在朱子的系統之中，性即理，性既是理之內在化，本非兩物，所以謂之一源，便不甚妥當。體用却是分屬形而上、形而下兩層，不可相雜，然又不相離，故可以言一源。朱子以分解的方式確定了伊川體用一源一語的意義，也以同樣的方式確定了伊川與道為體一語的意義，此則見於語類卷三十六大段關於子在川上一章的討論，玆節其要者如下：

「或問：天地之化，往者過，來者續，此道體之本然也，如何？曰：程子言之矣，天運而不已，日往則月來云云，皆與道為體。與道為體此句極好。」

「問：注云：此道體之本然也，後又曰：皆與道為體。而見先生說，道無形體，卻是這物事盛載那道出來，故可見。與道為體，言與之為體也。這體字較粗，如此則與本然之體微不同。曰：也便在裏面，只是前面體字說得較濶，連本末精粗都包在裏面。後面與道為體之體又說出那道之親切底骨子。恐人說物自物，道自道，所以指物以見其道。其實這許多物事湊合來，便都是道之體。道之體便在這許多物事上。只是水上較親切易見。」

「公晦問：子在川上注體字是體用之體否？曰：只是這箇體，道之體只是道之骨子。」

「問：如何是與道為體。曰：與那道為形體。這體字卻粗。」

「問：注云：此道體也，下面云，是皆與道為體，與字其義如何？曰：此等處要緊。與道為體是與那道為體。道不可見，因從那上流出來。若無許多物事，又如何見得道。便是許多物事與那道為體。水之流而不息，最易見者。如水之流而不息，便見得道體之自然。」

「與道為體，此四字甚精。蓋物生水流，非道之體，乃與道為體也。」

「先生舉程子與道為體之語，言：道無形體可見，只看日往月來，寒往暑來，水流不息，物生不窮，顯顯者乃是與道為體。」

「問：伊川曰：此道體也，天運而不已，至皆與道為體，如何？曰：形而上者謂之道，形而下者謂之器。道本無體，此四者非道之體也。但因此則可以見道之體耳。那無聲無臭便是道。但尋從那無聲無臭處去，如何見得道？因有此四者，方見得那無聲無臭底，所以說與道為體。曰：如炭與火相似？曰：也略是如此。」

「周元興問：與道為體。曰：天地、日月、陰陽、寒暑，皆與道為體。又問：此體字如何？曰：是體質。道之本然之體不可見。觀此則可見無體之體。如陰陽五行為太極之體。又問：太極是體，二五是用？曰：此是無體之體。叔重曰：如其體則謂之易否？曰：然。」

「伊川說：水流而不息，物生而不窮，皆與道為體。這箇體字似那形體相似。道是虛底道理，因這箇物事上面方看見。如歷家說，二十八宿為天之體。天高遠，又更運轉不齊，不記這幾箇經星，如何見得他？經禮三百，曲禮三千，無一事之非仁。經禮、曲禮，便是與仁為體。」

「至之問：逝者如斯夫，不舍晝夜，便是純亦不已意思否？曰：固是，然此句在吾輩作如何使。楊曰：學者當體之以自強不息。曰：只是要得莫間斷。程子謂，此天德也，有天德便可語王道。其要只在謹獨。謹獨與這裏何相關？只少有不謹便斷了。」

「子在川上一段注：此道體之本然也。欲學者時時省察而無毫髮之間斷。才不省察便間斷。此所以其要只在謹獨，人多於獨處間斷。」

由以上的討論，我們可以總括朱子的意見如下：道體本身根本沒有形體，所以是無體（質）之體。既無體質，所以是虛。但這卻不可與佛家的虛理混淆。朱子的是實理，也是生理，由流行不已處見。物生水流，乃至天地、日月、陰陽、寒暑，並不即是道體，而只是與道爲體。它們是在形而上的道體的規定之下的具體內容的表達，而道體卽通過這些具體的內容表達而顯現。人若能體道，自可以參天地，兩化育，如不能省察，做謹獨的工夫，乃可以間斷，產生不良的效果。朱子這一型態的思想一定要用與道爲體的方式才能充分表達出來，更勝於體用的方式，所以才不憚煩，廣徵文獻以闡明朱子這一型的思路。當然要放鬆一點來說，則體用的觀念仍然隨處可用。語類曰：

「問：前夜說體用無定所，是隨處說如此，若合萬事為一大體用，則如何？曰：體用也定。見在底便是體，後來生底便是用。此身是體，動作處便用。天是體，萬物資始處便是用。地是體，萬物資生處便是用。就陽言，則陽是體，陰是用。就陰言，則陰是體，陽是用。」(六)

這一條所說的是，體用的名義可定，體在先、用在後。但體用的內容却不定。因動靜無端，陰陽無始，故陰陽可以互爲體用。再配合動靜陰陽形而上下以言體用，語類曰：

「動而無靜，靜而無動者，物也，此言形而下之器也。形而下者則不能通，故方其動時，則無了那靜，方其靜時則無了那動。如水只是水，火只是火。(中略)。動而無動，靜而無靜，非不動不靜，此言形而上之理也。理則神而莫測。方其動時，未嘗不靜，故曰無動。方其靜時，未嘗不動，故曰無靜。靜中有動，動中有靜，靜而能動，動而能靜，陽中有陰，陰中有陽，錯綜無窮是也。下曰：水陰根陽，火陽根陰，水陰火陽，物也，形而下者也。所以根陰根陽，理也，形而上者也。直卿云：兼兩意言之方備。言理之動靜，則靜中有動，動中有靜，其體也；靜而能動，動而能靜，其用也。言物之動靜，則動者無靜，靜者無動，其體也；動者則不能靜，靜者則不能動，其用也。」（九四）

朱子配合元亨利貞以言體用。語類有云：

「正淳問：利貞者性情。曰：此是與元亨相對說。性情如言本體。元亨是發用處，利貞是收斂歸本體處。體却在下，用却在上。（中略）。通書曰：元亨，誠之通，利貞，誠之復，通卽發用，復卽本體也。」（六九）

「問：利貞者性情也。曰：此只是對元亨說。此性情只是意思體質。蓋元亨是動，發用在外。利貞是靜而伏藏於內。」（六九）

此則以上下、內外言體用，表面上好像是用在前、體在後，不合常識的看法。但元亨利貞爲一氣之流通，互爲先後。正好像說太極動而生陽只是一個方便的起點罷了，在宇宙論的層面上，也未始不可以先說靜而生陰。落在個體人事上看，則理論效果更爲清楚。語類有曰：

「繼之者善是動處，成之者性是靜處。繼之者善是流行出來，成之者性則各自成箇物事。繼善便是元亨，成性便是利貞。及至成之者性，各自成箇物事，恰似造化都無可做了。及至春來，又流行出來，又是繼之者善。(中略)。下面說天下大本，天下達道。未發時便是靜，已發時便是動。方其未發，便有一箇體在那裏了。及其已發，便有許多用出來。少間一起一倒，無有窮盡。若靜而不失其體，便是天下之大本，動而不失其用，便是天下之達道。靜而失其體，則天下之大本便錯了，動而失其用，則天下之達道便乖了。說來說去只是一箇道理。」(九四)

此則以靜動分屬體用。而涉及人的修養工夫論。由此而言主靜以立人極，乃極自然。動靜雖無始，但要立心之主宰，却必須主靜。然主靜自滯寂，靜而不失其體，動而不失其用，是爲天下之大本大道。扣在心性論上。自也可以體用言，語類有曰：

「履之問：未發之前心性之別。曰：心有體用。未發之前是心之體，已發之際乃心之用。如何指定說得？蓋主宰運用底便是心，性便是會恁地做底理。性則一定在這裏，到主宰運用却在心。情只是幾箇路子，隨這路子恁地做去底却又是心。」(五)

「孟子言：惻隱之心，仁之端也，仁性也，惻隱情也，此是情上見得心。又曰：仁義禮智根於心，此是性上見得心。蓋心便是包得那性情。性是體，情是用。」(五)

「心者兼體用而言。程子曰：仁是性，惻隱是情，若孟子便只說心。程子是分別體用而言，孟子是兼體用而言。」(二〇)

朱子以分解的方式講心性情，則心兼體用，性是體，情是用。再作進一步的分解，又可以說：

「以心之德而專言之，則未發是體，已發是用，以愛之理而偏言之，則仁便是體，惻隱是用。」(二〇)

由實踐與教育學習的觀點來看，則朱子强調卽用而見體。語類曰：

「文振說樊遲問仁曰愛人一節。先生曰：愛人知人是仁知之用，聖人何故但以仁知之用告樊遲，却不告以仁知之體？文振云：聖人說用則體在其中。曰：固是。蓋尋這用，便可以知其體。蓋用卽是體中流出也。」(四二)

文集卷六十一答林德久有曰：

「蓋如吾儒之言，則性之本體便只是仁義禮智之實。如老佛之言，則先有箇虛空底性，後方旋生此四者出來。不然，亦說性是一箇虛空底物，裏面包得四者。今人却為不曾曉得自家道理，只見得它說得熟，故如此不能無疑。又纔先說四者為性之體，便疑實有此四塊之物磊塊其間，皆是錯看了也。須知性之為體，不離此四者。而四者又非有形象方所，可摸可摩也。但於渾然之理之中，識得箇意思情狀，似有界限，而實亦非有牆壁遮攔分別處也。然此處極難言。故孟子亦只於發處言之，如言四端，又言乃若其情則可以為善之類，是於發處教人識取。不是本體中元來有此，如何用處發得此物出來。但本體無著摸處，故只可於用處看，便省力耳。」（文集卷六十一答林德久十一書之第三書）

總之，形而上下，體用之觀念必須善會始得。又文集卷四十八答呂子約有曰：

「陰陽也，君臣父子也，皆事物也，人之所行也，形而下者也，萬象紛羅者也。是數者各有當然之理，卽所謂道也，當行之路也，形而上者也，冲漠之無朕者也。若以形而上者言之，則冲漠者固為體，而其發於事物之間者為之用。若以形而下者言之，則事物又為體，而其理之發見者為之用。不可概謂形而上者為道之體，天下達道五為道之用也。」（文集卷四十八答呂子約二十書之第十二書）

其下一書又有云：

「謂當行之理為達道，而冲漠無朕為道之本原，此直是不成說話。（中略）。須看得只此當然之理冲漠無朕，非此理之外，別有一物冲漠無朕也。至於形而上下，卻有分別。須分得此是體，彼是用，方說得一源。分得此是象，彼是理，方說得無間。若只是一物，卻不須更說一源、無間也。」（文集卷四十八答呂子約二十書之第十三書）

朱子對於一元之論深致反感，他自己必須以體用、理象、形而上形而下二元不離不雜的方式來說明他自己對於道的體驗。

## 七、朱子論天人

朱子之論天人，也強調其不一而又不離之關係。文集卷六十七太極說曰：

「動靜無端，陰陽無始，天道也。始於陽，成於陰，本於靜，流於動者，人道也。然陽復本於陰，靜復根於動，其動靜亦無端，其陰陽亦無始，則人蓋未始離乎天，而天亦未始離乎人也。

元亨誠之通，動也。利貞誠之復，靜也。元者，動之端也，本乎靜。貞者，靜之質也，著乎動。一動一靜，循環無窮，而貞也者，萬物之所以成終而成始者也。故人雖不能不動，而立人極者必主乎靜。惟主乎靜，則其著乎動也，無不中節，而不失其本然之靜矣。

靜者性之所以立也，動者命之所以行也。然其實則靜亦動之息爾。故一動一靜皆命之行，而行乎動靜者乃性之真也。故曰：天命之謂性。

情之未發者性也，是乃所謂中也，天下之大本也。性之已發者情也，其皆中節，則所謂和也，天下之達道也。皆天理之自然也。妙性情之德者，心也，所以致中和立大本而行達道者也，天理之主宰也。

靜而無不該者，性之所以為中也，寂然不動者也。動而無不中者，情之發而得其正

也，感而遂通者也。靜而常覺，動而常止者，心之妙也，寂而感、感而寂者也。」（文集卷六十七，雜著）

此文把朱子思想的綱領明白地說了出來。朱子的意思，就宇宙論的觀點言，天道的流行是動靜無端、陰陽無始者。但人之受生則是天道流行的結果，繼之者善，成之者性，故曰：始於陽，成於陰。由此而守住性之本體，則必主靜以立人極；然既主乎靜則著乎動也無不中節，故曰：本於靜，流於動。這四者乃人道之表現。而人道之附合天道卽爲天道之表現。此間佔樞紐性之地位者則爲心，心統性情者也，由心的作用而看到天理之主宰。若能如此，則人不只不隔斷於天，而且必須有人，始能見天地之心。語類有曰：

「人者，天地之心，沒這人時，天地便沒人管。」（四五）

「蓋天只是動，地只是靜，到得人便兼動靜，是妙於天地處。故曰：人者，天地之心。論人之形雖只是器，言其運用處却是道理。」（一〇〇）

由此可見，人在天地之間是佔一極特殊的地位。語類有曰：

「贊天地之化育。人在天地之間，雖只是一理。然天人所為，各自有分。人做得底，却有天做不得底。天能生物，而耕種必用人。水能潤物，而灌溉必用人。火能熯物，而薪爨必用人。財成輔相，須是人做。非贊助如何？」（六四）

天人雖二分，其實又是一體。語類有曰：

「天卽人，人卽天，人之始生，得於天也。旣生此人，則天又在人矣。凡語言、動作、視聽，皆天也。只今說話，天便在這裏。顧諟是常要看敎光明燦爛，照在目前。」(一七)

「或問：總以爲見天之未始不爲人，而人之未始不爲天，何也？曰：只是言人之性本無不善，而其日用之間，莫不有當然之則，則所謂天理也。人若每事做得是，則便合天理。天人本只一理。若理會得此意，則天何嘗大，人何嘗小也。」(一七)

「人皆有不忍人之心者，是得天地生物之心爲心也。」(五三)

但朱子還有進一步的分解的說法。語類有曰：

「人之所以生，理與氣合而已！天理固浩浩不窮。然非是氣，則雖有是理而無所湊泊。故必二氣交感，凝結生聚，然後是理有所附著。凡人之言語、動作、思慮、營爲，皆氣也，而理存焉。故發而爲孝弟忠信仁義禮智，皆理也。然而二氣五行交感萬變，故人物之生，有精粗之不同。自一氣而言之，則人物皆受是氣而生。自精粗而言，則人得其氣之正且通者，物得其氣之偏且塞者。惟人得其正，故是理通而無所塞，物得其偏，故是理塞而無所知。(中略)。就人之所稟而言，又有昏明清濁之異。故上知生知之資是氣清明純粹，而無一毫昏濁，所以生知安行，不待學而能，如堯舜是也。其次則亞於生知，必學而後知，必行而後至。又其次者，資禀既偏，又有所蔽，須是痛加工夫，人一己百，人十己千，然後方能及亞於生知者。及進而不已，則成功一也。孟子曰：人之所以異於禽獸者幾希。人物之所以異，只是爭這些子。若更不能存得，則與禽獸無以異矣。」(四)

既提到人之受生，故必言氣禀，而性與氣的來源都是天。故語類有曰：

「性與氣皆出於天。性只是理，氣則已屬於形象。性之善固人所同，氣便有不齊處。」(五九)

「蜚卿曰：然則才亦禀於天乎？曰：皆天所為，但理與氣分為兩路。又問：程子謂才禀於氣如何。曰：氣亦天也。道夫曰：理純而氣則雜。曰：然理精一，故純。氣粗，故雜。」(五九)

人禀得的氣正且通，故得以知天。語類曰：

「黃敬之問：盡心知性。曰：性是吾心之實理。若不知得，却盡箇甚麼？又問：知其性，則知天矣。曰：性以賦於我之分而言，天以公共道理而言。天便脫模是一箇大底人，人便是一箇小底天。吾之仁義禮智卽天之元亨利貞。凡吾之所有者皆自彼而來也。故知吾性則自然知天矣。」(六〇)

朱子相信天人之間有一種互相配比的關係。語類有曰：

「天有春夏秋冬，地有金木水火，人有仁義禮智，皆以四者相為用也。」(一)

「天只是一元之氣。春生時全見得生，到夏長時也只是這底，到秋來成遂，也只是這底。到冬天藏斂，也只是這底。仁義禮智，割做四段，一箇便是一箇。渾淪看，只是一箇。」(六)

「味道問：仁包義禮智，惻隱包羞惡辭遜是非，元包亨利貞，春包夏秋冬，以五行言之，不知木如是包得火金水？曰：木是生氣，有生氣然後物可得而生，若無生氣，則火金水皆無自而能生矣，故木能包此三者。」(六)

「大而天地萬物，小而起居食息，皆太極陰陽之理也。又曰：仁木、義金、禮火、智水、信土。」(六)

「在天只是陰陽五行，在人得之只是剛柔五常之德。」(六)

人在此乃須要識得人心與天心無所間隔。語類有曰：

「人之所以為人，其理則天地之理，其氣則天地之氣。理無迹，不可見。故於氣觀之。要識仁之意思是一箇渾然溫和之氣。其氣則天地陽春之氣，其理則天地生物之心。」(六)

朱子以理氣二元的方式來解析，由渾然溫和之氣以識仁，此不必合乎明道識仁之原意，但把他本人的意思則說得很清楚。就本質上來說，人心與天心並無差別。語類有云：

「萬物之心便如天地之心，天下之心便如聖人之心。天地之生萬物，一箇物裏面便有一箇天地之心。聖人於天下，一箇人裏面便有一箇聖人之心。」（二七）

但落實下來說，則聖心與天心也有差別處。語類曰：

「問：天地之心亦靈否？還只是漠然無為？曰：天地之心不可道是不靈，但不如人恁地思慮。伊川曰：天地無心而成化，聖人有心而無為。」（一）

但這裏面還牽涉到一些複雜的問題，順着不同的系絡，我們可以說天地無心，也可以說天地有心。語類曰：

「道夫言：向者先生教思量天地有心無心。近思之切，謂天地無心。仁便是天地之心。若使其有心，必有思慮、有營為，天地曷嘗有思慮來。然其所以四時行、百物生者，蓋以合當如此便如此，不待思惟，此所以為天地之道。曰：如此則易所謂：復其見天地之心正大而天地之情可見，又如何？如公所說，只說得他無心處爾。若果無心，則須牛生出馬，桃樹上發李花，他又却自定。程子曰：以主宰謂之帝，以性情謂之乾，他這名義自定。心便是他箇主宰處，所以謂天地以生物為心。中間欽夫以為某不合如此說。某謂：天地別無勾當，只是以生物為心，一元之氣運轉流通，略無停間，只是生出萬物而已。問：程子謂：天地無心而成化，聖人有心而無為。曰：這是說天地無心處，且如四時行、百物生，天地何所容心。至於聖人，則順理而已，復何為哉。所以明道云：天地之常，以其心普萬物而無心，聖人之常，以其情順萬物而無情，說得最好。問：普萬物莫是以心周徧而無私否？曰：天地以此心普及萬物。人得之遂為人之心，物得之遂為物之心，草木禽獸接着，遂為草木禽獸之心，只是一箇天地之心爾。今須要知得他有心處，又要見得他無心處。只恁定說不得。」(一)

又曰：

「萬物生長是天地無心時，枯槁欲生是天地有心時。」(一)

無心、有心都可以說，只必須善解而已？而人之本質雖與天不隔，在實際上則有隔。故語類有云：

「聖人言語只是發明這箇道理。這箇道理，吾身也在裏面，萬物亦在裏面。適同只是一箇物事，無障蔽、無遮礙。吾之心卽天地之心，聖人卽川之流便見得也。是此理無往而非極致。但天命至正，人心便邪，天命至公，人心便私，天命至大，人心便小，所以與天地不相似。而今講學便要去得與天地不相似處，要與天地相似。」(三六)

人心與天心之本質雖一，但落實下來則不一，由此而看到天人之對立，乃有講學作修養工夫之必要。理雖無不善，然世間有惡，也是自然的現象，不必強爲之解。語類有曰：

「天下之物未嘗無對。有陰便有陽，有仁便有義，有善便有惡，有語便有默，有動便有靜，然又却只是一箇道理。如人行出去是這脚，行歸亦是這脚。譬如口中之氣，嘘則為溫，吸則為寒耳。」(九五)

「天之生物，不能獨陰必有陽，不能獨陽必有陰，皆是對。這對處不是理對。其所以有對者，是理合當恁地。」(九五)

理本身無對，但理的具體現實化却必然有對。安排得稍一不妥當，就是惡之根源。語類有曰：

「善只是當恁地底，惡只是不當恁地底。善惡皆是理。但善是那順底，惡是反轉來底。然以其反而不善，則知那善底自在。故善惡皆理也。却不可道有惡底理。」(九七)

「問：程子曰：天下善惡皆天理，何也？曰：惻隱是善，於不當惻隱處惻隱卽是惡。剛斷是善，於不當剛斷處剛斷，卽是惡。雖是惡，然源頭若無這物事，却如何做

得？本皆天理，只是被人欲反了，故用之不善而爲惡耳。」（九七）

「問：善惡皆天理，如何？曰：此只是指其過處言。如惻隱之心，仁之端，本是善，纔過便至於姑息。羞惡之心，善之端，本是善，纔過便至於殘忍。故它下面亦自云：謂之惡者本非惡，但或過或不及便如此。」（九七）

由此可見人欲之惡，其來源並不外乎天理，語類有云：

「天理人欲，幾微之間。」（一三）

「有箇天理便有箇人欲。蓋緣這箇天理須有箇安頓處，才安頓得不恰好，便有人欲出來。」（一三）

「天理人欲分數有多少？天理本多，人欲便也是天理裏面做出來。雖是人欲，人欲中自有天理。問：莫是本來全是天理否？曰：人生都是天理，人欲却是後來沒巴鼻生底。」（一三）

「問：飲食之間，孰爲天理，孰爲人欲？曰：飲食者，天理也。要求美味，人欲也。」（一三）

天理之安頓在氣，故人欲之根源在氣。人欲是天理具體現實化派生出來的，它本身不是獨立的存有。但人欲既爲惡，隱於天理之中，其幾甚微，乃不能不加以小心對治。語類有云：

「人之一心，天理存則人欲亡，人欲勝則天理滅。未有天理人欲夾雜者。學者須要於此體認省察之。」(一三)

「不為物欲所昏，則渾然天理矣。」(一三)

「人只有箇天理人欲，此勝則彼退，彼勝則此退，無中立不進退之理，凡人不進便退也。」(一三)

故在踐履的工夫過程之中，則天理人欲又勢不兩立。由此可見天理、人欲之不離不雜之關係。文集卷四十答何叔京有云：

「來教謂不知自何而有此人欲，此問甚緊切，熹竊以謂人欲云者，正天理之反耳。謂因天理而有人欲則可，謂人欲亦是天理則不可。蓋天理中本無人欲，惟其流之有差，遂生出人欲來。程子謂善惡皆天理，(原注：此句若甚可駭)，謂之惡者本非惡，(原注：此句便都轉了)，但過與不及便如此。(原注：自何而有此人欲之問，此句答了)。所問惡亦不可不謂之性，意亦如此。」(文集卷四十答何叔京三十二書之第三十書)

天理、人欲之不離不雜關係在此函中說得甚為明白。由此而朱子欣賞五峯天理人欲同行而異情一語，但不喜其同體而異用一語。語類有云：

「方伯謨云：人心道心，伊川說天理人欲便是。曰：固是，但此不是有兩物，如兩箇石頭樣相挨相打。只是一人之心，合道理底是天理，徇情欲底是人欲，正當於其分界處理會。五峯云：天理人欲行異情，說得最好。」（七八）

「舜功問：人多要去人欲，不若於天理上理會。理會得天理，人欲自退。曰：堯舜說不如此。天理人欲是交界處，不是兩箇。人心不成都流，只是占得多。道心不成十全，亦是占得多。須是在天理則存天理，在人欲則去人欲。嘗愛五峯云：天理人欲同行而異情，此語最好。」（七八）

又云：

「或問：天理人欲同體而異用，同行而異情。曰：胡氏之病在於說性無善惡。性中只有天理，無人欲，謂之同體則非也。同行異情，蓋亦有之。如口之於味，目之於色，耳之於聲，鼻之於臭，四肢之於安佚，聖人與常人皆如此，是同行也。然聖人之情不溺於此，所以與常人異耳。」（一〇一）

「或問：天理人欲同體異用之說如何？曰：當然之理，人合恁地底便是體。故仁義禮智為體。如五峯之說，則仁與不仁，義與不義，禮與無禮，智與無智，皆是性如此，則性乃一箇大人欲窠子。其說乃與東坡、子由相似，是大鑿脫，非小失也。同行異情一句，却說得去。」（一〇一）

五峯天理人欲同體異用，性無善惡之說，是由明道轉手，朱子之評不諦。但朱子本人的意思則極清楚。天理人欲雖不離，却不雜。朱子必須保持二者的分界線，故不許五峯同體異用之說。至於如何存天理，去人欲，則語類有云：

「須就自家身上實見得私欲萌動時如何，天理發見時如何，其間正有好用工夫處。蓋天理在人，亙萬古而不泯。還甚如何蔽固，而天理自若，無時不自私意中發出。但人不自覺，正如明珠大貝，混雜沙礫中，零零星星逐時出來。但於這箇道理發見處當下認取簇合，零星漸成片段。到得好底意思日長月益，則天理自然純固。向之所謂私欲者，自然消靡退散，久之不復萌動矣。若專務克治私欲，而不能充長善端，則吾心所謂私欲者，日相鬬敵，縱一時按伏得下，又當復作矣。初不道隔去私意後，別尋一箇道理主執而行，才如此，又只是自家私意。只如一件事見得如此為是，如此為非，便從是處行將去，不可只恁休。誤了一事，必須知悔，只這知悔處便是天理。」（一一七）

而這正是不斷去做格物、踐履的工夫。語類又有云：

「天下萬物當然之則便是理，所以然底便是源頭處，今所說固是如此。但聖人平日也不曾先說箇天理在那裏，方教人做去湊。只是說眼前事，教人平恁地做工夫去，自然到那有見處。（中略）。子晦之說無頭，如吾友所說，從源頭來，又却要先見箇天理在前面方去做，此正是病處。子晦疑得也是，只說不出，吾友合下來說話，便有此病。是先見有所立，卓爾，然後博文約禮也。若把這天理不放下，相似把一箇空底物，放這邊也無頓處，放那邊也無頓處。放這邊也恐攧破，放那邊也恐攧破。這天理說得蕩漾，似一塊水銀滾來滾去，捉那不着。又如水不沿流溯源，合下便要尋其源。鑿來鑿去，終是鑿不着。下學上達自有次第。」（一一七）

朱子最不喜闢空抓天理。天理因事而見。朱子講天，通常是尅就理而言，但他並不忽視天的其他意思。語類有云：

「莊仲問：天視自我民視，天聽自我民聽，謂天卽理也。曰：天固是理。然蒼蒼者亦是天，在上而有主宰者亦是天。各隨他所說。今旣曰視聽，理又如何會視聽。雖說不同，又却只是一箇。知其同，不妨其為異，知其異不害其為同。嘗有一人題分水嶺，謂水不曾分。某和其詩曰：水流無彼此，地勢有西東，若識分時異，方知合處同。」（七九）

「或問：天視自我民視，天聽自我民聽，天便是理否？曰：若全做理，又如何說自我民視聽，這裏有些主宰底意思。」（七九）

「周問：獲罪於天，集註曰：天卽理也，此指獲罪於蒼蒼之天耶，抑得罪於此理也？曰：天之所以為天者，理而已。天非有此道理，不能為天，故蒼蒼者卽此道理之天。故曰：其體卽謂之天，其主宰卽謂之帝，如父子有親，君臣有義，雖是理如此，亦須是上面有箇道理教如此始得。但非如道家說真有箇三清大帝着衣服如此坐耳。」（二五）

「或問：以主宰謂之帝，孰為主宰？曰：自有主宰。蓋天是箇至剛至陽之物，自然如此運轉不息，所以如此必有為之主宰者。這樣處要人自見得，非言語所能盡。」（六八）

「夫天專言之，則道也，天且弗違是也。分而言之，以形體謂之天，以主宰謂之帝，以功用謂之鬼神，以妙用謂之神，以性情謂之乾。」（六八）

「問：乾者，天地之性情，是天之道否？曰：性情是天愛健、地愛順處。又問：天專言之則道也。曰：所謂天命之謂性，此是說道。所謂天之蒼蒼，此是形體。所謂惟皇上帝，降衷於下民，此是說帝，以此理付之，便有主宰意。又曰：天道虧盈而益謙，地道變盈而流謙，此是說形體。」（六八）

「乾坤是性情，天地是皮殼，其實只是一箇道理。陰陽自一氣言之，只是箇物，若做兩箇物看，則如日月、如男女，又是兩箇物事。（原注：方子錄云：天地形而下者，天地、乾坤之皮殼，乾坤、天地之性情）。」（六八）

「大率天地是那有形了，重濁底。乾坤是他性情。其實乾道、天德，互換一般。乾道又言得深些子。天地是形而下者，只是這箇道理，天地是箇皮殼。」（六八）

由此可見，天理天道之天，是形而上者，天地之天（氣化的結果）卻是形而下者，二者不一。但形而下者卽形而上者的具體現實化，故又非二者。朱子也肯定天的主宰義，但明白拒絕民間把天把帝擬人化的觀念。

## 八、結語

以上我們用類聚的方式廣爲徵引，把與理氣相關的項目如太極、陰陽、道器、體用、天人都作了相當詳細的討論，可說把朱子的理氣二元不離不雜的形上學的各個不同的面相展示了出來。然後我們將略綴數語，以確定朱子所談的理的觀念的內涵，以及他的思想之所以不同於北宋其他諸子之所在。

首先我們必須辨明，朱子所談的理究竟是怎樣的理？很明顯的，它決不是形式邏輯之理，因爲它所關涉的是實質的內容，不是推論的形式。表面上看來，它似乎卽是經驗科學所研究之理如物理之類，因爲朱子講格物窮理，天文地理無不窮究，顯然是有經驗知識的相干性。但朱子的思想雖也對自然的研究表現了相當興趣，然而明顯的是，他的中心興趣是在人倫。他很清楚地知道，見聞方面的知識是不可窮盡的，而他的中心關注却是要在當下建立一種主宰。所以他所謂的豁然貫通，並不是找到一個科學上的理論來解釋世界，而是眞積力久，到了一個地步，就自然會作一異質的跳躍，找到存有的超越形而上的根據。由此看來，則朱子所說的理似乎又與柏拉圖的理型或亞里士多德的法式相當。但理型、法式是希臘哲學的產物，乃是希臘哲學家在變動之中尋求不動的答案。柏拉圖的理型不說，卽亞里士多德的純粹形式（Pure Form），也就是他的上帝，是完全超越乎時間之流之上的，他本身沒有質料，沒有運動，永恒存有，是萬物對他的嚮往才產生了整個宇宙的歷程。但離存對於中國哲學根本不構成一個問題，一理化而爲萬事，萬事復歸於一理，道卽器，器卽道，二者之間是一種不一不二的關係。這種思想型態與汎客觀主義的希臘哲學根本走上兩條不同的途徑，不可混爲一談。朱子所講的生理、生道，此理之內含卽規定其必須通過氣而具體現實化爲萬物。故萬物之理極本窮源只是一理，這樣講存有的超越形而上的根據，雖與希臘哲學所講的形構之理有少分相似，畢竟完全不是一回事。由朱子的思想，形而上學立，則宇宙論、人性論同時建立。一陰一陽之謂道，繼之者善，成之者性。無疑這是儒家思想的本質。由理之內涵規定生生不已，在具體現實化的過程之中雖有過惡出現，但生生不已的過程卽一價値實現的過程。這樣的理自也不可能是佛家說的空理，道家說的玄理。由這樣的比論之中，朱子所講的理的實義，大體可見。

但就儒學的內部來看，却又不能作進一步的分疏。北宋諸儒都肯定道理是生道、生理，這不成問題，但如何來了解這一生道、生理呢？則各人的體證不同，我們要在這裏用心，才可以眞正把握到朱子思想的特殊型態。

這裏所牽涉到的最關鍵的問題是朱子對於理生氣的解釋。朱子的理是但理，是一個淨潔空濶的世界，根本不能够有造作，只有氣才能醞釀凝聚生物。故此，理生氣與氣生物的方式是截然有異的。朱子所謂有理便有是氣，這不是時間的先後問題，只是存有論的先後問題。理與氣同時並在，但理是本，是由於理的規定必須有氣，理必須通過氣來表現、具體現實化，也是通過氣來發現，由此而說理生氣，這一生字是借喩字，是虛說。理氣二元不離不雜，這樣的思想與北宋周張的思想顯然有很大的距離。

濂溪通書根本缺乏這樣的二元的分疏。誠下第二曰：「誠，五常之本，百行之源也。靜無而動有，至正而明達也。」動靜第十六曰：「動而無靜，靜而無動，物也。動而無動，靜而無靜，神也。動而無動，靜而無靜，非不動不靜也。物則不通，神妙萬物。水陰根陽，火陽根陰。五行陰陽，陰陽太極，四時運行，萬物終始。混兮闢兮，其無窮兮。」理性命第二十二曰：「二氣五行，化生萬物。五殊二實，二本則一。是萬爲一，一實萬分。萬一各正，小大有定。」濂溪的思想是，整個宇宙是同一生生誠體的表現。一本萬殊，五行卽陰陽，陰陽卽太極，所彰顯的是一本之論，不是二元的分疏。由此而看太極圖說曰：「無極而太極，太極動而生陽。動極而靜，靜而生陰。靜極復動。一動一靜，互爲其根。分陰分陽，兩儀立焉。陽變陰合，而生水火木金土。五氣順布，四時行焉。五行一陰陽也，陰陽一太極也，太極本無極也。」這樣的思想與通書的思想是完全連貫的。朱子極重視此圖說，他和象山的爭辯提出的理由是站得住脚的。他以無方所、無形狀來釋無極，以動靜無端，陰陽無始來釋一動一靜，互爲其根，皆無過。宇宙的過程既然是無始無終，則太極動而生陽只是一個方便起點的說法，若要換過來說太極靜而生陰，也是一樣。問題是出在，套在朱子思想的架構之內，太極如何可能動而生陽。朱子把太極（理）與陰陽（氣）肢解成爲兩元，理本身如何可動靜？它只是所以動靜之超越的根據。這顯然是朱子自己的看法，與濂溪通書、太極圖說的思想屬於兩種不同的型態。

橫渠之說牽連太廣，如不細論，難免發生誤解，此處只能點撥一二。稍作交待耳。（註九）橫渠倡「太和所謂道」。分解開來說，則「散殊而可象爲氣，清通而不可象爲神。不如野馬絪縕，不足謂之太和。」橫渠雖重氣化的過程，却不能謂之爲唯氣論者，蓋神的觀念把創生性的觀念提了起來。橫渠謂：「一故神，兩故化」。又曰：「兩不立，則一不可見。一不可見，則兩之用息。」如把一解作太極，兩解作陰陽，則兩方面正是一種互相表裏的關係，一是體，兩是用。神又可通過太虛之清通無迹來規定。乾稱篇第十七云：「太虛者氣之體。氣有陰陽，屈伸、相感之無窮，故神之應也無窮。其散無數，故神之應也無數。雖無窮，其實湛然。雖無數，其實一而已。陰陽之氣，散則萬殊，人莫知其一也。合則混然，人不見其殊也。」這一清通虛體之神之創造生生不已，故不可以與二氏之虛空混爲一談。太和篇曰：

「然則聖人盡道其間，兼體而不累者，存神其至矣。」兼體者兼氣之兩體而不累，故可以體現合一不測之神。橫渠以「合虛與氣有性之名」，又曰：「形而後有氣質之性，善反之，則天地之性存焉。」人之個體化自必有氣質之性，但這神氣性上的限制並不妨害我們去體現天地之性。只要不逐物不返，做逆修的工夫，卽可體現到此萬物一源之性。故乾稱篇曰：「妙萬物而謂之神，通萬物而謂之道，體萬物而謂之性。」與天地、氣質之性相當，橫渠又作德性，見聞之知的分別。大心篇曰：「見聞之知乃物交而知，非德性所知。德性所知，不萌於見聞。」由見聞可立有局限性的經驗知識，由德性之知，始可以見體。此中的關鍵在人能够大其心，不自小，故大心篇云：「大其心，則能體天下之物。物有未體，則心爲有外。世人之心止於聞見之狹。聖人盡性，不以見聞梏其心。其視天下，無一物非我。孟子謂盡心則知性知天，以此。天大無外，故有外之心，不足以合天心。」橫渠由易傳而歸於孟子，線索甚明。但橫渠的消化有時還未臻圓熟之境，不免有一些滯辭，如其言：「合性與知覺有心之名」，好像說性體中本無知覺，性是性，加上知覺才有心之名。朱子乃肢解而爲理氣之二元。朱子極讚橫渠心統性情一語，由此而發展出他的心性情三分架局。但這樣的思想與孟子原義不類，也與橫渠的思路不類，思之可知其故矣！

周張有强烈的宇宙論興趣，朱子也有强烈的宇宙論興趣，但二程的宇宙論興趣則不甚高。尤其明道，着重對道體本身的體悟，倡一本之論，其思想極圓頓，「天人本無二，不必言合」，（二程全書，遺書第六，二先生語六）。形而上形而下互相穿透融貫，故曰：「器亦道，道亦器。」卽人事而體現天道，故曰「居處恭，執事敬，與人忠，此是澈上澈下語，聖人元無二語」。實則朱子極不喜歡這一類圓頓的說法，必先分解，然後可以講綜和。但爲賢者諱，所以終生未對明道作辛辣的批評，只不過埋怨明道的話說得太高，渾淪難看，其實在精神上則極不相契。世稱程朱，其實朱子眞正繼承的是伊川的思路，在本質上根本不同於明道的思路。我們在這裏只須舉一兩個例證來闡明彼此之間的分別。明道曰：

「忠信所以進德，終日乾乾，君子當終日對越在天也。蓋上天之載，無聲無臭。其體、則謂之易，其理、則謂之道，其用、則謂之神。其命於人、則謂之性，率性、則謂之道，修道、則謂之教。孟子在其中又發揮出浩然之氣。可謂盡矣。故說神如在其上，如在其左右。大小疑事，而只是誠之不可掩。澈上澈下，不過如此。形而上為道，形而下為器。須着如此說。器亦道，道亦器。但得道在，不繫今與後，己與人。」（二程全書，遺書第一、二先生語。端伯傳師說。朱注明誰語。宋元學案列入明道學案。）

明道並非沒有形而上、形而下的分別，但他所着重的是道與器的互相穿透與融貫。宇宙之間，澈上澈下，不外乎同一誠體的顯現。其體則謂之易，其理則謂之道，其用則謂之神。此中其體、其理、其道，都是指上天之載本身說，也就是指無聲無臭、生物不測的天道說。故易、道、神都是天道本身的種種名。天道當體卽是易，進一步瓩實來說，卽可以謂全道體只是一理，此理顯非死理，而爲一生生不已之理，故其用卽是道體生物不測之神用。內在化於人乃爲性，故性與天不隔，本是一事。但朱子並不能把握明道所體會的這一番意思，他必須要肢解開來，用理氣二元的方式來確定這些話的意義。朱子的語類有曰：

「其體則謂之易，在人則心也。其理則謂之道，在人則性也。其用則謂之神，在人則情也。所謂易者，變化錯綜，如陰陽晝夜、雷風水火，反復流轉，縱横經緯而不已也。人心則語默動靜、變化不測者是也。體是形體也。（原注：賀孫錄云：體非體用之謂）。言體則亦是形而下者，其理則形而上者也。故程子曰：易中只是言反復往來上下，亦是意也。」（九五）

朱子把體、理、用落實在人當作心、性、情來解析，這決非明道原意。語類又曰：

「問：上天之載，無聲無臭，其體則謂之易，如何看體字？曰：體是體質之體，猶言骨子也。易者、陰陽錯綜交換代易之謂，如寒暑、晝夜、闔闢、往來。天地之間陰陽交錯，而實理流行，蓋與道為體也。寒暑、晝夜、闔闢、往來，而實理於是流行其間。非此則實理無所頓放。猶君臣、父子、夫婦、長幼、朋友，有此五者而實理寓焉。故曰：其體則謂之易，言易為此理之體質也。」（九五）

朱子是以自己與道爲體的方式去解析明道其體則謂之易一語。明道是圓融一本的說法，朱子却要把理掛搭在氣上才可以流行，這兩種思想型態之殊異，明白可見。

明道曰：

「繫辭曰：形而上者謂之道，形而下者謂之器。又曰：立天之道曰陰與陽，立地之道曰柔與剛，立人之道曰仁與義。又曰：一陰一陽之謂道。陰陽亦形而下者也。而曰道者，惟此語截得上下最分明。元來只是此道，要在人默而識之也。」（二程全書、遺書第十一、明道先生語一。師訓。劉絢質夫錄）

明道原文的重點是放在：元來只是此道，要在人默而識之也，卽由形而下之器以體現形而上之道。朱子却把重點移往惟此語截得上下最分明，乃開出一理氣二元不離不雜的局面。再由工夫論着眼。明道曰：

「窮理盡性以至於命，三事一時並了，元無次序。不可將窮理作知之事。若實窮得理，卽性命亦可了。」（二程全書、遺書第二上。二先生語二上。此條下注一明字，示爲明道語）

這種思想與朱子的漸教的思想型態根本是矛盾衝突的。由此可見，朱子編近思錄而不收識仁篇，這決不是偶然的。「學者須先識仁。仁者渾然與物同體。」朱子認爲這不能作爲學的起點，最後朱子雖也肯定仁者渾然與物同體，但他先要肯定仁爲「心之德、愛之理」，而後以漸教的功夫不斷擴充，才能由仁心之量無窮來肯定仁者渾然與物同體的意義。而明道由易庸而收歸論孟，識仁非經驗知識之累積事，必默而識之。既識得此理，則但以誠敬存之而已，不須防檢，不須窮索。象山之學則直承孟子，並非由明道轉手。但「爲學先立其大」却與明道的思想相通。其與朱子之漸教之思想型態相左，事至顯然。

總之，朱子自參悟中和有得，撰仁說而把握到自己思想的貞定處。其得力在伊川：「涵養須用敬，而進學則在致知」，以及「仁性愛情」二語。但伊川並未自覺地把自己的觀念與其老兄明白地分疏開來，到朱子才有系統地把這一條思路的全幅理論效果展現出來。朱子在參悟中和的過程中，深深地感覺到氣機鼓盪之難以找到貞定之所的困擾，最後終於作一思想上的跳躍，才在異質層的超越性理之上找到貞定的基礎。在氣的層面有情意、造作、計度，但理却只是一淨潔空濶的世界。它要有作用就必須依傍於氣而行。如此則無無氣之理，也無無理之氣，乃形成一理氣二元不離不雜的架局。以上我們以類聚的方式廣徵文獻，而後以比論的方式別異簡濫，大體可以確定這一思想型態之特色與實義。

## 註釋

註一：參牟宗三：「心體與性體」卷一，頁四二——六〇。

註二：參馮友蘭：「中國哲學史」，下卷，頁九二七。

註三：同上。

註四：同上。

註五：同上，上卷，自序㈡。

註六：參牟宗三，前揭，卷三，頁五一五。

註七：同上，卷一，頁三五七——四一六。又參牟宗三：「從陸象山到劉蕺山」，頁八一——一二二。又參錢穆：「朱子新學案」，卷三，頁三八七——四三二。又參唐君毅：中國哲學原論：原性篇，頁五三一——六四三。本書第八章第四節對於朱陸異同問題還有更全面的分析。

註八：參唐君毅，中國哲學原論：導論篇，頁三九九——四九九。

註九：參牟宗三，前揭，卷一，頁四一七——五七〇。牟先生對張橫渠的解釋或者不必人人同意，但他指出橫渠思想屬於儒家正統，這是眞知灼見，與世之以橫渠爲氣化之唯物論那種錯誤的見解比較，何止高明萬倍。

# 第三部　朱子的歷史地位及其思想之現代意義

## 第七章　朱子與現實政治以及功利態度之對立

### 一、朱子的生命所開出的恢宏架局

從純哲學的觀點看，我們所偏重的自然在朱子對於儒學在義理層面的開拓。但朱子的造就實遠不止於此，他的學問博極古今，兼通義理、考據、詞章之學，他的人格孤峯突起，守正不阿。如果我們看不到這些方面，就無法深入把握朱子生命的本質，更無法了解爲何這樣一個僻處邊陲的窮儒，可以在當時以及後世發生那麼巨大的影響。在這裏我們自無法詳論朱子在每一方面的造就，那既非作者的意圖，也不是作者學力之所及。但我們却必須要把朱子的中心關懷還原到當時現實歷史的系絡之中來看，才可以更深一層地看到朱子建立道學、道統的本旨，而進一步申論朱子思想可以有的現代意義，作爲今日我們參考之用。

## 二、朱子生平的回顧（註一）

朱子（一一三〇—一二〇〇）的一生和他的家庭背景有很密切的關連。朱子的父親和他早歲的師執如劉屏山、胡籍溪等都是因不滿秦檜當國而走上了隱逸的道路。他們是伊洛的二傳或三傳，時與方外高士相往來。大概相信儒佛之間有溝通處。但朱子却由他們這裏得不到滿足，而轉師延平，終於把握到了儒佛之間根本的分疏。他與延平最初論學並不相契，庚辰三十一歲時第三次見延平，才正式受學。壬午春，又迎謁其師，與同歸延平。

就在這同一年，高宗內禪，孝宗卽位（一一六二），金勢日盛，國事日非，孝宗乃詔求直言。朱子上封事說：「帝王之學，必先格物致知，以極夫事物之變，使義理所存，纖悉畢照，則自然意誠心正，而可以應天下之務。」又說：「修攘之計所以不時定者，講和之說誤之也。夫金人於我，有不共戴天之讎，則不可和也明矣。願閉關絕約，任賢使能，立紀綱，厲風俗。俟數年之後，國富兵強，徐起而圖之。」又說：「四海之利病，係斯民之休戚；斯民之休戚，係守令之賢否。監司者，守令之綱；朝廷者，監司之本。本源之地，在於朝廷而已。」（註二）次年復召對，他又重申前議，並陳古先聖王所以強本折衝，威制遠人之道，以及言路壅塞，佞倖鴟張之害。可惜當時朝廷力主和議，他的意見未被採納，遂由行在歸。而就在這一年，延平逝世，學問未成而有山頹梁壞之嘆，對於他的心理上的打擊甚大。

此後數年之間，朱子對於中和的問題發生疑難。丁亥三十八歲時訪張南軒於潭州，探求胡氏之學。後來又通信討論中和問題，於翌年而有所謂中和舊說之四書。到了己丑四十歲時，與蔡季通言未發之旨，問辨之際，忽然自疑，遂急轉直下，而有中和新說之發端與完成。

至此而朱子自己的思想才趨於成熟與定型。然後在壬辰、癸巳兩年則有有關仁說之論辯。

乙未四十六歲（一一七五）呂東萊來訪於寒泉精舍，同編近思錄。及東萊歸，他因送行，遂同遊信州（今江西鉛山縣）鵝湖寺（在鄱陽湖濱），與陸子壽（復齋）、子靜（象山）兄弟相會，互相質辨，雙方意見未能一致。這就是有名的鵝湖之會。

戊戌（淳熙五年，一一七八）四十九歲，差知南康軍。是時朱子隱居已逾二十載。以屢辭不獲命，己亥年初，候命於鉛山，陸子壽來訪。三月到任。十月復建白鹿洞書院。庚子南康軍大旱，講求荒政，全活甚多。並應詔上疏直諫曰：「天下之大務，莫大於恤民，而恤民之本，在人君正心術以立紀綱。蓋天下之紀綱不能以自立，必人主之心術公平正大，無偏黨反側之私，然後有所繫而立；必親賢臣，遠小人，講明義理之歸，閉塞私邪之路，然後乃可得而正。今宰相、台省、師傅、賓友、諫諍之臣皆失其職，而陛下所與親密謀議，不過一二近習之臣。上以蠱惑陛下之心者，使陛下不信先王之大道而悅於功利之卑說，不樂莊士之讜言而安於私暬之鄙態；下則招集天下士大夫之嗜利無恥者，文武彙分，各入其門。交通貨賂，所盜者皆陛下之財；命卿置相，所竊者皆陛下之柄。使陛下之號令黜陟，不復出於朝廷，而出於一二人之門。莫大之禍，必至之憂，近在朝夕，而陛下獨未之知。」孝宗看了大怒，幸有人辨解，得免於罪。

辛丑五十二歲，陸子靜來訪，爲其兄陸子壽教授求撰墓誌銘。朱子請陸子在白鹿洞書院講解論語「君子喻於義，小人喻於利」一章，聽者甚受感動。

這一年浙東鬧饑荒，派朱子提舉浙東，遂拜命不敢辭。冬奏事延和殿，去國二十年始得重見孝宗。極陳災異之由，與夫修德任人之說，又言「近習便嬖側媚之態，既足以蠱心志，而胥吏狡猾之術，又足以眩聰明。邪佞充塞，貨賂公行。人人皆得滿其所欲，惟有陛下了無所得。」孝宗為之動容。拜命之後，即日單車就道，鉤訪民隱。於救荒之餘，隨事處畫，必為經久之計。次年（壬寅）復奏曰：「為今之計，獨有責躬求言，然後君臣相戒，痛自省改。遴選賢能，責以荒政，庶幾猶足以下結人心。不然，臣恐所憂者不止於餓殍，而在於盜賊，蒙其害者不止於官吏，而上及於國家也。」朱子並奏劾前知台州唐仲友不法，但彼有權臣一力相護，只不過奪其新任而已！朱子了解道之難行，乃堅決辭去官職，退而從事於經術與講學，然憂世之意未嘗忘也。

先是，在壬寅年初，永康陳同甫來訪，呂東萊特重其人，至是來訪於衢婺間，旬日而別。

癸卯五十四歲、結廬於武夷之五曲，正月經始，至四月武夷精舍落成，四方士友來者甚衆。

甲辰五十五歲，是歲辨浙學。朱子由浙東回來，感覺士風習尚馳騖於外。於是要學者「且觀孟子道性善、求放心兩章，務收斂凝定，以致克己求仁之功，而深斥其所學之誤。以為舍六經論孟而尊史遷，舍窮理盡性而談世變，舍治心修身而喜事功，大為學者心術之害，力為呂祖儉（子約）輩言之。」（年譜）

乙巳五十六歲、辨陸學、陳學。鵝湖一會雖然結果不十分理想。但以後陸子壽態度改變。子壽逝世後，象山來訪於白鹿洞書院，雙方關係轉趨良好，門弟子常常在兩邊同時學習。不幸朱子於癸卯撰曹立之墓表，本來或者並沒有特別的用心，只不過直抒己見耳，然為陸學者卻以為病己，頗不能平，終於導致兩方面正式決裂，從此雙方互相批評，不再有任何保留，遂造成儒學內部朱陸異同之一大公案。其時陳同甫則力倡義利雙行、王霸並用之說，朱子站在道學的立場，對他的功利的說法有嚴厲的批評，但終不能折服同甫。朱子對於象山、同甫均雅敬其人，而學術、思想上則有極大距離。

戊申（淳熙十五年，一一八八）五十九歲，又奏事延和殿。有人勸他不要講正心誠意之論去煩瀆上聽，他說：「吾生平所學惟此四字，豈可隱默以欺吾君乎？」後以口陳之說有所未盡，乃上了有名的戊申封事。他說：「今天下大勢，如人有重病，內自心腹，外達四支，無一毛一髮不受病者。且以天下之大本與今日之急務爲陛下言之。大本者，陛下之心。急務則輔翼太子，選任大臣，振舉綱紀，變化風俗，愛養民力，修明軍政，六者是也。……至於選任大臣，則以陛下之聰明，豈不知天下之事，必得剛明公正之人而後可以任哉？直以一念之間未能徹其私邪之蔽。若用剛明公正之人，則恐其有以妨吾之事，害吾之人，而不得肆。……至於振肅紀綱，變化風俗，則今日官省之間，禁密之地，而天下不公之道，不正之人，顧乃得以窟穴盤據於其間。是以紀綱不正於上，風俗頹弊於下。大率習爲軟美依阿，甚者以金珠爲脯醢，以契卷爲詩文，惟得之求，無復廉恥。……諸將之求進也，必先掊尅士卒以殖私財，然後以此自結於陛下之私人。……彼智勇材略之人，孰肯抑心下首於宦官宮妾之門？而陛下之所得皆庸夫走卒，而猶望其修明軍政，激勸士卒，以强國勢，豈不誤哉？」疏入，孝宗已經就寢，特爲起床秉燭，讀完全篇。這時已經有許多人攻擊朱子假稱道學，欺世盜名，而孝宗雖加優容，終不能一日安其身於朝廷之上。

不久，孝宗崩，光宗接着又禪位，寧宗繼立。趙汝愚爲相，薦朱子爲侍講。當時韓侂冑用事，朱子憂其害政，上疏斥言竊柄之失，遂觸侂冑之忌，任侍講僅四十餘日即被罷免。一干小人羣起而攻朱學爲僞學，朱黨爲逆黨，甚至有人誣朱子窺伺神器，主張把他斬首。這樣，朱子和他的同道受到莫大的打擊，這就是所謂「慶元黨禍」。但朱子却不屈不撓，不廢講學，一以闡揚大道爲己任，其剛毅有如此者。

庚申（慶元六年，一二〇〇）卒於福建、建陽、考亭家中。享年七十有一。臨死以前改定大學誠意章。時禁錮雖嚴，而參加葬禮者仍四方雲集，人數達數千人之衆。一直到侂冑伏誅，學禁才解。嘉定二年，賜謚文公。理宗寶慶三年（一二二七）追封信國公，紹定三年（一二三〇）追封徽國公，淳祐元年（一二四一），從祀孔廟，身後備極哀榮。元仁宗皇慶二年（一三一三），科舉條例規定考試以朱熹章句、集注爲標準，明清仍沿元代之舊，一直到民國建立，廢置科舉爲止，影響之大可謂孔子以後一人，其向學求道、敎育後學之誠，足可以爲萬世師表也。

## 三、道學與現實政治的關係

由朱子生平的回顧，我們可以看出，朱子的思想決不只是一套抽象的哲學理論而已！一理化而爲萬殊，宇宙之間，品物流行，人事典章制度，莫不有法有則。人之心虛靈不昧所以具衆理而應萬事者也，所以學貴自覺。一切稱理而行，自不會爲私欲所奪。爲人君者尤其必須正心術，親賢臣，遠小人，推行各項設施，體恤民情，始可望政治清明，否則權臣當道，私欲肆虐，公義不行，國事當然日非，不免淪於無可救藥之地。

由此可見，朱子一生，在野時多，五十年間，歷事四朝，仕於外者僅九考，立於朝者四十日而已，然憂國之誠，則始終不衰。我們看有宋一代，道學鼎盛，然居高位者絕無僅有，而元祐學術（伊川被誣坐貶）、慶元黨禍，無獨有偶，難道是偶然的現象麼？

朱子本人在戊申封事固已慨乎言之，他痛擊當時的風氣曰：「惟得之求，無復廉恥。父詔其子，兄勉其弟，一用此術，而不復知有忠義名節之可貴。其俗既成之後，則雖賢人君子亦不免習於其說。一有剛毅正直守道循理之士出乎其間，則羣譏衆排，指爲道學之人，而加以矯激之罪。上惑聖聰，下鼓流俗。蓋自朝廷之上，以及閭里之間，十數年來，以此二字禁錮天下之賢人君子。復如崇宣之間，所謂元祐學術者，排擯詆辱，必使無所容措其身而後已。嗚呼！此豈治世之事，而尚復忍言之哉？」

王譜引「行狀」曰：「先生當孝宗朝，陛對者三，上封事者三。其初，固以講學窮理爲出治之大原，其後，則直指天理人欲之分，精一克復之義。其初，固以當世急務一二爲言，其後，封事之上，則心術宮禁、時政風俗，披肝瀝胆，極其忠鯁，蓋所望於君父者愈深，而其言愈切。故於封事之末，有曰：『日月逾邁，如川之流，一往而不復反，不獨臣之蒼顏白髮，已迫遲暮，而竊仰天顏，亦覺非昔時矣。』忠誠懇惻，至今讀者，猶爲之涕下。先生進疏唯切，孝宗亦開懷容納。……先生之盡忠，孝宗之受盡言，亦不爲不遇也。然先生進言皆痛詆大臣近習，孝宗之眷愈厚，而嫉者愈深。是以不能一日安其身於朝廷之上，而孝宗內禪矣。」

由此看來，孝宗並不能算太壞的皇帝，他可以欣賞朱子的忠鯁直言，而終不能夠用朱子。套在傳統的方式之下來了解，則可謂朱子之不能用世，是未逢明主，不得時機，恰如孔孟之不能用世，情形似乎十分相彷。故錢穆先生說：

「凡朱子指陳當時形勢，規劃兵財大計，不作高論，不落虛談，坐而言，皆可起而行，其一切見解，多從史學中來。惜其一生出仕時少，居家時多，其仕亦在州郡。身居朝廷，不到百日。凡其所言，雖皆指陳精要，恰中機宜，然亦迄未見用。至謂興起之事不可一日緩，維持之事只有漸正之，此乃最切實之言。故其畢生惟以講學爲急，其論時事，則除明快把捉恢復時機外，在時勢不符，機會不到中，仍亦一一有其維持漸正之方。史學理學會合使用，此在千古大儒中，實亦難其匹儔。後人乃謂伊洛無救於靖康之難，朱子無救於南宋之亡，則孔子亦何補於春秋，孟子又何補於戰國。正爲不治史學，乃爲此孟浪之談。」（註三）

吾人自不得以成敗論英雄。錢先生依朱子辯稱：「理無不可爲，而勢有不可爲」（註四），此固然矣！又說：「延平與朱子平日講論有素，又烏見儒學之無補於世道與治道哉。至於不獲大用，則非學術之罪。」（註五）言下之意，只要朱子得到機會，亦未始不可以大行於世。朱子自不如腐儒之迂闊，亦不爲俗士之功利，見識超卓，非愚庸所及。然而深一層觀察，乃可見朱子之所以不行時，決不能用「不逢明主」這一類簡單的模式來解釋。他所信守不渝的價值規範、思想型態，都與當時的現實政治所行，在根本上卽有矛盾衝突，有不可以調停者在，此則不可以不作進一步的分析。

當時朝廷取士的根本制度在科擧，而朱子却認爲這樣的制度是害道。不只他本人在年青時對於擧業之事不太措意，後乃明白地覺察到這和聖道所追求的目標根本背道而馳。語類有曰：

「某常說今日學校科擧不成法。上之人分明以盜賊遇士，士亦分明以盜賊自處。」

（一〇九）

又曰：

「義理人心之所同然，人去講求，却易為力。舉業乃分外事，倒是難做。可惜舉業壞了多少人。」(十三)

「士人先要分別科舉與讀書兩件孰輕孰重。若讀書上有七分志，科舉上有三分，猶自可。若科舉七分，讀書三分，將來必被它勝，却況此志全是科舉。所以到老全使不着，蓋不關為己也。聖人教人只是為己。」(十三)

「科舉累人不淺，人多為此所奪。但有父母在，仰事俯育，不得不資於此，故不可不勉爾，其實甚奪人志。」(十三)

「或問科舉之學。曰：做舉業不妨，只是把它格式櫽括自家道理，都無那追逐時好回避忌諱底意思便好。」(十三)

由此可見，科舉可以奪志，爲了生計，不得不爲，然只有對那些把持得定的人而言，始得爲無害，一般人乃易淪爲功名利祿之輩。

朱子一生，出仕時少，全力集中於教育事業。而他所培育的學子，所提倡的風氣，則適與時流背道而馳。玆錄「白鹿洞書院揭示」如下：

父子有親　君臣有義　夫婦有別　長幼有序　朋友有信

右五教之目，堯舜使契為司徒，敬敷五教，即此是也。學者學此而已。而其所以學之之序，亦有五焉。其別如左。

博學之　審問之　愼思之　明辨之　篤行之

右爲學之序，學問思辨四者所以窮理也。若夫篤行之事，則自修身以至于處事接物，亦各有要。其別如左。

言忠信行篤敬　懲忿窒慾遷善改過

右修身之要

正其誼不謀其利　明其道不計其功

右處事之要

己所不欲勿施於人　行有不得反求諸己

右接物之要

熹竊觀古昔聖賢所以教人爲學之意，莫非使之講明義理以修其身，然後推以及人。非徒欲其務記覽爲詞章，以釣聲名取利祿而已也。今人之爲學者，則旣反是矣。然聖賢所以教人之法具存於經，有志之士固當熟讀深思而問辨之。苟知其理之當然而責其身以必然，則夫規矩禁防之具豈待他人設之而後有所持循哉。近世於學有規，其待學者爲已淺矣，而其爲法又未必古人之意也。故今不復以施於此堂，而特取凡聖賢所以教人爲學之大端條列如右而揭之楣間。諸君其相與講明遵守而責之於身焉，則夫思慮云爲之際，其所以戒謹而恐懼者，必有嚴於彼者矣。其有不然而或出於此言之所棄，則彼所謂規者

必將取之，固不得而略也。諸君其亦念之哉。」（文集卷七十四，雜著）

其實反科舉，認定教育有另外的目標，則又不只是朱子一人之私意，舉凡致力於聖學者莫不如此。象山講：「君子喻於義，小人喻於利」，也力排科舉，適與朱子相應和。如此蔚爲風氣，很明顯地與當時追求功名利祿之輩形成一鮮明之對比，而對之成爲一種實際的威脅。

了解這樣的背景，再看朱子所上的封事或奏言，猛烈抨擊皇帝左右的既得利益集團，那些人怎能不死命反撲，必將朱子一班人置之死地而後快，否則焉能安枕？朱子由於時代與意識型態的限制，沒有法子看透：皇帝實在是這個既得利益集團的魁首。乃徒託之於空言，昧死籲請皇帝正心術、用賢人，焉能動搖其基礎於分毫？此外則當然也不免有些文人看不慣理學家那種把道都擔在身上，擺出一付大宗師的姿態。

年譜於癸卯朱子五十四歲時有曰：

「先生守南康，使浙東，始有以身殉國之意，及是知道之難行，退而奉祠，杜門不出。海內學者尊信益衆，然憂世之意未嘗忘也。」

由此可見，朱子到五十多歲還有萬一之想，但他很快知道根本不是這麼回事，所以迅速斬斷了現實政治的關連，回到自己教育的崗位。庚申七十一歲朱子逝世，年譜有云：

「平居惓惓，無一念不在於國。聞國政之闕失，則戚然有不豫之色，語及國勢之未振，則感慨以至泣下。然自少時即以興起斯文為己任，俛焉孜孜不知老之將至，若不屑於斯文者。及其出而事君，則竭忠盡誠，不顧其身。推以臨民，則除其疾苦，而正其風俗，未嘗不欲其道之行也。雖遇知於人主，而不容於邪枉。故自筮仕以至屬纊，五十年間，歷事四朝，仕於外者僅九考，立於朝者四十日而已。豈非天將以先生紹往聖之統，覺來世之迷，故嗇之於彼，而厚之於此歟？」

試想朱子之不得志於現實政治，豈只是「不容於邪枉」所能解釋？而朱子畢生只能致力學術教育事業，豈不是一種必然的結果，絕不是偶然際遇的產物。

再往後看，以陽明之大才，竟只能作統治者平亂的工具，而見抑於閹黨。一直到黃黎洲於國破家亡之際，才能撥開雲霧，直透本源，寫下「明夷待訪錄」原君篇這樣震撼人心的大文字。黎洲於古代禪讓公天下的構想固不免過分理想化，但他痛斥私天下之不義，在當時眞如晴天霹靂，今日讀之還不免戚然於心，所論非必完全過時也。他說：

「後之為人君者不然。以為天下利害之權皆出于我。我以天下之利盡歸于己，以天下之害盡歸于人，亦無不可。使天下之人不敢自私，不敢自利，以我之大私為天下之大公。始而慚焉，久而安焉。視天下為莫大之產業，傳之子孫，受享無窮。漢高帝所謂『某業所就，孰與仲多』者，其逐利之情，不覺溢之于辭矣。此無他，古者以天下為主，君為客。凡君之所畢世而經營者，為天下也。今也以君為主，天下為客。凡天下之無地而得安寧者，為君也。是以其未得之也，屠毒天下之肝腦，離散天下之子女，以博我一人之產業，曾不慘然，曰：我固為子孫創業也。其既得之也，敲剝天下之骨髓，離散天下之子女，以奉我一人之淫樂，視為當然，曰：此我產業之花息也。然則為天下之大害者，君而已矣。」

這眞是痛乎言之。黎洲又痛斥小儒之無識，其言曰：

「今也天下之人怨惡其君，視之如寇讎，名之為獨夫，固其所也。而小儒規規焉以君之義無所逃於天地之間，至桀紂之暴，猶謂湯武不當誅之，而妄傳伯夷叔齊無稽之事。使兆人萬姓崩潰之血肉，曾不異于腐鼠。豈天地之大，于兆人萬姓之中，獨私其一人一姓乎？是故武王聖人也。孟子之言，聖人之言也。後世之君，欲以如父如天之空名禁人之窺伺者，皆不便于其言，至廢孟子而不立。非導源於小儒乎？」

在傳統儒家的規模之下，實不足以解決這一大問題。黎洲還只能託始於往古，並無實現儒家理想之良方。但至少他解開了一個紐：朝廷政治不必是惟一可遵行的方式。故中西文化接觸之後，乃必走上民主法治的道路。

然扣在傳統朝廷政治的規模之下，則眞儒者的處境是極其艱難的。如朱子乃只能寄望以崇高的道德理想去指引君王，同時自培品德與識見，準備隨時出仕以解黎民於倒懸。然而在實際上則往往權臣當道，有力難施。乃只有自覺地遠離現實政治一線，致力於學術教育文化理想的拓展。如是不期然地形成了一股清流的力量，與惡濁的現實力量相制衡。眞正儒者的理想似迂闊而不能行，兼之與既得利益集團相對反，故難大行於世，但卻也發生一種阻抑的作用，同時擔負了重大的教育、學術的責任，故在社會上也有它一定的影響。

朱子所代表的是一種中國傳統知識分子的典型。他們以內聖之學爲本，但卻有强烈的政治意識，隨時準備投入爲朝廷、百姓服務。然而在實際上則崇高的理想與惡濁的現實格格不入，於是每每自覺地在野形成一股清流的輿論的力量，與當權的既得利益集團相對立，表現一種拒絕同流合污的態度，（用現在的術語來說，可謂是表現一種不妥協的"Attitude of Civil Disobedience"）。奇怪的是，歷來人們都看到儒者對現實政治的關懷，準備積極參與的態度，卻不能够看到，其實這些人自己也很明白，在現實政治上根本沒有機會，於是在學術教育文化的陣地形成了一個不與現實力量妥協的壓力團體。這在孔孟已開其端，到了宋明儒乃形成了一種架勢。這不僅在程朱輩大儒爲然，即在朱子的父親、師執一班人也是如此。但人們每爲一些外在的煙霧所迷惑，甚至爲道學者本人的主觀願望所誤導，乃每扼腕嘆息眞正儒者的不能行時，卻不了解，這些儒者在深心實在很清楚自己在現實上的處境，所以每次受召時必固辭，這確不只是一種姿態，而是有着一種自覺，要在現實政治之外另外建立一個壁壘，來衞護他們所堅持的理想。而在事實上，他們在野所發揮的力量，實在遠大於他們在朝所可能發揮的力量。

## 四、道德與功利的分疏：朱子與陳同甫的辯論

其實道學家的政治理想與價値標準，不只與惡濁的現實積不相能，就是與一般認爲輝煌

的現實政治成就如漢唐，也有很大的距離，這由朱子與陳同甫的辯論可以看出來。

陳亮，字同甫，世稱龍川先生，是個豪傑型的人物，少有馳騁四方之志，而好爲奇偉之論。朱子極不喜其義利雙行、王霸並用之說，屢次寫信給他加以辯駁規勸，然終不足以屈同甫。玆將甲辰（朱子五十五歲）、乙巳兩年間二人的通信擇其要者選錄在下面，以看出道德與功利的分疏。

朱子甲辰與陳同甫書有云：

「觀老兄平時自處於法度之外，不樂聞儒生禮法之論。……老兄高明剛決，非吝於改過者，願以愚言思之，絀去義利雙行、王霸並用之說，而從事於懲忿窒慾、遷善改過之事，粹然以醇儒之道自律，豈獨免於人道之禍，而其所以培壅本根，澄源正本，為異時發揮事業之地者，益光大而高明矣。」（文集三十六答陳同甫十三書之第四書）

朱子雖是一番好意，站在內聖之學的一貫立場，要同甫改絃更張，多致力於爲己之學。但同甫心目之中對於儒却另有一套完全不同的看法，對於朱子的規勸自完全聽不入耳，在回信之中大發議論，其甲辰答書有曰：

「自孟荀論義利王霸，漢唐諸儒未能深明其說。本朝伊洛諸公辨析天理人欲，而王霸義利之說於是大明。然謂三代以道治天下，漢唐以智力把持天下，其說固已使人不能使人心服。而近世諸儒遂謂三代專以天理行，漢唐專以人欲行，其間有與天理暗合者，是以亦能久長。信斯言也，千五百年之間，天地亦是架漏過時，而人心亦是牽補度日，萬物何以阜蕃，而道何以常存乎？故亮以為漢唐之君，本領非不洪大開廓，故能以其國與天地並立，而人物賴以生息。惟其時有轉移，故其間不無滲漏。……諸儒之論為曹孟德以下諸人設可也，以斷漢唐，豈不寃哉？高祖太宗豈能心服於冥冥乎？天地鬼神亦不肯受此架漏。謂之雜霸者，其道固本於王也。諸儒自處者曰義曰王，漢唐做得成者曰利曰霸，一頭自如此說，一頭自如彼做。說得雖甚好，做得亦不惡。如此却是義利雙行，王霸並用。……

夫人之所以與天地並立為三者，以其有是氣也。孟子終日言仁義，而與公孫丑論一段勇，如是之詳。又自發為浩然之氣。蓋擔當開廓不去，則亦何有於仁義哉？氣不足以充其所知，才不足以發其所能，守規矩準繩，而不敢有一毫走作，傳先民之說，而後學有所持循：此子夏所以分出一門，而謂之儒也。成人之道宜未盡於此。故後世所謂有才而無德，有智勇而無仁義者，皆出於儒者之口。才德雙行，智勇仁義交出而並見者，豈非諸儒有以引之乎。故亮以為學者，學為成人，而儒者亦一門戶中之大者耳。秘書（指朱子）不教以成人之道，而教以醇儒自律。豈揣其分量則止於此乎？不然，亮猶有遺恨也。」

同甫雖非排儒，承認儒也有其作用功能。然而在他的心目之中，儒者畢竟只是一些徒託空言、拘拘於繩墨之輩，他自己的重點早已轉移到另一方面去了。同甫所激賞的是逞才使氣成功立業的英雄豪傑之輩，朱子却要他去做醇儒，無怪乎他的不耐之情幾已溢於言表矣。其實在辛丑呂東萊逝世時，同甫祭文卽有「孝弟忠信常不足以趨天下之變，而材術辨智常不足以定天之經」語，朱子見之大不契，詆爲怪論。而同甫日後上孝宗書則曰：「今世之儒士，自以爲得正心誠意之學者，皆風痺不知痛癢之人也」，蓋以微諷朱子。雙方之間的距離由此可見，同甫固不足以知朱子心目中之眞儒者，彼以儒由子夏而分出之論也未爲允當，但朱子的答覆實也往往未能適切地照顧到同甫所關心的層面。朱子答陳同甫書有云：

「嘗謂天理人欲二字不必求之於古今王伯之迹，但反之於吾心義利邪正之間。察之愈密，則其見之愈明。持之愈嚴，則其發之愈勇。孟子所謂浩然之氣者，蓋斂然於規矩準繩不敢走作之中，而其自任以天下之重者，雖賁育莫能奪也，是豈才能血氣之所為哉？老兄視漢高帝唐太宗之所為而察其心，果出於義耶，出於利耶？出於邪耶，正耶？若高帝則私意分數猶未甚熾，然已不可謂之無，太宗之心，則吾恐其無一念之不出於人欲也。直以其能假仁借義以行其私，而當時與之爭者才能知術既出其下，又不知有仁義之可借，是以彼善於此而得以成其功耳。若以其能建立國家，傳世久遠，便謂其得天理之正，此正是以成敗論是非，但取其獲禽之多，而不羞其詭遇之不出於正也。千五百年之間，正坐如此。所以只是架漏牽補過了時日。其間雖或不無小康，而堯舜三王周公孔子所傳之道，未嘗一日得行於天地之間也。若論道之常存，却又初非人所能預。只是此箇，自是亙古亙今常在不滅之物。雖千五百年被人作壞，終殄滅他不得耳。」（文集卷三十六答陳同甫十三書之第六書）

王譜將此書繫之於甲辰。朱子係純粹由道德的立場評論現實政治，故貶抑漢唐。天理人欲的界限不能不有明確的分野，乃必須察其心，果出於義耶、利耶、邪耶、正耶？由此而觸及一甚深弔詭：一方面堯舜周孔所傳之道未嘗一日得行於天地之間，而在另一方面道又常存，不因現實人事之黑暗而損害到它的價值，由成敗得失的衡量混淆了是非的標準。以此朱子乃老實不客氣地肯認，千五百年之間只是架漏牽補過了時日。儒家的超越理想既掌握到，豈能把眼光只局限於現實之一隅，徒關切一時之成敗。但這樣的觀點似乎把眞實的歷史世界置於無地，無怪乎要引起同甫的反感。同甫既把眼光放在現實功利方面，乃對此問題有一完全不同之視野。他在「與朱元晦秘書」之中說：

「昔者三皇五帝與一世共安於無事。至堯而法度始定，為萬世法程。禹啓始以天下為一家，而自為之。有扈氏不以為是也，啓大戰而後勝之。湯放桀於南巢而為商，武王伐紂，取之而為周。武庚挾管蔡之隙，求復故業，諸嘗與武王共事者，欲修德以待其自定，而周公違衆議，擧兵而後勝之。夏商周之制度定為三家，雖相因而不盡同也。五霸之紛紛，豈無所因而然哉。（中略）

夫心之用有不盡，而無常泯，法之文有不備，而無常廢。人之所以與天地並立而為三者，非天地常獨運，而人為有息也。人不立，則天地不能以獨運，捨天地則無以為道矣。夫不為堯存，不為桀亡者，非謂其捨人而為道也。若謂道之存亡，非人所能與，則捨人可以為道，而釋氏之言不誣矣。使人人可以為堯，萬世皆堯，則道豈不光明盛大於天下？使人人無異於桀，則人紀不可修，天地不可立，而道之廢亦已久矣。天地而可架漏過時，則塊然一物也。人心而可牽補渡日，則半死半活之蟲也。道於何處而常不息哉？惟聖為能盡倫，自餘於倫有不盡，而非盡欺人以為倫也。惟王為能盡制，自餘於制有不盡，而非盡罔世以為制也。欺人者人常欺之，罔世者人常罔之。烏有欺罔而可以得人長世者乎？

（中略）

至於以位為樂，其情猶可以察者，不得其位，則此心何所發於仁政哉？以天下為己物，其情猶可察者，不總之於一家，則人心何所底止？自三代聖人，固已不諱其為家天下矣。

天下大物也。不是本領宏大，如何擔當開廓得去？惟其事變萬狀，而真心易以汩沒。到得失枝落節處，其皎然者終不可誣耳。高祖、太宗、及皇家太祖，蓋天地賴以常運而不息，人紀賴以接續而不墜。而謂道之存亡，非人之所能預，則過矣。漢唐之賢君，果無一毫氣力，則所謂卓然不泯滅者，果何物耶？道非賴人以存，則釋氏所謂千刼萬刼者，是具有之矣。此論正在於毫厘分寸處較得失，而心之本體實非闘飣輳合以成。此大聖人所以獨運天下者，非小夫學者之所能知。

（中略）

天地人為三才。人生只是要做個人。聖人、人之極則也。如聖人方是成人。……謂之聖人者，於人中為聖；謂之大人者，於人中為大。才立個儒者名字，固有該不盡之處矣。學者，所以學為人也。而豈必其儒哉？……亮之不肖，於今世儒者無能為役。其不足論甚矣。然亦只要做個人。非專徇管蕭以下規摹也。正欲攪金銀銅鐵鎔作一器，要以適用為主耳。亦非牽為漢唐分疏也。正欲明天地常運，而人為常不息。要不可以架漏牽補度時日耳。(下略)。」

同甫反對「道之存亡，非人之所能預」的說法。然而這根本不是朱子的原意。同甫這樣的反對是因爲他不了解必須以弔詭的方式始可形容道，不能用他這種一條鞭的方式。所提到的釋氏之言全不相干。但他本人則確另有一條思路。他要的是當下的行動。他極注重事勢之轉移，故不喜歡老停在那裏說三代之治，而有心無常泯、法無常廢之說。同甫的意思是，現實之中自有理則；而反過來，若完全不能現實，則高遠的理想也就根本沒有作用。所以他不能用朱子的眼光看歷史，而要爲漢唐呼冤，故曰：高祖、太宗、及皇家太祖，蓋天地賴以常運而不息，人紀賴以接續而不墜。若承認江山代有才人出，自不得下斷語，以一千五百年的歷史爲黑漆一團。理想必有才有力，才能使之實現。同甫此處是有一慧識。但同甫完全把眼光放在歷史的現實，取純內在的觀點，則超越的道德理想原則根本樹立不起來。同甫式的思想的危險在可以墮落到以凡現實者皆合理者。譬如他以現實的觀點去衞護家天下制度之合理，實不能謂之無病。現實功利成爲唯一標準，無怪乎朱子斥同甫是陷在利欲膠漆盆中。既然同甫之駁朱子有許多不諦處，也根本不了解朱子立論之層次，朱子自不能不再加以反駁，其答陳同甫書乃有云：

「蓋有是人則有是心，有是心則有是法，固無常泯常廢之理。但謂之無常泯，即是有時而泯矣，謂之無常廢，卽是有時而廢矣。蓋天理人欲之並行，其或斷或續，固宜如此。至若論其本然之妙，則惟有天理而無人欲。是以聖人之敎必欲其盡去人欲而復全天理也。若心則欲其常不泯，而不恃其不常泯也。法則欲其常不廢，而不恃其不常廢也。所謂人心惟危、道心惟微、惟精惟一，允執厥中者，堯舜禹相傳之密旨也。夫人自有生而梏於形體之私，則固不能無人心矣。然而必有得于天地之正，則又不能無道心矣。日用之間，二者並行，迭為勝負，而一身之是非得失，天下之治亂安危，莫不係焉。是以欲其擇之精，而不使人心得以雜乎道心。欲其守之一，而不使天理得以流於人欲。則凡其所行，無一事之不得其中，而於天下國家，無所處而不當。夫豈任人心之自危，而以有時而泯者為當然。任道心之自微，而幸其須臾之不常泯也哉。夫堯舜禹之所以相傳者既如此矣，至於湯武，則聞而知之，而又反之以至於此者也。夫子之所以傳之顏淵曾參者此也。曾子之所以傳之子思孟軻者亦此也。故其言曰：一日克己復禮，天下歸仁焉。又曰：吾道一以貫之。又曰：道不可須臾離也，可離非道也。是故君子戒愼乎其所不睹，恐懼乎其所不聞。又曰：其為氣也，至大至剛，以直養而無害，則塞乎天地之間。此其相傳之妙，儒者相與謹守而共學焉。以為天地雖大，而所以治之者不外乎此。然自孟子既沒，而世不復知有此學。一時英雄豪傑之士，或以資質之美，計慮之精，一言一行，偶合於道者蓋亦有之。而其所以為之田地根本者，則固未免乎利欲之私也。而世之學者稍有才氣，便自不肯低心下氣，做儒家事業、聖學功夫。又見有此一種道理，不要十分是當，不礙諸般作為，便可立大功名，取大富貴。於是心以為利，爭欲慕而為之，然又不可全然不顧義理，便於此等去處，指其須臾之間偶未泯滅底道理，以為只此便可與堯舜三代比隆，而不察其所以為之田地本根者之無有是處也。夫三才之所以為三才者，固未嘗有二道也。然天地無心，而人有欲，是以天地之運行無窮，而在人者有時而不相似。蓋義理之心頃刻不存則人道息。人道息則天地之用雖未嘗已，而其在我者則固即此而不行矣。不可但見其穹然者常運乎上，頹然者常在乎下，便以為人道無時不立而天地賴之以存之驗也。夫謂道之存亡在人而不可舍人以為道者，正以道未嘗亡而人之所以體之者有至有不至耳。非謂苟有是身則道自存，必無是身然後道乃亡也。天下固不能人人為堯，然必堯之道行，然後人紀可修，天地可立也。天下固不能人人皆桀，然亦不必人人皆桀，而後人紀不可修，天地不可立也。但主張此道之人一念之間不似堯而似桀，即此一念之間便是架漏牽補過時矣。且曰心不常泯而未免有時之或泯，則又豈非所謂半生半死之蟲哉？蓋道未嘗息而人自息之，所謂非道亡也，幽厲不由也，正謂此耳。惟聖盡倫，惟王盡制，固非常人所及，然立心之本，當以盡者為法，而不當以不盡者為準。故曰：不以舜之所以事堯事君，不敬其君者也，不以堯之所以治民治民，賊其民者也，而況謂其非盡欺人以為倫，非盡罔世以為制！是則雖以來書之辨固不謂其絕無欺人罔世之心矣。欺人者人亦欺之，罔人者人亦罔之，此漢唐之治所以雖極其盛而人不心服，終不能無愧於三代之盛時也。夫人只是這箇人，道只是這箇道，豈有三代漢唐之別？但以儒者之學不傳而堯舜禹湯文武以來轉相授受之心不明於天下，故漢唐之君雖或不能無暗合之時，而其全體只在利欲上。此其所以堯舜三代自堯舜三代，漢祖唐宗自漢祖唐宗，終不能合而為一也。今若必欲撤去限隔，無古無今，則莫若深考堯舜相傳之心法、湯武反之之功夫以為準則而求諸身，卻就漢祖唐宗心術微處痛加繩削，取其偶合而察其所自來，黜其悖戾而究其所從起，庶幾天地之常經、古今之通義有以得之於我。不當坐談既往之迹，追飾已然之非，便指其偶同者以為全體，而謂其真不異於古之聖賢也。」（文集卷三十六答陳同甫十三書之第八書）

王譜將此書繫之於己巳。朱子此時思想已經完全成熟，同甫攻擊朱子論道與人之關係的那些誤解，朱子都有詳細諦當的答復。但朱子立言之根據是在儒者的內聖之學，故必歸結在立心的修養功夫之上，而必肯定人心與道心之分疏。純粹由這一個層次來立論，自然可以說，人在一念之間不似堯而似桀，即此一念之間，便是架漏度日牽補過時矣。然而這樣的判斷乃是道德理性的判斷，並非眞實歷史的判斷，故現實客觀的歷史在此並未得到眞正的重視。同甫本人的思想固不明澈，他是要在當下來赤手承擔的那種英雄主義的思想。但他却也談理，表面上似乎也和朱子一樣已先預設了理性的標準，只需生命的强度來眞正具體實現此理耳！其實則在他的思想之中，超越的道德理性原則根本就樹立不起來，故他之談理也者，只不過應和着說說如已，不必眞有實義。但他對眞實歷史的發展過程，當下的政治現實的擔承，則確有實感，也非如朱子之所謂坐談既往之跡，追飾已然之非，所以直覺地感到朱子對於他所眞正關切的問題沒有一個適當的答復，故又遺書朱子有云：

「如亮之本意，豈敢求多于儒先？蓋將發其所未備，以窒後世英雄豪傑之口而奪之氣，使知千塗萬轍，卒走聖人樣子不得。而來諭謂亮推尊漢唐，以為與三代不異，貶抑三代，以為與漢唐不殊。如此，則不獨不察其心，亦併與其言不察矣。某大概以為三代做得盡者也，漢唐做不到盡者也。故曰：心之用，有不盡，而無常泯；法之文，有不備，而無常廢。惟其做得盡，故當其盛時，三光全而寒暑平，無一物之不得其生，無一人之不遂其性。惟其做不到盡，故雖其盛時，三光明矣，而不保其常全；寒暑運矣，而不保其常平。物得其生，而亦有時而夭閼者；人遂其性，亦有時而乖戾者。本末感應，只是一理。使其田地根本，無有是處，安得有來諭之所謂小康者乎？只曰獲禽之多，而不曰隨種而收，恐未免于偏矣。

孔子之稱管仲曰：桓公九合諸候，不以兵車，管仲之力也，如其仁，如其仁。又曰：一匡天下，民到于今受其賜，微管仲，吾其被髮左衽矣。說者以為孔氏之門，五尺童子皆羞稱五伯，孟子力論伯者以力假仁，而夫子稱之如此，所謂如其仁者，蓋曰：似之而非也。觀其語脈，決不如說者所云。故伊川所謂如其仁者，稱其有仁之功用也。仁人明其道不以其功，夫子亦計人之功乎？若如伊川所云，則亦近于來諭所謂喜獲禽之多矣。功用與心而不相應，則伊川所論，心迹元不曾判者，今亦有時而判乎？

聖人之于天下，大其眼以觀之，平其心以參酌之，不使當道有棄物，而道旁有不厭于心者。九轉丹砂，點鐵成金。不應學力到後，反以銀為鐵也。

（中略）

波流奔迸，利欲萬端，宛轉于其中，而能察其真心之所在者，此君子之道所以為可貴耳。若于萬慮不作，全體潔白，而曰真心在焉，此始學之事耳。一生辛勤于堯舜相傳之心法，不能點鐵成金，而不免以銀為鐵，使千五百年之間成一大空闕，人道泯息，而不害天地之常運，而我獨卓然而有見，無乃甚高而孤乎？宜亮之不能心服也。（下略）。」

同甫之意蓋謂功利之背後必涵是理，而三代之所以爲三代，正因其有三代之手段。若徒託之於空言，則於現實何與？朱子自不可能以功利爲價值之標準，故又答書有云：

「常竊以為亙古亙今只是一體，順之者成，逆之者敗，固非古之聖賢所能獨然，而後世之所謂英雄豪傑者，亦未有能舍此理而得有所建立成就者也。但古之聖賢從本根上便有惟精惟一功夫，所以能執其中，徹頭徹尾，無不盡善。後來所謂英雄則未嘗有此功夫，但在利欲場中，頭出頭沒，其資美者，乃能有所暗合，而隨其分數之多少以有所立，然其或中或否，不能盡善，則一而已。來喻所謂三代做得盡，漢唐做得不盡者，正謂此也。然但論其盡與不盡，而不論其所以盡與不盡，却將聖人事業去就利欲場中比並較量，見有彷彿相似，便謂聖人樣子，不過如此，則所謂毫厘之差，千里之謬者，其在此矣。且如管仲之功，伊呂以下，誰能及之，但其心乃利欲之心，迹乃利欲之迹，是以聖人雖稱其功，而孟子董子皆秉法義以裁之，不少假借。蓋聖人之目固大、心固平，然於本根親切之地，天理人欲之分，則有毫厘必計，絲髮不差者，此在後之賢所以密傳謹守，以待後來，惟恐其一旦舍吾道義之正，以徇彼利欲之私也。今不講此，而遽欲大其目、平其心，以斷千古之是非，宜其指鐵為金，認賊為子而不自知其非也。若夫點鐵成金之譬，施之有教無類、遷善改過之事則可。至於古人已往之迹，則其為金為鐵固有定形，而非後人口舌議論所能改易，久矣。今乃欲追點功利之鐵，以成道義之金，不惟費却閑心力，無補於既往，正恐礙却正知見，有害於方來也。若謂漢唐以下便是真金，則固無待於點化而其實又有大不然者。蓋聖人者，金中之金也。學聖人而不至者，金中猶有鐵也，漢祖唐宗用心行事之合理者，鐵中之金也，曹操劉裕之徒則鐵而已矣。夫金中之金乃天命之固然，非由外鑠，淘擇不淨，猶有可憾。今乃無故必欲棄舍自家光明寶藏而奔走道路向鐵爐邊渣鑛中撥取零金，不亦誤乎。帝王本無異道，王通分作兩三等，已非知道之言。且其為道，行之則是，今莫之禦而不為，乃謂不得已而用兩漢之制，此皆卑陋之說，不足援以為據者，若果見得不傳底絕學，自無此蔽矣。今日許多閑議論，皆原於此學之不明。故乃以為笆籬邊物而不之省，其為喚銀作鐵，亦已甚矣。」（文集卷三十六朱子答陳同甫三十六書之第九書）

朱子復書乃堅持功利、道義之分疏，二者之間根本是性質的分別，不是數量的分別，絕對不容混淆。在函中朱子用語嚴峻，非同甫所能受，其乙巳又書乃大聲呼寃，並全力反擊：

「亮大意以為本領閎濶，工夫至到，便做得三代，有本領無工夫，只做得漢唐。而秘書必謂漢唐並無些子本領，只是頭出頭沒，偶有暗合處，便得功業成就。其實則是利欲場中走。使二千年之英雄豪傑不得近聖人之光，猶是小事，而向來儒者所謂只這些子殄滅不得，秘書便以為好說話，無病痛乎？來書所謂自家光明寶藏者，語雖出于釋氏，然亦異于這些子之論矣。天地之間，何物非道？赫日當空，處之光明。閉眼之人，開眼即是。豈舉世皆盲，便不可與共此光明乎？眼盲者摸索得着，故謂之暗合。不應二千年之間，有眼皆盲也。

亮以為後世英雄豪傑之尤者，眼光如黑漆。有時閉眼胡做，遂為聖門之罪人。及其開眼運用，無往而非赫日之光明。天地賴以撐柱，人物賴以生育。今指其閉眼胡做時，便以為盲，無一分眼光。指其開眼運用時，只以為偶合，其實不離于盲。嗟乎冤哉！彼直閉眼耳，眼光未嘗不如黑漆也。一念足以周天下者，豈非其眼光固如黑漆乎？天下之盲者能幾？赫日光明，未嘗不與有眼者共之。利欲汩之則閉。心平氣定，雖平平眼光，亦會開得。況夫光如黑漆者，開則其正也。閉則霎時浮翳耳，仰首信眉，何處不是光明？使孔子在時，必持出其光明以附于長長開眼者之後，則其利欲一時涴世界者，如浮翳盡洗而去之，天地清明赫日常在，不亦恢廓洒落、宏大而端正乎？今不欲天地清明，赫日長在。只是這些子殄滅不得者，便以為古今秘寶。因吾眼之偶開，便以為得不傳之絕學。三三兩兩，附耳而語，有同告密。畫界如立，一似結壇。盡絕一世之人于門外，而謂二千年之君子，皆盲眼不可點洗；二千年之天地日月，若有若無。世界皆是利欲，斯道之不絕者，僅如縷耳。此英雄豪傑所以自絕于門外，以為立功建業，別是法門。這些好說話，且與留着樁景足矣。若知開眼即是箇中人，安得撰到此地位乎？」

辯論至此是無須繼續下去了。同甫是以其原始生命的躍動，看現實歷史的軌跡，自有一條線索，而朱子則由一超越的道德原則看問題，而堅持功利、道義之分疏，乃不得不貶漢唐。兩方面各執一詞，以缺乏互相的了解而根本不相交。彼此之間的辯論乃可以循環無已，永無終止之日。牟宗三先生說：

「由朱子說，則謂：所以為之『田地根本』者全是利欲之私，並無是處。此固然也。然不能因其個人生命之不潔抹殺其客觀之價值。若純以主觀道德論英雄，非真能正視生命者也。朱子之蔽在此。所謂『儒者失其指，不足以開物成務』，失其指，實即是純以主觀道德衡一切。這裏若分辨不諦，則孔子之稱管仲與小其器，永遠可引作一偏說。如陳同甫說：『管仲儘合有商量處，其見笑于儒家亦多，畢竟總其大體，却是箇人，當得世界輕重有無。』此即說管仲雖不知禮，然却有本領，能擔當世運，此即有客觀價值，故引孔子曰：『微管仲，吾其被髮左衽矣，如其仁，如其仁。』但朱子轉過來說：『孔子固稱管仲之功矣，不曰小器而不知禮乎？』但同甫仍可轉過來說：『孔子固謂管仲不知禮矣，然不曰如其仁如其仁而大其功乎？』這將永遠可以輕重說。重主觀道德，則看重其『不知禮』，雖有功業，亦不算大器。重客觀功業，則看重其本領，雖有小疵，不掩大體。」（註六）

由朱子與同甫的辯論，我們誠然可以看到道學家的偏向與限制，但我們也可以淸楚地看出道學家對現實功利的對立的態度。

## 五、結　語

由朱子對漢唐的態度，我們可以想見朱子對於本朝（宋）的看法。語類有曰：

「問：本朝大勢是如何？曰：本朝監五代藩鎮，兵也收了，賞罰刑政，一切都收了，然州郡一齊困弱。靖康之禍，寇盜所過，莫不潰散，亦是失斟酌所致。又如熙寧變法，亦是當苟且惰弛之餘，勢有不容已者，但變之自不中道。」(二四)

「近世王介甫，其學問高妙，出入於老佛之間，其政事欲與堯舜三代爭衡。然所用者盡是小人，聚天下輕薄無賴小人作一處，以至遺禍至今。他初間也何嘗有啓狄亂華率獸食人之意，只是本原不正，義理不明，其終必至於是耳。」(五五)

「今世有二弊：法弊、時弊。法弊但一切更改之却甚易，時弊則皆在人。人皆以私心為之，如何變得？嘉祐間法可謂弊矣。王荆公未幾盡變之，又別起得許多弊，以人難變故也。」(一〇八)

其實乾道元年乙酉朱子三十六歲時，卽有與陳侍郎(名俊卿、時為吏部侍郎)書討論時政：

「熹嘗謂：天下之事，有本有末。正其本者，雖若迂緩，而實易為力。救其末者，雖若切至，而實難為功。是以昔之善論事者，必深明夫本末之所在，而先正其本。本正，則末之不治非所憂矣。且以今日天下之事論之，上則天心未豫，而饑饉荐臻。下則民力已殫，而賦歛方急。盜賊四起，人心動搖。將一二以究其弊而求所以為圖回之術，則豈可以勝言哉。然語其大患之本，則固有在矣。蓋講和之計決，而三綱頽，萬事隳。獨斷之言進，而主意驕於上。國是之說行，而公論鬱於下。此三者，其大患之本也。然為是說者，苟不乘乎人主心術之蔽，則亦無自而入。此熹所以……深以夫格君心之非者

有望於明公。蓋是三說者不破，則天下之事無可為之理。而君心不正，則是三說者，又豈有可破之理哉。」（文集卷二四）

此書中所言平易中肯，則高遠之道德理想又未始不可以翻譯落實爲實際可行之方策。但朱子之志既不得申，乃決定走歸隱的道路，一直到五十歲始膺南康軍之命而出。其實朱子決非完全不知事勢的書獃子，語類有曰：

「會做事底人必先度事勢有必可做之理方去做。」（一〇八）

「聖人固視天下無不可為之時，然勢不到，他做亦做不得。」（一〇八）

「問治亂之機。曰：今看前古治亂，那裏是一時做得。少是四五十年，多是一二百年醞釀方得如此。遂俯首太息。」（一〇八）

朱子又決非不想用世。語類曰：

「檜死，上（孝宗）即位，二大有為之機會。」（一三三）

然勢終不可爲，一生乃表現一狷者之形態，但却又不是不能欣賞狂者的型態。語錄有曰：

「飛卿問孔子在陳，何故只思狂士，不說狷者。曰：狷底已自不濟事，狂底却有個軀殼可以鞭策。……狷者只是自守得些，便道是了。」（二九）

又曰：

「漢文帝謂之善人，武帝却有狂底氣象。……文帝天資雖美，然止此而已。武帝多有病痛，然天資高，足以有為。使合下得真儒輔佐他，豈不大可觀。惜乎輔非其人，不能勝其多欲之私，做從那邊去了。」（四三）

如此則純由現實觀點着眼，朱子也未始不可以欣賞漢唐。語類潘時擧錄癸丑朱子六十四歲以後所聞：

「亞夫問：管仲之心既已不仁，何以有仁者之功？曰：如漢高祖唐太宗未可謂之仁人。然自周室之衰，更春秋戰國以至暴秦，其禍極矣。高祖一旦出來，平定天下。至文景時，幾致刑措。自東漢以下，更六朝五胡以至于隋，雖曰統一，然煬帝繼之，殘虐尤甚。太宗一旦掃除，以致貞觀之治。此二君者，豈非是仁者之功耶？若以其心言之，本自做不得這箇功業，然謂之非仁者之功可乎？管仲之功亦猶是也。」（四四）

故朱子晚年雖仍把定道德之超越原則，然也非不知論史論現實要用一較寬鬆之標準，只不過不容許一開始就把志墮下來罷了，故語類有曰：

「古人事事先去理會大處正處，到不得已處方有變通，今却要先去理會變通之說。」(一一四)

又曰：

「今日人才之衰，皆由於詆那道學。治道必本於正心修身，實見得恁地，然後從這裏做出。如今士大夫但說，據我逐時恁地做，也做得事業。說道學，說正心修身，都是閑說話，我自不消得用此。若是一人叉手並脚，便道是矯激，便道是邀名，便道是做崖岸。須是如市井中人，拖泥帶水，方始是通儒實才。」(一〇八)

故儒者之必言三代之治，實有其不得已之苦衷及其本質性之理由。語類曰：

「至之問：程先生當初進說，只以聖人之說為可必信，先生之道為可必信，不狃滯於近規，不遷惑於衆口，必期致天下如三代之世，何也？先生曰：也不得不恁地說。如今說與學者，也只得教他依聖人言語恁地做去，待他就裏面做工夫有見處，便自知得聖人底是確然恁地。荊公初時與神宗語亦如此。曰：願陛下以堯舜禹湯為法。今苟能為堯舜禹湯之君，則自有臯稷伊傅之臣。諸葛亮魏徵，有道者所羞道也。說得甚好。只是他

所學偏，後來做得差了，又在諸葛亮魏徵之下。」（九三）

但傳統儒家就是在此處碰到了它的最大問題所在，朱子有一語道破了此中根本癥結之所在：

「天下事須是人主曉得通透了自要去做方得。如一事，八分是人主要做，只有一二分是為宰相了做，亦做不得。」（一三）

然千百年間，聖君難得一見。卽三代之治，畢竟只是儒者理想化以後的形象。在傳統的政治結構之下，現實上的人主絕難親君子而遠小人。並且卽使是英明的人主也絕無可能去澈底改變既得利益集團之基本結構，故上焉者乃假仁借義，下焉者更殘民以逞，置天下之人於水深火熱之中。上行下效，一齊陷入利欲膠漆盆中，而道德理想澈底蒙塵矣！在這樣的情形之下，道學者被逼得在野形成一與現實政治對立之清議集團。實爲一必然之趨勢。語類有曰：

「自秦漢以來，講學不明。世之人君固有因其才智做得功業，然無人知明德新民之事。君道間有得一二，而師道則絕無矣。」（一三）

格於現實情勢，道學者既根本不能用世，乃把全付精神放在教育文化方面，蓋修身（正心誠意）才是齊家、治國、平天下的基礎。實則完全由內聖之學的觀點來看，政治已落於第二義，且不說漢唐，乃至連三代，甚至於堯舜，終不過只是外現的「跡」而已。君子所過者化，所存者神，上下與天地同流。眞正重要的是，如何作復性的功夫使生生不已的天道當下體現於自己的生命之內，客觀外在的成就則有賴於實際的機緣。故明道曰：「雖堯舜事業，亦如太空中一點浮雲過目。」

站在儒者的立場來看，所尊的實只是君之位，而不是現實人主之德。在現實政治結構之內，君之位雖爲至尊，但師道却另有一種尊嚴，雖人主之尊，也不得不尊之。伊川之嚴責太子不可亂折花木以損害春天的生氣就是一個最具備有象徵意義的例子。而伊川之被誣而被貶，乃又決不是一個偶發的事件。語類曰：

> 「因論司馬文呂諸公當時尊伊川太高，自宰相以下皆要來聽，遂致蘇孔諸人紛紛曰：宰相尊賢如此，甚好。自是諸人難與語。只如今賭錢喫酒等人，正在無禮，你却將禮記去他邊讀，如何不致他惡。」（九三）

如此則朱子本人已看得很清楚，理想與現實兩面是命定了要起衝突。在理論上人君是政治以及道德的領袖，在事實上，則道德另有標準，而道德學家之擔負過甚，乃必引起反激。連朱子本人，雖從不曾在朝受到如伊川之禮遇，還是逃不脫這種對立所引發的悲劇性的效果。在他晚年被誣爲僞學之際，乃至有强大壓力停止他的講學生涯。語類曰：

「有一朋友微諷先生云：先生有天生德於予底意思，却無微服過宋之意。先生曰：某又不曾上書自辯，又不曾作詩謗訕，只是與朋友講習古書，說這道理，更不教做，却做何事？因曰：論語首章言：人不知而不慍，不亦君子乎。斷章言，不知命，無以為君子。今人開口亦解說，一飲一啄，自有定分。及遇小小利害，便生趨避計較之心。古人刀鋸在前，鼎鑊在後，視之如無物者，蓋緣只見得這道理，都不見那刀鋸鼎鑊。又曰：死生有命。如合在水裏死，須是溺殺。此猶不是深奧底事、難曉底話、如今朋友都信不及，覺見此道日孤，令人意思不佳。」（一〇七）

「或勸先生散了學徒，閉戶省事以避禍者。先生曰：禍福之來，命也。」（一〇七）

「先生曰：如某輩皆不能保。只是做將去。事到則盡付之人，欲避禍終不能避。」（一〇七）

「今為避禍之說者固出於相愛。然得某壁立萬仞，豈不益為吾道之光？」（一〇七）

朱子能够表現如此勇毅的精神，自不能不歸之於他的修養功夫，然也不能不說是受到時代風氣的影響。而時代風氣的形成，則又不能說只是幾個理學家提倡出來的結果，而實有其整個時代環境爲背景。宋太祖杯酒釋兵權，提倡文事。北宋立言官制度，固然不免也有一些故爲忠諫姿態的沽名釣譽之徒，但確養成了在朝直言的習慣，而不得不爲人主所優容。然言者諄諄而聽者藐藐，故道學者終必在野發展一與現實政治對立之清議集團，實爲一必然之結果。

其實朱子本人決非不了解制度上的根本癥結所在，故語類有曰：

「黃仁卿問：自秦始皇變法之後，後世人君皆不能易之，何也？曰：秦之法盡是尊君卑臣之事，所以後世不肯變。」（一三四）

又曰：

「問：後有聖賢者出，如何？曰：必須別有規模，不用前人硬本子。」（一三四）

這眞正是一針見血之論。從本質上來看，朱子自也不必一定要沿襲過去的成法。故語類

然理學家終偏於在內聖之學上用心，故多重在做律己的功夫，沒有把心思放到客觀制度的根本變革上面去。一直要到明末淸初黎洲等慘遭亡國之痛，才能對宋儒由淩空的道德的立場所看到的私天下之蔽有一眞正痛切的實存的了解。宋元學案龍川學案黎洲對於朱子與同甫的辯論的評語曰：

「止齋（陳傅良）謂功到成處，便是有德。事到濟處，便是有理。此同甫之說也。如此則三代聖賢枉作功夫。功有適成，何必有德？事有偶濟，何必有理？此晦庵之說也。如此則漢祖唐宗於僕區不遠。蓋謂二家之說，皆未得當。然止齋之意，畢竟主張龍川一邊過多。夫朱子以事功卑龍川，龍川正不諱言事功，所以終不能服龍川之心。不知三代

以上之事功，與漢唐之事功逈乎不同。當漢唐極盛之時，海內兵刑之氣必不能免。卽免兵刑，而禮樂之風不能渾同。勝殘去殺，三代之事功也，漢唐而有此乎？其所謂功有適成事有偶濟者，亦只漢祖唐宗一身一家之事功耳。統天下而言之，固未見其成且濟也。」

黎洲還是以理想主義的觀點稱美三代，其思想爲朱子之流亞。但他更深知問題癥結之所在，故謂一身一家之事功，卽當漢唐極盛之時，也不能謂之成且濟，其識見遠非全祖望之所及（註七）。王船山也亟攻私天下之害，其黃書「古儀篇」有孤秦陋宋之說。自秦政壞古儀，而王道泯絕。下至陋宋，遺法全喪，而三維裂矣。其言曰：

「宋以藩臣，暴興鼎祚。意表所授，不寐而驚。趙普斗筲菲姿，負乘鉉器。貢謀苟且，肘枕生猜。于是假杯酒以固歡，託孔云以媚下。削節鎮，領宿衛。改易藩武，建置文弱。收總禁軍，衰老塡籍。孤立于强虜之側，亭亭然無十世之謀。縱佚文史，拘法牽繫。一傳而弱，再傳而靡。趙保吉之去來，劉六符之恫喝。玩在廷于偶線之中，而莫之或省。城下受盟，金繒歲益。偷息視肉，崇以將階。推轂建牙，遺風澌滅。狄青以樞副之任，稍自掀擧，苟異一切。而密席未溫，嫌疑指斥。是以英流屏足，臣室寒心。

降及南渡，猶祖前謀。蘄、循僅存于貨酒，岳氏遽隕于風波。撓棟觸藩，莫斯爲甚。

夫無為與者，傷之致也。交自疑者，殊俗之所乘也。卒使中區趙靡，形勢解散。一折而入于女眞，再折而入于韃靼。以三、五、漢、唐之區宇，盡辮髮負笠。澌喪殘剮，以潰無窮之防。生民以來未有之禍，秦開之而宋成之也。是故秦私天下而力克舉。宋私天下而力自詘。禍速者絕其胄。禍長者喪其維。非獨自喪也，抑喪天地分建之極。嗚呼！豈不哀哉！」

船山「宰制」篇又有曰：

「聖人堅擘定趾，以救天地之禍，非大反孤秦陋宋之為，不得延固。以天下為神器，毋凝滯而盡私之。故易曰：『聖人之大寶曰位，何以守位曰人。何以聚人曰財。』非與于貞觀之道者，亦安足以窮其辭哉！」

但傳統中國知識份子終未能在外王的層次想出一套建立客觀外在政治制度之可行之法。船山之斥陋宋，固宜矣。然視宋以後之朝代，事實又如何呢？宋之知識份子猶得以放言高論，慷慨陳詞，雖受抑於羣小，尙可以在野建立道學之規模。明之私天下乃大興文字獄，立廷杖之陋習。清之私天下，以異族入主中原，更大興文字獄，終於盡驅知識份子於考據之林。考據本身雖無罪，然在專制淫威之壓迫之下，士人流爲只知保身家性命之淸客學問家。士風之敗壞，莫此爲甚，流毒至今未已。在這樣的情形之下，即使傳統中國的文化理想決不可棄，我們還可以諱言傳統政制的闕失麼？而儒者從孔孟以至於顧黃王，莫不痛斥現實政治之非，而求以仁政公心之理想救之。其言則迂濶而不能用。凌空之道德理想終不能進入眞實的歷史而大行于世，充其量只能在消極的方面發生一點制衡緩和虐政的作用。不意西方之漢學家如費正清輩竟謂中國之朝廷政治爲「儒教之國」（The Confucian State），這眞正是一個莫大的諷刺！

## 註釋

註一：參附錄：朱子年譜要略，轉引自錢穆：「朱子新學案」，第五卷，頁四一一—四二〇。我在這裏所選取的只是我認爲朱子一生之中最富有意義的一些事件。

註二：朱子所上封事，宋元學案所引，與文集之文字稍有出入，有省略或潤飾處，而大意勿失。爲方便起見，乃多轉引自宋元學案，其下準此。

註三：錢穆，前揭，第一卷，頁二〇二—二〇三。

註四：同上，頁二〇一。

註五：同上，第五卷，頁八三。

註六：牟宗三：「政道與治道」，頁二四三。

註七：參宋元學案龍川學案，謝山陳同甫論。

# 第八章 道統之建立與朱子在中國思想史上地位之衡定

## 一、引言

儒家理想之實現必貫注在人倫日用之內。但眞正儒者的志向決不在博取一個功名，做一個外表循規蹈矩的縉紳先生。如不能澄澈自己的心懷，克制胸中大段私念，則仍不免陷在利欲膠漆盆中。此卽眞儒者與鄉愿之分界線的所在。故儒者的思想是旣超越而內在，必建立超越，而內在所含藏之意義始得以充分呈現出來。故儒者必先立志，遮撥現實功利的思想，不能把眼光局限在眼前的一點利祿之上。然見道旣眞，知道之不可須臾離，乃必肯定全幅人生之意義價値，此眞所謂點鐵成金，把超越的意義完全體現在內在之日用行常之內。理一而分殊，不可如二氏之高蹈避世，轉陷入另一種偏枯的人生境界之中。故儒者之教育必始於小學，由灑掃應對進退開始，徒知其然而不知其所以然。然而到了一個階段就必要求作一異質的跳躍，所謂「獨上高樓，望盡天涯路」之體會是也。如此眼界旣寬，心志旣立，而磨礪日久，終於由絢爛而歸於平淡，乃可以嚮往孔子所謂「隨心所欲不逾矩」的境界，在超越與內在之間獲致一種完美的平衡，則此生可以無憾矣。

但人生最自然的是順軀殼起念，故身陷利欲膠漆盆中而不自知，此處必有一强烈震撼始能由現實功利的考慮之中解放出來，在此處佛道的思想確可以扮演一重要之功能。卽至今日，科技文明先進國家如英美，反建制 (Anti-establishment) 之叛逆性之青年莫不嚮往老莊禪佛之思想。由內在而超越，修內聖之學的儒者與道佛實走上了一條十分相似的道路。此所以翻閱宋明儒的傳記，莫不有出入老佛幾十年的經驗。然二氏則一去而不返，終不能從本質上肯定人倫日用的意義與價值。而儒者則由超越而回歸於內在，完成了整個的圓周，故必闢二氏，以其彌近理而大亂眞。由此而可以看到儒者的內聖之學與道佛實有一微妙之辯證的關係。就其同反現實功利之態度而言，則雙方結爲友軍，就其終極體驗或託付 (Ultimate Concern or Commitment) 而言，則又判若雲泥。故此宋儒要建立道統就不能不接觸到儒者與二氏的分疏的問題。由於道家的典籍較少，思想架構比較簡單，聲勢也遠不如禪佛之煊赫，所以不是問題的重心所在。而宋儒自橫渠以降必闢佛，其闢佛之方式絕不止於韓愈式的由外在的文化社會的觀點來闢佛，此間又牽涉到儒者內聖之學本身內部的分疏的問題。故我們必對下列三個問題加以詳細的審查，才能眞實了解宋儒道統觀念建立的意義，並對朱子在中國思想史上的地位有一客觀的衡定。這三個問題可以簡述如下：

㈠宋儒如何闢佛？儒佛之間之基本分疏究竟何在？

㈡宋儒自濂溪以來，卽吸納道家之言，語錄之內也不避諱而廣泛應用佛家的話頭，所涉獵的範圍則遠遠超過先秦儒的範圍。究竟宋明所謂的新儒學 (Neo-Confucianism) 與原始儒家有什麼本質性上的關連？最嚴重的攻擊是宋明儒根本是所謂陽儒陰釋，掛羊頭賣狗肉。比較溫和一點的反應則謂，儒家在受到魏晉玄學以及隋唐佛學的衝擊之後，對問題的視野已經有了根本的變革。所以雖則儒家的規模猶存，然已成套引進新的佛說，增富了儒家的內容，也歧異於原始儒家的方向。如此則根本問題在：新儒家之所以新，究竟新在何處？倒底根本是另外一種儒家？還是在根本的慧識上仍繼承原始儒家，只是在適應時代的挑戰與衝擊的情況之下而有了新的回應？還是在基本的慧識方面也有了相當修正，只不過還保存了一部分傳統的規模而已？這些問題必須讓我們來詳細加以審查，才能對中國思想史上的一大公案，提出一些合理的解釋與平情的論斷。

㈢即在新儒學的內部本身，也涉及微妙的體驗與思想的分疏問題。象山攻擊朱子的思想爲支離而不見道，朱子更明白地指斥象山思想的根源是由禪學中來，而謂這些子恐是葱嶺帶來。宋明儒的習慣動輒將異己之學斥爲由異學所借。如此則背後隱伏的仍是儒佛的基本分疏的問題。不在這裏把握到定盤針，那麼孰爲正統？孰爲旁支？孰爲異端？根本就不可能得到一個清楚的答案。

正由於朱子對於這三個問題的探究來說都佔有一樞紐性的地位，所以我們仍由朱子思想的省察着手，看他如何闢佛，如何建立道統，如何會產生朱陸異同的一大公案，最後對於上面提出的三個問題都有了解答，乃可以客觀地衡定朱子在中國思想史上的地位。

## 二、朱子的闢佛

朱子在少年時代一度好佛，並以禪宗的意思答卷中舉，這樣的故事大家已經耳熟能詳。朱子正式受學延平以後，始得辨明儒佛的分疏，從此大力闢佛。但他從不否認禪佛有所見，對於知識分子有巨大的吸引力，也對社會產生廣大的影響，然終因廢棄人倫，而造成極大的災害。

語類曰：

「佛家一向撤去許多事，只理會自身己。其教雖不是，其意思却是要自理會，所以它那下常有人。自家這下自無人。今世儒者能守經者，理會講解而已；看史傳計較利害而已。那人直是要理會身己，從自家身己做去。不理會自身己，說甚別人長短。」（八）

「佛家於心地上煞下工夫。」（一二五）

「某常說，怪不得今日士大夫，是他心裏無可作做，無可思量，飽食終日，無所用心，自然是只隨利欲走。間有務記誦為詞章者，又不足以拔其本心之陷溺。所以個個如此，只緣無所用心。前輩多有得於佛學，當利害禍福之際而不變者。蓋佛氏勇猛精進，清淨堅固之說，猶足以使人淡泊有守，不為外物所移也。」（一三二）

「某見名寺中所畫諸祖師人物，皆魁偉雄傑，宜其傑然有立如此。所以妙喜贊某禪師有曰：當初若非這箇，定是做箇渠魁，觀之信然。其氣貌如此，則世之所謂富貴利達、聲色貨利，如何籠絡得他住？他視之亦無足以動其心者。或問：若非佛氏收拾去，能從吾儒之教，不知如何？曰：他又也未是雖無文王猶興底。只是也須做個特立獨行底人，所為必可觀。若使有聖人收拾去，可知大段好。只是當時吾道黑淬淬地，只有些章句詞章之學，他如龍如虎，這些藝解都束縛他不住，必決去無疑。也煞被他引去了好人。可畏可畏！」（四）

文集卷七十讀大紀論釋氏亦有曰：

「以其有空寂之說而不累於物欲也，則世之所謂賢者好之矣。以其有玄妙之說而不滯於形器也，則世之所謂智者悅之矣。以其有生死輪回之說而自謂可以不淪於罪苦也，則天下之傭奴爨婢黥髡盜賊亦匍匐而歸之矣。此其為說所以張皇輝赫、震耀千古。而為吾徒者方且蠢焉鞠躬屛氣，為之奔走服役之不暇也。」

由此可見，禪佛爲當時之顯學。而且這決不是偶然的結果，蓋因其爲一爲己之學，高出於世俗一般的詞章記誦之學、現實利祿的追求者遠矣。如此不只是普通人，即程門高弟如游楊之徒不免入其彀中。語類曰：

「問：程子曰：佛氏之言近理，所以害甚於楊墨。看來為我疑於義，兼愛疑於仁，其禍已不勝言，佛氏如何又却甚焉？曰：楊墨只是硬恁地做。佛氏最有精微動得人處。本朝許多極好人無不陷焉。（原注：如李文靖、王文正、謝上蔡、楊龜山、游先生諸人）。」（二四）

佛家有一條修養工夫的途徑，又有一套系統的理論架構，所以連高級知識分子都不免爲其所吸引。士大夫間有闢佛者，自韓愈以來，至於歐陽修，只不過從文化的觀點反對佛敎，未能擊中要害。語類曰：

「今之闢佛者皆以義利辨之，此是第二義。正如唐人檄高麗之不能守鴨綠之險，高麗遂守之。今之闢佛者類是。佛以空為見，其見已錯，所以都錯，義利又何足以為辨。舊嘗參究後頗疑其不是。及見李先生之言，初亦信未及。亦且背一壁放，且理會學問看如何。後年歲間，漸見其非。」（一一六）

由此可見，朱子要直接從理論的源頭來闢佛。如此首先必須要把握禪佛的本質。從朱子的了解來看，禪佛是由老莊楊朱列子推下去的一種極端型態。語類有曰：

「味道問：只說釋氏，不說楊墨，如何？曰：楊墨為我兼愛，做出來也淡而不能惑人。只為釋氏最能惑人。初見他說出來自有道理，從他說愈深，愈是害人。」（一四）

「問：集注何以言佛而不言老。曰：老便只是楊氏。人嘗以孟子當時只闢楊墨，不闢老，不知闢楊墨便是闢老。如後世有隱遯長往而不來者，皆是老之流。他本不是學老，只是自執所見，與此相似。」（一四）

「老子說他一箇道理，甚縝密。老子之後有列子，亦未甚至大段不好。（中略）。列子後有莊子，莊子模倣列子，殊無道理，為他是戰國時人，便有縱橫氣象，其文大段豪偉。列子序中說，老子列子言語多與佛經相類，覺得是如此。疑得佛家初來中國，多是偷老子意去做經，如說空處是也。後來道家做清靜經，又却偷佛家言語，全做得不好。（中略）。佛家偷得老子好處，後來道家却只偷得佛家不好處。譬如道家有箇寶藏，被佛家倫去，後來道家只取得佛家瓦礫，殊可笑也。人說孟子只闢楊墨，不闢老氏，却不知道家修養之說只是為己，獨自一身便了，更不管別人，便是楊氏為我之學。（下略）。」（一二六）

「佛氏之失出於自私之厭，老氏之失出於自私之巧。厭薄世故而盡欲空了一切者，佛氏之失也。關機巧便盡天下之術數者，老氏之失也。」（一二六）

「問：佛法如何是以利心求？曰：要求清淨寂滅超脫世界是求一身利便。」（一二六）

「釋氏書其初只有四十二章經，所言甚鄙俚。後來日添月益，皆是中華文士相助撰集。（中略）。筆之於書，轉相欺誑，大抵多是剽竊老子列子意思，變換推衍，以文其說。（中略）。佛學其初只說空，後來說動靜，支蔓既甚，達磨遂脫然不立文字，只是默然端坐，便心靜見理。此說一行，前面許多皆不足道，老氏亦難為抗衡了。今日釋氏其盛極矣。但程先生所謂攻之者執理反出其下，吾儒執理既自卑汙，宜乎攻之而不勝也。」（一二六）

「有言莊老禪佛之害者，曰：禪學最害道。莊老於義理絕滅猶未盡，佛則人倫已壞，至禪則又從頭將許多義理掃滅無餘。以此言之，禪最為害之深者。頃之復曰：要其實則一耳，害未有不由淺而深者。」（一二六）

「謙之問：佛氏之空與老子之無一般否？曰：不同。佛氏只是空，豁豁然，和有都無了。所謂終日喫飯，不曾咬破一粒米，終日着衣，不曾掛着一條絲。若老氏猶骨是有，只是清淨無為，一向恁地深藏固守，自為玄妙，教人摸索不得，便是把有無做兩截看了。」（一二六）

朱子謂釋氏剽竊老子列子意思，這樣的看法是站不住脚的。今日我們知道佛家源遠流長，由印度傳至中國，早期不免經過格義的階段。佛經由中國文士潤色成之是很自然的一件事，然不能據之而謂佛氏剽竊老子列子。其實朱子本人也知道佛氏之空非老子之無可盡，根本是兩個不同的義理系統。但朱子把老佛相提並論，認爲佛氏空寂之論更爲澈底，而與儒家的思想相對立，則又不無他的道理。朱子對於佛家義理並無深入的了解，但他在直覺上卽知曉這兩種思想是互不相容的。從表面的層次看，佛老終不能肯定人倫日用，對文明、禮法、制度採取一種消極乃至否定的態度。再追溯到源頭，從儒家的觀點看，顯然佛老在一起步時便已走偏了。當然儒者也可以把眼前的事看作迹，然過化存神，最後彰顯的是一生生而不容已的道體；佛老則必銷歸於空無。語類有曰：

「或曰：吾儒所以與佛氏異者，吾儒則有條理，有準則，佛氏則無此爾。曰：吾儒見得箇道理如此了，又要事事都如此，佛氏則說，便如此做也不妨，其失正在此。」(五二)

佛氏也可以如此做，但一切終不過只是方便設施而已，儒家之必須如此做，是因爲理當如此，蓋有一積極的存有論人性論上的根據，二者之間是不可以調和折衷的。語類曰：

「某人言，天下無二道，聖人無兩心，儒釋雖不同，畢竟只是一理。某說道，惟其天下無二道，聖人無兩心，所以有我底着他底不得，有他底着我底不得。若使天下有二道，聖人有兩心，則我行得我底，他行得他底。」（一二六）

而兩方面最根本的差別在，一實而一虛。語類曰：

「釋氏虛，吾儒實。釋氏二，吾儒一。釋氏以事理為不緊要而不理會。」（一二六）

「釋氏只要空，聖人只要實。釋氏所謂敬以直內，只是空豁豁地更無一物，却不會方外。聖人所謂敬以直內，則湛然虛明，萬理具足，方能義以方外。」（一二六）

「吾儒心雖虛而理則實，若釋氏則一向歸空寂去了。」（一二六）

「儒釋言性異處，只是釋言空，儒言實；釋言無，儒言有。」（一二六）

「問：釋氏以空寂為本。曰：釋氏說空，不是便不是，但空裏面須有道理始得。」（一二六）

「吾以心與理為一，彼以心與理為二。亦非固欲如此，乃是見處不同。彼見得心空而無理，此見得心雖空而萬理咸備也。雖說心與理一，不察乎氣稟物欲之私，是見得不真，故有此病，大學所以貴格物也。」（一二六）

「釋氏合下見得一箇道理空虛不實，故要得超脫，盡去物累，方是無漏，為佛地位。其他有惡趣者，皆是眾生餓鬼。只隨順有所修為者，猶是菩薩地位，未能作佛也。若吾儒合下見得箇道理便實了，故首尾與之不合。」（一二六）

「問：佛氏所以差。曰：從劈初頭便錯了，如天命之謂性，他把做空虛說了。吾儒

見得都是實。若見得到自家底從頭到尾小事大事都是實，他底從頭到尾都是空，恁地見得破，如何解說不通。」（一二六）

照朱子的說法，釋氏因爲根本的見地錯了，所以修養方面雖肯下工夫，終無實得。他們把心弄得精專，守住一點孤明，然摸捉不到實理，此是其根本差誤處。語類有曰：

「言釋氏之徒為學精專。曰：便是某常說，吾儒這邊難得如此。看他下工夫，直是自日至夜，無一念走作別處去。學者一時一日之間，是多少閒雜念慮，如何得似他。只惜他所學非所學，枉了工夫。若吾儒邊人下得這工夫，是甚次第。」（一二六）

「舉佛氏語曰，千種言、萬般解，只要教君長不昧，此說極好。問：程子曰：佛氏之言近理，所以為害尤甚，所謂近理，指此等處否？曰：然。它只是守得這些子光明，全不識道理，所以用處七顛八倒。吾儒之學則居敬為本，而窮理以充之，其本原不同處在此。」（一二六）

「儒者以理為不生不滅，釋氏以神識為不生不滅。龜山云，儒釋之辨，其差眇忽。以某觀之，真似冰炭。」（一二六）

「釋氏先知死。只是學一箇不動心。告子之學則是如此。」（一二六）

「禪只是一箇呆守法，如麻三斤、乾屎橛，他道理初不在這上，只是教他麻了心，只思量這一路，專一積久，忽有見處，便是悟。大要只是把定一心，不令散亂，久後光明自發，所以不識字底人才悟後便作得偈頌。悟後所見雖同，然亦有深淺。某舊來愛問參禪底，其說只是如此。其間有會說者，却吹噓得大，如果佛日之徒，自是氣魄大，所以能鼓動一世，如張子韶注聖錫輩，皆北面之。」（一二六）

但朱子認爲其結果只是誤心爲性。語類有曰：

「徐子融有枯槁有性無性之論。先生曰：性只是理，有是物斯有是理，子融錯處是認心為性，正與佛氏相似。只是佛氏磨擦得這心極精細，如一塊物事，剝了一重皮，又剝一重皮，至剝到極盡無可剝處，所以磨弄得這心精光，它便認做性。殊不知此正聖人之所謂心。故上蔡云，佛氏所謂性，正聖人所謂心，佛氏所謂心，正聖人所謂意。心只是該得這理。佛氏元不曾識得這理一節，便認知覺運動做性。」（一二六）

朱子乃進一步斥禪家作用見性之說。語類有曰：

「作用是性，在目曰見，在耳曰聞，在鼻齅香，在口談論，在手執捉，在足運奔，卽告子生之謂性之說也。且如手執捉，若執刀胡亂殺人，亦可為性乎。龜山舉龐居士云，神通妙用，運水搬柴，以比徐行後長，亦坐此病。不知徐行後長，乃謂之弟，疾行先長，則為不弟。如曰運水搬柴卽是妙用，則徐行疾行皆可謂之弟耶？」（一二六）

「釋氏棄了道心，却取人心之危者而作用之。遺其精者，取其粗者以為道。如以仁義禮智為非性，而以眼前作用為性是也。此只是源頭處錯了。」（一二六）

「人心是箇無揀擇底心，道心是箇有揀擇底心。佛氏也不可謂之邪，只是個無揀擇底心。」(一二)

把禪宗的「當下卽是」解成告子的「生之謂性」，這是一種誤解。但儒家重分殊，與禪家之所重，顯然有本質性的差別，此則不可掩者。禪宗的體認是一切是空，故隨緣安住，不作虛妄分別，乃無適而非道。朱子駁斥這樣的看法有曰：

「楊通老問中庸或問引楊氏所謂無適非道之云，則善矣。然其言似亦有所未盡。蓋衣食作息視聽擧履，皆物也，其所以如此之義理準則乃道也。曰：衣食動作只是物，物之理乃道也，將物便喚做道則不可。且如這個椅子有四隻脚，可以坐，此椅之理也。若除去一隻脚，坐不得，便失其椅之理矣。形而上為道，形而下為器，說這形而下之器之中便有那形而上之道。若便將形而下之器作形而上之道，則不可。(中略)。所謂格物，便是要就這形而下之器，窮得那形而上之道理而已，如何便將形而下之器作形而上之道理得？飢而食，渴而飲，日出而作，日入而息，其所以飲食作息者，皆道之所在也。若便謂食飲作息者是道，則不可。與龐居士神通妙用運水搬柴之頌一般，只是此病。(中略)須是運得水搬得柴是，方是神通妙用。若運得不是，搬得不是，如何是神通妙用？佛家所謂作用是性，便是如此，他都不理會是和非，只認得那衣食作息視聽擧履便是道。說我這箇會說話底、會作用底，叫着便應底便是神通妙用，更不問道理如何。儒家則須是就這上尋討箇道理方是道。(下略)。」(一二六)

談到理則不可以空。故語類又曰：

「無極是有理而無形，如性何嘗有形？太極是陰陽五行之理皆有，不是空底物事。若是空時，如釋氏說性相似。又曰：釋氏只見得箇皮殼，裏面許多道理，他卻不見。他皆以君臣父子為幻妄。」（九四）

釋氏與宋儒內聖之學都在心地上下工夫，故有貌同處，但其實質則頗有差別。文集卷五十九答吳斗南有云：

「佛學之與吾儒雖有略相似處，然正所謂貌同心異、似是而非者，不可不審。明道先生所謂句句同事事合然而不同者，真是有味，非是見得親切，如何敢如此判斷耶。聖門所謂聞道，聞只是見聞，玩索而自得之之謂道。只是君臣父子日用常行當然之理，非有玄妙奇特不可測知，如釋氏所云豁然大悟、通身汗出之說也。如今更不可別求用力處，只是持敬以窮理而已。參前倚衡，今人多錯說了，故每流於釋氏之說。先聖言此，只是說言必忠信、行必篤敬，念念不忘，到處常若見此兩事，不離心目之間耳。如言見堯於羹，見堯於牆，豈是以我之心還見我心，別為一物而在身外耶？無思無為，是心體本然，未感於物時，有此本領，則感而遂通天下之故矣，恐亦非如所論之云云也。所云禪學悟入，乃是心思路絕，天理盡見，此尤不然。心思之正便是天理。流行運用，無非天理之發見，豈待心思路絕而後天理乃見耶？且所謂天理，復是何物？仁義禮智豈不是天理？君臣父子兄弟夫婦朋友豈不是天理？若使釋氏果見天理，則亦何必如此悖亂，殄滅一切，昏迷其本心而不自知耶？凡此皆近世淪陷邪說之大病，不謂明者亦未能免俗而有此言也。」（文集卷五十九答吳斗南四書之第三書）

依錢穆先生考證，此函當在辛亥朱子在漳州任年六十二歲時。（註一）朱子拒絕以禪學附會儒家之說，語極明析。當時援釋闡儒蔚爲一時風氣。語類有曰：

「廣因舉釋子偈有云：世間萬事不如常，又不驚人又久長。曰：便是它那道理也有極相似處，只是說得來別。故某於中庸章句序中着語云：至老佛之徒出，則彌近理而大亂真矣。須是看得它那彌近理而大亂真處始得。」（六二）

宋儒內聖之學最中心處即心性問題，而禪宗也昌言明心見性之說，此其易於互相混淆耳。但朱子則確認兩方面有不可調停者在焉。文集卷七十讀大紀有云：

「宇宙之間一理而已。天得之而為天，地得之而為地，而凡生於天地之間者，又各得之以為性，其張之為三綱，其紀之為五常，蓋皆此理之流行，無所適而不在。（中略）。若夫釋氏則自其因地之初而與此理已背馳矣。乃欲其所見之不差所行之不謬，則豈可得哉！蓋其所以為學之本心，正為惡此理之充塞無間，而使己不得一席無理之地以自安。厭此理之流行不息，而使己不得一息無理之時以自肆也。是以叛君親、棄妻子、入山林、捐軀命，以求其所謂空無寂滅之地而逃焉。其量亦已隘，而其勢亦已逆矣。然以其立心之堅苦，用力之精專，亦有以大過人者，故能卒如所欲而實有見焉。但以其言行求之，則其所見雖自以為至玄極妙，有不可以思慮言語到者，而於吾之所謂窮天地、亙古今，本然不可易之實理，則反瞢然其一無所覩也。雖自以為直指人心而實不識心，自以為見性成佛而實不識性。是以殄滅彝倫、墮禽獸之域而猶不自知其有罪，蓋其實見之差有以陷之，非其心之不然而故欲為是以惑世而罔人也。至其為說之窮，然後乃有不舍一法之論，則似始有為是遁詞以蓋前失之意。然亦真秉彝之善有終不可得而殄滅者，是以剪伐之餘而猶有此之僅存。又以牽於實見之差，是以有其意而無其理，能言之而卒不能有以踐其言也。」

所謂遁辭，語類中有釋，其言曰：

「如釋氏論理，其初既偏，反復譬喻，其辭非不廣矣，然畢竟離於正道，去人倫，把世事為幻妄，後來亦自行不得。到得窮時，便說走路，如云治生產業，皆與實相不相違背，豈非遁辭乎。」（五二）

朱子極不慊禪宗識心見性之說，其根本癥結之所在是把性與用分為兩截。語類有曰：

「因論釋氏，先生曰：自伊洛君子之沒，諸公亦多聞闢佛氏矣。然終竟說他不下者，未知其失之要領耳。釋氏自謂識心見性，然其所以不可推行者何哉？為其於性與用分為兩截也。聖人之道，必明其性而率之，凡修道之教無不本於此，故雖功用充塞天地，而未有出於性之外者。釋氏非不見性，及到作用處，則曰無所不可為，故棄君背父、無所不至者，由其性與用不相管也。」（一二六）

這一段說話還承認釋氏於性不無所見，其實從一個嚴格的觀點看，釋氏根本不能說是見性。文別集卷八有釋氏論上下篇，惜上篇已殘缺，但有一些鞭辟入裏之論可資注目，玆撮錄其文句完整者如下：

「或問：孟子言盡心知性、存心養性，而釋氏之學亦以識心見性為本，其道豈不亦有偶同者耶？朱子曰：儒佛之所以不同，正以是一言耳。曰：何也？曰：性也者，天之所以命乎人而具乎心者也。情也者，性之所以應乎物而出乎心者也。心也者，人之所以主乎身而以統性情者也。故仁義禮智者性也，而心之所以為體也。惻隱羞惡恭敬辭讓者情也，而心之所為以用也。（中略）至其（指佛氏）所以識心者，則必別立一心以識此心，而其所謂見性者，又未嘗睹夫民之衷物之則也。既不睹夫性之本然，則物之所感、情之所發皆不得其道理，於是概以為己累而盡絕之，雖至於反易天常、殄滅人理而不顧也。然則儒術之所以異，其本豈不在此一言之間乎！

曰：釋氏之不得為見性，則聞命矣。至於心，則吾曰盡之存之，而彼曰識之，何以不同而又何以見其別立一心耶？曰：心也者，人之所以主於身而統性情者也，一而不二者也，為主而不為客者也，命物而不命於物者也。惟其理有未窮而物蔽之，故其明有所不照，私有未克而物或累之，故其體有所不存。是以聖人之教，使其窮理以極其量之所包，勝私以去其體之所害，是其所以盡心而存心者，雖其用力有所不同，然皆因其一者以應乎萬，因其主者以待夫客，因其命物者以命夫物，而未嘗曰反而識乎此心、存乎此心也。若釋氏之云識心，則必收視反聽以求識其體於恍惚之中，如人以目視目，以口齕口，雖無可得之理，其勢必不能不相汝爾。於其間也，此非別立一心而何哉？夫別立一心，則一者二，而主者客，（中闕）分矣，而又塊然自守、滅情廢事，以自棄君臣父子之間，則心之用亦息矣。」

禪宗之性是虛說，其要在制心。朱子既斥禪家以心覓心之非，更斥儒者之用禪意者。語類有曰：

「頃年張子韶之論，以為當事親，便當體認取那事親者是何物，方識所謂仁。當事兄，便當體認取那事兄者是何物，方識所謂義。某說，若如此，則前面方推這心去事親，隨手又便去背後尋摸取這箇仁；前面方推此心去事兄，隨手又便著一心去尋摸取這箇義，是二心矣。禪家便是如此。其為說曰：立地便要你究得，坐地便要你究得。他所以撐眉努眼，使棒使喝，都是立地便拶教你承當識認取，所以謂之禪機。（中略）。或問：上蔡愛說箇覺字，便是有此病了。曰：然。張子韶初間便是上蔡之說，只是後來又展上蔡之說，說得來放肆，無收殺耳。或曰：南軒初間也有以覺訓仁之病。曰：大概都

是自上蔡處來。」（三五）

宋代儒者如張子韶確有雜揉儒佛處。朱子極不喜以反身的方式去了解心，但是否卽可以此而批評上蔡、南軒，並進一步批評象山，這是宋代儒學內部一個重要問題，後面會有詳細的解析。但儒佛間有重大的分疏，此則不可掩者。釋氏既也是爲己之學，故確有彌近理處。但差之毫厘，謬以千里，所把握的心性之實乃可謂南轅北轍，並本末而皆異。語類有曰：

「問：遺書云：釋氏於敬以直內則有之，義以方外則未也，道夫於此未安。先生笑曰：前日童蜚卿正論此，以為釋氏大本與吾儒同，只是其末異。某與言，正是大本不同。因檢近思錄有云：佛有一箇覺之理，可以敬以直內矣，然無義以方外，其直內者，要之其本亦不是，這是當時記得全處，前者記得不完也。又曰：只無義以方外，則連敬以直內也不是了。又曰：程子謂釋氏唯務上達而無下學，然則其上達處豈有是耶？亦此意。佛者嘗云：儒佛一同。某言你只認自家說不同，若果是，又何必言同，只這靠傍底意思便是不同，便是你底不是，我底是了。」（一一六）

由此可見，朱子是要嚴儒佛之分別者。朱子對於佛說並無深刻研究或造詣，但他的確看過當時流行的一些佛書，也知道禪家接人的一些方法，可能是當時儒者對於佛氏比較有理解者。他對於禪佛的批評以其剽竊老子列子，作用見性之說近於告子之類，都未見中肯。然當時學者極少有作純學術性的客觀研究者，所以我們對於朱子也實難有所苛求。但朱子在直覺上清楚地把握到儒佛有根本分疏處，這是不錯的。他以虛實判分二者或嫌略粗，但佛家的空理與儒家的實理確是兩條不同的思路，大概崇信佛理的人也不能不肯認兩邊的分野。問題的根本癥結在，能不能正面肯定一生生不已之天道，而以人道即天道之落實與延伸；形而下之器即形而上之道的直接表現，乃在本質上有積極正面之價值者。於此，儒佛的根本見地，踐履行爲，都有本質層面上的差別，彼此雖也有一些共法相通，但決不可以隨便和稀泥，勉强加以調和折衷。朱子在當時拒絕跟風，一定要嚴分儒釋的疆界，這決不只是意氣之爭而已，實有一基本之慧識爲其背景，其見識遠超過當時一班倡導和會論者，其間自也包括程門後學的一些缺乏清晰的思辨能力的學者在內。

## 三、朱子建立道統的理據

據陳榮捷先生的觀察，道統之說乃源於孟子，以後韓愈、李翺重述斯旨，至宋程伊川撰明道先生行狀，謂其兄：「求道之志未至其要，泛濫於諸家，出入於老釋者幾十年，返求諸六經而後得之。……謂孟子沒而聖學不傳，以興斯文爲己任」，朱子繼之，而後道統得以確立。(註二)

文集卷七十六中庸章句序有云：

「道統之傳有自來矣。其見於經，則允執厥中者，堯之所以授舜也。人心惟危，道心惟微，惟精惟一，允執厥中者，舜之所以授禹也。……自是以來，聖聖相承，若成湯文武之為君，皋陶伊傅周召之為臣，旣皆以此而接夫道統之傳。若吾夫子則雖不得其位，而所以繼往聖開來學，其功反有賢於堯舜者。然當是時，見而知之者，惟顏氏曾氏之傳得其宗。及曾子之再傳，而復得夫子之孫子思。……又再傳以得孟氏。……及其沒而遂失其傳焉。……故程夫子兄弟者出，得有所考，以續夫千載不傳之緒。」

由是而由堯舜而二程，道統一貫。朱子且上溯伏羲黃帝，（註三）道統於以確立。文集卷七十六大學章句序則曰：

「河南程氏兩夫子出，而有以接乎孟氏之傳。……雖以熹之不敏，亦幸私淑，而與有聞焉。」

於此可見朱子顯然有擔承道統之意。及後黃榦書朱子行狀，乃曰：

「道之正統，待人而後傳。自周以來，任傳道之責，得統之正者，不過數人，而能使斯道章章較著者，一二人而止耳。由孔子而後，周程張子繼其絕，至先生而始著。」

以後宋史引其說，列代學者宗之不乏其人。陳榮捷先生指出，朱子之立道統，是以哲學性的理由排除漢唐諸儒，特尊二程，首標周子，旁置張子，而不及邵子，其言是也。（註四）

我們查考宋儒的基本觀念，與先秦儒比較，差別當不在小。隨便舉幾個例：子貢說，夫子之言性與天道，不可得而聞也，宋儒則最愛談論性與天道的問題；子在川上之嘆，宋儒說是在談道體；居處恭，執事敬，與人忠，宋儒說此徹上徹下語也；從純考據的觀點看來，實在找不出這些說法與原典有什麼確定的關連。而宋儒與先秦儒之間的主要差別，好像在宋儒大幅地引入了許多佛老的觀念。再隨便舉幾個例來說：宋儒最基本的觀念是「理」，但在孔孟，理並不是十分重要的觀念，反而是華嚴才昌言理事無礙的境界；又如太極在先秦也不是重要的觀念，在宋儒之中，濂溪首倡之於太極圖說，到朱子才變成了一個中心的觀念，但朱子並未否認太極圖的來源是出於道家的陳摶。其實朱子從不否認宋儒曾受到佛老的影響，語類曰：

「近看石林過庭錄載上蔡說，伊川參某僧後有得，遂反之。偷其說來做己使，是為洛學。某也嘗疑，如石林之說固不足信，却不知上蔡也恁地說，是怎生地？向見光老示及某僧與伊川居士帖，後見此帖乃載山谷集中，後又見有跋此帖者，乃僧與潘子真帖，其差謬類如此。但當初佛學只是說，無存養底工夫，至唐六祖始教人存養工夫。當初學者亦只是說，不曾就身上做工夫。至伊川方教人就身上做工夫，所以謂伊川偷佛說為己使。」（一二六）

據錢穆先生考據，此條某僧指靈源，其與潘淳子眞一帖，人誤謂之與伊川，朱子辨之。（註五）但奇怪的是，朱子於伊洛偷佛學爲己使一語，却似不甚反對。在這樣的情形之下，我們勢必被逼得要問以下的兩個問題：

㈠、宋儒是否大段都是佛老之說？而且宋儒往往互相攻訐異己爲佛說，此處究竟是否確有陽儒陰釋之嫌？

㈡宋儒與先秦儒之關連究竟如何？究竟彼此之間是否有本質性的一脈相傳的線索如道統說之所宣稱者？抑或宋儒只是借古籍做幌子，骨子裏是在說一套與先秦儒十分不同的新東西？

這樣的問題根本涉及道統的觀念究竟是否可以成立的問題，所以值得我們仔細來考慮。先就第一個問題來說，由上節的解析，我們已經可以看到，宋儒與佛老之間確有一定的分疏。宋儒無疑是受到佛老的刺激而不能滿足於傳統的窠臼之內，此所以程朱諸儒多必須出入老佛有年而後返歸六經，始知吾道自足。儒學要擴大，要應付佛老方面來的强大的衝擊，就必須直搗虎穴，在不違背自己的基本精神的前提之下，汲取佛老的靈泉，來恢復自己的活力，這不是一件可羞愧、要隱瞞的事實。其實朱子對於當時儒學之不振感懷極深，批評不遺餘力。語類有曰：

「或問子在川上，曰：此是形容道體。（中略）。問明道云，自漢以來，諸儒皆不識此，如何？曰：是他不識如何却要道他識？此事除了孔孟，猶是佛老見得些形象。譬如畫人一般，佛老畫得些模樣，後來儒者於此全無相着，如何教他兩箇不做大。祖道曰：只為佛老從心上起工夫，其學雖不是，然却有本。儒者只從言語文字上做，有知此事是合理會者亦只做一場話說過了，所以輸與他。曰：彼所謂心上工夫本不是，然却勝似儒者多，公此說却是。」（三六）

「正淳云：某雖不曾理會禪，然看得來聖人之說皆是實理，故君君臣臣父父子子夫夫婦婦皆是實理流行，釋氏則所見偏，只管向上去，只是空理流行爾。曰：他雖是說空理，然眞箇見得那空理流行。自家雖是說實理，然却只是說耳，初不曾眞箇見得那實理流行也。釋氏空底却做得實，自家實底却做得空，緊要處只爭這些子。」(六三)

「問：老子之言似有可取處。曰：它做許多言語，如何無可取？如佛氏亦儘有可取，但歸宿門戶都錯了。」(一二六)

由此可見，宋代程朱等大儒都是心胸開擴、不拘門戶的豪傑之士，絕非抱殘守缺之輩可比。佛老有長處，何不取之於佛老，只要儒者自己的基本精神不流失卽可。其實朱子自受學延平以來，儒佛之分疏對他而言卽爲一重要問題。延平所指點的理一分殊固然是一大關鍵，但問題所牽涉的決非止此而已！朱子用心反省這一個問題，孝宗隆興二年甲申三十五歲時有答李伯諫書，既辨儒釋之相異，而又申伊洛與孔孟之相同。書中所論所包極廣，茲摘錄數節如下：

「詳觀所論大抵以釋氏為主，而於吾儒之說，近於釋者取之，異於釋者，在孔孟則多方遷就以曲求其合，在伊洛則無所忌憚而且斥其非。夫直斥其非者固未識其旨，而然所取所合，亦竊取其似是而非者耳，故語意之間不免走作。(中略)。

來書謂聖門以仁為要，而釋氏亦言正覺，亦號能仁，又引程氏之說為證，熹竊謂程氏之說以釋氏窮幽極微之論觀之，似未肯以為極至之論，但老兄與儒者辯，不得不借其言為重耳。然儒者言仁之體則然，至語其用則毫釐必察，故曰：仁之實、事親是也。又曰：孝弟也者，其為仁之本與。此體用一源而顯微所以無間也。釋氏之云正覺、能仁者，其論則高矣美矣，然其本果安在乎？

來書引天下歸仁以證滅度衆生之說。熹竊謂恐相似而不同。伊川先生曰：克己復禮則事事皆仁，故曰天下歸仁。試用此意思之毫髮不可差，差則入於異學矣。

來書云：夫子語仁以克己為要，佛氏論性以無心為宗，而以龜山心不可無之說為非。熹謂所謂己者，對物之稱，乃是私認為己而就此起計較、生愛欲，故當克之。克之而自復於理，則仁矣。心乃本有之物，虛明純一，貫徹感通，所以盡性體道，皆由於此，今以為妄而欲去之，又自知其不可，而曰有真心存焉，則又是有心矣。如此則無心之說何必全是，而不言無心之說何必全非乎？若以無心為是，則克己乃是有心，無心何以克己？若以克己為是，則請從事於斯而足矣。又何必克己於此，而無心於彼，為此二本而枝其辭也。（中略）。

來書云：形有死生，真性常在。熹謂性無偽冒，不必言真。未嘗不在，不必言在。蓋所謂性卽天地所以生物之理，所謂維天之命於穆不已、大哉乾元萬物資始者也，曷嘗不在，而豈有我之所能私乎？釋氏所云真性，不知其與此同乎否也？同乎此，則古人盡心以知性知天，其學固有所為，非欲其死而常在也。苟異乎此，而欲空妄心，見真性，惟恐其死而失之，非自私自利而何？是猶所謂廉賈五之，不可不謂之貨殖也。伊川之論，未易遽非，亦未易曉。他日於儒學見得一箇規模，乃知其不我欺耳。

來書謂伊川先生所云內外不備者為不然，蓋無有能直內而不能方外者。此論甚當。據此正是熹所疑處。若使釋氏果能敬以直內，則便能義以方外，便須有父子、有君臣，三綱五常，闕一不可。今曰能直內矣，而其所以方外者果安在乎？又豈數者之外，別有所謂義乎？以此而觀，伊川之語可謂失之恕矣。然其意不然，特老兄未之察耳。所謂有直內者，亦謂其有心地一段工夫耳。但其用功卻有不同處，故其發有差，他卻全不管著此，所以無方外之一節也。固是有根株則必有枝葉，然五穀之根株則生五穀之枝葉華實而可食，稊稗之根株則生稊稗之枝葉華實而不可食，此則不同耳。參朮以根株而愈疾，鉤吻以根株而殺人，其所以殺人豈在根株之外而致其毒哉？故明道先生又云：釋氏惟務上達而無下學，然則其上達處豈有是也？元不相連屬，但有間斷，非道也。此可以見內外不備之意矣。（中略）。

來書云：儒佛見處既無二理，其設教何異也？蓋儒教本人事，釋教本死生，本人事故緩於見性，本死生故急於見性。熹謂既謂之本，則此上無復有物矣。今既二本，不知所同者何事，而所謂儒本人事緩見性者，亦殊無理。三聖作易，首曰乾元亨利貞，子思作中庸，首曰天命之謂性，孔子言性與天道，而孟子道性善，此為本於人事乎，本於天道乎？緩於性乎，急於性乎？（原注：然著急字亦不得。）俗儒正坐不知天理之大，故為異說所迷，反謂聖學知人事而不知死生，豈不誤哉！聖賢教人盡心以知性，躬行以盡性，終始本末，自有次第，一皆本諸天理，緩也緩不得，急也急不得，直是盡性至命方是極則，非如見性之說，一見之而遂已也。」（文集卷四十三答李伯諫三書之第一書）

此書雖朱子思想尚未完全成熟時作品，然論儒佛分疏處，則與晚年語類中言，並無二致。朱子拒絕和會之論是有很强的理據的。依儒者之言，則人倫日用不可廢，仁義禮智根於心，性理之實卽本之於生生而不容已之天道。其體用本末，皆與佛氏迥異，焉能以名言之相類而遂諱言彼此之間有本質性之差別。

我們再看儒者之借佛老之說，取捨之間，極有分寸，絕非自棄其立場者。而運用之妙，存乎其人。如濂溪之借用太極圖，道家之本旨是做修養工夫的引導，以歸於無極，而濂溪却將之倒轉過來，講出一套符合生生之旨的形上學、宇宙論，肯定人倫日用，這在基本上是儒家的精神，絕非道家的精神。又如二程吸納佛家做修養的工夫，然所涵養體證爲儒家的性理，決非佛家的空理。而周張程朱由佛老吸取靈泉的結果，則爲儒家打開了一些全新的視域，增闢了一些重要的層面，復甦了儒學的生命，豈云少補。同時儒佛之分疏並不因此而泯滅，且正因爲新儒家做出了可以和佛家匹敵的心性論、宇宙論，遂使得儒釋之對比分外清明，讓後來的學者可以在其間作自覺的抉擇，或者嘗試一種更高的綜合。

如此，我們對於上面所提的第一個問題的答復是，新儒家的確是儒家思想，決非老佛思想。儒釋的分界線是不能不加以確定地維持的。事實上程朱等大儒確自覺地把握住儒佛之間根本的分疏，不容和會混淆。由此而陽儒陰釋之論不攻自破，不值得我們重視。

其次，我們要查究宋儒與先秦儒究竟有怎樣的關連，以及道統的觀念究竟能否成立的問題。

從純考據的觀點看，道統的觀念顯然是難以成立的。譬如朱子中庸句序追溯道統的根源引危微精一的十六字心傳，經清儒考證，乃出於僞古文尚書；詩經原典維天之命於穆不已根本未必包含性卽天地所以生物之理的意思；子思是否中庸的作者也有疑問，近世學者更多以中庸成書乃在孟子之後者。再由考古的觀點看，中國的信史斷自商代起，則伏羲、黃帝、堯、舜還是屬於神話傳說的時代，未能確證實有其人。由此看來，道統之說是根據許多未證實的傳說所構築成的一種主觀信念，未足採信。

但有趣的是，正在這裏，我們可以看到宋儒與先秦儒的連貫性。把時間推回到遠古正是先秦儒的一貫作風，所謂仲尼祖述堯舜、憲章文武是也。其實孔子本人已經知道得清楚，談過去的事有文獻不足徵的問題，所謂夏禮吾能言之，杞不能徵也，殷禮吾能言之，宋不足徵也。三代尚且如此，更何況堯舜！但孔子却相信這裏有一條一脈相承的線索，所以說殷因於夏禮，所損益可知也，周因於殷禮，所損益可知也，由這樣推下去，雖十世可知也。孟子更演繹出一套五百年必有王者興的歷史哲學觀。宋儒所繼承的正是這一類的觀念。所以針對戴震的問題：朱子生於孔子之後一千多年，他怎麼能夠知道孔子的想法是什麼？尊信宋學的人的回答是，千聖相傳，只是此心，以心印心，自然不難了解聖人的命意所在。就論語所顯露的孔子的性格看來，孔子不會是像今文學家所說，故意虛構出一套古代的理想的圖畫來託古改制。述而不作，信而好古，孔子是在眞心嚮往堯舜的盛世，所繼承的是文武周公的理想。而這是把道德融貫入現實政治的理想；朱子所崇信的也還是同樣的理想，朱子自也不免過分理想化遠古的歷史，但當時疑古之風未盛，朱子所接受的只不過是大家所共同接受的古史的圖象而已！而朱子的堅強的信念的眞正根源是在千聖相傳之心，以及此心所把握之實理，這些是用切問而近思的方式，當下卽可以體證的道理，不是時代淹遠不可追索的上古遺跡。由此可見，道統成立的眞正基礎在於此心此理之體認。我們之所以尊崇伏羲、黃帝，只是因爲大家一般共認，道曾經具現於伏羲、黃帝而已！其實朱子在中庸章句序之中已經點穿；若吾夫子則雖不得其位，其功反有賢於堯舜者。由此可見，師道之尊猶有甚於君道，在敎育文化上的開拓還更重要於現實政治上的建樹。如此則伏羲、黃帝、堯、舜之功自可給人一種源遠流長的感覺，同時也說明了創新自有傳承爲基礎，然而卽使退一步承認伏羲、黃帝、堯、舜不屬於信史範圍，也不能因此就完全推翻了道統的觀念。因爲道統說眞正的樞紐點實在是在孔子。從宋儒的觀點看，孔子比先王更親切更明白地表現了道，在孟子則直接繼承了孔子，故此我們不能不進一步考慮宋儒與孔孟之間的關係。

如果我們只許以一言來概括宋儒的中心理念，或者我們可以說，在宋儒的理解中是以生生之仁爲天道與人道的根本。問題在我們能否在孔孟找到這樣的思想的根據。

就表面來說，以生生言仁始於程子，不見於先秦之典籍，自可以說是宋儒之創見。但就此而言，則孟子道性善，也是孟子之創見，不見於孔子的論語。故問題的癥結在，後儒之創發，是否與先儒在精神上一貫，這才是眞正最中心的關鍵所在。

孔子之所以在儒家佔有一最特殊之地位，是在於他首先提出仁爲全德，爲儒家思想指點了一個確定的方向。孔子雖不曾爲仁下一個定義。但君子不可於終食之間違仁，造次必於是、顚沛必於是，仁顯然是孔子的終極關懷之所在。故孔子雖未明言他的一貫之道究竟是什麼，仁顯然就是他的一貫之道，曾子以忠恕釋之，朱子解釋爲盡己之謂忠、推己之謂恕，二者顯然爲仁的表現之一體的兩面，似乎不失曾子原意。而盡己可以與明明德配合，推己可以與親民配合，大學顯然也是發揚孔子的儒家思想的一項重要的典籍。孔子本人雖也未明言性善，但他指點出禮後乎，顯然肯定禮儀在人性之中有一自然之基礎。孔子一生學不厭，敎不倦，就是相信人性之中有極大的潛能以向善。從孔子的思想看來，仁義不能是外鑠的，到孟子乃明言仁義內在，性由心顯，則宋儒之歸本於孔子，奉孟子爲正統，決不能只是一件偶然的事情。

其次再談生生的體證。論語雖絕少有關性與天道的討論，但子貢不可得而聞也的證詞並不表示孔子一定沒有關於性與天道的思想。孔子描寫自己學修的經過就曾明言五十而知天命，又曾有朝聞道，夕死可矣的說法。宋儒以子在川上嘆曰的一段是形容道體，固不免想像力過分豐富。但孔子本人確曾倡導無言之教，所謂天何言哉，四時行焉，百物生焉，顯然孔子的確相信天壤間有一無窮生力在作用，這樣的思想與大易生生的思想是互相呼應的。在今日，我們自不可能再相信十翼皆孔子所作，但我們却不能够排除十翼之中有孔子思想的可能性，至少十翼之中大部分是儒門後學發揮孔子這一線索所傳承的思想。在今天我們研究孔子，自必以論語爲最主要的資料，但不能以論語爲唯一的資料。最可靠的方法是我們用論語爲間架去網羅其他相關的資料。而論語所提供給我們的是一條踐仁以知天的線索。孔子的教誨雖把重點放在前者，却不能完全排除了後者的可能性。孟子更明言盡心知性知天而指點了一條更爲確定的進路。宋儒順着這一個方向去推進，不能不說的確是孔孟的苗裔。

再講到學庸。禮記之中當然大部分是儒門後學的作品。或曰，大學之中講定靜安慮得，不見得純是儒家的思想。但這樣的說法所犯的錯誤是把儒家思想當作一個靜止的常體，事實上儒家的思想不斷在發展變化的過程中，沒有理由不受其他的思想的影響，也沒有理由不向別的思想汲取新的靈泉。問題是這些文獻的中心究竟是發揮儒家的思想，還是別派的思想。大學講三綱領八條目，這明顯地是儒家的思想，增加了定靜安慮得的修養工夫的次第，一點不顯得突兀，也不使之變質成爲了非儒家的思想。同理，中庸講天命之謂性，誠的天道觀，都是在本質上屬於儒家的思想，與孔孟有着一脈相承的線索。易傳之中成分當然更蕪雜。但天地之大德曰生；一陰一陽之謂道，繼之者善也，成之者性也；這些都是顯明地與儒家的天道觀完全符合的思想。宋儒再更進一步發揮出理、太極的嶄新的概念，有什麼不可以？

事實上，朱子把學庸與論孟放在一起，組成四書，實在是深具卓識。四書之說自不始於朱子，但基於哲學性的理由把它們組合在一起，並化了那些大的力氣爲之作集註，使它們成爲一個整體，這却是朱子的功勞。朱子之立道統，顯然是以內聖之學爲規模。故於孔門特重顏曾，並謂孟子沒後而遂失其傳焉。漢魏以來，只得傳經之儒而已！歷代大儒如董仲舒、揚雄、文中子、韓愈輩，均於內聖之學並無貢獻，故不包括在道統之內。一直要到明道，「天理二字，却是自家體貼出來」伊川贊其兄之學貴自得，始爲宋儒尊爲道之正統。但朱子在二程之前又推尊濂溪，此則其煞費苦心處。蓋二程缺乏宇宙論的興趣，中心雖牢固，而缺少集大成的意味。濂溪則別立蹊徑，其通書與太極圖說打通了易庸之間的通道，而歸本於孔顏。這是儒學可以開展的一條新途徑。橫渠之西銘，二程極推尊，對於正蒙乃不無微詞。橫渠分別德性之知、見聞之知；天地之性、氣質之性；固無乖於正道。但他所銷融的淸、虛、一、大等觀念乃不免歧出，思想表達也不完全圓熟，故只能放在輔翼的地位。至於康節則重象數，其思想的道家意味太重，故既未採入近思錄，也不見於伊洛淵源錄。錢穆先生謂朱子並非不看重邵子，（註六）此則固然，然朱子也非不看重司馬溫公，但溫公爲史家，故也不包括在道統之中。文集卷八十五，有六先生畫像贊，即將康節、涑水與濂溪、二程、橫渠平列。由此可見，朱子的容量大，架局廣，但取捨之間層次分明，法度極爲謹嚴。朱子一生基本用心究竟何在，於此可以思過半矣。

討論至此而我們也可以對前面所提出的第二個問題作一個答復。宋儒的思想與先秦儒的思想之間的確有一種本質性的關連。我們至少可以說，宋儒是在不違背孔孟的基本精神之下，受到佛老的衝擊，所發展出來的一套新儒家的思想。

但我們這樣立論，並不是說，儒家就不可以發展出另外的不同思想。事實上，孔子的後學也可以發展出荀子的性惡論，由荀子的思想再推進一步乃可以發展出韓非的法家的思想。但這樣的思想却已經脫離了儒家的基本的規模。

其次，我們也不是說，所有的儒家都要同意朱子這種儒家正統的意見。孔子之後，早就有儒分爲八的說法。秦火之後，則有今文學派與古文學派的對立。嗣後又有漢宋的差別；清儒卽有以反宋明儒爲職志者，好像顏元卽以之爲喪失了原始儒家的精神。儒家的思想本可以有不同發展的可能性，我在這裏只是說明，宋儒是有一條線索可以聲言他們是由孔孟以來一脈相承的發展。他們也提出了一定的標準，把某一些思想包含在道統的範圍之內，或排拒在道統之外。這一個標準卽宋儒體證得最眞切的內聖之學的規模。以此而漢唐號稱盛世，在思想的層面上却於儒者內聖之學無所增益而被棄置在一旁。同樣，宋明儒的慧識到了清朝既已經無以爲繼，則由宋明儒的標準看乃不能不謂之爲一種墮落，一直要到當代熊十力先生出來，才致力於重新恢復這一個傳統的思想。

如果以宋學爲標準，則內在中心的體證是最重要一件事，章句的解釋其餘事耳，學問的目的是在見道，其目的本不在詞章記誦，更不在客觀的餖飣考據的工作。對於文字的解釋，一以主觀的體驗爲基礎，故此對於文義的引伸，不只不當作一種錯誤或過失，反而被當作一種慧解的印證看待。只有在這樣的一種背景之下，我們才可以了解宋儒對於「維天之命於穆不已」、「子在川上」、「居處恭、執事敬、與人忠」，一類的新釋。這樣的新釋可能是越出了古典的原義，（正如海德格所謂的 doing violence to the text）但却不一定違反原典的精神。而慧識的傳遞，比章句的傳遞，對宋儒來說，顯然是具有遠更重要的價值。

我並不是說，採取這樣一種態度不會產生一些問題，或者構成一些缺點。在這樣的精神的主導之下，客觀的學統是不可能建立起來的。然而我們必須了解，道統與學統本屬於兩個不同的層面。若純由道統的觀點來看，我們只能夠問，生生之仁的體證是不是反映了生命的眞理，其餘有關考古、歷史、考據的問題都不是十分相干的問題。

當代西方神學家田立克（Paul Tillich）在「耶穌的研究」（Jesusology）與「基督的信仰」（Christology）之間所作的區分，（註七）可以幫助我們來了解當前我們所面臨的問題。依田立克的說法，有關耶穌生平的研究，譬如耶穌是否生在一個木匠之家，他的許多事蹟是否眞實的問題，這是歷史研究的範圍，所得到的結論至多只有較低或較高的蓋然性。但是基督道成肉身，十字架的象徵所宣洩啓示的是，一個生命（現實）的終結是另一個生命（精神）的開始，這裏所傳達的消息却是絕對的眞實，它根本不是知識的對象，只是信仰的對象。同樣，我們也可以說，伏羲、黃帝的傳說的眞實性只有較低或較高的蓋然性，這些是歷史、考古可以研究的對象。但肯定仁道遍滿，建立道統之說所牽涉的却根本是儒家終極信仰的問題，非知識所行境。

我們的經驗知識，用宋儒的術語來說，也就是我們的見聞之知，只能夠用來發現現象世界內部的關連，而不能夠處理有關我們的終極託付的問題。要眞正安心立命，却只能夠仰賴於我們的德性之知。在這一個層次的體識乃必須存乎其人，的確如人飲水，冷暖自知。用田立克的話來說，人追問生命的意義的問題時，可謂一無憑依，只有倚賴生存的勇氣（Courage to be），跳進他所謂的「神學之環」（The theological circle）以內，基督所提供的信息才有一種實存的意義。同樣，超越性理之內在於人的生命，這在一般人來說，好像是十分玄妙而不可解。只有在閱歷萬般之後，終於體會到吾道自足，而進入儒家內聖之學的「解釋之環」（The hermeneutical circle），宋儒所講的那些道理，才好像赤日當空，纖毫畢露，無所遁形。在這樣的有關生命的終極意義的追求之中，所牽涉的是根本的慧識，吾人所積累的經驗知識於此至多只不過有一種參考的價值而已，最後乃必須作一實存性的抉擇，究竟是爲無神、爲基督、爲佛老、爲儒家，此間必涉及一異質的跳躍。道統之說正是這一個超越信仰層次的問題，故所以對於圈內的人來說，卻自有一確定的義理規模，儘可以還出它的理據來，層次分明，秩序井然，步驟深淺，有一定的理路線索可以遵循，絕非武斷隨意編織的結果。

## 四、朱陸異同的一重公案：
### 宋代儒學內部的分疏問題之省察

朱子的容量大，架局廣，對於考據、詞章之學，無所不窺。但是他基本用心之處乃在爲己之學，少年時代先依違於老佛之間，最後才返歸儒學，建立道統。但他回過頭來審查當時儒學的內容，就立刻發現其每易爲異學所借，不能够維繫儒佛的分疏。他與湖湘學者辨，就感覺到胡氏之學講性無善惡，鄰近於告子禪佛之說。而胡氏之學係由上蔡轉手；上蔡以覺訓仁，則又易與禪家作用見性之說混淆。他自己受學於延平，溯回到龜山默坐澄心之敎，似易有滯寂之病，朱子晚年乃以之爲一時入處，而感到龜山也未嚴儒釋之別，故深致其不滿之辭。總之，朱子晚年乃以程門高弟以下傳授，雖非全同佛說，然一轉手，乃每易爲異學所借。故立道統之說時，乃跳過延平、龜山，而直接私淑二程。事實上他眞正承繼的是伊川。然伊川推尊明道；無論如何，明道對於伊川以及程門後學是有開啓引導的作用，故朱子對於明道所說雖不甚契合，乃每爲賢者諱。如此則儒佛之分疏問題轉成爲宋代儒學內部的分疏問題，於此我們不能不加以詳細省察，看看朱子所言是否稱理。而其中牽涉到的一個最富有關鍵性的大問題，卽爲朱陸異同之一大公案。

大概朱子見象山之時，自己的思想已經成熟，與象山的接觸並未改變他思想的基本型態。鵝湖之會僅爲一不愉快之小插曲，故朱子本人對之並未特別看重。在象山則爲其生平得意之作，故今日有關鵝湖之會之詳細敍述僅見之於象山之語錄年譜。大概朱子早就聽到象山的名譽，雖承認其爲吾道中人，但覺得其太狂，頗思有以箴砭之，使其納入正途。那知鵝湖一會，象山氣勢凌人，自信之甚，連朱子也爲之失色。但朱子倒是的確對於自己作了檢討，承認自己是在道問學方面多些，陸子則在尊德性方面多些，而克己努力減少向來支離之病。後復齋死，象山爲其兄向朱子求墓誌銘，朱子也趁機請象山在白鹿洞演講，雙方關係轉趨良好。學生也有往來問學者。但不幸朱子撰曹立之墓表，引起波瀾。後象山與朱子激辯太極圖說，雙方終於決裂。自此以往，彼此批評攻擊，不留餘地，自是極可憾的一件事。然雙方在本質上確有差別，有不可以調停者在。以下我們就對朱陸異同這一重公案，作一番比較詳細的省察，始得明其底蘊。

象山（一一三九—一一九二）比朱子小九歲。乾道八年壬辰象山登進士第，爲東萊所識拔。翌年，乾道九年癸巳，東萊與朱子通信卽談到陸氏兄弟。東萊與朱子書有云：撫州士人陸九齡子壽，篤實孝友，兄弟皆有立。舊所學稍偏，近過此相聚累日，亦甚有問道四方之意。朱子文集卷三十三有答書曰：

「陸子壽聞其名甚久，恨未識之。（劉）子澄云：其議論頗宗無垢，不知今竟如何也？」（文集卷三十五答呂伯恭四十九書之第二十六書）

又翌年，淳熙元年甲午，文集卷四十七有答東萊弟祖儉子約書云：

「陸子靜之賢，聞之蓋久。然似聞有脫略文字直趨本根之意，不知其與中庸學問思辨然後篤行之旨又如何耳？」（文集卷四十七答呂子約二十八書之第十五書）

同年，又答呂子約書云：

「近聞陸子靜言論風旨之一二，全是禪學，但變其名號耳。競相祖習，恐誤後生。恨不識之，不得深扣其說，因獻所疑也。然想其說方行，亦未必肯聽此老生常談。徒竊

憂嘆而已！」（文集卷四十七答呂子約二十八書之第十七書）

再下一年，淳熙二年乙未，乃有鵝湖之會。由此可見，鵝湖之會前一年，朱子卽因傳聞而臆想象山爲禪。

鵝湖之會的因緣是，東萊訪朱子於寒泉精舍，編定近思錄。東萊踏上歸程，朱子送行到信州（今江西廣信）之鵝湖寺，江西陸子壽、子靜兄弟來會。關於鵝湖一會比較詳細的紀錄，不見於朱子之文集語類，而僅見之於象山之年譜語錄。

象山年譜於象山三十七歲年（朱子四十六歲）記鵝湖之會引朱亨道書云：

「鵝湖講道切誠當今盛事。伯恭蓋慮陸與朱議論猶有異同，欲會歸於一，而定其所適從。其意甚善。伯恭蓋有志於此，語自得則未也。臨川趙守景明邀劉子澄、趙景昭。景昭在臨安，與先生相款，亦有意於學。

鵝湖之會，論及教人，元晦之意欲令人泛觀博覽而後歸之約，二陸之意欲先發明人之本心而後使之博覽。朱以陸之教人為太簡，陸以朱之教人為支離。此頗不合。先生更欲與元晦辯，以為堯舜之前何書可讀，復齋止之。趙劉諸公拱聽而已。」（象山全集卷三十六）

象山語錄有更詳細的報導。

「呂伯恭為鵝湖之集。先兄復齋謂某曰：伯恭約元晦為此集，正為學術異同。某兄弟先自不同，何以望鵝湖之同。先兄遂與某議論致辯，又令某自說，至晚罷。先兄云：子靜之說是。次早，某請先兄說。先兄云，某無說。夜來思之，子靜之說極是。方得一詩云：孩提知愛長知欽，古聖相傳只此心。大抵有基方築室，未聞無址忽成岑。留情傳註翻榛塞，著意精微轉陸沉。珍重友朋相切磋，須知至樂在於今。某云：詩甚佳，但第二句微有未安。先兄云：說得恁地，又道未安，更要如何？某云：不妨一面起行，某沿途却和此詩。及至鵝湖，伯恭首問先兄別後新功，先兄舉詩才四句，元晦顧伯恭曰：子壽早已上子靜船了也。舉詩罷，遂致辯於先兄。某云：途中某和得家兄此詩云：墟墓興哀宗廟欽，斯人千古不磨心。涓流積至滄溟水，拳石崇成泰華岑。易簡工夫終久大，支離事業竟浮沉。舉詩至此，元晦失色。至欲知自下升高處，真偽先須辨只今，元晦大不懌。於是各休息。翌日，二公商量數十折議論來，莫不悉破其說。繼日凡致辯，其說隨屈。伯恭甚有虛心相聽之意，竟為元晦所尼。」（全集卷三十四）

這些報導自有着強烈的象山的主觀色彩，但由之也可以看出整個經過的情況。鵝湖之會顯然是東萊主動約會的，主角當然是朱子象山二人，其餘不過陪襯而已！象山氣勢凌人，自信極堅，朱子當時爲之錯愕，有一些不愉快，乃是想當然事。

朱亨道函中所云不免失之於儱侗，所謂「論及教人」云云，詞義不免含混。如果問題在教人作自覺的道德修養工夫，那麼做小學的灑掃進退應對式的涵養工夫、讀書、致知窮理至多不過是助緣而已，不足以立本心。則象山所謂易簡工夫終久大，支離事業竟浮沉，絕對是對的。但若敎人是指一般的敎育程序而言，劈頭就講本心，那麼人根本摸不到頭腦，只有隨事指點爲是。在事實上，卽明道這樣的大儒，也要出入佛老幾十年，才能够悟到吾道自足。且立本心德性之知，也並不是要人盡廢見聞，象山當時立言或不免太過。由這樣的角度看來，朱子顯然是對的。到了後世，卽傾向于象山之王陽明都不得不說象山粗些。傳習錄卷三載陳九川與陽明關於陸子之學之問答。玆錄如下：

「〔九川〕又問：陸子之學何如？
先生曰：濂溪明道之後還是象山，只還粗些。
九川曰：看他論學，篇篇說出骨髓，句句似鍼膏肓，却不見他粗。
先生曰：然。他心上用過工夫，與揣摩依倣求之文義自不同。但細看，有粗處；用功久，當見之。」

所謂象山粗些，陽明終究未說出一個道理來。象山自於心地上有實見，所以論學能够鞭辟入裏，直透本源。但他似孟子，顯英氣，乃不似孔子之渾圓。而粗者，略也。他直指本心，乃完全不能以分解的方式講義理，只講踐履，使得追隨者易成爲不能在概念上有所開拓之悶葫蘆。如陽明之格除物欲，致良知於事事物物，畢竟爲學者指點了一條途徑，象山却只欲在先天上立本心，他之所謂存養，也只是存此養此而已，完全忽略了後天做工夫遭逢到的種種艱難，不似陽明之指點體證良知，乃由百死千難中得來，比較有一種實存的感覺。易簡到了看不見人在體道的過程中就是會兜圈子走許多寃枉路，只是一味要人猛利向上，辨分義利，踐履篤行，自不免是粗了。

但由本質程序言，眞正要自覺作道德修養工夫，當然首先要立本心。二陸學詩，完全是孟子學之精神，不知朱子爲何睽隔如是？子壽詩云：「孩提知愛長知欽」，這明是本於孟子：「人之所不學而能者，其良能也。所不慮而知者，其良知也。孩提之童，無不知愛其親也。及其長也，無不知敬其長也。親親仁也，敬長義也。無他，達之天下也。」吾人之所以能作後天之修養工夫，推源卽在人人所本有之四端，問題在知皆擴而充之，則可以保四海，不能夠擴而充之，則無以保妻子。朱子竟說：「子壽早已上了子靜船了也」。實則子靜船卽孟子船，正是古今儒學血脈一貫相通處。由此可見，朱子於孟學之基本精神，未能眞正相契。子壽詩第二句云：「古聖相傳只此心」，本亦不錯。象山却曰：微有未安，象山雖未說出理由，但由其所和詩可以推知，象山要由古聖相傳之心更進一步完全收歸到自己之心。而象山詩尤警策，更能夠表現孟學之精神。「墟墓興哀宗廟欽，斯人千古不磨心」，見墟墓而有哀思，見宗廟則起欽敬之心，如此表現之道德的心正是每個人有的共同的千古不磨心。言傳心，只是方便言之，其實體證的只是自己固有之良心。「涓流積至滄溟水，拳石崇成泰華岑」，此兩句源出中庸：「今夫山，一卷石之多，及其廣大，草木生之，禽獸居之，寶藏興焉。今夫水，一勺之多，及其不測，黿鼉蛟龍魚鼈生焉，貨財殖焉。」中庸此喻則承上文「天地之道可一言而盡也。其爲物不貳，則其生物不測」而來。「易簡工夫終久大，支離事業竟浮沉」，易簡二字之根據乃在易傳：「乾知大始，坤作成物。乾以易知，坤以簡能。」由此可見，象山之詩，字字有根，與禪決無關係。只不過象山作詩，多多少少是針對朱子而發，故令朱子不免失色。但朱子若眞能正視孟子、中庸、易傳之含義，則亦何至於大不懌。

但朱子在當時心理上有些反應，不能够一下子適應過來，此亦人之常情；這也可能是後來文集語錄不提鵝湖之會詳情的原因。然其會後致友人書，則表現相當風度，雖不同意陸氏兄弟之說，但也感到講論有益，並不全是否定之詞。文集卷四十九答王子合書有曰：

「前月末送伯恭至鵝湖，陸子壽兄弟來會，講論之間，深覺有益。此月八日，方分手而歸也。」（答王子合十八書之第一書）

這大概是當時朱子的實感。象山年譜引朱子鵝湖會後一書可以印證，此書文集未收，書云：

「某未聞道學之懿，茲幸獲奉餘論，所恨匆匆別去，彼此之懷，皆若有未旣者。然警切之誨，佩服不敢忘也。還家無便，寫此少見拳拳。」

由此可見，朱子在會後並無所謂不平之氣。南軒曾來信相詢：陸子壽兄弟何如？肯相聽否？朱子答書見文集卷三十一，其書曰：

「子壽兄弟氣象甚好，其病却是盡廢講學，專務踐履，却於踐履之中，要人提撕省察，悟得本心，此為病之大者。要其操持謹質，表裏不二，實有以過人者。惜乎其自信太過，規模窄狹，不復取人之善，將流於異學而不自知耳。」（文集卷三十一答張敬夫二十一

書之第十八書）

這封信很能反映出當時朱子對陸氏兄弟的態度。朱子並不是看不到他們的長處，他們的挺拔，秀出群倫，顯然對於朱子也有相當衝擊。朱子以其病在盡廢講學，專務踐履；這當然是偏了些。但在踐履之中，要人提撕省察，悟得本心，這却是孟子學的精神，如何可以說爲病之大者。象山自信太過，不太能够看到別人的觀點，此則有之，但如何便謂之將流於異學而不自知，這完全是不相干的聯想。至少在這個階段，朱子還並未直斥之以爲禪學，只謂其流弊可能如此耳。事實上象山的問題在其過於收縮在本心一點，不能推拓開去，這與異學並沒有什麼關聯。

當時與會諸人或也以象山爲太偏，至少東萊是站在朱子一邊的，且不必如象山所想像的爲朱子所尼。東萊答邢邦用書曰：

「祖謙自春末為建寧之行，與朱元晦相聚四十餘日，復同出至鵝湖，二陸及子澄諸兄皆集，甚有講論之益。前書所論甚當，近已嘗為子靜詳言之。講貫誦繹，乃百代為學通法，學者緣此支離泛濫，自是人病，非是法病。見此而欲盡廢之，正是因噎廢食。然學者苟徒能言其非，而未能反己就實，泛泛汩汩，無所底止，是又適所以堅彼之自信也。」

此函也在乙未鵝湖之會後。這些顯然是東萊自己的看法，不能說是爲朱子所尼所產生的結果。到辛丑年，東萊逝世，象山作祭文，其辭有曰：「鵝湖之集，已後一歲，輒復妄發，宛爾故態。公雖未言，意已獨至，方將優游，以受砭劑。……比年以來，日覺少異，更嘗差多，觀省加細。追維曩昔，麤心浮氣，徒致參辰，豈足酬義。」（全集卷二十六）如此則象山也追悔當時之意態太過。人卽使以本心作主宰，落實下來的行爲也未必卽完全稱理者，此則不可以不察。在朱子方面，因一向偏好讀書講論，受到象山的衝擊以後，至少更進一步自覺到支離之爲病，也不能不說有一些好處。鵝湖之會的本來目標雖達不到，雙方意見終不能合，此間也發出一些不愉快的小插曲，但總結起來說，卻是當時倡道學者的一次有建設性的聚會。

其實，鵝湖之會上，二陸意態，已自不同，復齋遠不如象山之激昂。鵝湖之會後，復齋之態度似有改變。己亥年陸子壽訪朱子於信州之鉛山。朱子追和鵝湖相會時詩云：

「德義風流夙所欽，別離三載更關心。偶扶藜杖出寒谷，又枉籃輿度遠岑。舊學商量加邃密，新知培養轉深沉。只愁說到無言處，不信人間有古今。」（文集卷四）

別離三載指丙申、丁酉、戊戌三年，實則由乙未到己亥前後已歷五個年頭。朱子的重點仍在商量舊學，培養新知；無言之境，則雅不欲深談耳。這次的相會雙方相處甚歡。其實在見面之前彼此已有書函往來。文集卷三十四答呂伯恭書有曰：

「近兩得子壽兄弟書，却自訟前日偏見之說，不知果如何？」（文集卷三十四答呂伯恭四十五書之第七書）

此書在戊戌，可惜二陸之書在今象山集已無可考。子壽與朱子別後，又見呂東萊。東萊有書致朱子曰：

「子壽前日經過，留此二十餘日，幡然以鵝湖所見為非，甚欲着實看書講論，心平氣下，相識中甚難得也。」

如此則復齋也以鵝湖時之盡廢講論爲非，此刻乃不欲各走極端，而取一種調和折衷之態度。己亥十月朱子有答呂伯恭書曰：

「子壽相見，其說如何？子靜近得書，其徒曾立之者來訪，氣質儘佳，亦似知其師說之誤。持得子靜近答渠書，與劉淳叟書，却說人須是讀書講論，然則自覺其前說之誤矣。但不肯翻然說破今是昨非之意，依舊遮前掩後，巧為詞說，只此氣象，却似不佳耳。」（文集卷三十四答呂伯恭四十五書之第二十八書）

其實象山也不必眞要人完全不讀書講論，只非其重點所在耳。鵝湖一會，大概持論過甚，故遭各方反擊。

庚子又有答呂伯恭書曰：

「子壽學生又有興國萬人傑字正純者亦佳。見來此相聚，云子靜却教人讀書講學。亦得江西朋友書，亦云然。此亦皆濟事也。」（文集卷三十四答呂伯恭四十五書之第三十一書）

同年六月又有答呂伯恭書云：

「子壽兄弟得書。子靜約秋涼來遊廬阜，但恐此時已換却主人耳。渠兄弟今日豈易得，但子靜似猶有些舊來意思。聞其門人說，子壽言其雖已轉步而未曾移身，然其勢久之亦必自轉。回思鵝湖講論時是甚氣勢，今何止什去七八耶。」（文集卷三十四答呂伯恭四十五書之第三十三書）

大概鵝湖一會之後，象山的作風確略有改變，比較多作讀書講論之事，但其學之本質則不必有任何改變，朱子聽到傳聞之辭所作的解釋只是想當然耳。但朱子始終雅重陸氏兄弟其人，子壽居間調停，顯然發生一些作用。然不幸子壽卽於此年九月間逝世。朱子答呂伯恭書云：

「陸子壽復為古人，可痛可傷，不知今年是何氣數而吾黨不利如此也。」（文集卷三十四答呂伯恭四十五書之第三十七書）

這一年南軒先逝，子壽又逝，無怪朱子有「吾道不振，此天也，奈何奈何」（文集卷三十四答呂伯恭四十五書之第四十書）之嘆。朱子爲子壽作祭文，其文曰：

「學匪私說，惟道是求。苟誠心而擇善，雖異序以同流。是我與兄，少不並遊。蓋一生而再見，遂傾倒以綢繆，念昔鵝湖之下，實云識面之初，兄命駕而鼎來，載季氏而與俱。出新篇以示我，意懇懇而無餘。厭世學之支離，新易簡之規模。顧予聞之淺陋，中獨疑而未安。始聽瑩於胸次，卒紛繳於談端。徐度兄之不可遽以辨屈，又知兄必將返而深觀。遂逡巡而旋返，悵猶豫而盤旋。別來幾時，兄以書來。審前說之未定，曰子言之可懷。逮予辭官而未獲，停驂道左之僧齋。兄乃枉車而來教，相與極論而無猜。自是以還，道合志同。何風流而雲散，乃一西而一東。蓋曠歲以索居，僅尺書之兩通。期杖屨之肯顧，或慰滿乎予衷。屬者乃聞，兄病在床。亟函書而問訊，并裹藥而携將。曾往使之未還，何來音之不祥。驚失聲而隕涕，沾予袂以淋浪。嗚呼哀哉！今茲之歲，非龍非蛇。何獨賢人之不淑，屢與吾黨之深嗟。惟兄德之尤粹，儼中正而無邪。至其降心以從善，又豈有一毫驕吝之私耶。嗚呼哀哉！兄則已矣，此心實存。炯然參倚，可覺惰昏。孰泄予衷，一慟寢門。緘辭千里，侑此一尊。」（文集卷八十七，祭文）

這篇文章含着眞摯的情感，而詳述彼此交遊之經過，始於不合，而終於志同道合，自也是合其所合，然雙方之情好，與互相之推尊，則躍然紙上矣。同時象山與朱子之交誼，關係也大有改善。復齋既卒，象山廬阜遊約也取消。翌年淳熙八年辛丑，象山來訪，請書其兄敘授墓誌銘，朱子率僚友諸生，與俱至白鹿洞書院，請升講席，象山以君子小人喻義利章發論。朱子文集卷八十一跋金谿陸主簿白鹿洞書堂講義後謂：

「其所以發明敷暢則又懇到明白，而皆切中學者隱微深錮之病，蓋聽者莫不竦然動心焉。熹猶懼其久而或忘之也，復請子靜筆之于簡而受藏之。凡我同志，於此反身而深察之，則庶乎其可以不迷於入德之方矣。」（文集卷八十一，跋）

此可謂對於象山推崇備至。而象山之宣講，直下把握到問題的癥結，也確可以有為朱子所嘆服者。文集卷三十四朱子答呂伯恭書曰：

「子靜到此數日，所作子壽埋銘已見之。敘述發明，此極有功。卒章微婉，尤見用意深處。嘆服嘆服。子靜近日講論比舊亦不同，但終有未盡合處，幸其卻好商量，亦彼此有益也。」（文集卷三十四答呂伯恭四十五書之第四十三書）

彼此學問立場有本質上的差別，自難盡合，然而彼此都在一種好商量、互相攻錯、求取進益的心境之中，氣氛就完全不同了。稍後又有答呂伯恭書云：

「子靜舊日規模終在，其論為學之病，多說如此即只是意見，如此即只是議論，如此卽只是定本。熹因與說，旣是思索，卽不容無意見。旣是講學，卽不容無議論。統論為學規模，亦豈容無定本。但隨人材質病痛而救藥之，卽不可定本耳。渠却云：正為多是邪意見、閑議論，故為學者之病。熹云：如此卽是自家呵叱亦過分了。須着邪字閑字，方始分明，不教人作禪會耳。又教人恐須先立定本，却就上面整頓，方始說得無定本底道理。今如此一概揮斥，其不為禪學者幾希矣。渠雖唯唯，終亦未竟窮也。來喻十分至當之說，豈所敢當。功夫未到，則乃是全不曾下功夫，不但未到而已也。子靜之病恐未必是看人不看理，自是渠合下有些禪底意思，又是主張太過，須說我不是禪而諸生錯會了，故其流至此。如所喻陳正己亦其所訶以為溺於禪者，熹未識之，不知其果然否也。大抵兩頭三緒，東出西沒，無提撮處，從上聖賢無此樣轍。方擬湖南，欲歸途過之，再與仔細商訂。偶復磋跌，未知久遠竟如何也。然其好處自不可掩覆，可敬服也。他時或約與俱詣見，相與劇論尤佳。俟寄書扣之，或是來春始可動也。」（文集卷三十四答呂伯恭四十五書之第四十四書）

此書在辛丑六月，而八月東萊卽過世。朱子痛悼良朋相繼謝世，象山祭文也略有悔意。雙方門人有往來問學者，然雙方學風有差別，則殊有不可掩者。大概象山要空無依傍，內求諸己，當下卽可以堂堂正正做一個人。這和禪學根本沒有關係，無怪朱子提及禪，象山只是唯唯，根本無從辯起也。但禪宗不立文字，直指見性，則與陸學確有一表面之相似。然此性（性空）非彼性（德性），則朱子要求作分解的展示以別異，也不是完全沒有道理。要之這兩家的差別是道學內部的頓漸二教的差別。故有相合處，也有相刺謬處，讀者不可以不察。

象山之斥閒議論，自有其根據。作聖學的修養踐履，這正是唯一的事，其餘都不甚相干。就這一個層次來說，象山對易簡的體證是深入的，朱子則老在外緣上盤旋，未能足够鞭辟入裏，猶有一間之隔。然象山只此一事，其門庭不免過於狹窄，既不須哲學上之思辨，也不須在文化活動上有所開拓。內在雖壯實，然外面却推拓不開去，也不能說沒有嚴重的缺陷。

癸卯朱子有答項平父書云：

「所喻曲折，及陸國正語，三復爽然，所警於昏惰者為厚矣。大抵子思以來，教人之法惟以尊德性、道問學兩事為用力之要。今子靜所說專是尊德性事，而熹平日所論，却是道問學上多了。所以為彼學者多持守可觀，而看得義理全不仔細，又別說一種杜撰道理遮蓋，不肯放下。而熹自覺雖於義理上不敢亂說，却於緊要為己為人上，多不得力。今當反身用力，去短集長，庶幾不墮一邊耳。」（文集卷五十四答項平父八書之第二書）

既曰象山是尊德性，則是儒學正統，與禪有什麼關係？內在的體證畢竟爲第一義，所說是否與經典相合，其餘事耳。只有陸學末流之輩，於自家身心上無實見，却又閉眼胡說，這才會有杜撰一種道理的情形發生。朱子也自承自己道問學的道路，於身心不得力，故對學者籲其集兩家之長、去兩家之短，用意未始不善。朱子又有答陳膚仲書有云：

「陸學固有似禪處，然鄙意近覺婺州朋友專事聞見，而於自己身心全無功夫，所以每勸學者兼取其善，要得身心稍稍端靜，方於義理知所抉擇。非欲其兀然無作，以冀於一旦豁然大悟。吾道之衰，正坐學者各守己偏，不能兼取衆善，所以終有不明不行之弊，非是細事。」（文集卷四十九答陳膚仲六書之第一書）

由此可見，朱子總覺得陸學近禪，他自己仍是心靜理明的思路，所取於陸學者也非必陸學之精粹。陸學所繼承是孟子學，仁義由本心流出，朱子心靜理明之說，反近荀學。但朱子要學者超越門戶之見，兼取衆善，確表示一廣大之胸襟。朱陸門人，來往於兩家之門，本可傳爲儒林佳話，不意正因此而終於導致雙方之決裂，豈是預料所及，這實在是一種不幸的發展。

自陸子壽主動與朱子修好之後，二陸門人來訪朱子者，絡繹不絕。庚子年朱子答吳茂實書云：

「近來自覺向時工夫，止是講論文義，以為積集義理，久當自有得力處，却於日用功夫全少點檢。諸朋友往往亦只如此做工夫，所以多不得力。今方深省而痛懲之，亦願與諸同志勉焉，幸老兄偏以告之也。陸子壽兄弟近日議論與前大不同，却方要理會講學。其徒有曹立之、萬正淳者來相見，氣象皆儘好，却是先於情性持守上用力，此意自好。但不合自主張太過，又要得省發覺悟，故流於怪異耳。若去其所短，集其所長，自不害為入德之門也。然其徒亦多有主先入，不肯捨棄者。萬曹二君却無此病也。」（文集卷四十四答吳茂實二書之第一書）

由此可見，朱子確實一貫感覺到陸學有不可棄處，但病其偏。對於象山門人之肯相聽者，也多獎掖之辭，但不許其有主先入，不肯捨棄，流於怪異之徒。象山門人傅子淵，深於辨志，嚴分義利，爲象山所稱許，朱子則極不喜其人。文集卷三十六有答陸子靜書曰：

「子淵去冬相見，氣質剛毅，極不易得，但其偏處亦甚害事。雖嘗苦口，恐未必以為然。今想到部，必已相見。亦嘗痛與砭劑否？道理雖極精微，然初不在耳目見聞之外。是非黑白卽在面前，此而不察，乃欲別求玄妙於意慮之表，亦已誤矣。熹衰病日侵，去年災患亦不少，比數日來，病軀方似略可支吾，然精神耗減，日甚一日，終非能久於世者。所幸邇來日用功夫頗覺有力，無復向來支離之病。甚恨未得從容面論，未知異時相見尚復有異同否耳？」（文集卷三十六答陸子靜六書之第二書）

象山年譜亦載此書，在淳熙十三年丙午。象山文集有答書云：

「太抵學者病痛，須得其實。徒以臆想稱引先訓，文致其罪，斯人必不心服。縱其不能辨白，勢力不相當，强勉誣服，亦何益之有？豈其無益，亦以害之，則有之矣。」（象山全集卷十三與朱元晦）

顯然關於此事，象山對於朱子頗不謂然。錢穆先生新學案有云：

「朱陸二人，並世大賢，其有所爭，固在學術。然當時陸門弟子來見朱子，如曹立之，朱子特所欣重，而象山嚴加深斥。如傅子淵，朱子特所不喜，而象山備致迴護。雖亦同出於懇切傳道之公心，扶導後學之至意。然彼此意氣參商，終使情好不能融洽，此亦易於想見。」（註八）

這樣的觀察是非常符合當時的事實情況的。而朱陸晚年之交惡即導源於朱子爲曹立之作墓表，其文有云：

「立之幼穎悟，日誦數千言，少長知自刻厲，學古今文皆可觀。一日得河南程氏書讀之，始知聖賢之學為有在也，則慨然盡棄其所為者，而大覃思於諸經。歷訪當世儒先有能明其道者，將就學焉。聞張敬夫講道湖湘，欲往見之，不能致。有告以沙隨程氏學古行高者，即往從之，得其指歸。既又聞陸氏兄弟，獨以心之所得者為學，其說有非文字言語之所及者，則又往受其學，久而若有得焉。子壽蓋深許之，而立之未敢以自足也。則又寓書以講於張氏，敬夫發書亦喜曰：是真可與共學矣。然敬夫尋沒，立之竟不得見。後至南康，乃盡得其遺文，考其為學始終之致，於是喟然嘆曰：吾平生於學無所聞而不究其歸者，而今而後，乃有定論而不疑矣。自是窮理益精，反躬益切，而於朋友講習之際，亦必以其所得者告之。蓋其書有曰：學必貴於知道，而道非一聞可悟，一超可入也。循下學之則，加窮理之工，由淺而深，由近而遠，則庶乎其可矣。今必先期於一悟，而遂至於棄百事以趨之，則吾恐未悟之間，狼狽已甚，又況忽下趨高，未有幸而

得之者耶，此其晚歲用力之標的程度也。」（文集卷九十，墓表）

此表作於癸卯，朱子大概是直抒己見，不意引起波瀾。文續集卷第四上答劉晦伯書有云：

「立之墓文已為作矣，而為陸學者以為病己，頗不能平。鄙意則初無適莫，但據實直書耳。」

此書也在癸卯。象山年譜淳熙十年癸卯先生四十五歲在國學，載朱子來書兩通，略云：

「比約諸葛誠之在齋中相聚，極有益。浙中士人賢者皆歸席下，比來所得為多，幸甚。」

「歸來臂痛，病中絕學捐書，却覺得身心收管，似有少進處。向來汎濫，真是不濟事，恨未得款曲承教，盡布此懷也。」

則朱子與象山情好尚篤。朱子是年又有前引之答項平父書，意存折衷，也載於象山年譜，但象山聞之曰：

「朱元晦欲去兩短，合兩長。然吾以為不可。既不知尊德性，焉有所謂道問學。」（象山卷三十六）

象山與朱子意態之不同，由此可見。但學術上雖有異同，象山與漕使尤延之書則為朱子辯護，謂不能以朱子之政為太嚴而攻之，並稱讚朱子浙東救旱之政。翌年甲辰象山年譜又載朱子一書，亦朱子文集所未收。函中關懷到象山上殿輪對之事，並附立之墓表一通，徵詢象山的意見。可見朱子在當時還未感覺有什麼大問題。象山復函要朱子看他以前寫給立之的信，該信中對於立之頗多砭劑，則象山對於朱子的意見不很同意，事至顯然。象山語錄中又有一條，謂立之「因讀書用心之過成疾，其後疾與學相為消長。初來見某時亦是有許多閑言語。某與之蕩滌，則胸中快活明白，病亦隨減。殆一聞人言語，又復昏蔽。……其後因秋試聞人閑言語，又復昏惑。又適有告之以某乃釋氏之學。渠平生惡釋老如仇讎，於是盡叛某之說，却湊合得元晦說話。後不相見，以至於死。」（全集卷三十五）這簡直是說，立之之死即由叛己誤從朱子而然。而朱子方面則始終一貫以象山為近禪。

是年（甲辰），象山有上殿輪對五劄。朱子來書曰：

「奏篇垂寄，得聞至論，慰沃良深。其規模宏大而源流深遠，豈腐儒鄙生所能窺測。不知對揚之際，上於何語有領會，區區私憂，正恐不免萬牛回首之歎，然於我亦何病。語圓意活，渾浩流轉，有以見所造之深，所養之厚，益加嘆服。但向上一路，未曾撥轉處，未免使人疑着恐是葱嶺帶來耳，如何如何，一笑。」（文集卷三十六答陸子靜六書之第一書）

象山輪對五劄猶存，爲粹然儒者之言，不知如何朱子會有「恐是葱嶺帶來」的聯想？大概朱子此時已經有了先見，只劈頭說尊德性，便是禪了。文集卷三十五與劉子澄書有云：

「近年道學外面被俗人攻擊，裏面被吾黨作壞。婺州自伯恭死後，百怪都出。至如子約別說一般差異底話，全然不是孔孟規模，却做管商見識，令人駭歎。然亦是伯恭自有些拖泥帶水，致得如此，又令人追恨也。子靜一味是禪，却無許多功利術數，目下收歛得學者身心，不爲無力。然其下梢無所據依，恐亦未免害事也。」（文集卷三十五答劉子澄十六書之第十一書）

王譜將此書繫之於乙巳。此函浙學、陸學並擧，排擊浙學尤在陸學之上，但已直截以陸學爲禪，以其下梢無所依據。同年稍後又有一書云：

「子靜寄得對語來，語意圓轉，渾浩無凝滯處，亦是渠所得效驗，但不免些禪底意思。昨答書戲之云：這些子恐是葱嶺帶來。渠定不伏，然實是如此，諱不得也。近日建咢說得動地，撐眉努眼，百怪俱出，甚可憂懼。渠亦本是好意，但不合只以私意為主，更不講學涵養，直做得如此狂妄。世俗滔滔，無話可說。有志於學者又為此說引去，真吾道之不幸也。」（文集卷三十五答劉子澄十六書之第十二書）

此則直以象山之學即禪家作用是性之說。朱子一方面還看到它的好處，心存折衷之念，另一方面則憂懼之念日深，也不免見之於言詞，其心境甚苦也。

翌年丙午有答諸葛誠之書云：

「示喻競辯之端，三復惘然。愚意比來深欲勸同志者兼取兩家之長，不可輕相詆訾。就有未合，亦且置勿論，而姑勉力於吾之所急。不謂乃以曹表之故，反有所激，如來喻之云也。不敏之故，深以自咎。然吾人所學喫緊着力處，正在天理人欲二者相去之間耳。如今所論，則彼之因激而起者，於二者之間果何處也。子靜平日所以自任，正欲身率學者一於天理，而不以一毫人欲雜於其間，恐決不如賢者之所疑也。義理天下之公，而人之所見有未能盡同者，正當虛心平氣，相與熟講而徐究之，以歸於是，乃是吾黨之責。而向來講論之際，見諸賢往往皆有立我自是之意。厲色忿詞如對仇敵，無復長少之節，禮遜之容。蓋嘗竊笑，以為正使真是仇敵，亦何至此。但觀諸賢之氣方盛，未可遽以片辭取信，因默不言，至今常不滿也。今因來喻，輒復陳之，不審明者以為何耳？」（文集卷五十四答諸葛誠之二書之第一書）

誠之爲象山門人。此時距曹表之作，已三年矣。而不意曹表所激起之風波，不僅未趨平息，反有各走極端之勢。此時東萊、南軒俱逝，無形中形成朱陸門戶之對立，此亦不得不然之勢也。稍後又有答誠之書曰：

「所喻子靜不至深諱者，不知所諱何事？又云銷融其隙者，不知隙從何生？愚意講論義理，只是大家商量，尋箇是處，初無彼此之間，不容更似世俗遮掩回護，愛惜人情，纔有異同，便成嫌隙也。」（文集卷五十四答諸葛誠之二書之第二書）

調和折衷既不可能，學術異同爲本質事，是年乃有答程正思書云：

「所論皆正當確實，而衞道之意又甚嚴，深慰病中懷抱。……祝汀州見責之意，敢不敬承。蓋緣舊日曾學禪宗，故於彼（象山）說雖知其非而不免有私嗜之意。亦是被渠說得遮前揜後，未盡見其底蘊。譬如楊墨，但能知其爲我兼愛，而不知其至於無父無君，雖知其無父無君，亦不知其便是禽獸也。去冬因其徒來此，狂妄兇狠，手足盡露，自此乃始顯然鳴鼓攻之，不復爲前日之唯阿矣。」（文集卷五十答程正思二十書之第十六書）

至此而朱子意態乃大變，王懋竑所謂「誦言攻之」（朱子年譜考異卷二），不留餘地矣。然朱子謂象山說得遮前揜後，未盡見其底蘊，則其然豈其然哉！象山自始至終是孟子學，何用遮掩？朱子是由其門人之狂肆而有所反激，本來雙方就有距離，至此而坐實象山爲禪，以其害道，乃不能不加以痛擊。

翌年，淳熙十四年丁未，象山精舍始建，門徒四集，風聲日張。朱子於是年則有答趙幾道書云：

「所論時學之弊甚善。但所謂冷淡生活者，亦恐反遲而禍大耳。孟子所以舍申商而距楊墨者，正為此也。向來正以吾黨孤弱，不欲於中自為矛盾，亦厭繳紛競辯若可羞者，故一切容忍，不能極論。近乃深覺其弊，全然不曾略見天理，彷彿一味只將私意東作西捺，做出許多詖淫邪遁之說。又且空腹高心，妄自尊大，俯視聖賢，蔑棄禮法。只此一節尤為學者心術之害，故不免直截與之說破。渠輩家計已成，決不肯舍。然此說既明，庶幾後來者免墮邪見坑中。亦是一事耳。」（文集卷五十四答趙幾道二書之第一書）

朱子既以陸學爲異端攻之，是年象山適來書，重提以前其兄子美與朱子爭辯太極之舊公案，可能是隱指朱子有些觀念是來自異端。由此而引發二人有關無極太極的辯論，終於雙方決裂，關係無可彌縫。關於這場辯論的主要書函在下年戊申朱子年五十九時，象山則剛好是五十歲。象山之第一書曰：

「梭山兄謂太極圖說與通書不類，疑非周子所為，不然則或是其學未成時所作，不然則或是傳他人之文，後人不辯也。蓋通書理性命章言：中焉止矣。二氣五行，化生萬物。五殊二實，二本則一。曰一曰中，卽太極也。未嘗於其上加無極字。動靜章言五行陰陽太極，亦無無極之文。假令太極圖說是其所傳，或其少時所作，則作通書時不言無極，蓋已知其說之非矣。此言殆未可忽也。」

又曰：

「且極字亦不可以形字釋之。蓋極者中也，言無極則是猶言無中也，是奚可哉？若懼學者泥於形器而申釋之，則宜如詩言上天之載，而於下贊之曰無聲無臭可也，豈宜以無極字加於太極之上。

朱子發謂濂溪得太極圖於穆伯長，伯長之傳出於陳希夷，其必有考。希夷之學老氏之學也。無極二字出於老子知其雄章，吾聖人之書所無有也。老子首章言無名天地之始，有名萬物之母，而卒同之，此老氏宗旨也。無極而太極即是此旨。老氏學之不正、見理不明，所蔽在此。兄於此學用力之深，為日之久，曾此之不能辨何也。……二程言論文字至多，亦未嘗一及無極字，假令其初實有是圖，觀其後來未嘗一及無極字，可見其道之進而不自以為是也。兄今考訂注釋表顯尊信如此其至，恐未得為善祖述者也。」

(象山全集卷二)

象山從好幾個方面攻朱子之太極圖說解，一則以太極圖說與通書不類；再則以極字只能訓作中，不可訓作形；三則曰太極圖之來源出於老氏；四則曰二程亦未嘗一及無極字。這正是由道統的觀點來攻擊朱子的說法爲異學。但象山的批評並不稱理，他只是抓着無極一詞做文章。實則太極圖說與通書之思想並無不貫通處（註九），通書多言無思無慮無爲，也可謂爲通於老子，然周子並未諱言，則太極圖說言無極，又何獨不可？極字爲何一定要訓作中字？本無是理。太極圖源出道家，朱子固未否認，但太極圖說之義理却是儒家的義理，這一點是無疑問的。至謂二程未嘗一及無極字，更不能構成理由規定別人不能說無極。象山平時本不重視文義解釋，空所依傍，直由本心流出，此則沾滯如是，殊不可解。朱子答書乃曰：

「伏羲作易自一畫以下，文王演易自乾元以下，皆未嘗言太極也，而孔子言之。孔子贊易自太極以下，未嘗言無極也，而周子言之。夫先聖後聖豈不同條而共貫哉。若於此有以灼然實見太極之真體，則知不言者不為少，而言之者不為多矣，何至若此之紛紛哉。」

又曰：

「且夫大傳之太極者何也，卽兩儀四象八卦之理，具於三者之先而緼於三者之內者也。聖人之意正以其究竟至極無名可名，故特謂之太極。猶曰：舉天下之至極無以加此云爾，初不以其中而命之也。」

又曰：

「至於大傳旣曰形而上者謂之道矣，而又曰一陰一陽之謂道，此豈真以陰陽為形而上者哉？正所以見一陰一陽雖屬形器，然其所以一陰而一陽者是乃道體之所為也。故語道體之至極則謂之太極，語太極之流行則謂之道，雖有二名，初無兩體。周子所以謂之無極，正以其無方所無形狀。以為在無物之前而未嘗不立於有物之後，以為在陰陽之外而未嘗不行乎陰陽之中。以為通貫全體無乎不在，則又初無聲臭影響之可言也。」（文集卷三十六答陸子靜六書之第五書）

朱子以他自己的方式解析形上形下之兩層，是否切合易傳原義，這是一個問題。但道器兩層的分別必須維持住，此則無疑問者。象山平時用力於本心之體證，概念之分疏非其所長，故在這場辯論之中立於一不利之地位。其復書又辯曰：

「至如直以陰陽為形器而不得為道，此尤不敢聞命。易之為道，一陰一陽而已。先後始終，動靜晦明，上下進退，往來闔闢，盈虛消長，尊卑貴賤，表裏隱顯，向背順逆，存亡得喪，出入行藏，何適而非一陰一陽哉？奇耦相尋，變化無窮。故曰：其為道也屢遷。變動不居，周流六虛，上下無常，剛柔相易，不可為典要，惟變所適。……今顧以陰陽為非道，而直謂之形器，其孰為昧於道器之分哉？」

象山此辯非是。由陰陽以識道則可，而直以陰陽爲道則不可。其思路實不如朱子之明澈。但象山此辯只是借題發揮，故在此前曰：

「今閱得書，但見文辭繳繞，氣象褊迫，其致辨處類皆遷就牽合，甚費分疏，終不明白。無乃為無極所累，反困其才耶？不然以尊兄之高明，自視其說，亦當如白黑之易辨矣。尊兄嘗曉陳同父云：欲賢者百尺竿頭進取一步，將來不作三代以下人物，省得氣力為漢唐分疏，即更脫灑磊落。今亦欲得尊兄進取一步，莫作孟子以下學術，省得氣力為無極二字分疏，亦更脫灑磊落。古人質實，不尚智巧。言論未詳，事實先著。知之為知之，不知為不知，所謂先知覺後知、先覺覺後覺者，以其事實覺其事實，故言即其事，事即其言，所謂言顧行、行顧言。周道之衰，文貌日勝，事實湮於意見，典訓蕪於辨說。揣量模寫之工，依放假借之似，其條畫足以自信，其習熟足以自安。以子貢之達，又得夫子而師承之，尚不免此多學而識之之見。非夫子叩之，彼固晏然而無疑。先行之訓，予欲無言之訓，所以覺之者屢矣，而終不悟。顏子旣沒，其傳固在曾子，蓋可觀已。尊兄之才，未知與子貢如何？今日之病，則有深於子貢者。」

此函末段又謂：

「夫乾，確然示人易矣，夫坤，隤然示人簡矣，太極亦曷嘗隱於人哉？尊兄兩下說無說有，不知漏泄得多少。如所謂太極眞體不傳之秘，無物之前，陰陽之外，不屬有無，不落方體，迥出常情，超出方外等語，莫是曾學禪宗，所得如此。平時旣私其說以自妙，及敎學者則又往往秘此而多說文義，此漏泄之說所從出也。以實論之，兩頭都無着實，彼此只是葛藤。未說氣質不美者樂寄此以神其姦，不知繫絆多少好氣質底學者。旣以病己，又以病人，殆非一言一行之過。兄其毋以久習於此而重自反也。區區之忠，竭盡如此。流俗無知，必謂不遜。書曰：有言逆于汝心，必求諸道。諒在高明，正所樂聞。若猶有疑，願不憚下教。政遠惟為國自愛。」（象山全集卷二）

如此則象山亦以禪學攻朱子。彼此實見雖不同，但象山之人身攻擊處未免太過。朱子有一長函復之，一開始卽說：

「熹謂天下之理有是有非，正學者所當明辨。或者之說誠為未當，然凡辯論者亦須平心和氣，仔細消詳，反復商量，務求實是，乃有歸著。如不能然，而但於匆遽急迫之中，肆支蔓躁率之詞，以逞其忿懟不平之氣，則恐反不若或者之言，安靜和平，寬洪悠久，猶有君子長者之遺意也。」

其辨陰陽與道器問題則曰：

「若以陰陽為形而上者，則形而下者復是何物？更請見教。若熹愚見則曰：凡有形有象者皆器也，其所以為是器之理者則道也。如是則來書所謂始終、晦明、奇偶之屬，皆陰陽所為之器，獨其所以為是器之理，如目之明、耳之聰、父之慈、子之孝，乃為道耳。如此分別，似差明白，不知尊意以為如何？」

朱子自己的思路十分明澈，其問題並不在象山所攻擊者。對於象山之斥其爲禪，朱子也有辨如下：

「太極固未嘗隱於人。然人之識太極者，則少矣。往往只是於禪學中認得箇昭昭靈靈能作用底，便謂此是太極。而不知所謂太極乃天地萬物本然之理，亙古亙今、攧撲不破者也。迥出常情等語只是俗談，卽非禪家所能專有，不應儒者反當回避。況今雖偶然道著，而其所見所說卽非禪家道理，非如他人陰實祖用其說，而改頭換面，陽諱其所自來也。如曰私其說以自妙而又秘之，又曰寄此以神其姦，又曰繫絆多少好氣質底學者，則恐世間自有此人可當此語，熹雖無狀，自省得與此語不相似也。」

朱子學本非禪，故言之侃侃，振振有詞，其動機也不如此鄙陋。自教育程序言，爲學本有次第，小學爲先，性與天道之體悟分解在後，故朱子西銘解義成於壬辰四十三歲時，太極圖說解成於翌年癸巳，而遲遲未行於世。至戊申見儒者多議兩書之失，始出太極圖說，西銘解義，以授學者，或者多少乃是由於象山方面的壓力也未可知。

函尾乃曰：

「如曰未然，則我日斯邁而月斯征，各尊所聞，各行所知亦可矣。無復可望於必同也。」（文集卷三十六答陸子靜六書之第六書）

則朱子已雅不欲再辨情見於辭矣。朱子此函在己酉春正月，然象山又有復書曰：

「不謂尊兄遽作此語，甚非所望。君子之過也，如日月之食焉。過也人皆見之，及其更也，人皆仰之。通人之過，雖微箴藥，久當自悟，諒今尊兄必渙然於此矣。願依末光，以卒餘教。」（象山全集卷二）

此則斷定朱子有過，朱子不再有辨。象山年譜己酉記八月六日元晦答書云：

「荊門之命，少慰人意。今日之計，惟僻且遠，猶或可以行志，想不以是為厭。三年有半之間，消長之勢又未可以預料，流行坎止，亦非人力所能為也。聞象山墾闢架鑿之功益有緒，來學者亦益甚。恨不得一至其間，觀奇覽勝。某春首之書詞氣粗率，既發即知悔之，然已不及矣。」

此函文集未收。朱子終以詞氣粗率為悔，結束了這一番辯論。象山年譜又記曰：

「包顯道侍晦庵。有學者因無極之辯貽書詆先生者。晦庵復其書云：南渡以來，八字着脚，理會着實工夫者，惟某與陸子靜二人而已。某實敬其為人，老兄未可以輕議之也。」（象山全集卷三十六）

無極之辯，雙方極不愉快，而朱子還能够克己如此，自屬難能。但象山雖不免於意氣，然主要還是在本質上有差別，不能純以意氣之爭目之也。象山集卷十五有與陶贊仲二書，言及與朱子辯無極事。其第二書曰：

「荆公祠堂記、與元晦三書，併往，可精觀熟讀。此數文皆明道之文，非止一時辯論之文也。元晦書偶無本在此，要亦不必看，若看亦無理會處。吾文條析甚明，所擧晦翁書辭皆寫其全文，不增損一字。看晦翁書，但見糊塗没理會，觀吾書坦然明白。吾所明之理乃天下之正理、實理、常理、公理，所謂本諸身、證諸庶民、考諸三王而不謬，建諸天地而不悖，質諸鬼神而無疑，百世以俟聖人而不惑者也。學者正要窮此理、明此理，今之言窮理者，皆凡庸之人不遇眞實師友，妄以異端邪說更相欺誑，非獨欺人誑人，亦自欺自誑。謂之繆妄，謂之蒙闇。何理之明，何理之窮哉？」

又曰：

「古人所謂異端者，不專指佛老。異端二字出論語，是孔子之言。孔子之時，中國不聞有佛，雖有老氏，其說未熾，孔子亦不曾闢老氏，異端豈指老氏哉？天下正理不容有二，若明此理，天地不能異此，鬼神不能異此，千古聖賢不能異此。若不明此理，私有端緒，卽是異端，何止佛老哉？近世言窮理者，亦不到佛老地位。若借佛老爲說，亦是妄說。其言闢佛老者，亦是妄說。……理須是窮，但今時卽無窮理之人。」

由此可見，問題眞正的癥結在，象山不以爲朱子眞正能夠把握到理，故判之爲異端。在實質上，象山心卽理之系統，與朱子心具衆理之系統是有根本差別。故象山之排朱子也非全基於情緒上之理由也。象山語錄卷三十四有曰：

「一夕步月，喟然而嘆。包敏道侍問曰：先生何嘆？曰：朱元晦泰山喬嶽，可惜學不見道，枉費精神，遂自擔閣，奈何？」

則象山也非不能欣賞朱子格局之宏大，然不免有一間之隔，遂學不見道，枉費精神。語錄又曰：

「或謂先生之學是道德性命性而上者，晦翁之學是名物度數形而下者，學者當兼二先生之學。先生云：足下如此說晦翁，晦翁未伏。晦翁之學，自謂一貫，但其見道不明，終不足以一貫耳。吾嘗與晦翁書云：揣量模寫之工，依放假借之似，其條畫足以自信，其節目足以自安，此言切中晦翁之膏肓。」

故象山看朱子是彌近理而大亂眞，最中心一點把握不住，故見道不明。象山的工夫恰完全在這一點。語錄有曰：

「吾之學問與諸處異者，只是在我全無杜撰。雖千言萬語，只是覺得他底在我不曾添一些。近有譏吾者云，除了先立乎其大者一句，全無伎倆。吾聞之曰：誠然。」

象山就是在這一點上體會得眞切，故自信極堅，以學問爲餘事，斥朱子爲支離。他一點也不自覺到，在無極之辯上，自己所作概念的分析、文獻的解釋是有問題的。他只是以朱子見道不明，故必加以駁斥。但在朱子的感覺，却完全不是這麼會事。己酉有答程正思書曰：

「答子靜書，無人寫得，聞其已謄本四出久矣。此正不欲暴其短，渠乃自如此，可嘆可嘆。然得渠如此，亦甚省力，且得四方學者略知前賢立言本旨，不爲無益。不必深辨之云，似未知聖賢任道之心也。」（文集卷五十答程正思二十書之第十九書）

同年又有答邵叔義書云：

「子靜書來，殊無義理，每爲閉匿，不敢廣以示人，不謂渠乃自暴揚如此。然此事理甚明，識者自當知之。當時若便不答，却不得也。……大率渠有文字，多即傳播四出，惟恐人不知，此其常態，亦不足深怪。吾人所學却且要自家識見分明，持守正當，深當以此等氣象擧止爲戒耳。」（文集卷五十五答邵叔義四書之第四書）

再越三年，壬子臘月，象山卒於荆門。朱子語類曰：

「象山死。先生率門人往寺中哭之。既罷，良久，曰：可惜死了告子。（原注：此說得之文卿）。」（一二四）

王懋竑朱子年譜考異卷三疑此語太輕，必非朱子語。傳聞之說自不必實，但朱子以告子目象山却是其一貫看法。文集卷五十四有答項平父書曰：

「告子之病蓋不知心之慊處即是義之所安，其不慊處，即是不合於義，故直以義為外而不求。今人因孟子之言，却有見得此義，而識義之在內者，然又不知心之慊與不慊，亦有必待講學省察而後能察其精微者，故於學聚問辨之所得皆指為外，而以為非義之所在，遂一切棄置而不為。此與告子之言雖若小異，然其實則百步五十步之間耳。以此相笑，是同浴而譏裸裎也。由其所見之偏如此，故於義理之精微、氣質之偏蔽，皆所不察，而其發之暴悍狂率無所不至，其所慨然自任以為義之所在者，或未必不出於人欲之私也。」（文集卷五十四答項平父八書之第六書）

此書王譜繫之於壬子。朱子譏象山與告子為五十步笑百步。實則由朱子的看法，這與禪家作用是性之說亦同是一丘之貉。朱子是由行為之狂肆把這些歸於一類，加以譏彈，而為其所深排。此則朱子始終一貫者，並無改變。文集卷四十六有答詹元善書曰：

「子靜旅櫬經由，聞甚周旋之，此殊可傷。其平日大拍頭、胡叫喚，豈謂遽至此哉！然其說頗行於江湖間，損賢者之志，而益愚者之過，不知此禍又何時而已耳。」

（文集卷四十六答詹元善三書之第三書）

王譜將此書繫於癸丑，象山卒之翌年。文集卷五十五又有答趙然道書曰：

「荆門之訃，聞之慘怛。故舊凋落，自為可傷。不計平日議論之同異也。來喻又謂恨不及見其與熹論辨有所底止，此尤可笑。蓋老拙之學，雖極淺近，然其求之甚艱，而察之甚審，視世之道聽塗說於佛老之餘而遽自謂有得者，蓋嘗笑其陋而譏其僭，豈今垂老，而肯以其千金易人之敝帚者哉？」

此書亦在癸丑。朱子態度雖無象山之激越，然自信亦堅，決無晚年自悔折從象山之事。語類中材料多抨擊象山，口說之間，更無保留，玆選錄數條如下：

「禪學熾則佛氏之說大壞。緣他本來是大段着工夫收拾這心性，今禪說只恁地容易做去。佛法固是本不見大底道理，只就他本法中是大段細密，今禪說只一向粗暴。陸子靜之學，看他千般萬般病，只在不知有氣禀之雜，把許多粗惡底氣，都把做心之妙理，合當恁地自然做將去。向在鉛山，得他書云：看見佛之所以與儒異者，止是他底全是利，吾儒止是全在義。某答他云：公亦只見得第二着。看他意只說吾儒絕斷得許多利欲，便是千了百當，一向任意做出，都不妨。不知初自受得這氣禀不好，今才任意發出許多不好底，也只都做好商量了。只道這是胸中流出自然天理，不知氣有不好底夾雜在裏一齊滾將去；道害事不害事！看子靜書，只見他許多粗暴底意思，可畏。其徒都是這樣。纔說得幾句，便無大無小、無父無兄。只我胸中流出底是天理，全不着得些工夫。看來這錯處只在不知有氣稟之性。」（一二四）

「陸子靜之學只管說一箇心本來是好底物事，上面着不得一箇字。只是人被私欲遮了。若識得一箇心了，萬法流出，更都無許多事。他却是實見得箇道理恁地，所以不怕天、不怕地，一向胡叫胡喊。又曰：如東萊便是如何云云，不似他見得恁地直拔俊偉。下梢東萊學者，一人自執一說，更無一人守其師說，亦不知其師緊要處是在那裏，都只恁地衰塌不起了。其害小。他學者是見得箇物事，便都恁地胡叫胡說，實是卒動他不得。一齊恁地無大無小。便是天上地下，惟我獨尊。若我見得，我父不見得，便是父不似我。兄不見得，便是兄不似我，更無大小。其害甚大。不待後世，卽今便是。」（一二四）

「吳仁父說及陸氏之學，曰：只是禪。初間猶自以吾儒之說蓋覆，如今一向說得熾，不復遮護了。渠自說有見於理，到得做處，一向任私意做去，全不睹是。人同之則喜，異之則怒，至任喜怒胡亂便打人罵人。後生纔登其門，便學得不遜無禮出來。極可畏。世道衰微，千變百怪如此。可畏可畏！」（一二四）

「極高明須要道中庸。若欲高明而不道中庸，則將流入佛老之學。……他是過於高明，遂至絕人倫。……陸子靜天資甚麼高明，却是不道中庸，後其學便誤人。某嘗說陸子靜說道理，有箇黑腰子。其初說得瀾翻，極是好聽。少間到那緊要處，却又藏了不

說，又別尋一箇頭緒瀾翻起來，所以人都捉他那緊處不着。」（六四）

「子靜說話常是兩頭明，中間暗。或問，暗是如何？曰：是他那不說破處。他所以不說破，便是禪所謂鴛鴦繡出從君看，莫把金針度與人。他禪家自愛如此。」（一〇四）

「陸子靜說克己復禮云，不是克去私欲之類，別自有箇克處，又却不肯說破。某嘗代之下語云，不過是要言語道斷、心行處滅耳。因言此是陷溺人之深坑，學者切不可不戒。」（一二四）

「因看金溪與胡季隨書中說顏子克己處，曰：看此兩行議論，其宗旨是禪尤分曉。此乃捉着真贓正賊。惜方見之，不及與之痛辯。其說以忿欲等皆未是己私，而思索講習却是大病，乃所當克治者。如禪家乾屎橛等語，其上更無意義，又不得別思義理，將此心都禁過定，久久自有明快處，方謂之得。此之謂失其本心。故下梢忿欲紛起，恣意猖獗，如劉淳叟輩所為，皆彼自謂不妨者也。……金溪學問真正是禪。欽夫、伯恭緣不曾看佛書，所以看他不破，只某便識得他。試將楞嚴、圓覺之類一觀，亦可粗見大意。」（一二四）

「江西學者偏要說甚自得，說甚一貫，看他意思只是揀一箇儱侗底說話將來籠罩。其實理會這箇道理不得。且如曾子，日用間做了多少工夫，孔子亦是見他於事事物物上理會得這許多道理了，却恐未知一底道理在，遂來這裏提省他。然曾子却是已有這本領，便能承當。今江西學者實不曾有得這本領，不知是貫箇什麼？嘗譬之，一便如一條索，那貫底物事便如許多散錢，須是積得這許多散錢了，却將那一條索來一串穿，這便是一貫。若陸氏之學，只是要尋這一條索，却不知道都無可得穿。且其為說喫緊是不肯教人讀書，只恁地摸索悟處。譬如前面有一箇關，纔跳得過這一箇關，便是了，此煞壞學者。某老矣，日月無多，方待不說破來，又恐後人錯以某之學亦與他相似。今不奈何，若口說破。某道他斷然是異端，斷然是曲學，斷然非聖人之道。但學者稍肯低心向平實處下工夫，那病痛亦不難見。」（二七）

此條雖不知何人所錄，所擧穿索之例則與前條輔廣錄甲寅朱子六十五歲以後所聞若合符節。而朱子自謂日月無多，此眞朱子晚年之定論也。而文集卷六十三有答孫敬甫書曰：

「如陸氏之學，則在近年一種浮淺頗僻議論中，固自卓然非其儔匹。其徒傳習，亦有能修其身，能治其家，以施之政事之間者。但其宗旨本自禪學中來，不可揜諱。當時若只如晁文元、陳忠肅諸人，分明招認，著實受用，亦自有得力處。不必如此隱諱遮藏，改名換姓，欲以欺人，而人不可欺，徒以自欺，而自陷於不誠之域也。然在吾輩，須但知其如此，而勿為所惑。若於吾學，果有所見，則彼之言，釘釘膠粘，一切假合處，自然解拆破散，收拾不來矣。切勿與辯，以起其紛拏不遜之端，而反為卞莊子所乘也。少時喜讀禪學文字，見杲老與張侍郎書云，左右既得此把柄入手，便可改頭換面，却用儒家言語說向士大夫，接引後來學者。後見張公（即張侍郎橫浦）經解文字，一用此策。但其遮藏不密，漏露處多，故讀之者一見便知其所自來，難以純自託於儒者。若近年，則其為術益精，為說浸巧，拋閃出沒，頃刻萬變，而幾不可辨矣。然自明者觀之，亦見其徒爾自勞，而卒不足以欺人也。」（文集卷六十三答孫敬甫六書之第四書）

王譜將此書繫之於丙辰朱子六十七歲時，距象山卒已四年，而下距朱子卒亦僅四年，誠是朱子晚年之定論。如此則文集與語錄之間並無本質上之差別。錢穆先生說：

「凡是陸非朱者，必喜為朱陸中異晚同之論。其所以證成之，則必取之於文集，而不用語類。謂文集出於親筆，語類則門人弟子所記錄，其中多不可信。陽明朱子晚年定論序亦曰：語類之屬，又其門人挾勝心以附己見，固於朱子平日之說猶有大相繆戾者。然今就文集言，實未見所謂中異晚同之說。語類與文集，亦多互相發明。抑且語類多出晚年，有書函文章所不能詳，而面談之頃，自然流露，轉為暢竭無遺者。」(註十)

這是的論。陽明朱子晚年定論之說是站不住脚的。朱子年譜記載：

「先生嘗曰：海內學術之弊不過兩說：江西頓悟，永康事功，若不極力爭辯，此道無由得明。」

這確反映了朱子晚年的心境。

以上我們把朱陸交遊論辯整個經過敍述了一個梗概。這裏顯然牽涉到道統繼承的根本問題。我們在此首先必須解答下列兩個先決問題，始能對此一根本問題有一明白的交待。

(一)、朱陸雙方均互斥對方為禪，這樣的批評是不是有充分的理據可以站得住脚？

(二)、接着，無可逃避卽是評價的問題，就先秦儒到宋儒發展的一貫線索，究竟是象山，抑爲朱子代表了儒者內聖之學的正統？

讓我們先從第一個問題說起。象山之攻擊朱子爲老氏，爲禪，見於其與朱子辯無極之書函中。象山只是抓着無極一詞做文章，實則這一觀念首倡自周子，朱子只不過嘗試給與一合理之解釋而已。太極圖周子雖取之於道家，然太極圖說却粹然爲儒者之言，決無疑問。如果後儒於先儒所言不許創新，則象山言心言理旣不落古人窠臼，也不得不在排斥之列。朱子之辯是也。其實朱子的問題不在「無極而太極」的了解，他的理氣二元的方式實不能給「太極動而生陽」以一個符合於周子原意的解釋。然而象山見不及此，以其中心興趣本不在宇宙論這一方面，多所睽隔故也。至於象山攻擊朱子曾學禪學，用禪宗的話頭，這些更是夾帶出來、出於反激之語，並無實義。其實象山眞應該辨的是朱子不識本心，失落了孟學的眞精神，所謂不見道是也。由象山的觀點，則朱子始終是歧出、支離，鵝湖一會時卽看出其問題癥結所在。以後朱子從他自己的觀點力求對治支離，自己雖覺有進境，其實則始終有一間之隔，未能眞正克服困難也。但象山却攻朱子爲老，爲禪，甚是無謂，無怪朱子不伏，理所當然也。

但反過來，朱子之攻象山似乎言之鑿鑿，則又如何？大概朱子於象山之眞正精神不能有相應之了解，未相識時卽依傳聞臆想其爲禪。後見其學有實效，可以收管身心，故作調和之論，但終不以爲然。後見象山與其徒衆不免發爲粗惡之氣，復因無極太極之爭辯，終於決裂，至晚年乃誦言攻之，不遺餘力，坐實其爲禪。其實仍不過從效果上看，以其與禪學末流一般，乃痛加抨擊耳。朱子讀象山輪對劄子，戲稱其恐是由葱嶺帶來，結果引起大不懌。語錄又謂讀象山與胡季隨書論克己，抓着其眞贓實據，合下便是禪門宗旨。象山這些文獻具在，讀之何嘗發現有一點禪味。朱子是對什麼是禪已有一先見，然後把象山之說打上印子，硬栽進去，未見其是。牟宗三先生謂象山本人無分解，其所預設之分解盡在孟子，其言是也。其所指點啓發以示之者則如下列六端：（註十一）

（I）辨志：此則本於孔孟義利之辨以及孟子之言「士尙志」；

（II）先立其大：此則本於孟子大體小體之辨；

（III）明「本心」：此則本於孟子之言四端之心；

（IV）「心卽理」：此則本於孟子之言「仁義內在」以及「心之所同然」乃至「理義悅心」等；

（V）簡易：此則易傳雖有明文，而精神實本於孟子之言良知良能，「道在邇而求諸遠，事在易而求諸難」，以及「學問之道無他，求其放心而已矣」，「堯舜之道孝弟而已矣」等語；

（VI）存養：此則本於孟子之「操則存，舍則亡」，「存其心，養其性」，以及「苟得其養，無物不長」等語。

凡此六端並本孟子而說，分明是澈底的孟學精神，不知朱子爲何有那麼多有關禪的聯想。故宋儒之斥他儒爲禪，實是一種陋習。這證明了禪在當時勢力之大，影響之深遠，使得儒者飽受威脅，四顧而莫非禪。實則這是在概念上缺少分疏，但憑測度聯想，結果儒家內聖之學的本質旣不得見，並禪之本質而未曉。以此要在宋代儒學的內部找分疏，實在是一筆糊塗賬。宋儒只是在直覺之上知道彼此在精神上不相契合耳。其實儒學內部的分疏的關鍵本不在其近禪不近禪，而必須另立標準，此則有待我們作進一步的省察。

## 五、道統之分疏與朱子在中國思想史上地位之衡定

這樣的標準究竟如何建立？問題看似棘手，然而在前面我們借朱子之闢佛與建立道統討論到儒佛的分疏以及宋儒與先秦儒的關連的問題，已經可以掌握到一些線索來處理這一個大問題。首先，我們仍可以由儒佛的分疏問題着手，而後再考慮宋代儒學內部的分疏問題。根據前面的討論，我們可以提議舉出下列三項作爲儒佛分疏的標準：

㈠、本心的體證與實理的攝握；

㈡、人道卽天道之延續與表現，盡心知性卽所以知天；

㈢、肯定禮法人倫日用與典章制度的積極價值。我想儒學者與佛教徒或者都不會反對用這三項作爲儒釋分野的指標。

先由最明顯的說起，儒者自肯定禮法人倫日用與典章制度的積極價值，此不在話下。有些大乘佛教徒或者也不否定這些東西，承認它們也有某種程度的「積極」價值，但追根究底則畢竟不外只是一些方便設施而已，並無實義。就俗諦來說是「衆因緣生法」，就眞諦來說，則「我說卽是空」。這樣的說法卽中土圓頓之教也不能違背。佛家許多詭辭不外在體證如此之慧識。六祖慧能曰：佛法在世間，不離世間覺，此固然矣，但他首先必須悟到「本然無一物」之旨，才能像以後禪門大德所謂挑水擔柴莫非妙道。如此則大乘佛學在表層上與儒家是可以有和會處，然其本質則終有異，不可混同。

再看儒佛的宇宙論。儒家是一生生不已之天道觀，易傳所謂一陰一陽之謂道，繼之者善也，成之者性也，整個宇宙是一個價值與存在的創造實現的過程。佛家顯然不是這樣的看法。十二因緣追溯生老病死最後的根源在於無明；唯識宗則歸結到阿賴耶識的變化；對世界人生所取的態度決非儒家繼之者善，成之者性的看法。大乘圓教如華嚴雖對世界人生轉而採取一種積極正面的看法，倡理事無礙，事事無礙觀，竟至「不壞一塵而遍十方世界」的境界，其體會與原始佛教之怖生死海自不可同日而語，然依中土華嚴初祖杜順之說，則理事無礙，事事無礙觀之基礎仍在眞空觀。反觀儒家，所過者化，所存者神，上下與天地同流，乃是一種眞實飽滿的呈現，決非只是一種觀法而已！儒佛的出發點與終結點都有巨大的差異，由此可見。

最後接觸到形而上的終極問題。儒家順着孟子提供的線索體證本心。滿心而發，莫非至理，故心性皆實，所體證者通是實理。而禪宗雖曰明心見性，其實只是虛說。即眞常心系統，也不可以言心體；而緣起性空，所悟者爲空理，非儒家所謂性理、實理。朱子所謂「釋氏虛，吾儒實」，確是不刊之論。無論那一派的儒家，那一宗的佛徒，都不能不以此爲分別之綱領。儘管儒者也可以說堯舜事業如太空一點浮雲過目而不滯於跡，佛徒也可以說諸法實相來遮撥頑空、斷空之邪見，兩方面的體會也確有某種程度的相通，然終不能抹去二者之間本質上之差別。

故宋儒雖不深於佛理，在直覺上則由張載起，經歷二程到象山朱子，莫不闢佛，固知兩方面有不可調停者在。而佛徒在某一程度以內誠也可以接受部分儒家的價值，如在家必須作忠臣孝子之類，但若與儒家眞無差別，則也無須出家，爲人宣講一套不同的道理了。總之佛家的出發點在怖苦，跳越生死海；最後雖體證到涅槃卽世間的至理，然必以詭辭的方式出之；此確是另一型態的義理，不能與儒家的型態混爲一談。

有了以上的分辨，則吾人不止可以嚴儒釋的分別，抑且對於儒學內部的分辨，也就掌握到了一個指路的南針。一位儒者的說法究竟是不是禪？我們用上面提出的三個標準去檢驗，就容易水落石出了。如此則象山以朱子爲禪固非是，朱子之以象山爲禪也非是。不僅如此，朱子之以上蔡之「以覺訓仁」，龜山一脈之「默坐澄心」，五峯之「性無善惡」爲近禪，均非是。而後世因陽明四句敎首言「無善無惡心之體」乃斥之爲禪，此與梭山、象山之因無極一詞而遂疑及周子之太極圖說，在義理上同樣犯了缺少分疏的毛病。蓋儒者有許多共法，若單以第三項爲標準，則荀、揚、董、文中子、韓愈、也不能不謂其屬於儒家之傳統。然由宋儒的標準，則必對於心性（第一項）、天道（第二項）有所體驗，方得歸之於道之正統，則我們不能不跳越過上述諸子，而直接由孟軻講到周、張、二程、朱子、象山。此卽宋儒心性（內聖）之學之傳統。擧凡屬於這一傳統的儒者，則莫不肯認心性、天道爲共法，但體會有深有淺，說法有貼切、有不貼切，我們要在這裏來判別孰爲正統，孰爲旁支，方爲正理。譬如朱陸，莫不肯定超越的心性、天道，問題在誰在這裏有更眞切的體會，更圓滿的表達，此完全是屬於宋儒心性之學內部的分疏問題，與禪根本拉不上關係。我們在這裏必須有艮力，戳破外在的煙幕，始能直透問題的本源。

讓我們還是先由象山開始。象山語錄曰：

「先生言萬物森然於方寸之間，滿心而發，充塞宇宙無非此理。孟子就四端上指示人，豈是人心只有此四端而已。又就乍見孺子入井皆有怵惕惻隱之心一端指示人，又得此心昭然。但能充此心足矣。乃誦：誠者自成也，而道自道也，誠者物之終始云云。天地之道可一言而盡也。」

「道外無事，事外無道，先生常言之。」

「道理只是眼前道理，雖見到聖人田地，亦只是眼前道理。」

「道在宇宙間，何嘗有病？但人自有病。千古聖賢只去人病，如何增損得道？」

「宇宙不曾限隔人，人自限隔宇宙。」

「千古聖賢若同堂合席，必無盡合之理。然此心與理萬世一揆也。」

此皆見於全集卷三十四。又，象山年譜十三歲下記曰：

「因讀古書，至宇宙二字，解者曰：四方上下曰宇，往古來今曰宙。忽大省曰：元來無窮。人與天地萬物皆在無窮之中者也。乃援筆書曰：宇宙內事乃己分內事，己分內事乃宇宙內事。又曰：宇宙便是吾心，吾心卽是宇宙。東海有聖人出焉，此心同也，此理同也。西海有聖人出焉，此心同也，此理同也。南海北海有聖人出焉，此心同也，此理同也。千百世之上至千百世之下有聖人出焉，此心此理亦莫不同也。」

由此可見，象山學純爲孟子學之發揮。只要體現本心，自然「原泉混混，不舍晝夜，盈科而後進，放乎四海。」而象山也有道統之自覺。其語錄曰：

「夫子以仁發明斯道，其言渾無罅縫。孟子十字打開，更無隱遁。蓋時不同也。」(全集卷三十四)

「韓退之言：軻死不其傳，固不敢誣後世無賢者。然直是至伊洛諸公得千載不傳之學，但草創未為光明。到今日若不大段光明，更幹當甚事。」(全集卷三十五)

象山與姪孫濬書曰：

「由孟子而來，千有五百餘年之間，以儒名者甚衆，而荀、楊、王、韓獨著，專場蓋代，天下歸之，非止朋遊黨與之私也。若曰傳堯舜之道，續孔孟之統，則不容以形似假借，天下萬世之公亦終不可厚誣也。至於近時伊洛諸賢，研道益深，講道益詳；志向之專，踐行之篤，乃漢唐所無有，其所植立成就可謂盛矣。然江漢以濯之，秋陽以暴之，未見其如曾子之能信其皜皜；肫肫其仁、淵淵其淵，未見其如子思之能達其浩浩；正人心，息邪說，距詖行，放淫辭，未見其如孟子之長於知言而有以承三聖也。」(全集卷一)

與路彥彬書則曰：

「竊不自揆，區區之學，自謂孟子之後，至是而始一明也。」(全集卷十)

象山之擔負由此可見一斑。而其發明孟學，則直標擧出心卽是理之義，蓋心外無物，道外無事，此心此理充塞宇宙，無能逃之。此義實本之於孟子：「萬物皆備於我矣，反身而誠，樂莫大焉。」由孔子之踐仁知天，到孟子之盡心知性知天，再進一步之發展則必至於心性與天之合一。象山也自承認氣禀之雜害事，人之自蔽可以自絕於道。然既體現本心，則心卽是理，無所虧欠。此儒者應可發展出來之圓教體悟也。故吾人若肯定孟子繼承孔子為儒學之正統，則自也不能不把象山歸之於儒學之正統。

但將象山判歸儒學之正統並不意謂象山之學卽無病，無嚴重之局限性或流弊。簡而言之，象山之學確實太粗略，故大本雖立，然推拓不開去，體道之艱難困苦、細密精微處均不足，故朱子對象山之批評雖不足以知其實，而要不可謂之無見。象山學之局限不足處至少可由下列三個方面言之。

㈠、象山之思想完全缺乏分解以立義的思路。若已走上內聖之學的道路，易簡工夫之為久大，此應無諍。然只標舉得本心，請問一般讀者如何可以湊泊？人天生多理障，則分解式之展示雖不必一定能引導至本心之體證，然也不可謂之曰閒議論。對於未能進入情況的人來說，所謂心卽理，吾心卽宇宙，宇宙卽吾心，只是一些意義含混、內容空洞的話頭。學者是有權追問：心是怎樣的心（本心、習心）？理是怎樣的理（物理、玄理、空理、性理）？在怎樣的意義下吾心卽宇宙、宇宙卽吾心？若無善解，則立卽產生差之毫釐、謬以千里的結果。理論理性誠不足以見體，但把其功用推擴到其極限，則也可以幫助人作異質之跳躍。而已經證道者也要借理論理性作一彷彿之現象學之描述以接引後學。象山之自傲於只此技倆，純則純矣，然不免過分拘執一途，缺少因材施敎，容納其他變化以接引後學的手段。

㈡、象山之存養似孟子之養吾浩然之氣，英氣迫人，正大光明，而艱難困苦、細密精微之體證則不足。本心之體驗誠然是人同此心，心同此理。但人因氣稟、私欲所限，常常不能發現自己的本心。就是聖賢也往往要不斷追尋，兜了好多冤枉圈子，最後才終於體悟到吾道自足。此所以人心惟危、道心惟危，乃是一種實感。人的懷疑、缺乏自信正是發展成長的一個必然的現象，不是說要去除就去得了的。很少人能像象山那樣十幾歲就爲人生找到了一個定向。而見道既眞，則又當知，道理雖一，具體表現出來的則還是要通過自己氣稟的限制。象山是反時流而有所擔當，自卓然有所立，然過猶不及，他與門人自信過堅，須知道德擔負並不窮盡天下所有事。不該自信處自信，乃不免發爲一種粗惡之氣。朱子要人注重氣稟，要人窮理，雖落在第二義，却並沒有錯。事實上也確得要有法子砭劑對治陸學末流之狂肆才行，只不該誤斥以爲禪耳。

㈢、象山之學先立其大，在作自覺之道德修養工夫上，斬斷支蔓，自極有功。但人生之內容豐富多端，不能一概斬絕，以爲餘事。人有理論學術的追求，文學藝術創作的衝動，現實層面開拓的需要，當然我們也可以替象山辯說，他也不一定排斥這些活動。然而在事實上跟象山走的人決不會把心思放在這些活動上面。本心之體證要易要簡，但性智之發用則無遠弗屆，不必是採取一直桶子的方式。象山之病在不能致曲。宇宙人生要有任何具體的成就，就必須致曲。曲成萬物而不遺，人生的內容才得以豐富，文化、現實層面的活動才得以受到正視而有所開拓。象山的門庭太狹太窄，不能不說是有嚴重的局限性。

相形之下，朱子的規模宏大，義理、考據、詞章無一不精，而概念分析十分細密精詳。朱子於儒家心性、天道之說確有新的創發，可惜對於最中心的一點把握得不牢，猶有一間之隔。如果我們以孟子所開出的思路爲標準，則朱子的確「不能正視本心」，「歧心理爲二」，而有所憾。以下卽就這兩點略加發揮。

㈠、從教育程序言，朱子主張由小學而大學，由涵養而致知而力行，本無過失。但朱子是一順取的心態，乃以爲格物窮理，只要今日格一物，明日格一物，正如大學補傳所謂「至於用力之久，而一旦豁然貫通焉，則衆物之表裏精粗無不到，而吾心之全體大用無不明矣。」朱子的說法既未在一般經驗知識（所謂見聞之知）與德性之知之間作一明白之分疏；又未能察覺到，後天的修養對眞正的自覺道德而言只是做一種助緣工夫而已，要眞正體證本心，還必須作一異質的跳躍才行。朱子自己講豁然貫通，似乎對於這一點不應一無所知。然而他却拒絕正視這一跳躍之異質性。只要一說爲學先立其大，一說本心，他就醜詆之以爲禪。朱子一定要把心撲到一個對象之上，才感到有依託。他不容許心的自反、逆覺體證的進路，而一概斥之以爲以心覓心，一律當作禪看待。但他不了解，漸敎之所以能成立，必先已經預設了頓敎。從內聖之學的出發點來看，象山拒絕朱子調停之說而堅持「不知所以尊德性，如何可以道問學」，是有他的理由的。打個比方說，朱子只能由池中的倒影看到月亮，却拒絕與月亮本身面面相覷。其未臻究竟之義可知。

㈡、由孟子到象山，並非不知氣禀之雜可以造成不良的後果。但本心呈現，則盡心知性知天一貫而下，心性卽天，這是傳統中國哲學的一大特色，不似西方基督敎的觀念，把上帝（超越）與世界及人（內在），打成兩橛。象山心卽理之說直接由孟子仁義內在，心之所同然的思想引伸而出。心是本心，理是實理，既超越而內在。道外無事，事外無道；吾心卽宇宙，宇宙卽吾心。但朱子却以理氣二元解析心性，性固是理，而心則成爲氣之精爽者，乃墮爲一經驗實然之心而旁落。朱子雖也可以言心與理一，但這卽是後天修養工夫的結果，並非自本質上言心與理一。朱子固也可以說仁義內在，但這又只是說仁義之理之內具於心，心與理乃一認知橫攝的關連。故由本體論言，乃一理氣二元不離不雜之局面；在修養上始可以通過後天的功夫使得心（氣）與理一。然後天修養工夫之所以可能，必預設先天心與理在本質上之爲一。再由天道論來說，一故神，兩故化，太極與陰陽非有兩體，形上、形下互相穿透；而朱子終只能說太極（理）不離陰陽（氣）、陰陽不離太極，然（形下）必有其所以然（形上），則將雙方轉爲一靜攝的關係，生生不已之天道乃被肢解而爲理、氣之二元：前者無造作、無營爲，後者始有作爲，有具體的存在，故朱子有理弱氣强之說。其優點在能正視現實之惡而思有以對治之，其缺點却在超越面提不上去，終於失落一貫之旨。故象山不許其爲見道。象山之斬截固然太過分，然朱子對於終極之體驗則確有一間之隔，此固不容諱言者。

總結起來說，我們自可以完全不承認宋儒內聖之學的標準，或根本否定道統之說，此無傷，人應該有充分自由選擇自己的終極的託付。但如我們姑同意此一標準，則荀、揚、董、文中子、韓愈等雖隸屬於儒家，而無與於道統，以其由孟子、中庸、易傳所開出的心性論、天道論的思想線索脫落了開去，理屬自然。同樣，在宋儒之中，我們不能不排除司馬光，儘管朱子對司馬光有相當的敬意。邵康節之被排除則是由於其思想近道家，其易學乃象數之學，非義理之學，故朱子對康節雖也欣賞尊重，却不將之置之於道統之列。朱子之取濂溪而棄康節是有他的理由的。

如此，用心性論與天道論做標準，無疑、濂溪、橫渠、明道、伊川、朱子、象山都應屬於這一統系之內。而朱子之特別推尊周子，是有他的眼光的。二程雖不承認周子爲師，但周子是啓其緒，對於二程的思想有相當啓發。橫渠雖爲二程舅氏，然聞道遲，觀念上有創發而未臻圓熟之境，其興趣在天道論，故朱子將之旁置，也是有相當理由的。二程之居正統，是因爲二程把思想更往內收一步，心性之學始眞成爲新儒學之主流。明道首先揭出「天理二字，却是自家體貼出來」。伊川繼之，斯道大張。至南宋乃有朱子與象山，泰山北斗，秀出羣倫，朱子所謂「南渡以來，八字着脚，理會着實工夫者，惟某與陸子靜二人而已！」

就現實歷史發展內線索看，道統之立，無疑是出於朱子的倡導，功勞也最大。朱子也以擔承道統自命，不作第二人想。事實上也只有他肯下死工夫作四書集註，廣收門徒，遍說羣經，法乳流傳，廣被四海。至元仁宗皇慶二年（西元一三一三年），詔行科擧，採用朱學。明清仍元之舊，一直到清廷顛覆，民國肇始廢止科擧爲止，五六百年間，朱學居於正統之地位，影響之大，無與倫比。

然而弔詭的是，朱學雖在事實上被奉爲儒學之正統，但仔細審查之以宋儒心性論、天道論的標準，朱子的正統的地位却是相當有問題的。朱子自居繼承孟子、易、庸之正統。然孟子心性情一貫之論被朱子肢解成爲一心性情之三分架局，易庸生生不已之天道觀也爲朱子分析成爲理氣之二元。朱子在實際上是繼承伊川而開創了一條新的思路，實已脫落了濂溪、橫渠、明道的線索，而與直承孟子學的象山立於對蹠的地位。這一層煙霧一直到最近才爲牟宗三先生所穿透，而爲朱子斷定了其「別子爲宗」的地位。（註十二）仔細審查朱子的書、文、語錄的直接證據，我不能不支持牟先生這一前無古人的論斷。

現在我們再放大到整個中國思想史來看朱子的地位。春秋戰國之際，周文疲憊，百家爭鳴。儒家只不過諸子百家之一而已，並未佔一特殊地位。一直到漢武帝用董仲舒之策，獨尊儒術，罷黜百家，這才確定了儒學在中國歷史上的正統地位。但儒者的眞正理想並未在朝廷的政治下實現，漢朝的實際是儒法並用、王霸雜之。而漢儒不是傳經之儒，即是惑於讖緯、陰陽、雜家之說，不能對儒家的思想有所眞正的開創。到了魏晉南北朝，儒家的典章制度雖已被廣汎採用，但知識分子的興趣則已轉移到易、老、莊三玄。隋唐之世，佛學成爲顯學。思想界第一流的才智集中在佛家，而不在儒家。韓愈文起八代之衰，固爲一世之雄，但他的貢獻在詞章，不在義理；其闢佛乃基於文化的考慮，而缺乏哲學思想的基礎。宋代禪宗普遍，知識分子趨之若鶩。是在這樣的背景之下，新儒學崛起，正面接受了佛老思想的挑戰。一方面受到佛老思想的挑戰，一方面受到佛老的刺激，用轉借的方式吸收銷融了一些可爲我用的新觀念，另一方面則跳越漢唐，返歸先秦，繼承孔孟所開出的慧識，賦與它新的生命，打開了新的境界，建立了宋明內聖之學的規模，使得儒家在思想方面重新取得主導的地位。在芸芸諸儒之中，牟宗三先生特別選出了九人作爲斯學之代表人物。以濂溪、橫渠、明道爲一組，伊川、朱子爲一組，象山、陽明爲一組，五峯、蕺山爲一組，並製簡圖指示其相對關係如下：（註十三）

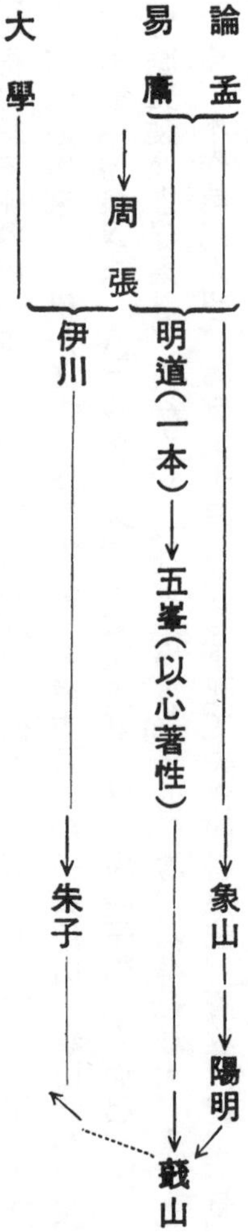


（蕺山對於朱子處之虛線箭頭表示未有融攝好，亦無積極之關係）

這一簡表不免過分簡單，也不必人皆可以同意，然却富有參考價值。依牟先生之見，卽活動卽存有之縱貫系統（圖右之七人）乃是上承先秦之大宗，伊川、朱子只存有而不活動之橫攝系統是此大宗之歧出。朱子力敵千軍，獨全盡而貫澈地完成此橫攝系統，此其所以偉大。宋明以後，清儒又失其緒，一直要到民國以後，熊十力先生才重新開出當代新儒家的端緒。（註十四）

從思想史的脈絡來看，華嚴、天臺、禪是華族銷融印度哲學智慧的第一個步驟，而宋明儒學是吸收異己、返歸本位，表現華族智慧的一項更爲超卓、難能的成就，在先秦之後開創了中國哲學第二個黃金的時代。北宋儒學、周、張、二程自扮演了十分重要的角色，但朱子的綜合各家、建立道統，尤其佔據了一個更關鍵性的地位。也是通過朱子的銷融與穩定，把道學所創發的成就，傳承到後世去。然而可惜的是，朱子所完成的綜合並不是一個眞正的、成功的綜合。朱子的漸教已失落了儒者內聖之學的一些重要的成分。而他的不完全斬斷外在的牽連，其實並不是他的哲學的長處，而是由於在他的思想之中，見聞之知與德性之知缺少一種明白的分疏。在今日，我們不能把中國不能發展出西方現代科學的責任放在陽明一人身上，而夢想復興朱子哲學的精神，卽可以在傳統的基礎上銷融西方現代經驗科學的成就。其實從朱子的哲學之中，並不能眞正產生出現代科學的思想。見聞之知與德性之知本屬於兩個不同的層次，離之則雙美，合之則兩傷。我們需要的是斷定二者不同的特質，而在一個更廣濶的格局之中，同時肯定這兩個不同層次的價值和地位；這不是留在朱子哲學思想的架局以內所可以做得到的。但朱子的哲學思想的確在中國哲學上打開了一些不同的視域，提出了一些有意義的問題，不容我們忽視。他的許多思想也不缺少現代的意義。而我們在今天，能夠像以往那樣成功地吸收銷融印度哲學智慧一樣地吸收銷融西方哲學的智慧，有所新的創造、新的綜合，以超越我們今日在思想上的空虛與危機，這正是華族的智慧在今天所面臨的一個最嚴重的挑戰。

## 註釋

註一、參錢穆：朱子新學案，卷三，頁五二六。

註二、參陳榮捷：「朱子道統觀之哲學性」，東西文化第十五期，頁二十五——三十二。

註三、參朱子文集卷八十六，滄洲精舍告先聖文。

註四、參陳榮捷，前揭。錢穆先生指出朱子尊信康節之先天圖，也推尊康節，然康節與二程道不同，故不收於伊洛淵源錄之中。參錢穆，前揭，卷三，頁八二——九六。然朱子確因哲學性的理由排除邵子於道統之外，此無可辯者，陳先生之言是也。

註五、參錢穆，前揭，卷三，頁五一一。

註六、同上，卷三，頁九四——九五。

註七、參Paul Tillich, Systematic Theology, three Volumes。特別第二卷討論Christology，對於此點發揮得猶詳盡。

註八、參錢穆，前揭，卷三，頁三三八。

註九、太極圖說與通書義理相通，參牟宗三：心體與性體，卷一，四〇四——四一三。唐君毅，中國哲學原論也有同樣的論斷。參第六章註八。

註十、參錢穆，前揭，卷三，頁四二三。

註十一、參牟宗三：從陸象山到劉蕺山，頁四——五。

註十二、參牟宗三：心體與性體，卷一，頁四二——六〇。

註十三、同上，卷一，頁四一五。

註十四、熊先生主要著作有新唯識論、十力語要、讀經示要、原儒等。當代新儒家代表人物如唐君毅、牟宗三、徐復觀多出其門下。馮友蘭著新理學、新原道等書，表面上也倡新儒家之說，但所得甚淺，以新實在論湊泊朱子，未見其是。大陸易手以後，乃不斷改易其說，後更一度依附四人幫，令人遺憾；他也實未能如熊十力、梁漱溟輩之能夠表現出傳統士人之風骨也。業師方東美先生則倡原始儒家之旨，一向對宋明儒有微詞，和這一條線索沒有直接的關係。

# 第九章　王學與朱學：陽明心學之再闡釋

## 一、引　言

陽明（一四七二——一五二九）倡心卽理之說，以心外無理，心外無事，其精神與象山顯然是互相呼應的，故世稱陸王之學，良有以也。陽明重刻象山文集，爲之作序（庚辰四十九歲時），斷定其爲孟子學，不可誣爲禪學。而陽明在當時提倡象山學實另有一番苦心，其在壬午五十一歲時答徐成之的第二書有曰：

「僕嘗以為晦庵之與象山，雖其所為學者若有不同，而要皆不失為聖人之徒。今晦庵之學，天下之人，童而習之，既已入人之深，有不容於論辨者。而獨惟象山之學，則以其嘗與晦庵之有言，而遂藩籬之。使若由賜之殊科焉則可矣，而遂擯放廢斥，若碔砆之與美玉，則豈不過甚矣乎？夫晦庵折衷羣儒之說，以發明六經論孟之旨於天下，其嘉惠後學之心，真有不可得而議者。而象山辨義利之分，立大本，求放心，以示後學篤實為己之道，其功亦寧可得而盡誣之？而世之儒者附和雷同，不究其實，而概目之以禪學，則誠可冤也已。故僕嘗欲冒天下之譏，以為象山一暴其說，雖以此得罪無恨。僕於晦庵亦有罔極之恩，豈欲操戈而入室者。顧晦庵之學，既已若日星之章明於天下，而象山獨蒙無實之誣，于今且四百年，莫有為之一洗者，使晦庵有知，將亦不能一日而享於廟廡之間矣。」（王陽明全書、書錄、卷四）

這封信所說是陽明中心之實感。陽明的本意只不過要爲象山辨誣，他並不像象山那樣嚴斥朱子。他看得清楚，象山和朱子的異同是儒學內部的分疏，與禪沒有關係，而兩方面都有不可磨滅的價值：道問學的漸教，尊德性的頓教，分別有其地位。事實上陽明是在朱學的薰陶下翻出來的一條思路，所以提出問題的方式像朱子，而在精神上則接上象山。既要跳出朱子的窠臼，自不能不與朱子的思想對反，但又不可以完全抹煞這一背景；雖說是接上象山的精神，但象山的思想完全缺少分解的展示，故以之爲粗些而極少加以徵引。王學乃是在這樣的情形之下產生出來的新思想。

陽明是在戊辰三十七時在龍場始悟格物致知，戊寅四十七歲時刻大學古本，晚年出征思田以前授大學問。陽明之悟顯然是與朱子即物窮理的思想之一對反。他在少年時格竹子的故事現在大家都耳熟能詳，這個樣子來格物，自不能說是善會朱子的意思，但他却由此而打開了一條全新的思路。致知不外就是致良知，格者，正也，物者，事也。陽明還是用解文義的方式來肯定自己的體驗；其實陽明這樣解釋大學的原義是很有問題的。如果格致果眞是這樣的意思，那麼正心誠意就够了，何必再另說格致。但這不是說朱子的解釋就一定合乎古典的原義，朱子另作大學補傳也就是在發揮自己的思想；而用他的理氣二元的方式去解析明德，就不免產生許多弔詭，極不順適。要之，朱子和陽明都是在儒家的思想的範圍以內，就着古典，借題發揮，創造一些新思想。而象山直接訴之於本心，大概不會走這種彎曲的道路。又，在傳習錄卷中所錄陽明答陸原靜書討論到中和、已發、未發的問題，顯然是陽明對於朱子所提出的中和問題的解答，思入精微，用詞圓活流轉，決不是象山可以寫得出來的東西，實在，象山的心思也不用在這一類的問題上面。由此可見，由對反而來說，朱學實在是王學的一個重要的淵源，此則不可掩者。

大概正因爲朱學與王學之間有這樣一種微妙的關係，遂引致陽明在戊寅四十七歲時刻朱子晚年定論。年譜摘錄序略曰：

「昔謫官龍場，居夷處困，動心忍性之餘，恍若有悟，證諸六經四子，洞然無復可疑。獨於朱子之說，有相牴牾，恆疚於心，切疑朱子之賢，而豈其於此尚有未察，及官留都，復取朱子之書而檢求之，然後知其晚歲固已大悟舊說之非，痛悔極艾，至以為自誑誑人之罪，不可勝贖。世之所傳集註，或問之類，乃其中年未定之說，自咎以為舊本之誤思改正而未及。而其諸語錄之屬，又其門人挾勝心以附己見，固於諸子平日之說，猶有大相繆戾者。而世之學者，局於見聞，不過持循講習於此，其於悟後之論，概乎其未有聞，則亦何怪乎予言之不信，而朱子之心無以自暴於後世也乎。予既自幸說之不繆於朱子，又喜朱子之先得我心之同然，且慨夫世之學者，徒守朱子中年未定之說，而不復知求其晚歲既悟之論，競相呶呶，以亂正學，自不知其已入於異端。輒採錄而裒集之，私以示夫同志，庶幾無疑於吾說而聖學之明可冀矣。」

陽明的初意是「取朱子晚年悔悟之說，集爲定論聊藉以解紛耳」，那知因此而啓更大的紛爭。從考據的觀點言，此書實在一無是處。所取不只有些是朱子早年的書信，而且斷章取義，牽以從己，弊漏百出，不一而足。如果不了解陽明的用心，恐怕只能說他非愚卽誣。但事實上宋明儒確疏於考證，也不以考證爲標準，所以才有此失，不免爲其盛名之累。事實上當時羅整庵就已提出懷疑，傳習錄中錄陽明答羅整庵少宰書有曰：

> 「其爲朱子晚年定論，蓋亦不得已而然。中間年歲早晚，誠有所未考，雖不必盡出於晚年，固多出於晚年者矣。然大意在委曲調停，以明此學爲重。平生於朱子之說，如神明蓍龜，一旦與之背馳，心誠有所未忍，故不得已而爲此。知我者謂我心憂，不知我者謂我何求。蓋不忍牴牾朱子者，其本心也。不得已而與之牴牾者，道固如是，不直則道不見也。執事所謂決與朱子異者，僕敢自欺其心哉？」（傳習錄中：一七六）（註一）

陽明此函直承有所未考，但還是相信自己所輯錄朱子的信函多出於晚年。然這只是一主觀的信念，經不起事實的考驗。但由這封信所透露出來陽明主觀的心境則不是不可以了解的。君子之過，如日月之食，人皆見之，我們在這裏又何須替陽明掩遮。朱子晚年思想與象山，陽明思想確有相當距離，此間不容委曲調停，也不須委曲調停。程（伊川）朱、陸王之學之差距自非一主理學，一主心學之簡單，這些只不過是方便的稱呼罷了！其實只須看到王學（心卽理）與朱學（心具衆理）之對反處，卽可確定兩系思想在本質上之差別。在前面我們既已詳述朱子的思想，在下面我們將解析陽明心學所涉之理論效果，以資雙方對比之用。

陽明心學在陽明生時卽已引起許多誤解，中間雖曾盛極一時，後因王學末流之累，有清一代乃受到嚴厲的批評。民國以後學者頗多摭拾西方哲學之名詞與觀念闡釋古籍，每以唯心論視陽明心學，而於其實義不必眞有所窺，反而增加不少無謂繚繞，亟待澄清。本章卽擬針對陽明心學的一些基本觀念加以一番再闡釋，了解其學問之入手處，其思想內部的不同層次，以確定其認識論與形上學之義蘊。

凡是談陽明唯心哲學的總喜歡引下面這兩段話：

「先生遊南鎭，一友指岩中花樹問曰：『天下無心外之物，如此花樹，在深山中，自開自落，於我心亦何相關？』先生曰：『你未看此花時，此花與汝心同歸於寂。你來看此花時，則此花顏色一時明白起來，便知此花不在你的心外。』」(傳習錄下：二七五)

「問：『人心與物同體，如吾身原是血氣流通的，所以謂之同體；若於人，便異體了，禽獸草木益遠矣，而何謂之同體？』先生曰：『你只在感應之幾上看，豈但禽獸草木，雖天地也與我同體的，鬼神也與我同體的。』請問。先生曰：『爾看這個天地中間，什麼是天地的心？』對曰：『嘗聞人是天地的心。』曰『人又什麼教做心？』對曰：『只是一個靈明。』『可知充天塞地，中間只有這個靈明。人自爲形體自間隔了。我的靈明，便是天地鬼神的主宰。天沒有我的靈明，誰去仰他高，地沒有我的靈明，誰去俯他深？鬼神沒有我的靈明，誰去辨他吉凶災祥，天地鬼神萬物離却我的靈明，便沒有天地鬼神萬物了。我的靈明離却天地鬼神萬物，亦沒有我的靈明。如此便是一氣流通的，如何與他間隔得？』又問：『天地鬼神萬物千古見在，何沒了我的靈明，便俱無了？』

曰：『今看死的人，他這些精靈游散了，他的天地萬物尚在何處？』」(傳習錄下：三三七)

馮友蘭著「中國哲學史」引了這兩段文字後有按語說：「朱子以爲吾人之心，具有太極之全體，故心亦具衆理。然心但具衆理而已，至於具體的事物，則不具於吾人心中也。陽明則以爲天地萬物皆在吾人心中。此種惟心論，朱子實不持之。」(註二)但陽明持的究竟是怎樣的一種唯心論，則馮氏漫忽過去，未及深論，幫助不大。

侯外廬主編的「中國思想通史」論及「王陽明的主觀唯心主義哲學思想」就不那麼籠統，而且批評得非常尖刻，不那麼客氣了。關於陽明遊南鎭的談話，侯書的批評是：「王陽明否認有獨立於人的意識之外的客觀存在，而認爲一切都存在於『心』中。」「這是背離事實的揑造。我們知道，感覺只是客觀存在作用於人的感覺器官的結果。……然而王陽明却從感覺出發，把人的主觀感覺『片面地、誇大地、過分地發展(膨脹、擴大)爲脫離了物質、脫離了自然、神化了的絕對。』」「這樣的理論必然要導致唯我主義，正如列寧曾經指出，『如果物體……像貝克萊所說的是『感覺的結合』，那麼不可避免地會得出這個結論：整個世界不過是我的表象而已。從這個前提出發，除自己以外，就不能有其他的人存在：這是最純粹的唯我主義。』」(註三)然後又引王陽明論我的靈明一段作證來看「王陽明的唯心主義是怎樣達到唯我主義的荒謬結論。」(註四)這些議論都被用來支持他們在前面對王學的一般論斷：「王陽明的世界觀的出發點和基本前提，卽他所提出的『心外無物』『心外無理』，一切都是從『心』派生出來的。這是陸象山的『宇宙便是吾心，吾心卽是宇宙』、『道無有外於吾心者』的發展。也正是禪宗『心是道，心是理，則是心外無理，理外無心』的再版。』」(註五)

這樣的論調顯然是把陸王之說與禪宗視爲相同，也和西方貝克萊的主觀唯心論沒有差別，而一起加以痛詆。

乃至對陽明思想頗有同情的陳榮捷先生在其「傳習錄」的英譯本導言之中也說：「從哲學方面說，王陽明的立場是薄弱的，因爲它完全忽略客觀的研究並將實在與價值混淆，傳習錄的讀者會發現，王陽明的唯心論的確是非常的幼稚（Naive）。」（註六）爲了證明他的論點，陳先生也引了王陽明遊南鎭的對話爲例。但接着他下轉語說：「但如王陽明的哲學在邏輯的銳利方面不行，在道德的睿見方面是深刻的。」（註七）這樣的判斷自與侯外廬輩完全不同了，因爲後者把王陽明的思想當作蒙昧主義的反動派看待，陳先生則認爲王陽明深於道德睿見。儘管如此，陳先生還是認爲王陽明的唯心論的立場是薄弱而幼稚的。這至少指明一點，陽明的立言顯有引人誤解之處。

但我不能把陽明心學與貝克萊的主觀唯心主義哲學混爲一談，因爲二者所感受的問題、所運用的方法與所達到的結論是完全不同的；也不認爲陽明的哲學立場是薄弱而幼稚的，陽明固然深於道德睿見，但他的唯心哲學也可以言之成理，自成體系，我們卽不必接受它，也不能以淺薄視之。而且這兩方面息息相通，不能夠勉強加以分割開來。陽明所持誠是一種唯心哲學觀點，但這種唯心哲學係基於中國儒家傳統所表現的特殊方式，在西方還找不到相同的理路。問題的困難在：中國傳統哲學的表達方式不是通過系統的論證，而是隨機指點，所重視的是道理的解悟，而不是概念的分疏。中國的傳統思想根本就缺乏西方那種純認識論的探究，也無興趣於這一類的問題。故此從純西方的標準來看，這樣的思想不免有憾。其實這根本是另一種型態的哲學，其入手的進路與西方哲學完全不同，一開始就帶着西方哲學的有色眼鏡來看，自不免到處格格不入。但它既完成以後自也可以有其深刻的認識論與形上學的義蘊，如能把它潛在的概念系統與理論層次解剖出來，也可以與西方的認識論與形上學作比觀。這自決不是一件容易的工作，要牽涉到精微的解釋學的技巧，不可自浮面上抓到幾個觀念胡亂比附就可算數。本文乃是一種企圖由「傳習錄」、「大學問」的材料整理出一條線索來，看王陽明的所謂唯心哲學究竟實義何在。

## 二、陽明唯心哲學的第一義：「心外無物」之闡釋

貝克萊的主觀唯心主義哲學是洛克的哲學的進一步發展。這些英國經驗論者認為知識的惟一來源在感官知覺，而感覺印象或觀念之來源是在個別的感官，所以「觀念的聯合」成為他們的一個主要的課題。但儒家的傳統從來不着重感官知覺，感覺的聯合在他們也根本不成為問題。談「心」則着重在心靈的主宰義，這從孟子到象山以至於陽明一貫都是如此。他們的中心問題不是一認識論的問題，而是一道德體驗的問題。由此可見侯外廬輩之勉強將兩方面牽合起來根本是缺乏哲學常識。

陽明心學的起點在於他對朱子格物學說的不滿。在「年譜」和「傳習錄」都曾記載他在年青時格竹子的故事。朱子之學由元明以來一直是顯學，而陽明由這一條線索入手，却無所得，但他本人對這問題也沒有一個妥善的解答。一直到他被謫居龍場以後，萬般寂寥之中，這才突然解悟，不知所以手之足之舞之蹈之。從表面上說，陽明所不同意的乃是朱子對於大學章句的解釋。就骨子裏論，陽明所未能契合的乃是朱子對於道德問題的體驗。照陽明的理

解，朱子所謂格物，乃是格的外在之物，如此不免失於義外之譏，將心物打成兩截。就道德的體驗上說，依儒家由孟子以來「爲學之道無他，求其放心而已矣」的大傳統，陽明當然可以下斷語說：心外無物，心外無理，心外無事。關於這一層的道理，在「傳習錄」內許多地方都發揮得極爲淋漓盡緻。

在「答顧東橋書」中陽明說：

> 朱子所謂格物云者，在卽物而窮其理也。卽物窮理，是就事事物物上求其所謂定理者也。是以吾心而求於事事物物之中，析心與理而為二矣。夫求理於事事物物者，如求孝之理於其親之謂也。求孝之理於其親，則孝之理其果在於吾之心邪？抑果在於親之身邪？假而果在於親之身，則親沒之後，吾心遂無孝之理歟？見孺子之入井，必有惻隱之理。是惻隱之理，果在於孺子之身歟？抑在於吾心之良知歟？其或不可以從之於井歟？其或可以手而援之歟？是皆所謂理也。是果在於孺子之身歟？抑果出於吾心之良知歟？以是例之，萬事萬物之理，莫不皆然。是可以知析心與理為二之非矣。夫析心與理而為二，此告子義外之說，孟子之所深闢也。務外遺內，博而寡要，吾子既已知之矣，是果何謂而然哉！謂之玩物喪志，尚猶以為不可歟？若鄙人所謂致知格物者，致吾心之良知於事事物物也。吾心之良知，卽所謂天理也。致吾心良知之天理於事事物物，則事事物物皆得其理矣。致吾心之良知者，致知也。事事物物皆得其理者，格物也。是合心與理而為一者也。」（傳習錄中：一三五）

在這一段論辯之中，陽明還是用的「事物」詞的一般的意義，而極言向外追求之未能稱理。事實上陽明對傳統的物的觀念卽深致不滿，而對於物提供一全新的解釋。他說：「物，卽事也。如意用於事親卽事親爲一物；意用於治民，卽治民爲一物；意用於讀書，則讀書爲一物；意用於聽訟，卽聽訟爲一物。凡意之所用，無有無物者。有是意，卽有是物；無是意，卽無是物矣。物非意之用乎！」(傳習錄中，答顧東橋書：一三七)這一段言簡意賅，不能輕易將之看過。物卽事也，這是一個全新的觀念。物一般當作對象 (Object) 解，但對象從非一孤離的對象，它必在一系絡（Context）之中，才能顯發其意義。這樣看來，物不外是事(Event)。二十世紀如羅素輩由物理方面的考慮而了解不能孤離的物，只能談事，才能避免理論上的困難。不意王陽明在四百多年前由道德的體驗入手就發現了同樣的道理。其次，「意之所用，必有其物」用當前現象學的術語來說，物必在一意向性 (Intentionality) 的結構之內，主客乃是互相對待的觀念，無主也無所謂客。這是破斥素樸實在論 (Naive Realism) 的觀點，當代自胡塞爾以來論之詳矣！陽明自道德體驗入手，也找到一意向性的架構。當然陽明之學並不像一般現象論者那樣停留在現象構造的解析的階段，而要爲意找一形而上的根源，乃建立其唯心之學。他說：「心者，身之主也。而心之虛靈明覺，卽所謂本然之良知也。其虛靈明覺之良知應感而動者謂之意。有知而後有意，無知則無意矣。知非意之體乎！」(同上引)「傳習錄」上在他和徐愛的問答中有一段極爲扼要的陳述：「『愛昨曉思，格物的物字，卽是事字，皆從心上說。』先生曰：『然。身之主宰便是心，心之所發便是意，意之本體便是知，意之所在便是物。如意在於事親，卽事親便是一物；意在於事君，卽事君便是一物；意在於仁民愛物，卽仁民愛物便是一物；意在於視聽言動，卽視聽言動便是一物。所以某說無心外之理，無心外之物。中庸言不誠無物，大學明明德之功，只是個誠意；

誠意之功，只是個格物。』」（傳習錄上：六）

物之意義既如上述，陽明又訓格爲正，如此做格物工夫乃由外而內，由博返約，實不外乎致良知的工夫。（註九）良知重在建立心的主宰，與外在見聞之無限追求了無相涉。知若指的是良知，則知行合一之觀念爲既順適且必然，故曰：

「知之真切篤實處，即是行。行之明覺精察處，即是知。知行工夫本不可離，只為後世學者分作兩截用功，失却知行本體，故有合一並進之說。真知即所以為行，不行不足謂之知。……專求本心，遂遺物理，此蓋失其本心者也。夫物理不外於吾心，外吾心而求物理，無物理矣！遺物理而求吾心，吾心又何物邪？心之體，性也，性即理也。故有孝親之心，即有孝之理，無孝親之心，即無孝之理矣；有忠君之心，即有忠之理，無忠君之心，即無忠之理矣；理豈外於吾心邪？晦庵謂人之所以為學者，心與理而已！心雖主乎一身，而實管乎天下之理；理雖散在萬事，而實不外乎一人之心。是其一分一合之間，而未免已啓學者心理為二之弊。此後世所以有專求本心，遂遺物理之患，正由不知心即理耳！夫外心以求物理，是以有闇而不達之處。此告子義外之說，孟子所以謂之不知義也。心一而已，以其全體惻怛而言，謂之仁；以其得宜而言，謂之義；以其條理而言，謂之理。不可外心以求仁，不可外心以求義，獨可外心以求理乎？外心以求理，此知行之所以二也。求理於吾心，此聖門知行合一之教，吾子又何疑乎？」（傳習錄中，答顧東橋書：一三三）

如此陽明致良知、心即理、知行合一之說一貫而下，將數百年來學者支離外逐的陋習一掃而空。質諸陽明的生平，所謂「良知之說，從百死千難中得來」，洵非虛語。其拔本塞源之論，非於道德眞有體驗實證者，不能出此。無怪乎陳榮捷先生譯「傳習錄」爲英文時於其導言之中極盛讚王陽明之深於道德睿見。

## 三、陽明唯心哲學的第二義：「人是天地的心」之闡釋

如陽明的心學只限於我們在上節所闡述的那些思想，則王學與朱學雖仍有尊德性與道問學的入手之差異，可以引起一些爭論，但因其理路顯豁，可以引起誤解之處並不多。但陽明的心學並不止於僅爲一道德哲學。而有其認識論與宇宙論的義蘊。由於陽明立言不够善巧，而讀者也未能善解其意，所以引起許多不必要的誤解與批評，使得其學之實義反被掩埋。本節的工作卽是要針對這一問題詳加解析以剖明其理論效果。

就陽明在南鎭的那一段答問（註一〇）看來，顯然是一認識論的反省，似與上節所談的道德體驗並無直接關連。由此可見，陽明哲學的主要進路雖是道德體驗，但其理論效果却不止於道德倫理的範圍。由於南鎭的這一段答問過於簡截，不易由之看出陽明哲學的實義，故先由解析其他資料着手，而後再回頭來審查其理論效果。且讓我們先來檢討被侯外廬輩所學證爲唯我主義的那一段談話。（註一一）侯輩的批語是：「在『天地……萬物，千古見在』與『我的靈明便是天、地、鬼、神的主宰』之間存在着不可調和的矛盾。對於這一矛盾，王陽明用極其武斷的詭辯來掩蓋起來了，他說，人死以後，他的天地萬物也都不存在了，這是躲避問題，問的是『天地……萬物，千古見在』，答時却加了『他的』二字，這分明是答非所

問了。同時，王陽明的所謂『答』也是不值一駁的，在人類的歷史發展的長流中，無數輩人死去了，然而大地山河却依然存在着！」（註一二）

陽明豈不知道在人死後大地山河依然存在的事實，他特別標擧出，「他的」二字，實有深意存在；侯外廬輩未能了解其意，乃攻擊之爲「詭辯」，爲「躲避問題」。這一番意思本也不容易說得清楚，所幸現代存在主義哲學者發展出「在世界中之存有」（Being-in-the-world）的觀念，例如海德格指出，人之旣生，被投擲在那裏，他與他的世界一方面是一互相對立的關係，另一方面又是一互相依存的關係。個人的世界一方面爲他自己所專有，另一方面却又可以與他人的世界互相溝通。由此可見，「世界」乃一意義結構，並非死體。它的所謂客觀，乃與人的主觀相對待。到人的主觀沒有了，它的客觀也就沒有意義。故個人生時，他的世界雖不能聽他隨意驅遣，但到他死後，這一世界結構也就重歸於寂，他人的世界決沒有與這一世界完全相同的。自當代現象學的潮流興起，素樸實在論的思想澈底倒塌，陽明在近五百年前卽有了這樣的思路的種子，其卓識甚不可及，侯外廬輩的結語是由樸素實在論的思想觀點出發，這才是眞正的頭腦簡單（Naive），不值一駁。

但我們這樣釋陽明是否有據呢？在「傳習錄」中儘可找到許多證據，例如陽明說：

「這視聽言動，皆是汝心。汝心之視，發竅於目；汝心之聽，發竅於耳；汝心之言，發竅於四肢；若無汝心，便無耳目口鼻。所謂汝心，亦不專是那一團血肉，若是那一團血肉，如今已死的人，那一團血肉尚在，緣何不能視聽言動？所謂汝心，却是那能視聽言動的，這個便是性，便是天理。有這個性，才能生這性之生理，便謂之仁。這性之生理，發在目，便會視，發在耳，便會聽，發在口，便會言，發在四肢，便會動，都只是那天理發生，以其主宰一身，故謂之心。這心之本體原只是個天理，原無非禮。這個便是汝之真己，這個真己，是軀殼的主宰。若無真己，便無軀殼，真是有之卽生，無之卽死。汝若真為那個軀殼的己，必須用着這個真己，便須常常保守着這個真己的本體。」（傳習錄上：一二二）。

由這一段談話，我們可以看得清清楚楚，陽明何嘗否認「已死的人，那一團血肉尚在」，陽明之所謂「無耳目口鼻」、「無軀殼」豈是在說人死以後這些東西忽然化爲烏有那種違背常識的話。考陽明之意似謂耳不能聽則不能謂之耳，目不能視則不能謂之目，軀殼之無主宰也就不能謂之軀殼。如此陽明下一「無」字，便沒有任何弔詭可言。順常識說話，當然不能說人死以後便無耳目口鼻，無軀殼，無世界。但陽明另闢蹊徑，其體會自較常識的進路深刻得多。就陽明的看法，不只一個死的物質宇宙沒有意味，更進一層說，這個宇宙從來就是活潑潑地，根本沒有死物存在於其中。此所以他要用「事」來界定「物」。而事有麤有精，就精微處來說，則天地之間只是一個感與應而已！這樣談感與應，並不是神話。衆人所見只是成爲形軀以後的麤重相，而儒者哲人乃必須省察到感應之幾，這才可以談內聖的修養工夫。這樣看來，陽明的認識論、形上學仍與他的道德體驗打成一片，兩下不可分割。玆再就其理論效果略爲申論如下。

不只個人的世界隨個人生命的終結而歸於寂，就在個人也常經歷不同的世界。陽明在「傳習錄」中有一段很有趣的談話：

「人一日間，古今世界都經過一番，只是人不見耳。夜氣清明時，無視無聽，無思無作，淡然平懷，就是羲皇世界。平旦時，神清氣朗，雍雍穆穆，就是堯舜世界。日中以前，禮儀交會，氣象秩然，就是三代世界。日中以後，神氣漸昏，往來雜擾，就是春秋戰國世界。漸漸昏夜，萬物寢息，景象寂寥，就是人消物盡世界。學者信得良知過，不為氣所亂，便常做個羲皇以上人。」（傳習錄下：三一二）

存在主義者只描寫人的世界架構，但儒者如王陽明就必須在這些世界之中作個別選擇的工夫，其中自有規範可循。人如相應於天理是一番世界，相應於人欲又是一番世界；相應於道心是一番世界，相應於人心又是一番世界。但人心道心並非二源，陽明曰：

「心一也。未雜於人，謂之道心，雜以人偽，謂之人心。人心之得其正者即道心，道心之失其正者即人心，初非有二心也。程子謂人心即人欲，道心即天理，語若分析，而意實得之。今曰道心為主，而人心聽命，是二心也。天理人欲不並立，安有天理為主，人欲又從而聽命者。」（傳習錄上：十）

依陽明之見，儒家所重乃在建立心的主宰，並非佛氏所謂斷滅種性，入於槁木死灰之謂。故一方面必須分辨良知與見聞，而另一方面，「良知不由見聞而有，而見聞莫非良知之用，故良知不滯於見聞，而亦不離於見聞。」（傳習錄中，答歐陽崇一：一六八）又曰：「至善是心之本體，只是明明德到至精至一處便是，然亦未嘗離却事物。」（傳習錄上：二）。

綜上所論，聖賢的世界與常人的世界是隔離得很遠；常人崇尚功利，去道日遠，而聖人之心，以天地萬物為一體，其視天下猶一家，中國猶一人焉。然而在另一方面，「天下之人心，其始亦非有異於聖人也，特其間於有我之私，隔於物欲之蔽，大者以小，通者以塞，人各有心，至有視其父子兄弟如仇讎者。聖人有憂之，是以推其天地萬物一體之仁以敎天下，使之皆有以克其私，去其蔽，以復其心體之同然。」（傳習錄中，答顧東橋書：一四二）所謂「惡人之心，失其本體」意卽良知失其主宰的地位，相應於一私欲宰制往來雜擾的世界，非謂惡人卽眞無良知也。蓋「良知者，心之本體，卽前所謂恆照者也。心之本體，無起無不起。雖妄念之發，而良知未嘗不在，但人不知存，則有時而或放耳；雖昏塞之極，而良知未嘗不明，但人不知察，則有時而或蔽耳。雖有時而或放，其體實未嘗不在也，存之而已耳；雖有時而或蔽，其體實未嘗不明也，察之而已耳。」（傳習錄中，答陸原靜書：一五二）陽明另外還有一段極警策的話：「未發之中，卽良知也，無前後內外，而渾然一體者也。有事無事，可以言動靜，而良知無分於有事無事也。寂然感通，可以言動靜，而良知無分於寂然感通也。動靜者所遇之時，心之本體，固無分於動靜也。理，無動者也，動卽爲欲。循理，則雖酬酢萬變，而未嘗動也。從欲，則雖槁心一念，而未嘗靜也。動中有靜，靜中有動，又何疑乎。有事而感通，固可以言動，然而寂然者未嘗有增也；無事而寂然，固可以言靜，然而感通者未嘗有減也。動而無動，靜而無靜，又何疑乎，無前後內外，而渾然一體，則至誠有息之疑，不待解矣。」（傳習錄中，答陸原靜書：一五七）這還是在體驗上立論，但卻可以有其認識論與形上學的義蘊。陽明在南鎭觀花，是「寂然感通，動靜所遇之時」事，若就心之本體言之，則寂照何異，而寂也照也，又何嘗離卻心之本體，此陽明南鎭談話的眞意，惜其言簡而意賅，所以每不易爲人所了解。

現在我們再略爲討論唯我主義的問題。唯我主義的困難在於在認識論上取經驗主義的進路，以個人的感官知覺爲唯一知識的來源，乃產生柏雷（R. B. Perry）所謂「自我中心的難局」（Ego-centric Predicament）。但陽明是儒家的傳統，從來不以個人的感官知覺爲唯一知識的來源，不知如何與貝克萊的主觀唯心論所引出的唯我主義的問題牽合得上。陽明的痛切工夫乃在去私蔽，復其心體之同然。仁者之心既與天地萬物爲一體，怎可與小人之間形骸而分爾我者混爲一談。陽明的問題根本非一純認識論上在我以外還有沒有人、有沒有世界的問題，他的問題在有了人有了世界，吾人是否可以仁爲主導原則而與衆人世界成爲一體。此心一方面自立主宰，另一方面隨感隨應，並無特定的內容可以枯守。故陽明說：「目無體，以萬物之色爲體；耳無體，以萬物之聲爲體；鼻無體，以萬物之臭爲體；口無體，以萬物之味爲體；心無體，以天地萬物感應之是非爲體。」（傳習錄下：二七七）此心既與天地萬物感應之是非息息相通，如何謂之爲唯我？豈非驢頭不對馬嘴！

由此可見，一定要把陽明心學解爲主觀唯心論的見解，這是斷章取義不善讀書之過。我們通常只注意陽明談論心，而不注意陽明談論性。事實上陽明從未違背儒家自孟子談良知到中庸肯定「天命之謂性」的一貫的傳統。他說：「良知者，孟子所謂是非之心，人皆有之者也。是非之心，不待慮而知，不待學而能，是故謂之良知，是乃天命之性，吾心之本體自然靈昭明覺者也。」（大學問）「傳習錄」中也載有一段問答：「惟乾問：『知如何是心之本體？』先生曰：『知是理之靈處，就其主宰處說，便謂之心，就其稟賦處說，便謂之性。孩提之童，無不知愛其親，無不知敬其兄，只是這個靈能不爲私欲遮隔，充拓得盡，便完完是他本體，便與天地合德。自聖人以下，不能無蔽，故須格物以致其知。』」（傳習錄上：一一八）陽明既談天命，談稟賦，可見人是受命於天，並非自我作古，而其言必稱聖人，可見我之外有聖人，且聖人爲我所不能及，也爲我終身之模楷。這種儒家形態的形上基設與唯我主義之只能肯定一個自我的說法怎麼樣可以拉得上關係？人們只是抓到一句話頭：「今看死的人，他這些精靈游散了，他的天地萬物尚在何處？」根本不了解這段話的意思就硬說王陽明是主觀唯心論、唯我主義，這樣的態度何其草率！

但本節末段既提出「天」的觀念，必須對其詳加解析，才能透澈了解王陽明的所謂唯心哲學的全幅義蘊。關於這一件工作，我們將留待下一節來做。

## 四、陽明唯心哲學的第三義：「良知是造化的精靈」之闡釋

陽明既依儒家的傳統談「存天理，去人欲」，則天理儼然爲一規範或標準，又談天命，此皆涵攝對於天之了解。而儒家的大統也確肯定人對天有眞切的了解。就陽明的體驗來說，能透澈地致良知，也就能透澈地知天，在這一義下人在物之中確佔一極特殊的地位。但依陽明的思想線索，人並非無條件地知天。雖然人人都有良知的稟賦，但若人順軀殼起念，失其本體，認賊作子，則對於天也就不能有眞確的認知或了解。由此可見，人對天的知識既非通過歸納也非通過演繹的步驟得來。要歸納則無共認的事例爲憑藉，要演繹也無共許的公理作依據。人要知天，首先必須做修養工夫，變化氣質，與自己存在的最深處相應，才有實得。這樣建立的眞理是體驗的眞理，在經驗的層次上既不能肯定，也不能否定。而儒家於此却充滿了自信，好像是玄，也好像是懷抱着一種很獨斷的態度。但人只要肯作修養工夫，肯去放開心懷體證，自然有所如實相應，並非玄談，此種體證既然人人可以奮勉而得，可以對證，

也就無所謂獨斷。儒家於此是有一形而上之體驗，但其形上學的進路不是概念式的，乃是體驗式的，這是中土儒學所開創出來的一條極獨特的途徑。到了體驗眞切之時，乃如赤日當空，纖毫畢露，却又不離日用行常，一無弔詭可言。但用尋常話語說來，却是千言萬語，說它不盡，正如陽明所謂：「人心天理渾然，聖賢筆之書，如寫眞傳神，不過示人以形狀大略，使之因此而討求其眞耳。其精神意氣，言笑動止，固有所不能傳也。後世著述，是又將聖人所畫，摹做謄寫，而妄自分析加增，以逞其技，其失眞愈遠矣。」（傳習錄上：二十）

就修養工夫說，陽明解孟子，以「盡心知性知天，是生知安行事；存心養性事天，是學知利行事；夭壽不貳，修身以俟，是困知勉行事。」（註一三）這樣劃分成爲三級：聖人、賢人、與學者。但就性分上說，則聖凡無異，看陽明所擧金之成色之例可知，（註一四）所謂「一兩之金，比之萬鎰，分兩雖懸絕，而其到足色處，可以無愧，故曰人皆可以爲堯舜者，以此。」（傳習錄上：九九）聖人固然與天不隔，而學者也可奮勉而得。且人不知天則已，旣知天卽是全幅地知，無所虧欠。「傳習錄」上有一段記載說：

「黃以方問：『先生格致之說，隨時格物以致其知，則知是一節之知，非全體之知也，何以到得溥溥如天，淵泉如淵地位？』先生曰：『人心是天淵。心之本體，無所不該，原是一個天，只為私欲障碍，則天之本體失了；心之理無窮盡，原是一個淵，只為私欲窒塞，則淵之本體失了。如今念念致良知，將此障碍窒塞，一齊去盡，則本體已復便是天淵了。』乃指天以示之曰：『比如面前見天，是昭昭之天。四外見天，也只是昭昭之天。只為許多房子牆壁遮蔽，便不見天之全體，若撤去房子牆壁，總是一個天矣。

不可道眼前天是昭昭之天，外面又不是昭昭之天也。於此，便見一節之知，卽全體之知，全體之知，卽一節之知，總是一個本體。』」（傳習錄下：二三二）

但此處所謂知，乃見道語，與吾人之經驗見聞之知無涉，故陽明說：

「聖人無所不知，只是知個天理，無所不能，只是能個天理。聖人本體明白，故事事知個天理所在，便去盡個天理。不是本體明後，却於天下事物，都便知得，便做得來也。天下事物，如名物度數、草木鳥獸之類，不勝其煩。聖人須是本體明了，亦何緣能盡知得。但不必知的，聖人自不消求知，其所當知的，聖人自能問人，如子入太廟每事問之類。先儒謂雖知亦問，敬謹之至，此說不可通。聖人於禮樂名物不必盡知。然他知得一個天理，便自有許多節文度數出來，不知能問，亦卽是天理節文所在。」（傳習錄下：二二七）

陽明明白了當地否定聖人全知，這是何等爽利的手段。聖人所把握的是天的本體、天的神用，並非天的化跡。故陽明說：

「道無方體，不可執着，却拘滯於文義上求道，遠矣。如今人只說天，其實何嘗見天。謂日月風雷卽天，不可。謂人物草木不是天，亦不可。道卽是天。若識得時，何莫而非道。人但各以其一隅之見，認定以爲道止如此，所以不同。若解向裏尋求，見得自己心體，卽無時無處，不是此道，亙古亙今，無終無始，更有甚同異。心卽道，道卽天，知心則知道知天。」又曰：「諸君要實見此道，須從自己心上體認，不假外求始得。」（傳習錄上：六六）

由此可見，人要把握天，必須通過內在的體證才行。心、良知、與天理的關係是：「心之官則思，思則得之，思其可少乎。沉空守寂，與安排思索，正是自私用智，其爲喪失良知，一也。良知是天理之昭明靈覺處，故良知卽是天理。思是良知之發用。」（傳習錄中：答歐陽崇一書：一六九）又說：「天理在人心，亙古亙今，無有終始。天理卽是良知，千思萬慮，只是要致良知。」（傳習錄下：二八四）

良知與天的關係陽明曾明白規定如下：「先天而天弗違，天卽良知也。後天而奉天時，良知卽天也。」（傳習錄下：二八七）由上半句可以立形而上學，由下半句可以立道德修養工夫。大抵儒家喜歡談的是修養工夫，因爲這一方面切近實際，比較容易湊泊得上。人的行爲若循天理，則無過無不及，也無所偏倚，且不着一分意思，乃返歸良知的中和。（註一五）但體驗旣眞，乃也未始不可以談性與天道。然這一方面的談論不免於驚奇駭俗，不必爲世情所喜，所以陽明也不贊成用來接引初學，誠恐學者好高騖遠，玩弄光景，或只是在知解上轉，無實得也。但就儒家的義理結構而言，則必有天道論之一環。旣然先天而天弗違，天卽良知，也未始不可以直下對天作有意義的討論。考陽明之意，大率謂良知雖內在於人，然性原於天，盡心知性卽所以知天，天旣呈現於天理，決非漫蕩而無所歸，故也決非絕對不可得而聞也。陽明的根本體證是天人之間有一種相應關係。他說：

「天地氣機，元無一息之停，然有個主宰，故不先不後，不急不緩，雖千變萬化，而主宰常定。人得此而生，若主宰定時，與天運一般不息，雖酬酢萬變，常是從容自在，所謂天君泰然，百體從令。若無主宰，便只是這氣奔放，如何不忙。」（傳習錄上：一〇四）

人的主宰是良知，天地的主宰何嘗不是良知。在這一意義下良知卽是天地的本體，它不只具認識論的意義，也在同時具有存有論的意義。了乎此則陽明所說許多似古怪的話頭都可得其的解。例如他說：

「良知是造化的精靈。這些精靈，生天生地，成鬼成帝，皆從此出，真是與物無對。人若復得他，完完全全，無少虧欠，自不覺手舞足蹈，不知天地間更有何樂可代。」（傳習錄下：二六一）

如此，良知之爲存有本體，明矣！它不只是認識原理，同時也是創生原理、實現原理。良知既爲心之本體，換句話說，也可以說心是存有本體，在此義下，陽明確是一唯心論者。但這樣的唯心論，不只與貝克萊的主觀唯心論無關，抑且與西式種種型態的唯心論都有差別，因其由道德體驗工夫入手，而表現儒家思想之一特殊形態。陽明對體的了解與傳統易庸對體的了解並無差別。且看下面這一段問答：

「問先儒謂鳶飛魚躍，與必有事焉同一活潑潑地。先生曰：『亦是天地間活潑潑地無非此理，便是吾良知的流行不息。致良知，便是必有事的工夫，此理非惟不可離，實亦不得而離也。無往而非道，無往而非工夫。』」（傳習錄下：三三一）

他又說：

「誠是實理，只是一個良知。實理之妙用流行就是神，其萌動處就是幾。誠神幾曰聖人。」（傳習錄下：二八一）

「良知卽是易，其爲道也屢遷，變動不居，周流六虛，上下無常，剛柔相易，不可爲典要，惟變所適，此知如何捉摸得，見得透時，便是聖人。」（傳習錄下：三四一）

陽明的特殊貢獻只在他認定此體卽是良知，故其本體論與修養論澈底打成一片，這在儒家的義理結構之下是一新的轉進。故陽明必說心在物爲理，心理合一，始無二本之病。他答覆學者的問題：「聖賢言語許多，如何却要打做一個？」曰：「我不是要打做一個，如曰：『夫道一而已矣』，又曰：『其爲物不二，則其生物不測』，天地聖人皆是一個，如何二得？」（傳習錄下：三二二）

由這一段問答可見陽明只是把傳統儒家的義理弄得精熟而在概念上有所創進罷了。宇宙萬象，看似繁雜，其實就體上了解則不外一理，故曰：「萬象森然時，亦冲漠無朕，冲膜無朕，卽萬象森然。冲漠無朕者一之父，萬象森然者精之母。一中有精，精中有一。」（傳習錄：八二）

而此體在陽明看卽是良知，陽明曾明白指出：「夫良知一也，以其妙用而言，謂之神，以其流行而言，謂之氣，以其凝聚而言，謂之精，安可形象方所求哉？」（傳習錄中，答陸原靜書：一五四）

陽明對宇宙論之反省莫詳於其致陸原靜之二書。其中可注意的是他的理氣一元論。他說：

「精一之精，以理言，精神之精，以氣言。理者氣之條理，氣者理之運用，無條理，則不能運用，無運用，則亦無以見其所謂條理者矣！精則精，精則明，精則一，精則神，精則誠；一則精，一則明，一則神，一則誠，原非有二事也。」（仝上：一五三）

這樣的看法自與朱子的理氣二元論有很大的差別，依陽明，則精氣神皆不外乎良知，無怪乎把握良知卽把握到天地造物之奧妙，故陽明詠良知詩謂：「無聲無臭獨知時，此是乾坤萬有基。」

就世間之表象言，則有眞妄、寂照、動靜、陰陽等等的差別，但就本體而言，則惟一良知。故曰：

「良知者，心之本體，卽前所謂恒照者也。心之本體，無起無不起，雖妄念之發，而良知未嘗不在，但人不知存，則有時而或放耳；雖昏塞之極，而良知未嘗不明，但人不知察，則有時而或蔽耳。雖有時而或放，其體實未嘗不在也，存之而已耳；雖有時而或蔽，其體實未嘗不明也，察之而已矣。若謂良知亦有起處，則是有時而不在也，非其

本體之謂耳。」（傳習錄中，答陸原靜書：一五二）

如此則可以談體用一源，動靜一如，關此陽明都有極透闢的議論：

「未發之中，卽良知也，無前後內外，而渾然一體者也。有事無事，可以言動靜，而良知無分於有事無事也，寂然感通，可以言動靜，而良知無分於寂然感通也。動靜者所遇之時，心之本體，固無分於動靜也。理，無動者也，動卽為欲，循理，則雖酬酢萬變，而未當動也，從欲，則雖槁心一念，而未當靜也。動中有靜，靜中有動，又何疑乎。有事而感通，固可以言動，然而寂然者未當有增也，無事而寂然，固可以言靜，然而感通者，未當有減也。動而無動，靜而無靜，又何疑乎。無前後內外，而渾然一體，則至誠有息之疑，不待解矣。未發在己發之中，未當別有未發者在，己發在未發之中，而未發之中，未當別有己發者存，是未當無動靜，而不可以動靜分者也。」（傳習錄中，答陸原靜書：一五七）

這又是通過內在的體驗去把握本體之一例。無此體驗，也自無法談什麼本體了。他又說：

「太極生生之理，妙用無息，而常體不易。太極之生生，卽陰陽之生生。就其生生之中，指其妙用無息者而謂之動，謂之陽之生，非謂動而後生陽也，就其生生之中，指其常體不易者而謂之靜，謂之陰之生，非謂靜而後生陰也。若果靜而後生陰，動而後生陽，則是陰陽動靜，截然各自為一物矣。陰陽一氣也，一氣屈伸而為陰陽；動靜一理也，一理隱顯而為動靜。春夏可以為陽為動，而未嘗無陰與靜也；秋冬可以為陰為靜，而未嘗無陽與動也。春夏此不息，秋冬此不息，皆可謂之陽，謂之動也。春夏此常體，秋冬此常體，皆可謂之陰，謂之靜也。自元會運世歲月日時以至刻杪忽微，莫不皆然，所謂動靜無端，陰陽無始，在知道者默而識之，非可以言語窮也。若只牽文泥句，比擬倣像，則所謂心從法華轉，非是轉法華矣。」（同上）

良知既爲形上本體，則陽明可以說：

「人的良知，就是草木瓦石的良知。若草木瓦石無人的良知，不可以為草木瓦石矣。豈惟草木瓦石為然，天地無人的良知，亦不可為天地矣。蓋天地萬物，與人原是一體，其發竅之最精處，是人心一點靈明。風雨露雷，日月星辰，禽獸草木，山川土石，與人原只一體，故五穀禽獸之類，皆可以養人，藥石之類，皆可以療疾，只為同此一氣，故能相通耳！」（傳習錄下：二七四）

此地所謂人的良知，不可以從認識論的觀點去了解，否則立構成一詭論。考陽明之意實謂良知既爲萬事萬物本體，彼又內在於人而爲其性，人的良知在此與天地的良知卽是一個，故也可以說爲萬事萬物的良知。此段與前所引「我的靈明便是天地鬼神的主宰」同一理論效果。此處陽明的立言是不够善巧，所談的論域未經界劃，乃有唯我主義的誤解，但既了解其立論之根據，乃知這是無謂的繚繞。知良知爲體，則良知自然通死生晝夜，（註一七）陽明的似乎奇詭之論乃失去其奇詭性了。他的「大學問」也乃得到一堅實的形而上學的基礎。

總之陽明斷定：「良知是天理之昭明靈覺處，故良知卽是天理，思是良知之發用，若是良知發用之思，則所思莫非天理矣。」（傳習錄中，答歐陽崇一書：一六九）陽明這一套看法，自有其本體論、宇宙論、修養論的一貫理論效果。如能把這些思想的層次一一界劃清楚，他的說法自然明白簡易，並無弔詭處。

根據以上三節的分析，我們把握到陽明唯心哲學的三層義蘊，我們自可以只接受其第一義，而否定其餘二義，也可以接受其前二義，而否定其第三義。但就陽明本身的思路來看，則三義一貫而下，十分順適。我們能否接受陽明的說法是一回事，但陽明的這一套顯然言之成理，持之有故，並有對人道與天道的深刻體驗爲基礎。這與人們誤解他的那些論點無關，也看不出有任何淺陋幼稚的地方。故特不憚煩，尋章摘句儘量引用陽明本人的話而加以再闡釋，以期還出他這一套思路的理論根據及分際。

## 五、陽明「四句教」的再闡釋

討論陽明心學而不談到他的四句教，似乎不够完備，也嫌對於他的心的觀念的理解交待得不够清楚，故另闢一節，對於這一問題略加解析。關於這四句教，在「傳習錄」中有如下的記載：

「丁亥年九月，先生起復征思田。將命行時，德洪與汝中論學。汝中舉先生教言曰：『無善無惡是心之體，有善有惡是意之動，知善知惡是良知，為善去惡是格物。』德洪曰：『此意如何？』汝中曰：『此恐未是究竟話頭。若說心體是無善無惡。意亦是無善無惡的意，知亦是無善無惡的知，物亦是無善無惡的物矣。若說意有善惡，畢竟心體還有善惡在。』德洪曰：『心體是天命之性，原是無善無惡的，但人有習心，意念上見有善惡在，格致誠正修，此正是復那性體工夫。若原無善惡，功夫亦不消說矣。』是夕，侍坐天泉橋，各舉請正。先生曰：『我今將行，正要你們來講破此意。二君之見，正好相資為用，不可各執一邊。我這裏接人，原有此二種。利根之人，直從本源上悟入人心，本體原是明瑩無滯的，原是個未發之中。利根之人，一悟本體，卽是功夫人，己內外一齊俱透了。其次不免有習心在，本體受蔽，故且教在意念上實落為善去惡，功夫熟後，渣滓去得盡時，本體亦明盡了。汝中之見，是我這裏接利根人的，德洪之見，是我這裏為其次立法的，二君相取為用，則中人上下，皆可引入於道。若各執一邊，眼前便有失人，便於道體各有未盡。』既而曰：『以後與朋友講學，切不可失了我的宗旨：無善無惡是心之體，有善有惡是意之動，知善知惡的是良知，為善去惡是格物。只依我這話頭，隨人指點，自沒病痛。此原是徹上徹下功夫。利根之人，世亦難遇，本體功夫，一悟盡透，此顏子明道所不敢承當，豈可輕易望人。人有習心，不教他在良知上實用為善去惡功夫，只去懸空想個本體，一切事為，俱不着實，不過養成一個虛寂，此個病痛，不是小小，不可不早說破。』是日，德洪、汝中俱有省。」（傳習錄下：三一五）

「年譜」所載與「傳習錄」無大出入，大概俱爲錢德洪所記。此外龍溪集有「天泉證道紀」也載此事，則有出入，既謂四無說不可輕以示人，又不提四有說爲徹上徹下之教。我同意牟宗三先生的看法，以德洪所記較近師門之教。（註一八）至黃宗羲「明儒學案」疑四句教爲陽明未定之見，錢穆先生自考據觀點指出梨洲的論據至爲薄弱。（註一九）如果「傳習錄」與「年譜」所記確爲陽明教法，我們這裏的工作是就陽明的理論間架看出四句教立言的根據與意義。

大體梨洲所疑是四句教的第一句，他說蕺山先師嘗疑陽明天泉之言與平時不同，平時每言至善是心之本體，有時說無善無惡者理之靜，亦未嘗逕說無善無惡是心之體。梨洲這種懷疑是無據的。我們試檢閱陽明談無善無惡理之靜在「傳習錄」的原文，陽明是這樣說的：「無善無惡者理之靜，有善有惡者氣之動，不動於氣卽無善無惡，是謂至善。」（傳習錄上：一〇一）陽明本人既明言，不動於氣，卽無善無惡，是謂至善，可見陽明顯然未像梨洲那樣把無善無惡與至善看作截然不同的兩件事。其實陽明與薛侃的這一段話中已把他所謂無善無惡的意思說得很明白透切。薛侃疑佛氏亦無善無惡，何以異。陽明的答語是：「佛氏着在無善無惡上，便一切都不管，不可以治天下。聖人無善無惡，只是無有作好，無有作惡，不動於氣，然遵王之道，會其有極，便自一循天理，便有個裁成輔相。」（同上）又說：「不作好惡，非是全無好惡，却是無知覺的人；謂之不作者，只是好惡一循於理，不去又着一分意思，如此卽是不曾好惡一般。」「誠意只是循天理，雖是循天理，亦着不得一分意，故有所忿懥好樂，則不得其正，須是廓然大公，方是心之本體，知此卽知未發之中。」（同上）陽明在他處又說：「爲學工夫有淺深，初時若不着實用意去好善惡惡，如何能爲善去惡，這着實用意，便是誠意。然不知心之本體，原無一物，一向着意去好善惡惡，便又多了這分意思，便不是廓然大公。書所謂無有作好作惡，方是本體，所以說有所忿懥好樂，則不得其正。正心只是誠意工夫裏面當自家心體，常要鑑空平衡，這便是未發之中。」（傳習錄上：一一九）陽明這些話的意思實在至爲顯豁。到了至善的境地，必定連爲善的念頭也不着始得。否則就還有一個功利的心在作祟，則未臻至善境地。陽明在修證工夫之上實有極深體驗。「傳習錄」內還有以下兩條可以參證：

「先生嘗語學者曰：『心體上着不得一念留滯，就如眼着不得些子塵沙。些子能得多少，滿眼便昏天黑地了。』又曰：『這一念不但是私意，便好的念頭亦着不得些子，如眼中放些金玉屑，眼亦開不得了。』」（傳習錄下：三三六）

「黃勉叔問：『心無惡念時，此心空空蕩蕩的，不知亦須存個善念否？』先生曰：『旣去惡念，便是善念，便復心之本體矣。譬如日光被雲來遮蔽，雲去光已復矣。若惡念旣去，又要存個善念，卽是日光之中添燃一燈。』」（傳習錄：二三七）

這些都是很具體活潑的說明，至善必定是無善無惡的。了乎此，乃可進一步了解陽明所謂善惡一物之說。

「問：『先生嘗謂善惡只是一物。善惡兩端，如冰炭相反，如何謂只一物？』先生曰：『至善者，心之本體。本體上才過當些子，便是惡了，不是有一個善，却又有一個惡來相對也。故善惡只是一物。』直因聞先生之說，則知程子所謂善固性也，惡亦不可不謂之性。又曰善惡皆天理，謂之惡者，本非惡，但於本性上過與不及之間耳，其說皆無可疑。」（傳習錄下：二三八）

陽明又有良知無知無不知之說，也還是同一條線上的思路。

> 「先生曰：『無知無不知，本體原是如此。譬如日未嘗有心照物，而自無物不照，無照無不照，原是日的本體。良知本無知，今卻要有知。本無不知，今卻疑有不知。只是信不及耳。』」（傳習錄下：二八二）

由此可見，就陽明的系統來說，謂無善無惡心之體並無過錯，理應如此。但龍溪必謂四無爲實理，四有是權法，這卻略失陽明的宗旨。若談本性，當言四無，若論工夫，當言四有，二面不可偏廢。陽明說：「若論聖人大中至正之道，徹上徹下，只是一貫，更有甚上一截，下一截。一陰一陽之謂道，但仁者見之便謂之仁，知者見之便謂之智，百姓又日用而不知，故君子之道鮮矣！仁智豈可不謂之道。但見得偏了，便有蔽病。」（傳習錄上：四十九）這些議論雖非針對此一公案而發，卽頗可以援用於此以見陽明之主不落兩邊爲其一貫宗旨。蓋天泉證道時，德洪與汝中各執一偏，陽明相機指點以四句爲徹上徹下之教，兼攝頓漸之教，最後兩面殊途同歸，終於本體工夫打成一片，乃無偏頗之弊。（註二〇）後天的修養工夫適足以證成先天的心體，而先天的心體正所以爲後天的修養工夫作形上根據。喜談工夫的人固不可以遺了究竟體驗，而喜論究竟的人也不可以輕忽工夫過程。

陽明的思想是屬於體用兼顧的圓教型態，這也正是儒家思想的大方向。在「傳習錄」中有一段問答具有甚深意趣。

> 「問：『大人與物同體，如何大學又說個厚薄？』先生曰：『惟是道理自有厚薄，比如身是一體，把手足捍頭目，豈是偏是要薄手足，其道理合如此。禽獸與草木同是愛的，把草木去養禽獸，又忍得。人與禽獸同是愛的，宰禽獸以養親與供祭祀燕賓客，心又忍得。至親與路人同是愛的，如簞食豆羹，得則生，不得則死，不能兩全，寧救至親，不救路人，心又忍得。這是道理合該如此。及至吾身與至親，更不得分別彼此厚薄。蓋以仁民愛物，皆從此出，此處可忍，更無所不忍矣。大學所謂厚薄，是良知上自然的條理，不可踰越，此便謂之義。順這個條理，便謂之禮。知此條理，便謂之智。終始是這條理，便謂之信。』」（傳習錄下：二七六）

如果了解爲何可以說同體，又可以在同時說厚薄，說分限，這才能夠全幅體現儒家理一分殊、體用一源之旨。這才回到陽明心學的本旨：「虛靈不昧，衆理具而萬事出，心外無理，心外無事。」（傳習錄上：三十二）此心正因其虛靈不昧（理一、體），方才可以衆理具而萬事出（分殊，用）。這兩面恰是相需相成的。

總之陽明四句教講的道理與他平時所論是一貫的，一點亦不突兀，本節所論與前面幾節所論彼此是互相呼應的，殆無可疑。

## 六、陽明心學的淵源與評價

陽明之學自隸屬於儒家思想的大傳統，所尊也在四書五經，只是他的解釋與當時所流行的官學或朱學大相逕庭耳。論者每謂陽明心學之淵源在孟子與象山，此極顯然，應無疑義。陽明自最得力於孟子，然孟子雖言良知良能，學問之道無他，求其放心而已矣，也有萬物皆備於我的說法，然畢竟少談心體，陽明於良知之爲心體則有透澈的發揮，其學顯然有進於孟子處。陽明思想也受到象山的啓發，自象山開始才正式開闢心學的道路，故世稱陸王之學。但陽明雖重刻象山文集，爲之作序，以其「簡易直截，直有以接孟子之傳」，却對象山甚少徵引，其原因在陸子之學略粗，（註二一）不如乾脆重新來過。說來也是有趣，陽明之學雖與朱學格格不入，其學始於格物新解，即以朱子爲批評之對象。晚年寫「大學問」，對其本身的體驗自有更透澈的發揮，然其理論之規模却仍需要藉朱學之對反而益顯。在此義下，也可謂朱學爲王學之一重要淵源。

至於王學與禪的關係，我們可以作以下的分析。陽明與許多其他道學家一樣出入二氏多年，而後才體會到吾道自足。要說他完全不受二氏的影響，這是不可能的。例如在「傳習錄」中陽明有些答問確實有些禪味，這是無可諱言的。宋明儒的哲學確係受到佛老的刺激，這才趨於精微。但說宋明儒學，尤其陽明的心學，曾受到佛家的影響，並不意味陽明乃是陽儒陰佛。兩種思想的基本型態是截然有異的，關於這一點，牟宗三先生曾詳論儒佛兩種基本型態之不同，不用我在這裏再多饒舌。（註二二）此所以陽明還是不斷批評佛說，此非有心立異，實在是有些體驗雖儘有相同處，基本的體證却兩下裏不可以互相混同，所謂差之毫厘，謬以千里是也。我們可以了解道學家之所以力攻佛老，實在有其不得已的理由：對於相似法流有極深的恐懼之故。如此習以成風，乃至在儒家內部的爭論之中也總喜歡斥對手為佛為禪。此處陽明雖仍闢佛，却承認俗儒醉心功利之流毒直把人趕到二氏的懷抱裏去，至少公開承認佛家確有其吸引力在；此處陽明是比較大方。至陽明高弟王龍溪乃有三間屋之喩，對晚明流行的三教同源之說當有很大的影響。

至於王學的影響風靡一時，自不在小，而陽明在世之日已見到王學末流之病害。世每謂陽明只重良知，不重見聞，乃有蹈空之病。然陽明本人決非空談心性之輩，一生事功卽可駁斥此等責難。良知與見聞之屬兩層，此不能不明白加以分疏，而且此一分疏也不自陽明始，儒家整個傳統卽重德性之知過於見聞之知，而未嘗輕見聞，只是强調必須建立德性主宰耳。今日科學昌明之世，以朱夫子之未遺知解，乃每尊朱黜王，要陽明來負責我國三百年來不重視外在實測之學的病害，殊不知朱子又何嘗眞正談的是經驗科學層面的知識。而陽明所談良知之學，本是外在經驗知識以外之一層次，又何嘗必定與之互相衝突。所謂體（形上）用（經驗）一源本宜雙管齊下才好，但這不是要人來混淆兩邊的層次，陽明堅持要把德性見聞兩下分疏開來實有其不可磨滅的貢獻在。今人不了解陽明心學為儒家內部義理架構之一應有發展，而每以不相干的外在標準加以痛詆，故不能不加以再闡釋而為之辯。

## 註釋

註　一：本文引「傳習錄」各條之編號係取自陳榮捷先生之英譯本，see Wang Yang-ming, *Instructions for*

*Practical Living and other Neo-Confucian Writings*. Tr. Wing-tsit Chan (New York and London: Columbia University Press, 1963).

註二：馮友蘭：「中國哲學史」下冊頁九五八。

註三：侯外廬主編：「中國思想通史」第四卷下冊頁八八四—八八五。

註四：同上，頁八八五。

註五：同上，頁八八四。

註六：Wang, *Instructions for Practical Living* p.xxiii—中文是由我翻譯的。

註七：同上註。

註八：關於儒家哲學思想所表現的特殊型態，牟宗三先生在他的大著「心體與性體」第一卷的綜論之中有極深刻而透闢的分析。

註九：參傳習錄下：三一七條對此意有很透徹的分析。

註一〇：傳習錄下：二七五。

註一一：傳習錄下：三三七。

註一二：見侯外廬，前揭，頁八八六。

註一三：傳習錄上：六，又見傳習錄中，答顧東橋書：一三四。牟宗三先生在談話中謂陽明在此處硬要分爲三段，甚爲彆扭，我也深具同感。盡心知性知天也未始不可以解釋作一種工夫或方向之指引。但朱子把這三段一定要講作格致，誠意正心修身，與知至仁盡，也同樣地無道理。這些處不宜講得如此死煞，陽明把朱子的程序倒轉了過去，却不知也犯了同樣的毛病，甚不可取。又，參牟宗三：「從陸象山到劉蕺山」，頁二十三。

註一四：傳習錄上：九九、一〇七。

註一五：參傳習錄上：四四、七六、一〇一、傳習錄下：三〇四諸條。

註一六：關於這兩種思想型態的差別，牟宗三先生在「心體與性體」之中論之詳矣，讀者請予參看。

註一七：參傳習錄上：一二六，傳習錄下：二六七等條。

註一八：參牟宗三：「王陽明致良知教」，頁六四—七一。

註一九：錢穆：「王守仁」，頁九七—一〇〇。梨洲以四句教出自龍溪，並引鄒東廓「青原贈處記」言之不同爲證。錢先生指出四句教非龍溪一人私見，吾人只應以緒山語校東廓，不應以東廓語疑緒山。

註二十：唐君毅先生論陽明四句教謂，四句之第一句，須透過後三句而了解，方見其體用一源之旨。其說見所著：「中國哲學原論原性篇」頁四三五—四五一。

註二一：參傳習錄下：二〇五。

註二二：參牟宗三先生著：「心體與性體」與「智的直覺與中國哲學」等兩部大著。關於陽明與禪的關係問題還可以參閱陳榮捷先生以英文著的論文：Wing-tsit Chan, *"How Buddhistic Is Wang Yang-ming?" Philotophy East and West, Vol. XII, No.3* (*1962*), *203—214.*

# 第十章 朱子哲學思想的現代意義

## 一、引言

衡定一種哲學思想在歷史上的地位，並不只具備有歷史的意義，它也有它現代的意義。克羅齊說，歷史卽哲學，這固然是過甚其詞，却並不是完全沒有道理。我們研究思想史，自決不容許我們去曲解過去歷史的眞相，尊重歷史客觀的證據是任何治史者必須遵守的第一天職。但思想的了解必牽涉到解釋，而解釋必牽涉到我們自己的視域。現代人已經清楚地了解到，完全客觀的歷史只是神話。卡西勒在「論人」中說，歷史是屬於解釋學（Hermeneutics）的範圍（註一），信然。伽德瑪（Gadamer）堅持，人不可能跳出自己的時代客觀地來看歷史，（註二）這又落入了另一型態的極端。在歷史中我們掌握到的客觀普遍性，是通過了我們的主觀以及時代的局限，所把握到的普遍客觀性，也可說是一種辯證的客觀性。卡西勒有決定性地駁斥了眞理的模擬說（Copy Theory），因爲如果知識是對於對象的模擬，那麼人類根本沒有知識，只有虛假。只有我們轉換一個角度，才能看到人類知識的創造性；而人的知識的客觀普遍性正是人的創造所收穫的成果。（註三）

從一個方面來說，我們既無法回到過去的時代，似乎永遠無法了解過去時代的眞相。然而從另一個方面來說，弔詭的是，康德就曾經說過，我們了解柏拉圖，竟比柏拉圖自己了解自己還要更清楚。其實說穿了，在這裏並沒有什麼神秘可言。當事人往往看不見自己思想的理論效果，也不能够分別開自己的客觀的認識和主觀的嚮往。是歷史給與了這些以當事人看不到的答案。然而歷史的過程永遠沒有一瞬刻的停息。所以每一個時代有每一個時代不同的蘇格拉底的形像，却又沒有一個是完全虛假的形像，它是各個不同時代所發掘出來的有關蘇格拉底的眞實。當然，我在這裏決不是在散播歷史相對主義的謬見。解釋的手腕自有高有下，解釋得不够善巧立刻可以產生誤解。同時更有人在故意歪曲歷史的眞相。尤其是一些當權派，最喜歡竄改歷史以屈從一人一黨的私心，一時一刻的利害，歷史家必須穿透這些煙霧，就自己的角度來還出歷史客觀的眞相。

如果說歷史家首要的職責是在如實地記述歷史的眞相，那麼哲學家的職責却是要解析這些思想的預設，並培養心靈的慧識，而加以價值的評斷。歷史家自也不是不評斷，但他所展示的是內在於歷史本身的評斷。哲學家却要把這樣的評斷外顯化，提其神於太虛而俯之，才能得一合情合理的簡擇，建立崇高的理想，以寄望於未來。但評斷以前必先了解，否則也就難免錯誤的評斷。故治哲學者終不可以忽視思想史，而治思想史也終不甘只限於治思想史，而求有以跳越出去，作普遍性的哲學的論斷。

我們研究朱子，也正碰到類似的問題。首先我們要確定朱子在中國思想史上的地位，然後我們要檢討朱子哲學思想的現代意義。而兩方面又有彼此不可分割的緊密相連的關係。學例說，馮友蘭中國哲學史以新實在論與柏拉圖的觀念來重新解釋朱子，這已經證明是一種誤釋，對於中西哲學兩方面都缺少深刻的認識所作的一種外在的比附。而馮氏自己造新理學，也就不是一種很好的融攝，當年即曾爲業師陳康先生所譏：到了二十世紀還犯了兩千年前希臘人犯過的理（形上）事（形下）分離的錯誤。而大陸易手以後，馮氏也終不能堅持自己的哲學立場，而淪爲四人幫的御用文人。此誠有不得已者在，令人浩嘆；但又豈能因不得已三字，而喪盡了知識分子整個的風骨。

再舉例說，英人李約瑟，以著中國科技文明史而蜚聲國際，曾以朱子之宇宙論爲一種有機自然觀，接近於懷德海的思想，跳越過西方近代之機械自然觀（註四）。對於當代幾乎完全喪失自信的中國學人來說，聞李氏之偉論，不啻如打了一劑強心針，好像祖宗遺產之中，居然還有這樣的好東西，不覺與有榮焉。但朱子思想之中雖有這一環節，却非其中心思想所在。而且李約瑟對中國傳統思想所取有一些錯誤的視域。他講張載的氣化論以其繼承王充，而以太和爲唯物論思想（註五），其於宋儒之思想睽隔之情形可以想見。他不能清楚看到，橫渠、朱子的思想都是宋代新儒者內聖之學的兩個重要的分支，捨本就末，如何可以還出宋代哲學思想史的本來面目。李約瑟這樣有影響力的思想家對於傳統中國哲學的根本誤釋、輕重倒置的情形，有識者應該引以爲憂才是，不意反倒色然而喜，現代中國知識分子這種識短、崇洋的現象，委實令人感到可哀。

我們如今確定朱子思想之本質爲宋代新儒家心性（內聖）之學之一重要分支，還出了他在思想史上的眞面目，始可以分辨出那些是他應得之毀、應得之譽。我們從他思想的有缺失處乃知所以改進之道，而我們從他思想的有眞知灼見處乃知所以傳承甚至發揚光大之道，如此我們才可以檢討朱子哲學思想在現代的意義。以下分作形上學、踐履論、宇宙論、知識論、政治論等五目來討論此間所關涉到的種種理論效果。

## 二、由現代的觀點看朱子建立道德形而上學之不足

朱子的本意是要建立一成德之學，他的入手方法是先已假定了小學的涵養工夫，到了大學的階段，不斷格物窮理，久之自然可以到達一豁然貫通的境界。顯然朱子所取的是一漸教的方式，我們目前的工作是，通過了西方哲學的洗禮，回過頭來檢驗朱子的思想，看看採用了他的方式，能不能建立得起一個堅穩的道德形上學的規模？不幸的是，我們似乎無法不對這個問題給與一個否定的答案。

西方的倫理思想發展到康德，可謂一重要的分水嶺。康德明白宣稱，在經驗知識、純粹理性的範圍之內，不能建立道德意志自由的觀念。只有在實踐理性的要求之下，始不能不肯定意志自由爲基設（Postulate），否則人的自覺道德行爲乃變爲無意義。康德堅持假言命令（Hypothetical Imperative）與定言命令（Categorical Imperative）的分別，前者只是功利計算的考慮，後者才是眞正道德行爲的標誌。康德又嚴分德俗學與德性學，前者是對於人的不同道德習俗的經驗實然的學問，後者才是關於道德行爲的超越普遍必然原則的探究。我們由經驗實然的考察，決不能建立超越的道德原理；也就是說，我們經驗知識的積累，並無助於我們對於道德主體的肯認。兩者根本屬於完全不同的層次。但康德的思想只能建立檢討道德行爲成立之先驗條件的道德底形上學（Metaphysics of Morals），然以其缺乏智的直覺的肯定，故終只能建立一道德的神學，而不能建立一道德的形上學（Moral Metaphysics），與儒家正統的心性論思想亦有別。（註六）

康德以後的西方哲學，對於康德之肯定道德主體意志自由不免有所懷疑，但對於道德問題不能通過經驗知識來解決的慧識，却是緊守不渝，少有違逆者。英美分析哲學如邏輯實徵論根本把道德問題擯棄到知識範圍以外，而歸之於情意所行境；日常語言分析則肯定道德語言的表意模式不同於知識語言的表意模式，而致力於所謂「後設倫理學」（Metaethics）的研究。歐陸的存在主義自祁克果（Kierkegaard）開始，即宣稱「主觀性爲眞理」，沙特輩所强調的是，在一無客觀憑藉的情形下人的實存的抉擇。問題的爭點不是在科學的發明如原子彈、現代醫藥等有沒有道德上的相干性，而是說主導的道德原則不能直接由經驗知識建立起來。由此可見，西方哲學也斷定德性之知與聞見之知有本質上的差異，不可將二者混爲一談。

而朱子之病正在他之不能眞正正視德性之知與聞見之知二者之間的差別。浮泛來說，朱子自亦非不知宋儒自橫渠以來即有此一重要之差別，但却並不能眞切地領略其意義，他教人即物窮理，總說一草一木，莫不有理，由這裏開始，慢慢積累，久自有得。問題是在，這樣的積累究竟得到的是怎樣的知識？朱子在此乃根本缺少明白的分疏。考朱子之意，大概是說，一理化而爲萬殊；就分殊之事事物物去了解其分殊之理，其本身就是一件有意義的工作。但對分殊的理解積累得多了，然後觀其會通，久之脫然自有貫通處。蓋擧凡然必有其所以然，而天地間生物最後之所以然超越的形而上的根據却不外即同一生理、生道。吾人之心必撲着此理，才能找到其最後之安立之所。而人之所以能做到這一步則因爲人心乃氣之精爽者，其本質至虛至靈，故可以具萬理而應萬事。只要不斷做後天的工夫，心靜（涵養）理明（致知），克己復禮，然後可以克服人的氣稟之雜、人欲之私，一依天理做去。故語錄有曰：

「禮是那天地自然之理。理會得時，繁文末節，皆在其中。禮儀三百，威儀三千，却只是這箇道理。千條萬緒，貫通來只是一箇道理。夫子所以說吾道一以貫之，曾子曰忠恕而已矣是也。蓋爲道理出來處只是一源，散見事物都是一箇物事做出來底。一草一木，與他夏葛冬裘、渴飲飢食、君臣父子、禮樂器數，都是天理流行，活潑潑地，那一件不是天理中出來。見得透澈後，都是天理。理會不得，則一事各自是一事，一物各自是一物，草木各自是草木，不干自己事。」(四十一)

由此可見，朱子並非不知，要把握一貫之道，最後終必須經一異質的跳躍。但他的入手方法則必須先有一屋散錢，然後用一條索子穿起來，功夫才有落脚處；若只空有一條索，把什麼來穿？

朱子這樣的途徑，看似平穩，其實忞沒分曉。所以從遊的學者問問題，亦每以外馳爲病。而朱子本人則終不能面對這一問題。人心外馳，去把握一草一木之理，這樣積累的乃是經驗見聞之知。在這裏找到條貫，翻上一層，成就的也只能是物理、化學、生物的系統科學知識，並不是朱子心目中所想像的超越的性理之知。而在道德的領域之內，用這樣的方式，則只能訓練人去合模，符合社會共許的外在規範，並不能建立眞正的道德良知。了解熟悉這些規範如何運作，實在只是有關一個社會傳統德俗的了解，並非眞正有關德性的了解。兩者之間還隔着一道鴻溝，並沒有必然的關連性。

由此可見，朱子走順取的途徑，假定人自幼及長，有良好的德俗的訓練，久而久之，就終必能建立德性的自覺，這是一種過分單純的想法。事實上要建立這樣的自覺，必須經歷一逆覺體證，澈底由聞見之知、經驗對象知識的模式翻出來，作一異質的跳躍，始有所得，否則若只是依樣畫葫蘆，所立只不過是一套習熟足以自安的他律道德而已！如果朱子眞能安於這樣的他律道德自也罷了，但他顯然是眞要作自覺道德的工夫，所以他也必須道性善，說回復天理之本然，却又不肯正視在這裏必須要作的異質的跳躍的步驟，於是產生了一個不可解的難局。其實朱子已先預設了象山所說的本心，爲學先立其大，但象山言之，他又攻之以爲禪，無怪乎象山要斥他爲不見道了。從這個角度來看，朱子可以說是新儒學內部的始敎，所以多看到氣禀之雜的害事，同時有强烈的外在宇宙論的興趣。而象山可以說是新儒學內部的終敎，當下體證到本心。但枝幹雖實，而過分斬斷枝蔓，乃不見儒學之豐富壯麗，也不能不顯示出巨大的局限性。然象山確體證到心卽理，朱子猶以理氣二元的方式在本質上析心與理爲二，故在終極的體驗上確有一間之隔，不可諱言。

由現代的觀點來衡量，現代人卑之無甚高論，於超越之性理、本心，或不容易湊泊得上，但却清楚地認識到，在經驗科學知識的層次上，無法建立起道德本心，也無法建立起超越的形而上學。故在此處唯一剩下來的路卽訴之於吾人內在本心的信念作異質之一躍（An act of leap of faith）。此處人必須作實存的抉擇：是否打通或斬斷自己與超越的關連，此則存乎其人耳。然人之建立超越，決非依憑外在理智之構畫，也非訴之於反理性之情意。田立克謂乃訴之於超理性（Suprarational）之體證，其源出於理性之深層（Depth of Reason）（註七），其言與熊十力先生之拒量智（理智）之構畫，而歸之於性智之發用（註八），彼此若合符節；只不過一皈依於超越的上帝，一返歸於與天地參之仁心，此則反映出基督敎之傳統與儒家傳統的差別。這是人在終極關懷上顯現的差別。朱子無疑是懷抱一儒家之終極關懷，但在他的方式下，這一終極關懷乃不能全幅透顯出來，只能以折光的方式顯現一鱗半爪。故在今日要建立道德的形上學，朱子的方式不足爲吾人取法。本心的體證自靠助緣而顯，但既立即必爲全盤建立，不立即是不立，此中沒有七折八扣可言。此間之託付是完全的託付，朱子的方式是有憾有隔，在根本體驗處有所虛歉，故不能作爲新儒學正統的型模。

## 三、由現代的觀點看朱子對於踐履論的貢獻

人之本心之立雖無條件，一無依傍，（即找不到充分的經驗科學知識的基礎來支持）而當下即是，無可懷疑，否則人的自覺道德行爲即全無意義，整個宇宙也成爲黑漆一團，不見一點光明。但在實然層面上言，則人心確如孟子所言，操則存，舍則亡，出入無時，莫知其嚮。

正因爲人心不似一物，所以不易爲言。它不像一張桌子，開眼的人都看得到，所以不能對之形成感官知覺。又正由於人心的作用千變萬化，缺少齊一的反應，所以我們對之也不能形成概念的知識。蓋人心不似原子，可以取同略異，在實驗室觀察其齊一的效果。往往一念之間所作的決定，所產生的結果遂判如河嶽，正所謂差之毫釐，謬以千里是也。

也正因爲如此，在經驗實然的層面，我們並不能夠肯定本心的存在，也不能夠提出決定性的證據證明本心一定優於習心，或者道心一定優於人心（此處用於與道心相對之義）。所以純粹由外在的觀點看來，我們的論調與當代倫理的情緒論者（Emotivist）如史蒂文生（C. L. Stevenson）的說法（註九）似乎無大差別。在一個倫理的陳述之中，人們可以同意的是有關

事實描述的部分，對於價值的態度則訴之於主觀的情緒，只能用一種勸誘(Persuasive)的方法來轉移人們對於價值的態度。然而在實質上則兩說根本完全不同。儒者所謂汝安則爲之，實在肯定了一個安心的超越、普遍、必然的客觀標準。只是此處的客觀既不是感官知覺層面的客觀，也不是概念知識層面的客觀，而是通過純粹實踐理性(Pure Practical Reason)所把握的客觀。人的思想行爲若與道心（天理）相應（此非與對象之對應），自然心安理得；反之人的思想行爲若與人心（私欲）相應，則不免於昏念妄動，發而爲詖辭、邪行。表面上久假不歸，似亦未始不可以自安，實際上則弊漏百出，終不可以安，此決非屬於完全主觀情緒之事。如果我們用感官知覺、概念知識做標準，則道德的價值判斷自無可徵驗（Verify），但若以實存的體證來相應，則又未始不可以徵驗，所謂如人飲水，冷暖自知是也。此中自有一相應架構，只需人以慧識仔細去認取罷了！但在實然經驗層面上，則人往往順軀殼起念，故有人心惟危、道心惟微之說。朱子對於這個層次的問題是有極深的體驗。文集卷三十九答許順之書有云：

「〔操則存，舍則亡，出入無時，莫知其嚮。〕孟子此四句只是說人心是箇活物，須是操守，不要放舍。……心一也，操而存則義理明而謂之道心，舍而亡則物欲肆而謂之人心。（原注，亡不是無，只是走出逐物去了。）自人心而收回便是道心，自道心而放出便是人心。頃刻之間，恍惚萬狀，所謂出入無時，莫知其嚮也。」（文集卷三十九答許順之二十七書之第十九書）

語錄亦曰：

「問：操則存。曰：心不是死物，須把做活物看，不爾則是釋氏入定坐禪。操存者，只是於應事接物之時事事中理，便是存。若處事不是當，便是心不在。若只管兀然守在這裏，驀忽有事至于吾前，操底便散了，却是舍則亡也。仲思問：於未應接時如何？曰：未應接之時，只是戒謹恐懼而已。又問，若戒謹恐懼便是把持。曰：也須是持，但不是硬捉在這裏，只要提教他醒便是操。不是塊然自守。」（五九）

「或問求放心，愈求則愈昏亂，如何？曰：卽求便是賢心也，知求則心在矣。今以已在之心復求心，卽是有兩心矣。雖曰譬之鷄犬，鷄犬却須尋求乃得，此心不待宛轉尋求，卽覺其失，覺處卽心，何更求爲？自此更求，自然愈失。此用力甚不多，但只要常知惺惺爾。惺則自然光明，不假把捉。今言操之則存，又豈在用把捉。亦只是說欲常常惺覺，莫令放失便是。此事用力極不多，只是些子力爾。然功成後却應事接物，觀書察理，事事賴他。如推車子，初推却用些力，車旣行後，自家却賴他以行。」（五九）

「求放心非以一心求一心，只求底便是已收之心。操則存，非以一心操一心，只操底便是已存之心。心雖放千百里之遠，只一收便在此，他本無去來也。」（五九）

由這些話可以看出，朱子是做了工夫，而且深有所造，才能有這樣的體驗。以心覓心，兀然持守，確可以是一種病。朱子的錯只在把爲學先立其大當作禪。其實卽禪也不可以以心覓心，兀然持守，朱子於此並禪而不曉。朱子是因早年學禪形成忌諱，後來又對陸學末流之狂肆有所反感，始有此失。只要是儒家自決不容許避世以爲高，終必肯定人倫日用之正面價值。但本心之立，由不自覺跳躍到自覺的層次，却有待個人的氣質與實際的機緣而定。有人可以用朱子這種內在體證卽事以求的方式，久之脫然有貫通處。有人却要暫時隔離開來，不隨着俗事一起滾，才能建立中心的主宰，而必須採用隔離體證的方式。有人則需要像象山那樣簡截，當下斬盡枝蔓，乃卓然有所立。但無論走那一條路，只要是眞正體現自律道德，則必須經一異質的跳躍。逆覺是自覺作道德實踐之一必要條件，朱子預設此一逆覺，却終不能正視此一逆覺，是其不足處。但他用力至勤，探索至苦，自有許多可供吾人參味處，不可似象山之盡斥其爲閑議論。

朱子要人求得放心，仍當窮理，不只克己，還要復禮，此則固然。旣體悟得本心，自不是空守着此心，事理都不講求，若此，則體悟者必非本心。象山又何嘗敎人兀然守在那裏。其實陸王一系是直接由孟子的大體小體之辨自然發展出來的思路，不必有朱子所批評的毛病。陽明就有極明白的分疏，聖人所把握的只是天理（仁心之生生不已），豈能够無所不知，無所不能（要打仗豈能夠不學行軍佈陣），而良知不滯於見聞，却也不離於見聞。事實上沒有人要你去截斷見聞，只是必須要有大小本末之別罷了。此則朱子也不能違背者。而良知之發用必藉見聞，但二者的層次則不容許錯亂。事實上正是在這個最緊要的關頭上朱子却缺少了分疏，此其病也。窮理究竟是窮的什麼理？若窮的是天理，則在求放心之外不能再另外說窮理，（朱子晚年之說非也），若窮的是事理、物理，則不必與求放心（立大本）有任何直接的關連，蓋天理雖不外事理、物理，却與之分屬兩個不同的層次，不可混在一起說。朱學想說得密，結果反而說得疏了，這也是一有趣的弔詭。

但朱子於現實氣稟之雜，人欲之私，則確有體驗，不可輕棄加以抹煞。後生才看幾句宋明語錄，就要奢談通體透明，這豈不是笑話。其實整個儒家是過分強調人性的光明面，故也不能謂之無蔽。相形之下，基督教對現實人性之陰暗面實有更深刻的體驗。故田立克以此世之內充滿了含混曖昧（Ambiguities），只有在絕對超越的上帝那裏才有完全的清明。這樣的思想雖不免仍有偏於他世之嫌，但決不會像傳統儒家那樣把綱常的內容也當作絕對，由現代的觀點看來，顯不能謂之無病。於此，我們只有改造傳統儒家義理的規模才行，理一而分殊，眞正超越絕對處只在理一，分殊處乃有局限性，不可以絕對化。朱子的理氣二元放在形上學的本質層面看是一個錯誤，但由實體而轉爲功能，移在踐履論上講，却表現了很深的睿識。本心是一，心卽理，此處不容析心與理爲二。但就氣化之跡上看，則天理、人欲、德性、見聞，不容不作分疏，此正陸王之學必先立其大之微意所在，朱子在踐履上的紮實、細密的工夫必以此爲前提，才能顯出其意義，但他却在這樣重要的節骨眼處反而有了間隔，豈不可惜。但誠如陽明所言，朱子嘉惠於後學有不可得而議者，豈可以全盤加以抹煞！

而道德的踐履工夫，在今日看來，似乎迂濶不切實際，只是少數人事，與多數羣衆無關，但其然豈其然哉？西風東漸之後，現代人强調的是人權觀念，不再是責任觀念。然而卽在西方，教育子女仍不能不講究訓練（Discipline）。過分高壓的手段，過分的道學氣，自不免令人反感厭棄。但一個社會眞要完全缺乏了道德自律，還成怎樣一個社會，所謂不誠無物，一切都要垮台。人自不能人人爲聖人，但也不能個個是自然人，在利欲膠漆盆中翻騰，沒有半點理想的嚮往。最近大陸傳出消息，毛澤東圖垮劉少奇之後，連帶禁止了劉少奇寫的論共產黨人的修養一文，其結果造成一般道德之淪喪。劉少奇的一套自非傳統儒家的一套，但却由之脫胎而來。由此也可看出現代人的一個不容忽略的問題：修養踐履工夫之終不可廢。現代人對傳統的反激自非無因而起，但全盤抹煞傳統，這却造成了我們現代的一個主要的問題，還需要我們由傳統重新汲取慧識來找到對治之道，以克服並轉移時代的衰頹的風氣。

## 四、由現代的觀點檢討朱子建立宇宙論的方式之得失

朱子對於天道宇宙觀的問題一向有强烈的興趣，此所以他推尊濂溪爲北宋儒學的創始人。橫渠自也對這一方面有强烈的興趣，但他多滯辭，二程對於正蒙不太滿意，大概淸、虛、一、大的表達方式容易爲人誤解，所以當時少有繼承其思路者。宋儒的宇宙論思想大體是跟着濂溪的思想下來，朱子之倡導尤其功不可沒。當然朱子以理氣二元的方式解釋太極圖說、通書的思想是有問題的。周子是一元論的思想，故說無極而太極，太極動而生陽，一貫而下，思路十分順適，並無任何弔詭。但朱子以理（太極）氣（陰陽）分屬二元，則太極動而生陽乃成爲不可解，故必須强爲之說，不必符合周子的原意。但朱子的思想受到周子之啓迪，則是無疑問的一件事。

或者我們可以這樣說，生生不已的宇宙觀乃是宋代新儒學的一項共法，此則連對宇宙論問題並無强烈興趣的二程也不例外，大家都肯定通天下間，只是一個生理、生道在作用。這樣的思想是繼承中庸、易傳的天道觀之一極自然的發展，其淵源可以溯回到孔子的無言之敎。然而在內容方面，則各家的解釋有所不同，譬如周子與朱子，只不過是在共法上之相

合，細按內容，則兩家的思想實不必盡同。

朱子之思想規模宏大，不拘於一家一派之說，其心量實有足以為人效法之處。他不在乎太極圖之源出於道家；而且儘管二程對康節象數之學無所措意，評價不高，朱子則特尊信其先天圖，且毫不諱言此圖也出於道家，由陳摶傳來，只不過康節給與了它全新的解釋。朱子有時也兼採漢儒之說。其說乃融合各家以為言，語類有曰：

「一動一靜，互為其根。動而靜，靜而動，闢闔往來，更無休息。分陰分陽，兩儀立焉。兩儀是天地，與畫卦兩儀意思又別。動靜如晝夜，陰陽如東西南北，分從四方去。一動一靜以時言，分陰分陽以位言。方渾淪未判，陰陽之氣混合幽暗。及其既分，中間放得寬濶光朗，而兩儀始立。康節以十二萬九千六百年為一元，則是十二萬九千六百年之前，又是一箇大闢闔，更以上亦復如此。直是動靜無端，陰陽無始。小者大之影，只晝夜便可見。五峯所謂一氣大息，震蕩無垠，海宇變動，山勃川湮，人物消盡，舊迹大滅，是謂洪荒之世。常見高山有螺蚌殼或生石中，此石即舊日之土，螺蚌即水中之物，下者却變而為高，柔者變而為剛。此事思之，至深有可驗者。陽變陰合，而生水火木金土。陰陽，氣也，生此五行之質。天地生物，五行獨先，地即是土，土便包含許多金木之類。天地之間，何事而非五行？五行陰陽，七者滾合，便是生物底材料。五行順布，四時行焉。金木水火分屬春夏秋冬，土則寄旺四季。……五行一陰陽也，陰陽一太極也，太極本無極也。」（九四）

朱子的宇宙論極為複雜，此處所引僅為一例，以見其思想之一斑。朱子以陰陽五行解釋一切，而以五行配四時。不僅此也，他又以氣化的過程解釋人物之生，並以人德配天德。這裏自有許多漢儒思想之痕跡，但他絕非迷信，他只是要為宇宙萬物找到一個自然而合理的解釋罷了。他對宇宙間許多怪異之事的記載，既不輕信，也不加以一筆抹煞，而採取一種審慎開明的態度，可以解釋的儘量加以釋解，解釋不了的則暫存疑以待來者。

很明顯的，朱子是有很強烈的外在宇宙論的興趣，他的觀察入微，思想富綜合力，這在當時儒者來說，已屬難能。他的宇宙論思想自受到他的時代的局限性，我們很容易宣稱這些思想是過時了，而將之棄置一旁，不再加以理會。但這裏面實在牽涉到一些更複雜的理論效果，需要我們作更深一層的反省，才能對朱子的宇宙論思想的得失有更深一層的了解，對我們今日哲學思想之再造，還有重要的參考價值。以下仍讓我們用比觀的方式對此問題作進一步的探討。

關於宇宙論思想的反省，中西思想最大的分別在，傳統中國思想未經過康德哲學之一大折曲，所以視域也就完全不同了。康德的純理批判斷定，人類理解只能建立有關現象世界的知識，而不能夠把握本體。在純理批判第三部份超驗之辯證學之中，康德明白地指出了純粹理性的限制。人的理性雖有不可抑制的形而上學的要求，但一討論到宇宙根源的問題就不能不產生二律背反（Antinomies），而得不到定論。理性論、經驗論各各言之成理、持之有故，却也各有其不可克服的困難。人的科學知識的極限在於現象世界的了解，而不能及於本體。只有翻出純粹理性的範圍，到了實踐理性批判，康德才斷定，乃是由於實踐理性的要求，始不得不預設意志自由與上帝存在，而在實理的範圍內打破了現象與本體的隔閡。

康德是因受到休謨懷疑論思想的影響而警醒了其獨斷的迷夢。康德的批評哲學等於是宣判了傳統玄想性的形上學與宇宙論的死刑。精確的科學知識，與形上學、宇宙論的玄想乃分屬異質的兩層，決不可以一貫而下，混爲一談。依康德，則我們要重建形上學，乃必須依憑實踐理性，走逆覺體證的道路，而不可以走順取的途徑。外在的構畫只能引生種種弔詭，得不到確定的結論。借牟宗三先生的術語來說，實有形上學是無法建立的，惟一可能建立的是訴之於內在體證的境界形上學。西方現代哲學思想自與康德哲學有了很大的差別，康德積極正面的建樹並不爲西方現代哲學所接受，但從消極方面看來，西方現代哲學却繼承了康德的思想。邏輯分析學派根本以傳統玄想的形上學爲認知地無意義，而存在主義的思想家根本不認爲科學量化的思想可以見體或建立本體論（Ontology）。換句話說，這兩種互相對立的思想，一派極端崇揚科學知識的成就，另一派則看到科學思想的嚴重的缺失，却一致同意形上學不能通過科學知識來建立。這幾乎可以說是西方思想由康德以來到現代可以作成的定論。

由這樣的觀點回過頭來檢討朱子的思想。顯然朱子所走的是一條順取的途徑。他並未眞正覺察到經驗知識與形上學的體證、宇宙論的玄想有什麼本質性的差別。朱子之不斬斷外在的牽連，這是他思想規模的宏大處。但他的思想却缺少了必要的分疏；而混淆在一起的結果，使得純粹理性、實踐理性都不能得到充量的發展。在這裏，我們不能順着朱子講下去，而必須對他的思想採取一種批判的態度。

但康德的分疏雖立起了一塊重要的里程碑，但却又不是沒有它的局限性。也就是說，我們不能不通過康德，却又不能不超過康德。其實康德對科學知識、形上學、宇宙論三方面的了解都不足，我們必須對之作進一步的分疏才行。

首先從科學知識說起，康德以吾人之科學知識之極限在現象界，此則固然。但康德以爲人的數理知識，如高斯的數學、牛頓的物理學已經到達了巔峯狀態，這却是一個錯誤。人類知識是沒有涯岸的。康德對於人類知識的超驗的解析自有其慧識，但因他所根據的材料已經過時，所以必須重新加以再造才行。（註十）

從形上學的觀點來看，康德指出，獨斷性的玄想宇宙論根本不能够建立，這是不刊之論，他又打開由實踐理性的內在體證來重建形上學的道路，更是特具卓識。但他因受到西方近代偏重知識的傳統之累，只能把意志自由當作基設（Postulate）看待，所以道路迂曲而遙遠，道德的形上學終未能建立得起來。而他依基督教的傳統在自由意志以外，又立靈魂不朽與上帝存在爲基設，尤屬歧出。中國的傳統於科學知識的層面誠有所虛歉，但道德方面的體證却飽滿而無所憾。由孟子以降，親切地體證到本心（仁心、赤子之心）爲一種呈現（Presence），不只是一理性上不得不假定之基設而已！宋儒之分別聞見之知與德性之知，乃以德性之知爲大，不似康德之以純粹理性爲起點。陸王一系的思想對於大本的把握尤其直截，其途易簡而正大，由盡心知性以知天，天人本自不隔。這正是中國文化的瓌寶，而陋識者却由知識聞見的層面來遮撥這種由內在體證相應得來的道德的形上學的智慧，其不相應可知。

再從宇宙論的角度來看，儒者所體認的良知、天理、生理、生道，雖是絕對的，然一理既化而爲萬殊，宇宙之間品物之繁，變化之富，則決非我們有限的理智所可以窮盡的。我們自可以通過我們的經驗見聞，觸類引伸，建立經驗科學知識；我們也可以馳騁我們的宇宙論的玄想，用我們的想像力，編織成爲一些世界假設（World Hypotheses）（註十一），這些假設雖不能在知識上充分可以證成，却決非認知地無意義。像希臘柏拉圖、亞里士多德的形式主義；原子論者的機械（唯物）主義；黑格爾的有機主義；杜威的實用主義或晚近的系絡主義（Contextualism）；雖彼此互相牴牾，表面上無可折衷，却可以幫助我們發現眞實的許多新向度。科學進入到經驗證實的階段，是到了一種比較成熟的境地。但羅素却反對邏輯實徵論者完全排斥哲學玄想，而堅持哲學的玄想對知識有一種啓發的作用，不可一筆加以抹煞。殺死了玄想等於切斷了科學的一個重要的靈泉，羅素的想法是有相當眞知灼見，不容我們忽視。

然而我們必須了解，宇宙論的玄想還不是知識，所以沒有知識的確定有效性。有些特定的假設，却還未升進到世界假設的階段，既只是外在構畫、想像的結果，所以也只有較低或較高的蓋然性，並沒有必然性。它是位置在科學知識和形上學的體證中間的一種東西，却不是沒有它的意義。就儒家思想的規模來說，一故神，兩故化，這是儒者通過內在體證相應得來的形上學思想，就儒者的信念來看，必有其普遍必然性。維天之命，於穆不已，宇宙間有一生生不已的天道瞬息不斷地作用，遍滿於世界人間，而不竭其神用。它的化跡則通過陰陽來表現。故從儒家的思想來看，太極（一）與陰陽（兩）是有其必然性。但陰陽究竟如何在實際上變化，則只能通過觀察、知識的積累，加上玄想所作的一種合理的猜測或構想來解說，並無一定的必然性。儒者陰陽五行的宇宙觀是屬於這一個層次的東西。從內聖之學的核心看來，此其餘事。所以二程雖也講天道觀，但不特別重視宇宙論，象山更少這方面的興趣。然既推拓開去，儒者也不必一定不可以有這方面的興趣。如此朱子自可以構築一套宇宙論，也自有其意義。然其內容則有許多到今日已被推翻，並不像朱子本人所想像的那樣有必然性。但此無傷。一則朱子的宇宙論自有其時代的意義，那代表了當時儒者有關宇宙發展的知識的綜合與哲學的構想。而其內容到今日雖過時，其世界假設的基本理念則到今日仍可以有啓發的作用，此所以今人如李約瑟盛讚朱子的有機自然觀。彼實勝過西方近代的機械自然觀，而與現代科學的思想若合符節。朱子的宇宙論思想，由現代的觀點看來，自還只是前科學的思想，然而當作一種可能的世界假設來看，則不失其有參考之價值。朱子一定要把五行與四時，人德與天德配起來講，當時可能是一種大家承認的說法，從今天看來，却有好多勉强牽合的成分。如何在其間作是非得失的評斷，這就要靠我們智慧的抉擇了。

## 五、由現代的觀點看朱子建立概念性的科學知識之不足

我們在前面已經說過，朱子的本旨仍是建立一成德之學，只是他不斬斷外在知識的牽連。我們既已論朱子建立成德之學之不足，現在要進一步來檢討，用朱子的思想做基礎來建立概念性的科學知識，也一樣地不足够。

由現代的觀點來看，經驗科學或事實科學首先必研究一特定的題材，如物理、化學、生物之類。科學所用的基本方法則是觀察、實驗之類。我們必須訓練自己排除自己的主觀的偏見或情緒的反應，對於所研究的對象有一客觀如實的了解，而進一步希望能够發現現象世界以內的一些恆常的關連。現代科學成功的最大秘密在其能够以簡馭繁，建立法則或定律，以數量的方法來處理問題，有强大的說明與預測的力量，始可以如培根所謂的「知識卽力量」。

由這樣的觀點來看朱子，他的主要心態顯然不是一個科學家的心態。不錯，朱子的確對各種自然人文的現象都有相當興趣，對於一草一木之微也覺得有理，值得加以研究。但是他

的主要目的並不在積累一些有關名物度數的知識，他的讀書也不只在積累一些有關古典的知識，他的根本目的畢竟在明道。只是在方法的步驟上，他是由事物之然推究其所以然。他雖然不斷截外在知識的牽連，但他的終極目的，却不是要為事物現象找到一個科學的說明。朱子對於分殊的事物之理的探究只不過是一個跳板，最後終於體現到，通天下實在只是同一生理、生道的表現。此所以他必然要講豁然貫通，這種貫通並不是科學層面上找到一個統一的理論來說明事象的關連，而是隱指一異質的跳躍，為世間的萬事萬物找到一超越的形上學的根據。朱子的宇宙論則在闡明此一生理、生道通過一氣化過程所表現的神用。在創造的生生不已的過程中，產生了作為萬物之靈的人類，而人的責任就是要通過後天的修養工夫來實現他性分中所涵的仁德。這在基本上無疑是儒學的思想，在這種思想規模之下，科學知識的追求終只佔據一第二義的地位。我們沒有理由假定，在朱子思想的規模之下，可以發展出現代科學知識的根芽。反過來我們也不能把中國不能發展出現代科學知識的責任完全放在陽明身上。陽明的思想也並不斷截見聞，事實上陽明本人有多方面的興趣，而且有軍事的天才，決不是一個空談心性、不能見之於行事的書呆子。事實上，德性之知、見聞之知決不可混為一談，把兩個層次分開，則兩方面可以相反相成，不必互相矛盾衝突。若兩方面各得其適當定位，則分別都可以得到其充量發展。如此，弔詭地說，我們用陽明的思想間架去吸收西方科學思想，反而比朱子的容易，正因為朱子的思想缺少了一些必要的分疏，混在一起說的結果，使得德性之知與見聞之知都不能充量地發展出來。所以我們在吸納西方哲學重建中國哲學的過程中，我們只能學朱子宏濶的心量，而不能恢復朱子的思想為基本的模型，事至顯然事實上，中國文化之不能夠發展出西方現代科學的成就，的確是與中國人的思維方法有根本關係，這牽涉到民族的共命慧的型態的問題，不能夠歸咎於三兩個個人。中土三敎：儒、釋、道都以解決人生的安心立命問題爲中心，把研究對象的經驗知識放在第二線的地位。儒家自不必反對科學性的研究，但其目的是爲了利用厚生；道家的練丹則爲了長生，基本的目的是實用性的。傳統中國的科技已發展到相當的高度，但却沒法子作進一步的突破，像西方近代發展出數學物理的觀念。而正當西方一日千里，走上工業化的道路的時候，中國自淸初以來却閉關自守，自此距離越拉越遠。終於引致帝國主義之侵凌，造成了罪惡的後果，至今猶有餘痛。未來的問題如何解決，尙有待我們作智慧的抉擇，不容許我們再失足，以遺百世之憂。

傳統中國思想是自覺地拒絕作純粹抽象的思考。在世界三大哲學源流——西方、印度、中國——之中，只有中國沒有發展出邏輯推理的論式，這決不是一個完全偶然的現象。先秦名家之說鄰近於詭辯，被視爲無益之戲論；墨家的邏輯也很快就失傳；儒家只荀子有統類的觀念，但也不居於正統的地位，並未受到重視，其實其思想也未到達一高度抽象的境地。印度因爲注重辯論的緣故，所以有正理派之五支論法，以後簡化爲三支論法，又有佛敎之因明，但在印度，演繹與歸納缺少完全的分化。形式邏輯的發展惟有在西方一枝獨秀，希臘時即有亞里士多德的三段論法，到近代發展出符號邏輯，乃至數理邏輯，蔚爲一時之盛。到了近代，培根力主用新工具，提倡歸納法。十七世紀笛卡兒已經有數學物理的構想，到十八世紀牛頓建立了古典物理學的規模。演繹復用之於歸納科學之中。從此科技之發展一日千里，使西方各國頓時成爲天之驕子，一直到今日，仍居於先進於現代文明國家的地位。

西方這一套思想誠然有着凌越千古的突破性的成就，但却決非沒有它的流弊。懷德海即痛斥其犯了「錯置具體性的謬誤」(Fallaly of Misplaced Concreteness)，也就是誤把抽象的東西當作具體的眞實，在哲學的視域方面犯了嚴重的錯誤。如果不知道抽象概念科學知識的適當定位，遂容易造成一種非人性化(Dehumanization)的傾向，計算機的普遍應用，更使得活潑具體的個人淪爲抽象的數目字，而人的價值也完全通過經濟的價值數量來衡量。其害之大，有不可勝言者，久已爲有識者所憂慮。

現在由現代慢慢進入到後於現代(Post-modern)的世代，我們重新回過頭來檢討中國的思想，乃發覺其並不如上一個世代如五四時人所想像的一無是處。中國文化在抽象概念科學知識層面的開拓誠有憾，而亟待我們吸收西方的長處。但中國哲學思想如能保持其傳統的慧識，却決不會犯誤把抽象的東西當作具體的眞實的錯誤，也決不會喪失了人性的尊嚴與自信。中國思想之所長是在人(仁)道的踐履與天道的體證層面的反省。這裏需要的是內在的修養、當機的指點，此中的關鍵恰如周子在通書聖第四所謂的：

「寂然不動者誠也。感而遂通者神也。動而未形、有無之間者幾也。誠精故明，神應故妙，幾微故幽。誠神幾曰聖人。」

在這個範圍之內，道德的具體踐履要當機，道體之體悟則神妙不可方物，不是演繹、歸納的科學方法可以用武之地。所以今日我們必須要做的是淸楚地劃分各個層次的範圍，明白地了解各種方法的應用的特定的範圍與限制，這樣才可望洽東西哲學的智慧於一爐而試圖作成一更高的綜合。

從中國文化本身的發展來看，則梁漱溟先生在「東西文化及其哲學」一書中提出中國文化過於早熟的看法實不爲無見。中國文化的根本是深厚的、健康的、正大的、合乎中庸之道的，但在致曲的方面則不免有所憾。一個個體，一個文化眞正要體現生生之旨，要發皇自己的生命，則必須要有一開放的廣大的胸襟，對於現實有深刻的了解，對於理想有堅固的執持，才可以嚮往成就一個含容光大的境界。傳統中國哲學的理想往往陳義過高，在德性方面銳於求進，所以往往未能眞正正視人性的陰暗面，照察到如西方基督教所體驗最深的罪惡感，或西方心理學所挖掘出來的人心之中種種的情意結，西方文學所暴露的現實社會的醜惡面，以及痛摧心肺的悲劇的體會與感受。同時中國人也不耐煩對物理、生物、人文作客觀的科學性的探測與研究。故此中國文化雖已開拓了一宏大的規模，但在其與西方文化的對比之下，則仍不免有所憾、有所缺，而有許多可以爲我們擴大、改進的地方。

中國文化對於道德的體驗是深刻而有其普遍性的。所謂不誠無物，缺少了最低限度的道德的自覺，不只一個社會整個垮了下來，科學家也不能追求他的眞，藝術家也不能創造他的美。聖人的成就更是人應得而嚮往尊崇的，我們顯然不能把自然人的標準當作價值最後的標準，否則天下烏鴉一般黑，價值哲學也必垮台無疑。但在現實上我們却不能不認識到，人的氣質、環境確有差別，各個人在各個不同的階段體會也不同，我們在事實上不可能也無須要把他們鑄成同一個模子。世界人生各個方面各個階段的探察，只要出之於內心之至誠，都可以有其積極正面的價值。道德的價值的確是人生最中心的價值，但我們却不需要汎道德主義的泛濫，尤其不能容忍鄉愿的害德。傳統中國思想的理念是開放、富創造性的，落實下來却成爲閉鎖、富保守性的：習慣於尊崇權威，因循苟且，乃至外面一套、裏面一套，陽奉陰違，在骨子裏使壞，種種怪異，不一而足。今日我們在與西方的對比之下，決不可諱言自己的病痛，否則不只不能造成自我的擴大，應付不善，乃至可以遭逢亡國滅種的危險，此不可以不戒愼。純粹概念性的思考是我們傳統思想中所缺乏的東西，我們不要因爲聽說萊布尼玆的邏輯受到易經的影響，就色然而喜，宣稱這樣的東西，我們古亦有之。要知道發展完成的東西，與未發展完成的思想的萌芽，完全是兩回事，決不可混爲一談。民族固有的瓌寶是不容我們輕棄，民族自尊心的培養更刻不容緩，但義和團式心態的反激却最易害事。中國文化可以向西方文化吸收的自不只科學一端，以下我們將接着反省如何吸收西方民主的觀念與實施的問題。

## 六、由現代的觀點看朱子之政治論之必指向一民主的道路

由朱子與陳同甫的辯論，我們可以看到，在政治上，朱子是以三代爲標準，而貶抑漢唐。二者間的差別即在公心與私心的問題。同甫反對千五百年之間，天地只是架漏過時，人心也是牽補度日，自決不爲無見。但同甫看不到朱子的苦心。在朝廷政治統治下，只有維持一超越的理想，才能對現實政治產生一規約制衡的力量。如果在政治論上完全肯定出之於私心的家天下，則人君自可以爲所欲爲，而知識分子隨着現實政治一路滾下去，眞不知要墮落到怎樣的田地。

但在傳統朝廷政治的規模之下，朱子也心知肚明，眞正的政治理想是難以實現的。如若

漢唐是私，趙宋豈不是私？尤其南渡以後，君父之讎都可以撇在一旁，偏安一隅，歲納貢以求和，不是私是什麼？南宋士大夫清流都反對秦檜，兩方面實在是有本質上的矛盾與衝突。

朱子看得很清楚，在朝廷政治的規模之下，一切的樞紐點在人君，不能把責任推卸到旁人身上。所以他每次上封事或陛見，都必言正心誠意，親君子遠小人的一套，結果在現實政治上當然不能得志，於是退而專心從事敎育文化事業。道學者同氣相求，自然而然形成一清議集團，令人側目。當權派雖視爲眼中釘，但也因此多少在消極方面發生一點制衡阻抑的作用。

但朱子的政治思想由於時代的限制，終難在根本處有所突破。他深刻地了解，秦以後之法缺少大的變革，以其都是尊君卑臣之事。這樣自然而然在儒家的政治論上形成一個死結。一方面儒者把政治理想實現的希望完全寄託在人君身上，另一方面事實擺得清清楚楚地，世間極少明君，如果上焉者如唐太宗還只不過是假仁借義，下焉者更不堪聞問矣。但儒者既必尊君之位，故現實上的人君雖識量短隘，進言時的修辭却還是必須天王聖明的一套，而內容上則又必對居位者痛加勸諫，尤其對包圍着他的現實既得利益集團猛烈抨擊，於是形成一實際上的尖銳的矛盾。在現實的政治鬪爭之中，道學君子由於難投人君之所好，通常乃是失敗的一方。於是不得不被擯棄在現實政治的主流之外，充當朝廷政治之一點綴品；若逾越了進言的範圍，甚至不免於囹圄乃至殺身之危險。傳統知識分子之命運亦慘矣，而終不免於迂濶之譏。眞正幹練的法家者流掛着儒家的招牌還可以做一點事，而中心信持理想主義的大儒，無論其實際能力如何，其命運必被擯棄在現實政治的主流之外，只能夠發抒其思古之幽情，臨風隕涕而已！不可能在現實上有眞正的作爲。

如果我們作進一步的分析，則同甫以朱子不必過分理想化三代也不爲無理。同甫誠然對超越的理想缺乏認識，但他認定，任何改善現實的理想必通過行動才能實現，每一個時代憑藉自己的努力都可以爆出火花來。朱子則還是淩空地談理想，根本未能照顧到同甫這個層次的問題，宜乎同甫之終未爲朱子所折服。從現代的觀點看來，堯舜甚至禹還是屬於傳說時代的階段，並不屬於信史的範圍。三代之建立，是否沒有一點私意的成份？這是誰也沒法保證的事實。這些只是儒者共同承認的歷史，焉知沒有摻入了許多理想化的成份？至少由孔孟起，眞正的儒者並不能用世。到了漢朝，統治者利用儒術的幌子來治理天下，其祕訣是陽儒陰法、王霸雜之。從此儒家與統治者乃有着一種奇特的互相依賴與互相制衡的關係。到了這種平衡完全失去的時候，就逼得要改朝換代，周而復始，一幕一幕地演出轟轟烈烈的歷史的戲劇。

只有到明末淸初，黃黎洲輩身遭亡國之痛，才能暢所欲言，寫出原君的大文章，痛陳私天下之病害。但儒者還是找不出一套新的制度來解決根本的問題。一直到西風東漸，這才知道西方有民主制度，而在五四時代提出了德先生的口號。

其實卽使在西方，民主的實施也是一個後來的產物。希臘時代，柏拉圖構想了一個理想國的圖象，而沒法將之實施。亞里士多德深切地知道，沒有一種政治制度是十全十美的。君主政治可以墮落爲暴君專制，貴族政治可以墮落爲寡頭政治，民主政治可以墮落爲暴民政治。一直到工業革命以後，人民普遍生活水準提高，印刷術發達，知識傳播迅速，民智普遍提高，現代西方式的民主才有可能實施。但卽如此，在西方，也只有在英美，民主才眞正實施得很成功，法德意都有問題，到二次大戰以後才比較有一點進展。很明顯的，民主政治卽使是做得很成功，也仍非沒有它的問題，各種各樣利益壓力團體互相牽制，向各個不同的方向拉扯，同時也不能避免少數特權階級運用金錢輿論的力量來操縱選票民意，但不論它有多少缺點，至少有了民主法治則它確可以避免專制的荼毒。世間如果眞正有聖君賢相，像儒家所想像的那樣，問題自簡單得多。但權力是有很強大的腐蝕力量的，若聽其集中在一人、一家、一姓之手，其害之大，實不可以勝言。儒家的政治論的根本缺陷在無法設計一套有效的機括來限制君權，光憑一些道德的敎條是不足以拘束一個統治者的，尤其不能拘束那些殘暴專制的獨夫。要想在傳統的政治規模下實現儒家的理想實如緣木求魚，而且對於眞正相信儒家理想的知識份子來說，簡直後必有災。如果有可能找到一個更好的制度的話，沒有任何理由必定要抱殘守缺，死守着傳統的規模，拒絕往着一個新的方向邁進。

無疑，傳統儒家的政治思想是一種民本思想，孟子就已明言，民爲貴，社稷爲次，君爲輕。然而後世却有本末倒置的現象，但人君的責任在愛民，這却是統治者都不能違逆的原則，儘管在事實上不必一定是那麼同事。但民本思想離開民主思想畢竟還有一大段距離。傳統儒家心目中眞正的政治理想是禪讓，由有智慧、有道德、有能力的人居位來領導民衆，由人君，到士大夫，到老百姓，形成一個階層秩序。禪讓不行，然後才有家天下。當然中國所實施的決非印度式的種姓制度，所謂布衣卿相，上下多多少少有流動的可能性。然而這樣的流動性畢竟不會很大。只不過在傳統農業社會的規模之下，以考試取士，不讓世襲貴族專權，就是一種最合理的安排了。無怪乎在十八世紀時，歐洲還在羨慕中國式的開明的君主政治。然而傳統儒家思想最大的一個錯誤在，把社會的階層秩序當作千年萬世永遠不可改變的應然秩序，於是有所謂綱常的觀念。其實眞正有普遍性的只是人人內在本具的仁心，而不是外在的君臣一類的架構。然而數千年的文化崇拜權威的心習已成，民國建立以後，一些傳統的思想與習慣還沒法子改得過來，所以一直到今日，民主的精神還沒有在人們的心目中生根，領導者也還缺少澈底的覺悟，中國之走向民主的目標，還是一條漫長而遙遠的道路。

但政治是衆人之事，在下的人民才知道自己的痛癢是什麼。由下而上，是使得人民有機會過幸福的生活遠更有效的方法。政府的官吏是人民的公僕，不是騎在人民頭上作威作福的官僚政客。爲了防止上下的脫節，所以才必須建立選擧的制度，隔了一段時期，就把不盡責的總統或首相，與國會代表趕下台來。立法、司法、行政，互相獨立，互相制衡，使得大多數人喜歡的政策得以實施，而少數人的人權則得到一定程度的保障。到了事過境遷，發現當前的政策有了偏差，再重新選擧時，少數就可以變爲多數，失敗者可以變爲成功，權力在和平中轉移。是制度使得當權者不能够私天下，不許他做獨夫，徒逞一時之快意，陷千千萬萬生靈於塗炭之中。由此可見民主的施行最重要是建立制度，缺少了有效的選擧與制衡的機括，徒託之於空言是無益的，屆時吃苦的還是老百姓。

但民主制度雖然解決了逼使政治領袖必須爲公衆服務的問題，但並沒有解決所有的問題。正由於政治領袖必須敷衍各種不同的壓力團體，拉到多數選民的選票，他必須是一個優秀的政客，但不必是一個突出的個人。而政教分離的結果，使得政治領袖不必再擔任道德領袖的責任，他自必須有相當道德的操守，但他不必是一個萬人敬仰的聖者。政治的民主，經濟機會的平等，在不妨害他人的限度之下每個人可以享受自己最大的自由，這樣自然而然會造成一個多元的社會。每個人儘量追求自己的興趣，發揮自己的創造力，不受到外在的干涉，這是現代西方民主社會最大的好處。但它的危機在把政治權利的平等推廣成爲一切的平等，而產生了剷平一切的不良效果。保障人權的結果，使得多數人滿足於做他的自然人，惟一的關懷是自己欲望的追求與生活的快樂。這種社會最大的危機是對成功的崇拜，把金錢當作衡量人的價值的惟一標準，文化與道德的水準日益低落。而更可慮的是，人的欲望是永遠不會滿足的，所以反而造成了許多挫折的個人，也構成了許多嚴重的社會問題。

事實上人的成就是永遠不會平等的。當我們生病時，一定會去找醫生；修理水管時，一定會去找熟手的技工。但不幸的是，我們容易接受各行各業的權威，却不願意承認，在道德、精神修養方面，也有人可以有常人不可企及的成就和造詣，足可以爲我們的引導。在以往宗敎、道德的價值爲中心的時候，的確產生了汎宗敎主義、汎道德主義的弊害，現在却不幸走上了另一極端，傳統的宗敎、道德日益式微，却沒有一套新的像樣的東西來代替，而落入了一種眞空狀態之中。人不是變得無所適從，懷疑徬徨，就是變得古怪邪僻，自以爲是。現代人突然發現自己落入一種危機狀態之中，急於謀求一條合理的出路。

是在這樣的情形之下，我們不得不反省，是不是我們確是走過頭了，必須重新回頭恢復一些已經拋棄的價值。當然單純的復古是不可能的，因爲正是由於舊傳統的不足才引導我們走上了今日的道路。但現代又出現了新問題，我們就需要重新後顧與前瞻，找到一種新的綜合。今日面臨我們的一大問題在，如何在一個政治民主、思想自由的社會之中重新建立道德與宗敎的價值。在這個探索的過程之中，研究八百多年前朱子的思想，也可以給我們莫大的啓示。

## 七、結語

以上我們由現代的觀點，通過了形上學、踐履論、宇宙論、知識論、政治論等五個不同的角度，對於朱子哲學思想所牽涉的理論效果，提出了一些我個人的見解，並指點了一個未來的方向。這些意見自不必人皆可以同意。而指點出一個方向，與眞正以現代的方式造出一套現代哲學，也還有好大一段距離。但至少這是一個起點的契機，繼往以開來，知道了自己的取捨，才能夠把握到自己在未來努力的方向。

近三十年來，我所念玆在玆的一件事是，中國文化將如何應付現代西方的挑戰而重建其智慧與價值（註十二）。但中國哲學之重建又不只具有中國的價值，同時也具有世界的價值。當今世界由現代慢慢走入後於現代的世代，上一個世代那種樂觀、迷信進化的情調已經蕩然無存。這是一個一切動搖、失去自信的世代。整個世界正面臨着一個重要的轉形期，哲學家在這裏應扮演一個重要的角色，現代人需要的是一些新視域，而只有從事比較哲學研究的人，對於古今中外的哲學慧識都嘗試作過一番有深度的反省，才更有機會探索到一條新的途徑，不落以往的窠臼。

在一個意義之下，中國哲學在今日所面臨的危機，正好像在宋代儒家面臨佛學的挑戰，情形正相彷彿。華族必須要重新恢復自己的智慧，以銷融新時代以及外來文化的衝擊，始得以完成一自我的擴大。但在另一意義之下，情形又並非完全相同。南宋雖被迫偏安一隅，但異族並未提供一優勢文化威脅到中華的文化。相反是中華的文化同化了外來的侵略者，也是出於中華文士自己的努力去吸納銷融了佛家的慧識。但今日我們所面臨的却是西方優勢的科技文明的撞擊，應付不善，即有亡國滅種的危險。同時科技雖把人類的物質文明帶進了空前的繁榮的境地，但它也包含了毀滅世界的種子。它的威脅是對於全人類的威脅，不只是對於華族以及中華文化的威脅。所以我們今日所面臨的危機只有比宋代更爲嚴重、緊急，不能不爲有識者慮。

但我們却有信心，中國人比任何人更有資格爲時代的問題找尋到解決的途徑。其理由在，西方文化顯示一兩極性。舉例來說，它一方面是近代科學背後隱涵的機械唯物論，另一方面則是超自然的基督敎的神學；天人互相睽隔。但中國文化却固執一種中庸之道，它的缺點在不免過分早熟，使得許多潛在的可能性沒有發展出來。但在理上，生生不已的天道與人道的實現，却沒有理由不能更進一步加以擴大來包含科技的物質文明，與宗敎的精神的體驗。故此，中國哲學在今日的發展，決不能跑到西方後面去跟風，走譁衆取寵、附炎趨勢的道路，而必須要耐得住寂寞，平章古今中外的智慧，以寄望爲未來找到一新的綜合來解救今日人類思想的危機。此則還有待於未來哲學者不懈的努力。

## 註釋

註一：Cf. Ernst Cassirer, *An Essay On Man*, p.195. 對解釋學一般性之介紹，參 Richard E. Palmer, *Hermeneutics*.

註二：Cf. Hans-Georg Gadamer, *Truth and Method*.

註三：Cf. Ernst Cassirer, *An Essay On Man*, and *Philosophy of Symbolic Forms*, three volumes.

註四：Joseph Needham, *Science and Civilization in China*, Vol. II. p.458, pp.472–485.

註　五：Ibid. p.471. 李約瑟研究中國科技文明史，的確大有貢獻，但他對中國哲學思想則有一些外行話，此不可以不察。

註　六：參牟宗三：心體與性體，第一卷，頁一三四—一八九。又參下面第四節的論點。

註　七：Cf. Paul Tillich, *Systematic Theology*, Vol. I&III.

註　八：參熊十力，新唯識論，十力語要。

註　九：Cf. C. L. Stevenson, *Ethics and Language*.

註　十：新康德派再造康德式的知識論最有成就者爲卡西勒。Cf. Ernst Cassirer, *Substance and Function*, *The Problem of Knowledge*, Vol. IV.

註十一：Cf. S.C. Pepper, *World Hypotheses*.

註十二：參拙著：「中國哲學與現代化」，時報文化出版事業有限公司出版，一九八〇。裏面有許多思想與本章所論互相呼應，讀者可以參看。

# 附錄：

## 一、朱子年譜要略（摘自錢穆：朱子新學案）

（述先案：以西曆計算，朱子生卒年分為一一三〇—一二〇〇）

朱子卒後，先有門人李果齋方子，輯其言行，爲年譜三卷。今已失傳。及明代嘉靖間，有李默古冲重修，於果齋本頗多删竄。清康熙時，又有洪璟去蕪本，收載較繁。乾隆時王白田懋竑，據李洪兩本重定年譜四卷，考異兩卷，最稱審密。玆撮王本爲要略，以便讀本書者隨時檢閱。其詳當讀王本。本書與王異者，論證皆詳本書各篇，此不具。

高宗建炎四年庚戌秋九月，朱子生。

四年甲寅，五歲。始入小學。

十三年癸亥，十四歲。丁父韋齋先生憂。韋齋年四十七。稟遺命，受學於劉屏山彥冲，劉白水致中，胡籍溪原仲三人，皆韋齋故友。屏山字以元晦。白水以女妻之。而事籍溪最久。

十四年甲子，十五歲。葬韋齋。

十七年丁卯，十八歲。舉建州鄉貢。

十八年戊辰，十九歲。登科中第五甲第九十人，爲進士。

二十一年辛未，二十二歲。銓試中等，授泉州同安縣主簿。

二十三年癸酉，二十四歲。赴同安任，始見延平李侗愿中。愿中爲羅仲素門人，韋齋同門友。

秋至同安。

子塾生。

二十四年甲戌，二十五歲。子埜生。

二十六年丙子，二十七歲。秋，秩滿。

二十七年丁丑，二十八歲。俟代不至。罷歸。

二十八年戊寅，二十九歲。春正月，再赴延平，見李愿中。

冬，以養親請祠，差監潭州南嶽廟。

二十九年己卯，三十歲。校定謝上蔡語錄。

三十年庚辰，三十一歲。冬往延平，三見李愿中，正式受學。

三十二年壬午，三十三歲。春，迎謁李愿中於建安，與同歸延平。

六月，高宗內禪，孝宗卽位。祠秩滿，復請祠，仍差監南嶽廟。

秋八月，應詔上封事。

孝宗隆興元年，癸未，三十四歲。冬，至行在，奏事垂拱殿。除武學博士，待次。

論語要義論語訓蒙口義成。

十月，李愿中卒於閩帥汪應辰治所。

十一月由行在歸。

二年甲申，三十五歲。春正月至延平，哭李愿中之喪。比葬，又往會。

秋九月，如豫章哭張魏公之喪，自豫章送至豐城。

困學恐聞編成。

乾道元年乙酉，三十六歲。執政方主和議，辭武學博士不就，復請祠，仍差監南嶽廟。

三年丁亥，三十八歲。崇安大水，奉府檄行視水災。

八月，訪張栻敬夫於潭州。十一月，偕登南嶽衡山。是月歸，十二月至家。

除樞密院編修官，待次。

四年戊子，三十九歲。崇安饑，請府粟以賑。

編程氏遺書成。

與張敬夫書論中和。（述先案：王譜繫之於丙戌三十七歲時，誤）

五年己丑，四十歲。子在生。

九月，丁母祝孺人憂。

六年庚寅，四十一歲。春正月，葬祝孺人。

秋七月，遷父韋齋墓。

七年辛卯，四十二歲。始立社倉於五夫里。

八年壬辰，四十三歲。論孟精義成。

資治通鑑綱目成。

八朝名臣言行錄成。

西銘解義成。

太極圖說通書解成。

程氏外書成。

伊洛淵源錄成。

（述先案：王譜繫此三書於九年癸巳四十四歲時，疑要略誤。）

淳熙元年甲午，四十五歲。歷年屢辭樞密院編修不就，改差主管台州崇道觀，又屢辭，

於六月拜命。

編次古今家祭禮。

二年乙未，四十六歲。呂祖謙伯恭來訪於寒泉精舍，同編近思錄。

偕呂伯恭同會陸子壽子靜兄弟於信州鵝湖寺。

秋七月，雲谷晦庵成。

授祕書省祕書郎，辭，并請祠，差管武夷山沖祐觀。

冬，令人劉氏卒。

（述先案：王譜繫之於三年丙申四十七歲時，疑要略誤。）

四年丁酉，四十八歲。論孟集註或問成。

詩集傳成。

周易本義成。

五年戊戌，四十九歲。秋八月，差知南康軍。

六年己亥，五十歲。以屢辭不獲命，俟命於鉛山，陸子壽來訪。

三月到任。

十月，復建白鹿洞書院。

七年庚子，五十一歲。張敬夫卒。

應詔上封事。

南康軍旱災，大修荒政。

八年辛丑，五十二歲。陸子靜來訪，與俱至白鹿洞書院，請升講席。

三月，除提舉江南西路常平茶鹽公事，待次。

閏三月，去郡東歸。

七月，除直祕閣。八月，又改除提舉兩浙東路常平茶鹽公事。

呂伯恭卒。

十一月，奏事延和殿。

十二月視事。

九年壬寅，五十三歲。陳亮同甫來訪。

奏劾前知台州唐仲友不法。

除直徽猷閣，改除江南西路提點刑獄公事。又詔與江東兩易其任。

九月，去任歸。辭新任，并請祠。

十年癸卯，五十四歲。差主管台州崇道觀。

四月，武夷精舍成。四方士友來者甚衆。

十一年甲辰，五十五歲。辨浙學。

十二年乙巳，五十六歲。祠秩滿，復請祠，差主管華州雲台觀。

辨陸學陳學。

十三年丙午，五十七歲。

易學啓蒙成。

孝經刊誤成。

十四年丁未，五十八歲。

小學書成。

差主管南京鴻慶宮。

除江南西路提點刑獄公事，待次。

十五年戊申，五十九歲。奏事延和殿。

除直寶文閣，主管西京嵩山崇福宮。

上封事。

除主管西太乙宮，兼崇政殿說書。

始出太極圖說西銘解義以授學者。

十六年己酉，六十歲。除祕閣修撰，依舊主管西京崇福宮。

孝宗內禪，光宗卽位。

序大學章句，中庸章句。

辭職名，許之，依舊直寶文閣。

除江南東路轉運副使，辭。

改知漳州。

光宗紹熙元年庚戌，六十一歲。到郡，修畫經界事宜。

刊四經四子書於郡。

二年辛亥，六十二歲。長子塾卒。丐祠，歸治喪葬。

復除祕閣修撰，主管南京鴻慶宮。

四月，去郡。

九月，除荊湖南路轉運副使。辭不赴。

三年壬子，六十三歲。

始築室於建陽之考亭。

除知靜江府廣南西路經略安撫使，辭。

孟子要略成。

四年癸丑，六十四歲。差主管南京鴻慶宮。

除主潭州荊湖南路安撫使。

五年甲寅，六十五歲。五月至鎭。

七月，光宗內禪，寧宗卽位。

八月，赴行在。

除煥章閣待制，兼侍講。

十月，奏事行宮便殿。

受詔進講大學。以上疏忤韓侂冑，罷。

十一月至玉山，講學於縣庠。

還考亭，竹林精舍成。後更名滄洲。來學者益衆。

寧宗慶元元年乙卯，六十六歲。提舉南京鴻慶宮。

二年丙辰，六十七歲。落職罷祠。

始修禮書，名曰儀禮經傳通解。

三年丁巳，六十八歲。

韓文考異成。

四年戊午，六十九歲。集書傳。

引年乞休。

五年己未，七十歲。

楚辭集註後語辨證成。

有旨致仕。

六年庚申，七十一歲。

三月辛酉改大學誠意章，甲子卒。

十一月，葬建陽縣大林谷。

## 二、朱子的師承（摘自范壽康：朱子及其哲學）

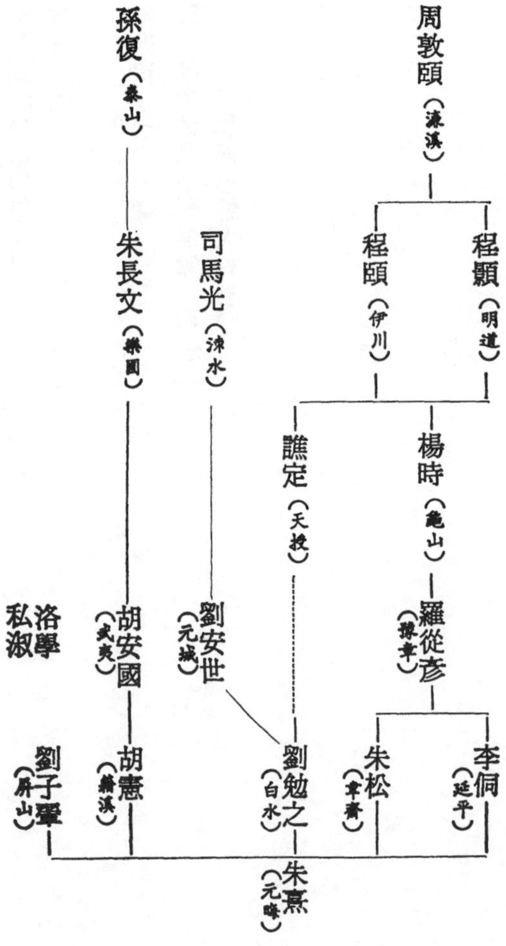

# 三、朱子的學派及影響（摘自范壽康：朱子及其哲學）

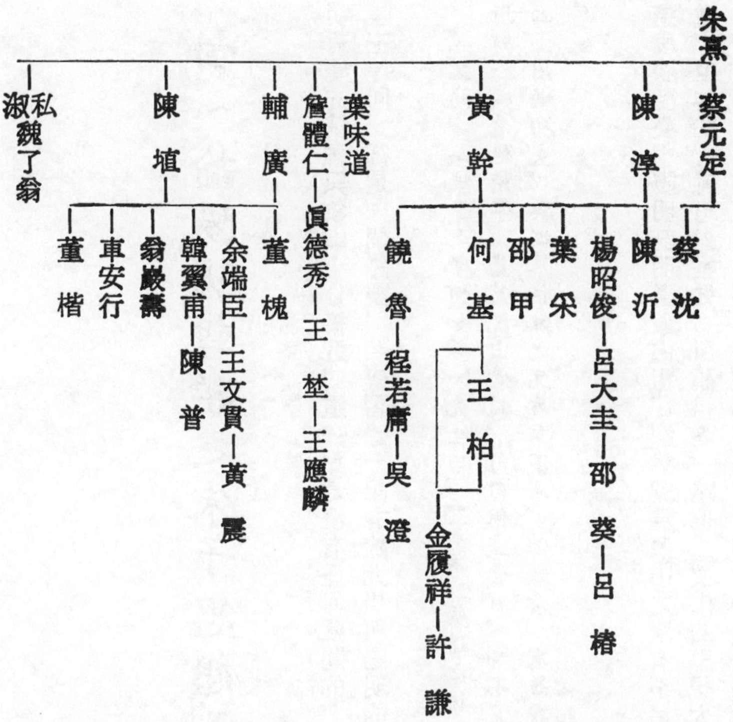

# 四、論陽明哲學之朱子思想淵源

陽明哲學的精神與象山十分接近，這一點是沒有任何疑問的，故世稱陸王，良有以也。但要把陸王等同，卻是一個錯誤。「傳習錄」記有陳九川與陽明的一段談話：

「又問：『陸子之學何如？』先生曰：『濂溪、明道之後，還是象山，只是粗些。』九川曰：『看他論學，篇篇說出骨髓，句句似鍼膏肓，却不見他粗。』先生曰：『然。他心上用過功夫，與揣摹依倣之文義自不同。但細看，有粗處。用功久，當見之。』」（註一）

在這段談話裏，陽明既明言象山粗，顯然認爲象山之學有不足處。他雖未說明象山之學粗在何處，但他的大意可以推知。所謂粗者，略也。象山的思想太直截，缺乏曲折，好多細膩的地方照顧不到。據門人錢德洪的報導，陽明自謂良知之說乃「從百死千難中得來」，錢德洪在「刻文錄敍說」之中又曰：

「先生之學凡三變，其為教也亦三變。少之時，馳騁於辭章；已而出入二氏；繼乃居夷處困，豁然有得於聖賢之旨；是三變而至道也。居貴陽時，首與學者為知行合一之說；自滁陽後，多教學者靜坐；江右以來，始單提致良知三字，直指本體，令學者言下有悟，是教亦三變也。讀文錄者，當自知之。」（註二）

由此可見，陽明思想之發展歷盡曲折，其體驗與思想表達之方式均與象山不同，顯然另有淵源。我著「朱子哲學思想的發展與完成」一書曾說：

「事實上陽明是在朱學的薰陶下翻出來的一條思路，所以提出問題的方式像朱子，而在精神上則接上象山。」（註三）

又說：

「陽明之學雖與朱學格格不入，其學始於格物新解，即以朱子為批評之對象。晚年寫『大學問』，對其本身的體驗自有更透澈的發揮，然其理論之規模卻仍需要藉朱學之對反而益顯。在此義下，也可謂朱學為王學之一重要淵源。」（註四）

但當時語焉未詳，故撰本文就此論題作進一步的發揮，以澄清此一公案。陽明重刻「象山文集」，爲之作序云：

「聖人之學，心學也。堯舜禹之相授受曰：『人心惟危，道心惟微，惟精惟一，允執厥中。』此心學之源也。中也者，道心之謂也。道心精一之謂仁，所謂中也。孔孟之學，惟務求仁，蓋精一之傳也。蓋當時之弊固已有外求之者，……。迨於孟子之時，……心學大壞。孟子闢義外之說而曰：『仁，人心也。學問之道無他，求其放心而已矣！』又曰：『仁義禮智，非由外鑠我也，我固有之，弗思耳矣。』蓋王道息而伯術行，功利之徒，外假天理之近似以濟其私，而以欺於人曰：天理固如是。不知既無其心矣，而尚何有所謂天理者乎。自是而後，析心與理而為二，而精一之學亡。世儒之支離外索於刑名器數之末，以求明其所謂物理者，而不知吾心卽物理，初無假於外也。佛老之空虛，遺棄其人倫事物之常，以求明其所謂吾心者，而不知物理卽吾心，不可得而遺也。至宋周（濂溪）程（明道）二子，始復追尋孔顏之宗，……庶幾精一之旨矣。自是而後，有象山陸氏，雖其純粹和平，若不逮於二子，而簡易直截，直有以接孟子之傳。其議論開闔時有異者，乃其氣質意見之殊，而要其學之必求諸心，則一而已。故吾嘗斷以陸氏之學，孟氏之學也。而世之議者，以其嘗與晦翁之有同異，而遂詆以為禪。夫禪之說，棄人倫，遺物理，而要其歸極，不可以為天下國家。苟陸氏之學而果若是也，乃所以為禪也。今禪之說與陸氏之說，其書具存，學者苟取而觀之，其是非同異，當有不待於辯說者。而顧一倡羣和，勦說雷同，如矮人之觀場莫知悲笑之所自，豈非貴耳賤目，不得於言，而勿求諸心者之過歟！夫是非同異，每起於人持勝心，便舊習，而是己見。故勝心舊習之為患，賢者不免焉。……惟讀先生之文者，務求諸心，而無以舊習己見先焉，則糠粃精鑿之美惡，入口而知之矣。」（註五）

陽明這篇序（庚辰四十九歲時作），不啻說出了他自己對於道統的了解。象山雖粗，其精神乃直承孟子，不能以耳食之辭，誤會之以為禪。而字裏行間，對於朱子似不無微詞。但若眞正了解陽明的意旨，則他為象山辨寃的意味濃，貶抑朱子的意味淡。此由兩年之後陽明致徐成之二函（壬午）可以清楚看出來。

「承以朱陸同異見詢，學術不明於世久矣，此正吾儕今日之所宜明辨者。細觀來教，則（王）與庵之主象山既失，而吾兄之主晦庵，亦未為得也。是朱非陸，天下之論定久矣，久則難變也。雖微吾兄之爭，輿庵亦豈能遽行其說乎！故僕以為二兄今日之論，正不必求勝。務求象山之所以非，晦庵之所以是，窮本極源，真有以見其幾微得失於毫忽之間，……而可以俟聖人於百世矣！……凡論古人得失，決不可以意度而懸斷之。今輿庵之論象山曰，雖其專以尊德性為主，未免墮於禪學之虛空，而其持守端實，終不失為聖人之徒，若晦庵之一於道問學，則支離決裂，非復聖門誠意正心之學矣。吾兄之論晦庵曰，雖其專以道問學為主，未免失於俗學之支離，而其循序漸進，終不背於大學之訓，若象山之一於尊德性，則虛無寂滅，非復大學格物致知之學矣。夫既曰尊德性，則不可謂墮於禪學之虛空，墮於禪學之虛空，則不可謂之尊德性矣。既曰道問學，則不可謂失於俗學之支離，失於俗學之支離，則不可謂道問學矣。二者之辯，間不容髮。然則二兄之論，皆未免於意度也。昔者子思之論學，蓋不下千百言，而括之以尊德性而道問學之一語，卽如二兄之辯，一以尊德性為主，一以道問學為事，則是二者固皆未免於一偏，而是非之論，尚未有所定也，烏得各持一是而遽以相非為乎！故僕願二兄置心於公平正大之地，無務求勝。夫論學而務以求勝，豈所謂尊德性乎？豈所謂道問學乎？以其所見，非獨吾兄之非象山，與庵之非晦庵，皆失之非；而吾兄之是晦庵，與庵之是象山，亦皆未得其所以是也。……」（註六）

陽明思想之透闢，遠非其二友之所及。而他的態度，顯然不落兩邊，直返中庸原義。但有趣的是，他這樣的態度，其實比較接近朱子，而遠於象山。朱子有「答項平父書」云：

「大抵子思以來，教人之法惟以尊德性、道問學兩事為用力之要。今子靜所說專是尊德性事，而熹平日所論，却是道問學上多了。……今當反身用力，去短集長，庶幾不墮一邊耳。」（註七）

但象山聞之卻曰：

「朱元晦欲去兩短，合兩長。然吾以為不可。既不知尊德性，焉有所謂道問學？」（註八）

象山之強調尊德性自不無其理據，但陽明之態度顯不似象山之激越，他並不認爲道問學就必走上支離的道路，兩方面互相補足，不可偏廢。那知成之接信，竟攻擊陽明漫爲含胡兩解之說，有陰助輿庵的嫌疑，陽明乃不得不另作長書，作進一步的辯解。他說：

「輿庵是象山而謂其專以尊德性為主。今觀『象山文集』所載，未嘗不教其徒讀書窮理，而自謂理會文字頗與人異者，則其意實欲體之於身。其亟所稱述以誨人者，曰：『居處恭，執事敬，與人忠。』曰：『克己復禮。』曰：『萬物皆備於我，反身而誠，樂莫大焉。』曰：『學問之道無他，求其放心而已。』曰：『先立其大者，而小者不能奪。』是數言者孔子孟軻之言也，烏在其為空虛者乎。獨其易簡覺悟之說，頗為當時所疑。然易簡之說，出於『繫辭』。覺悟之說，雖有同於釋氏，然釋氏之說，亦自有同於吾儒，而不害其為異者，惟在於幾微毫忽之間而已，亦何必諱於其同，而遂不敢以言，狃於其異，而遂不以察之乎。是輿庵之是象山，固猶未盡其所以是也。」（註九）

此則明言輿庵雖宗陸然對其了解根本不透。象山非不主讀書窮理，只不過更着重親證，這是儒學的正統，與佛學有同有異，故不必形成忌諱。陽明接着說：

「吾兄是晦庵，而謂其專以道問學為事。然晦庵之言，曰：『居敬窮理。』曰：『非存心無以致知。』曰：『君子之心，常存敬畏，雖不見聞，亦不敢忽，所以存天理之本，然而不使離於須臾之頃也。』是其為言雖未盡瑩，亦何嘗不以尊德性為事，而又烏在其為支離者乎。獨其平日汲汲於訓解，雖韓文楚辭陰符參同之屬，亦必與之注釋考辯，而論者遂疑其玩物；又其心慮恐學者之躐等而或失之於妄作，使必先之以格致而無不明，然後有以實之於誠正而無所謬。世之學者，掛一漏萬，求之愈繁，而失之愈遠，至有敝力終身，苦其難而卒無所入，而遂議其支離，不知此乃後世學者之弊，而當時晦庵之自為，則亦豈至是乎。是吾兄之是晦庵，固猶未盡其所以是也。」（註一〇）

由此可見，宗朱的成之對於朱子思想的了解並不透澈。反而陽明對於朱子的一套不僅十分熟悉，而且對於朱子的存心更有深刻的同情的了解。雖然他覺得朱子之言猶未盡瑩，卻又何嘗不以尊德性為事，決不能因後世俗儒之失，而遂議其支離。陽明為朱子的辯護十分自然，沒有半點勉強，即起朱子於地下，也會許其知言。陽明所不樂見的是學者挾求勝之心而囿於門戶之見。他倡議建立論學之原則曰：

「夫君子之論學，要在得之於心。眾皆以為是，苟求之心而未會焉，未敢以為是也。眾皆以為非，苟求之心而有契焉，未敢以為非也。心也者，吾所得於天之理也，無間於天人，無分於古今。苟盡吾心以求焉，則不中不遠矣。學也者，求以盡吾心也。是故尊德性而道問學，尊者，尊此者也，道者，道此者也。不得於心而惟外信於人以為學，烏在其為學也已？」（註一一）

這一段話說得極美，以此而平章朱陸，他說：

「僕嘗以為晦庵之與象山，雖其所為學者若有不同，而要皆不失為聖人之徒。今晦庵之學，天下之人，童而習之，既已入人之深，有不容於論辨者。而獨惟象山之學，則以其嘗與晦庵之有言，而遂藩離之。使若由賜之殊科則可矣，而遂擯放廢斥，若碔砆之與美玉，則豈不過甚矣乎。夫晦庵折衷羣儒之說，以發明六經語孟之旨於天下，其嘉惠後學之心，真有不可得而議者。而象山辨義利之分，立大本，求放心，以示後學篤實為己之道，其功亦寧可得而盡誣之？而世之儒者，附和雷同，不究其實，而概目之以禪學，則誠可冤也已。故僕嘗欲冒天下之譏，以為象山一暴其說，雖以此得罪無恨。僕於晦庵，亦有罔極之恩，豈欲操戈入室者。顧晦庵之學，既已若日星之章明於天下，而象山獨蒙無實之誣，于今且四百年，莫有為之一洗者，使晦庵有知，將亦不能一日而安享於廟廡之間矣。此僕之至情終亦必為吾兄一吐者。」（註一二）

這一段話裏最重要的是，陽明把朱陸都看作聖人之徒，而表現出不同的面相，不可依耳食之辭、胸臆之見而排斥之。陽明特別要爲象山辨冤，是因爲象山之學久遭壓抑，無禪學之實，而擔了這樣的惡名，不可以不徹底校正過來。至於朱學，既已是學術之正統，自不必特別爲之表彰。但陽明對朱子學說的啓迪推譽爲「罔極之恩」，這是用語很重的話，決不能當作裝門面的敷衍之辭看待。事實上陽明認爲朱子對聖人之學的貢獻是不容抹煞，但他說若朱子有知會不能安於廟廡的話是有問題的。因朱子晚年確斷定象山爲禪，始誦言攻之，則象山學在身後之不得昌明於世，正是朱子所樂見者，有何不安之有？故陽明必須進一步指明朱子的判斷是錯誤的，始得爲象山辨冤。適成之攻擊象山，謂其太極之辨，並文義而不曉，陽明自不必爲象山的弱點辯護，然朱子也有弱點，故後人的責任是必須超越二者以進於道，決不可文過飾非，自己既無進益，抑且厚誣古人，此不足爲訓者。故他說：

「夫謂其文義之有未詳，不害其為有未詳也，謂其所養之未至，不害其為未至也。學未至於聖人，寧免太過不及之差乎？而論者遂欲以是而蓋之，則吾恐晦庵禪學之譏，亦未免有激於不平也。夫一則不審於文義，一則有激於不平，是皆所養之未至。昔孔子大聖也，而猶曰，假我數年以學易，可以無大過。仲虺之贊成湯，亦惟曰，改過不吝而已。所養之未至，亦何傷於二先生之為賢乎！此正晦庵象山之氣象所以未及於顏子明道者在此。吾儕正當仰其所以不可及，而默識其所未至者，以為涵養規切之方，不當置偏私於其間，而有所附會增損之也。夫君子之過也，如日月之食，人皆見之；更也，人皆仰之。而小人之過也，必文。世之學者，以晦庵大儒，不宜復有所謂過者，而必曲為隱飾增加，務詆象山於禪學，以求伸其說，且自以為有助於晦庵，而更相倡引，謂之扶持正論。不知晦庵乃君子之過，而吾反以小人之見而文之。晦庵有聞過則喜之美，而吾乃非徒順之，又從而為之辭也。晦庵之心，以聖賢君子之學期後代，而世之儒者，事之以事小人之禮。是何誣象山之厚，而待晦庵之薄邪！僕今者之論，非獨為象山惜，實為晦庵惜也。兄祖僕平日於晦庵何如哉？而乃有是論，是亦可以諒其為心矣。惟吾兄去世俗之見，宏虛受之誠；勿求其必同，而察其所以異；勿以無過為聖賢之高，而以改過為聖賢之學；勿以其有所未至者為聖賢之諱，而以其常懷不滿者為聖賢之心；則兄與輿庵之論，將有不待辯說而釋然以自解者。孟子云，君子亦仁而已，何必同。惟吾兄審擇而正

之。」（註一三）

這一段話乃斷定朱陸並世大賢，但缺點限制也至爲明顯，不只離開聖人境界尙遠，氣象不及顏子明道之處亦甚多。象山之不審於文義，是象山的所養未至。但朱子以象山爲禪，陽明乃直以「君子之過」形容之，不許後世俗儒曲爲之護的做法。陽明是以朱子之心之所應然來校正其實然，始得謂晦庵不能安於其過，聽任象山受誣爲禪。陽明以「常懷不滿」來了解聖賢之心的不果於自畫，這是有極深的實證體驗功夫，決非俗儒妄議聖賢者可以企及。陽明是由這個角度出發，希望對於朱陸有所匡正。陽明的批評不囿於門戶之見，他清楚地了解朱陸追求聖人之學的實際限制與眞正爲脚點之所在，故此我們若僅謂象山爲陽明思想之一重要淵源，而不謂朱子亦陽明思想之一重要淵源，實在是難以自圓其說的。

有了以上的分析做背景，回頭看陽明刻「朱子晚年定論」，就可以從一個新的角度來看這一重公案。根據「年譜」，陽明刻此書是在戊寅，時年四十七歲，與刻「古本大學」同時，同年八月門人薛侃刻「傳習錄」，這時期陽明思想已經到了相當成熟的階段。陽明有序曰：

「洙泗之傳，至孟氏而息，千五百餘年，濂溪、明道始復追尋其緒，自後辨析日詳，然亦日就支離決裂，旋復湮晦。吾嘗深求其故，大抵皆世儒之多言有以亂之。守仁早歲業擧溺志詞章之習，既乃稍知從事正學，而苦於衆說之紛撓疲痛，茫無可入。因求諸老釋，欣然有會於心，以爲聖人之學在此矣。然於孔子之教，間相出入，而措之日用，往來缺漏無歸，依違往還，且信且疑。其後謫官龍場，居夷處困，動心忍性之餘，恍若有悟。體念探求，再更寒暑，證諸五經四子，沛然若決江河而放諸海也。然後嘆聖人之道，坦如大路。而世之儒者，妄開竇逕，蹈荆棘，墮坑塹，究其為說，反出二氏之下，宜乎世之高明之士厭此者趨彼也，此豈二氏之罪哉！間嘗以語同志，而聞者競相非議，目以為立異好奇，雖每痛反深抑，務自搜剔斑瑕，而愈益精明，的確洞然無復可疑。獨於朱子之說，有相牴牾，恆疚於心，切疑朱子之賢，而豈其於此尚有未察？及官留都，復取朱子之書而檢求之，然後知其晚歲固已大悟舊說之非，痛悔極艾，至以為自誑誑人之罪，不可勝贖。世之所傳「集註」、「或問」之類，乃其中年未定之說，自咎以為舊本之誤，思改正而未及。而其諸「語類」之屬，又其門人挾勝心以附己見，固於朱子平日之說猶有大相繆戾者。而世之學者，局於見聞，不過持循講習於此，其於悟後之論，槩乎其未有聞，則亦何怪乎予言之不信，而朱子之心無以自暴於後世也乎。予既自幸其說之不繆於朱子，又喜朱子之先得我心之同然。且慨夫世之學者，徒守朱子中年未定之說，而不復知求其晚歲既悟之論，競相呶呶，以亂正學，不自知其已入於異端。輒採錄而裒集之，私以示夫同志，庶幾無疑於吾說，而聖學之明可冀矣。」(註一四)

從考據的觀點看，陽明編纂「朱子晚年定論」可謂一無是處。此函提及朱子自悔「自誑誑人之罪不可勝贖」語，乃引自「答何叔京書」(「朱子文集」卷四十，答何叔京三十二書之第十三書)。此書成於戊子，是年朱子三十九歲，此時朱子中和新說尚未發展完成，焉能謂之晚年定論？(註一五)陽明把「集註」、「或問」之類視為中年未定之說，放在此前，可謂毫無道理。他又以「語類」反映門人挾勝心之偏見，不代表朱子本人的意見，把朱子「文集」、「語類」一分爲二，這樣做法也是不稱理的。錢穆先生說：

「凡是陸非朱者，必善為朱陸中異晚同之論。其所以證成之，則必取之於「文集」，而不用「語類」。謂「文集」出於親筆，「語類」則門人弟子所記錄，其中多不可信。陽明「朱子晚年定論」序亦曰：「語類」之屬，又其門人挾勝心以附己見，固於朱子平日之說猶有大相繆戾者。然今就「文集」言，實未見所謂中異晚同之說。「語類」與「文集」，亦多互相發明。抑且「語類」多出晚年，有書函文章所不能詳，而面談之頃，自然流露，轉為暢竭無遺者。」（註一六）

這是的論，我完全支持錢先生這樣的論斷（註一七）。但陽明這樣的錯誤，正是他所謂象山不審於文義的錯誤，我們不必曲爲之諱。君子之過也，如日月之食，我們指出陽明之失，又何害於陽明之賢，不必因此而懷疑到陽明人格的眞誠。陽明斷不至故意竄改朱子書函之日期以曲遂其私意。蓋有明一代學術，頗疏於考據之事；陽明望文生義，錯把「答何叔京書」當作朱子晚年定論的成熟見解，這是情有可原的過失！其實正如陽明本人所說，由於他對朱子的尊崇，不忍其於此尚有未察，乃適見朱子有自訟之辭，遂檢求其書中之合於自己認爲洞然無疑之理道者，而臆斷之爲朱子的晚歲既悟之論。陽明的錯誤正在於他之勉強求同。他斷定朱子的中心確是用心於聖人之學，這本不謬，但強以自己的體證爲合於朱子晚歲之論，卻犯了嚴重的錯誤。此所以陽明的初心是泯除門戶之見，結果卻造成了更大的爭論，這是一個悲劇！而悲劇之根源恰正在陽明對朱子之推尊。陽明「答羅整庵少宰書」有云：

「其為『朱子晚年定論』，蓋亦不得已而然。中間年歲早晚，誠有所未考，雖不必盡出於晚年，固多出於晚年者矣。然大意在委曲調停，以明此學為重。平生於朱子之說，如神明蓍龜，一旦與之背馳，心誠有所未忍，故不得已而為此。知我者謂我心憂，不知我者謂我何求。蓋不忍牴牾朱子者，其本心也。不得已而與之牴牾者，道固如是，不直則道不見也。執事所謂決與朱子異者，僕敢自欺其心哉？夫道，天下之公道也；學，天下之公學也，非朱子可得而私也，非孔子可得而私也，天下之公也，公言之而已矣。故言之而是，雖異於己，乃益於己也，言之而非，雖同於己，適損於己也。益於己者己必喜之，損於己者己必惡之。然則某今日之論，雖或於朱子異，未必非其所喜也。君子之過，如日月之食，其更也，人皆仰之；而小人之過也，必文；某雖不肖，固不敢以小人之心事朱子也。」（註一八）

陽明此函承認其有所未考，但仍相信其所徵引朱子書函，固多出於晚年者。可惜的是，信念並經不起事實的考驗。但陽明定朱學早晚的標準根本不是考據，他明言所以委曲調停，乃在以明此學爲重，明顯地是以義理爲標準。他也知道自己所說與朱子異，但卻相信對於朱子的本心來說，未必非其所喜，然此見解卻不是人人可以同意。義理與考據雖分屬兩個不同的層次，我們固不可以因考據之不審而懷疑義理之不諦，但也不能因義理體證之深刻而遂忽視考據之精詳。陽明在考據方面的弱點終造成其盛名之累，雖然他的用意在委曲調停，結果卻如緣木求魚，帶來了反效果，眞可說是意料不及的損失了。

現在我們要進一步來審查朱學與王學之間的關係。陽明的思想體證不似象山那樣直截，所以不可能取象山的方式，其一生著述中極少徵引象山，此其故也。就陽明所完成的思路看來，他的思想須由朱子轉手而來，故朱子的思想竟是陽明之一重要淵源，這乃是一個極其有趣的弔詭。終陽明一生，對於「大學」的解悟和體證，是他的一項最中心的關懷。他少年時格竹子，龍場的頓悟，刻「古本大學」，晚年授「大學問」，莫不與這篇文獻有最密切的關連。由此可見，王學是受到朱子大學解的刺激，與之對反所產生的結果。蓋中國人的思惟方法，常常避免自我作古，總愛在古典之中，選出一些重要的文獻做起點，加以再解釋，用一種嶄新的方法來表達出自己的解悟和體證。四書的觀念雖不始於朱子，但卻是朱子作集註才使得四書的地位之重要性更超過五經。而陽明所說，朱子的一套莫不「童而習之」，在陽明的時代來說，這是實情。由此可見，朱子的思想的確是陽明哲學探索的起點；乃是通過與朱子思想的對反與銷融，才完成了陽明哲學思想的成熟理路，光憑這一點，陽明就不能不給朱子的貢獻予適當的推崇與肯定，故可說沒有朱子，決沒有陽明，然從另一角度來說，陽明卻沒有只停滯在朱子的體悟之上，而是繼續向前探索，往上昇進。下面我們再更深一層來檢討此間所牽涉的理論效果。

陽明少年時代格竹子，乃是由於誤解朱子格物之說所引發的一件軼事。「朱子文集」卷三十九有「答陳齊仲書」曰：

「格物之論，伊川意雖謂眼前無非是物，然其格之也，亦須有緩急先後之序，豈遽以為存心於一草木器用之間，而忽然懸悟也哉？且如今為此學而不窮天理、明人倫、講聖言、通世故，乃兀然存心於一草一木一器用之間，此是何學問？如此而望有所得，是炊沙而欲其成飯也。」

陽明少年時顯然未能領悟這層道理，結果因格竹子而致病，朱子自不必對這樣的誤解負責任。其實朱子格物是說要以漸進的方式來體道，故「朱子語類」卷十五有曰：

「問，格物之義固要就一事一物上窮格，然如呂氏楊氏所發明大本處，學者亦須兼考。曰：識得即事事物物上便有大本，不知大本，是不曾窮得也。若只說大本，便是釋老之學。」

朱子既不許人「不知大本」，又不許人「只說大本」，此處當深思之。其實朱子爲學最講次第，大學之道雖從格物做起，但此前早已經過了小學涵養的功夫。朱子「答林擇之書」曰：

「疑古人直自小學中涵養成就，所以大學之道只從格物做起。今人從前無此工夫，但見大學以格物為先，便欲只以思慮知識求之，更不於操存處用力，縱使窺測得十分，亦無實地可據。大抵敬字是徹上徹下之意，格物致知乃其間節次進步處耳。」（註一九）

總之，朱子所中心服膺並進一步發揚光大的是伊川的「涵養須用敬，進學則在致知」一語。此所以陽明到了後來思想成熟的階段，便承認朱子所致力的也是聖人之學，道問學與尊德性互相配合，不必一定達致支離的效果。但陽明始終認爲朱子還有一間之隔，故不免有時語有未瑩，然決無意抹煞朱子在此學的貢獻。被人漠視的象山，陽明尚爲之鳴寃，何況對於世道人心發生重大影響的朱子，又焉有不推尊之理？爲了公言的緣故，陽明不能不辯駁朱子，直言其君子之過，但若任何人要汚蔑朱子，想陽明必首先挺身而出，爲之辯護。而朱子之不透處，正好成了一種觸媒，促使陽明作進一步的探索。少年時代的陽明決無法安於朱子「大學補傳」的體悟，而朱著竟變成了他不斷往前追尋的一個重要的原動力。而朱子之作「大學補傳」，又正是因爲根據他自己的體悟，感覺到「大學」原典必有闕文，故增補傳文如下：

「所謂致知在格物者，言欲致吾之知，在卽物而窮其理也。蓋人心之靈，莫不有知，而天下之物，莫不有理；惟於理有未窮，故其知有不盡也。是以大學始教，必使學者卽凡天下之物，莫不因其已知之理，而益窮之，以求至乎其極，至於用力之久，而一旦豁然貫通焉，則衆物之表裏精粗無不到，而吾心之全體大用無不明矣。此謂物格，此謂知之至也。」

朱子既講豁然貫通，這裏面是牽涉到一種異質的跳躍，他所講的不能是經驗知識——所謂見聞之知——的積累，因爲人不可能全知，否則卽是背理，故仍必定是一貫之道的體悟。

但他既未明白作德性之知、見聞之知的分疏，沒有斬斷外在經驗知識的關連，無怪乎人可以作出一些不相干的聯想。其實朱子眞正的意思是，人必須就事上磨練，久之而可以掌握到通貫之理，由人事而至於自然，通天下莫非此理的呈現。但朱子所謂即物窮理，在措詞上沒有點破此中的關鍵，不料在後世引起了陽明的誤解，窮索既不可得，於是頓觸疑情，懸而不悟。一直要到陽明謫居龍場，居夷處困，動心忍性之餘，豁然有所悟，始洞徹格物致知之旨。從此訓格爲正，知者良知，一直追回到孟子的根源，而後洞然無疑。主旨既立，教法雖有變化，其餘事耳。

由朱子與陽明這兩個例子，我們可以看到我國過去儒者所表現的獨立思考的特殊型態。許多古典的文獻乃是童而習之，但學者心智漸開，並不盲目接受它們的權威，乃至出入老佛數十年，最後乃返求諸六經而後得之。事實上，懷疑乃是進學的階梯，雖疑，但並沒有完全否定古典的價值與意義，待疑慮積累了相當時期之後，驟然頓悟，而成一家之言，雖異於古說，然又有其血脈貫通之處。理一而分殊，這是中國人特殊的創造方式。朱子既立一家言說，陽明不能安於朱子的權威，等到他創立另一體系，自不能不與朱子異。但學術是關涉公是公非之事，若前賢的確是錯了，自不能曲爲之諱；但前賢學術必有其眞實立脚處，聖學之前提既不異，此間乃必可以覓得互相會通之處，則又爲勢所必然之事。陽明之於朱子正可以作如是觀。但後儒之於先賢又必有遠近親疏、分析契合之選擇，陽明中心悅服者厥惟孔、孟、周(濂溪)、程(明道)四子，這也可以說是陽明直接繼承的道統。晦庵、象山，二人學說及其異同，在陽明看來都不能謂之爲無滲漏，視爲一種偏至的表現。但朱陸都深有所造，陽明對於二位既有所繼承，也有所批評。單排拒朱子，不謂之爲陽明哲學的一個重要思想淵源則不可通。

朱子的思想對於陽明哲學最大的影響，在於它對前人學說提出一種解悟與體證，卻引起了陽明的疑惑與思索，從而悟出不同的看法，因此在同一問題上與朱子的思想形成對比，例如：由於他對朱子的即物窮理有所不滿，日夕縈繞於心，三十七歲在龍場才突然有所頓悟：始知聖人之道，吾性自足，向之求理於事物者誤也。陽明在「答顧東橋書」裏，對此問題有詳盡的分析：

「朱子所謂格物云者，在即物而窮其理也。即物窮理，是就事事物物上求其所謂定理者也，是以吾心自求理於事事物物之中，析心與理而為二矣。夫求理於事事物物者，如求孝之理於其親之謂也。求孝之理於其親，則孝之理其果在於吾之心邪？抑果在於親之身邪？假而果在於親之身，則親沒之後，吾心遂無孝之理歟？見孺子之入井，必有惻隱之理。是惻隱之理，果在於孺子之身歟？抑在於吾心之良知歟？其或不可以從之於井歟？其或可以手而援之歟？是皆所謂理也，是果在於孺子之身歟？抑果出於吾心之良知歟？以是例之，萬事萬物之理，莫不皆然，是可以知析心與理為二之非矣。夫析心與理而為二，此告子義外之說，孟子之所深闢也。務外遺內，博而寡要，吾子既已知之矣，是果何謂而然哉！謂之玩物喪志，尚猶以為不可歟！若鄙人所謂致知格物者，致吾心之良知於事事物物也。吾心之良知，即所謂天理也。致吾心良知之天理於事事物物，則事事物物皆得其理矣。致吾心之良知者，致知也。事事物物皆得其理者，格物也，是合心與理而為一者也。合心與理而為一，則凡區區前之所云，與朱子晚年之論，皆可以不言

而喻矣。」(註二〇)

「年譜」將此函繫之於乙酉先生五十四歲時，距其卒年不過三載，可以說是他晚年成熟的見解。此時他仍堅信，朱子晚年之論與他自己有所契合，而深排朱子「集註」、「補傳」等在外流行極廣的理論。

據「年譜」所載，陽明在戊寅年(四十七歲)刻「古本大學」。刻此書的目的在與流行的朱學見解挑戰。但他在同年又刻「朱子晚年定論」，是則明白地表示，他反對的不是朱子，而是朱子中年的未定之論。但由於他的考據未精，故除門弟子外，時人對於他所說的義理也不深信，羅欽順(整庵)在庚辰(時陽明四十九歲)即對他有嚴厲的批評。陽明「答羅整庵少宰書」有覆曰：

「來教謂某大學古本之復，以人之為學，但當求之於內，而程朱格物之說，不免求之於外，遂去朱子之分章，而削其所補之傳，非敢然也。學豈有內外乎？大學古本，乃孔門相傳舊本耳。朱子疑其有所脫誤而改正補緝之，在某則謂其本無脫誤，悉從其舊而已矣！失在於過信孔子則有之，非故去朱子之分章而削其傳也。夫學貴得之心。求之於心而非也，雖其言之出於孔子，不敢以為是也，而況其未及孔子者乎！求之於心而是也，雖其言之出於庸常，不敢以為非也，而況其出於孔子者乎。且舊本之傳，數千載矣。今讀其文詞，既明白而可通，論其工夫，又易簡而可入，亦何所按據而斷其此段之必在於彼，彼段之必在於此，與此之如何而缺，彼之如何而誤，而遂改正補緝之，無乃

重於背朱，而輕於叛孔已乎？」（註二一）

宗朱學者既圖以朱子之權威來壓服陽明，陽明乃訴之於孔子之權威來壓服朱子。其實最終的權威畢竟在於人的本心。然卽從義理的角度來看，整庵仍認爲陽明的一套講不通，陽明亦有覆曰：

「來教謂如必以學不資於外求，但當反觀內省以為務，則正心誠意四字，亦何不盡之有，何必於入門之際，便困以格物一段工夫也？誠然！誠然！若語其要，則脩身二字亦足矣，何必又言正心！正心二字亦足矣，何必又言誠意！誠意二字亦足矣，何必又言致知，又言格物。惟其工夫之詳密，而要之只是一事，此所以為精一之學，此正不可不思者也。」（註二二）

整庵所問的事實上確是一既眞實而又困難的問題。如果像陽明那樣解格致，那麼格致的內容與正誠無異，豈能符合「大學」原意！同時有內無外，也不稱理。但陽明確有他自己的一條思路，依他之見，次第工夫，要之只是一事，焉能強分內外，故他認爲整庵實未眞了解他的意思。他說：

「正者，正此也；誠者，誠此也；致者，致此也；格者，格此也；皆所謂窮理以盡性也。天下無性外之理，無性外之物。學之不明，皆由世之儒者認理為外，認物為外，而不知義外之說，孟子蓋嘗闢之，乃至襲陷其內而不覺，豈非亦有似是而難明者歟，不可以不察也。凡執事所以致疑於格物之說者，必謂其是內而非外也，必謂其專事於反觀內省之為，而遺棄其講習討論之功也，必謂其一意於綱領本原之約而脫略於支條節目之詳也，必謂其沉溺於枯槁虛寂之偏，而不盡於物理人事之變也。審如是，豈但獲罪於聖門，獲罪於朱子，是邪說誣民，叛道亂正，人得而誅之也，而況於執事之正直哉！審如是，世之稍明訓詁，聞先哲之緒論者，皆知其非也，而況執事之高明哉！凡某之所謂格物，其於朱子九條之說，皆包羅統括於其中，但為之有要作用不同，正所謂毫釐之差耳。然毫釐之差，而千里之繆實起於此，不可不辨。」(註二三)

陽明的意思是，他並非排斥朱子，事實上是包羅統括朱子之說；他的說法是朱子之說的昇進，二者之間所差僅只毫釐，但差之毫釐，謬以千里，故此處不可以不辨。函末說明其為「朱子晚年定論」，蓋亦不得已而然者，所辨已見前引，茲不言。(註二四)

陽明是借「大學」這篇古典來發揮他自己最中心的體驗。丁亥五十六歲時征思、田，將發，先授「大學問」，翌年卽謝世。在這篇車要的文獻中，陽明作了如下膾炙人口的至論：

「大人者，以天地萬物為一體者也，其視天下猶一家，中國猶一人焉。若夫間形骸而分爾我者，小人矣。大人之能以天地萬物為一體也，非意之也，其心之仁本若是。其與天地萬物而為一也，豈惟大人，雖小人之心亦莫不然，彼顧自小之耳。」(註二五)

「致知云者，非若後儒所謂充廣其知識之謂也，致吾心之良知焉耳。良知者，孟子所謂是非之心，人皆有之者也。是非之心，不待慮而知，不待學而能，是故謂之良知。是乃天命之性，吾心之本體自然靈昭明覺者也。」（註二六）

陽明的思想體驗至此已臻化境，眞是孟子、明道的眞血脈。而與「大學」不可分割的是知行問題的考慮，以下再從其他文獻來比較朱王二人對知行等問題的看法。

朱子晚年對於涵養、致知、力行問題之定見（註二七）大致如下：

「涵養、致知、力行三者便是以涵養做頭，致知次之，力行次之。不涵養則無主宰，如做事須用人，纔放下，或困睡，這事便無人做主，都由別人，不由自家。既涵養，又須致知。既致知，又須力行。若致知而不力行，與不知同。亦須一時並了。非謂今日涵養，明日致知，後日力行也。要當皆以敬為本。敬却不是將來做一箇事。今人多先安一箇敬字在這裏，如何做得？敬只是提起這心，莫教放散，恁地則心便自明。這裏便窮理格物，見得如此便是，不當如此便不是。既見了，便行將去。今且將大學來讀，便見為學次第，初無許多屈曲。某於大學中所以力言小學者，以古人於小學中已自把捉成了，故於大學之道無所不可。今人既無小學之功，却當以敬為本。」（「朱子語類」卷一一五，此條楊驤錄。）

陽明謂朱子非不重尊德性，此應無諍。朱子以涵養、致知、力行三方面不可分割，亦須一時並了，這是儒者的共法，應無疑義。寬汎來說，此中自也可說寓有知行合一的微意。但朱子所體悟的實義畢竟與陽明不同。

「擇之問：且涵養去，久之自明。曰：亦須窮理。涵養窮索二者不可廢一，如車兩輪，如鳥兩翼。如溫公只恁行將去，無致知一段。」（「朱子語類」卷九，此條廖德明錄。）

朱子深覺光是涵養的不足，故提出須輔之以致知、力行，始無滲漏。這種體悟確與陽明所體悟者有「差之毫釐」之別。陽明進而指出所謂致知實即致良知，他所體悟的知行合一確有不同的新義。他「答顧東橋書」有曰：

「知之真切篤實處，即是行。行之明覺精察處，即是知。知行工夫本不可離，只為後世學者分作兩截用功，失却知行本體，故有合一並進之說。真知即所以為行，不行不足謂之知。……專求本心，遂遺物理，此蓋失其本心者也。夫物理不外於吾心，外吾心而求物理，無物理矣！遺物理而求吾心，吾心又何物邪？心之體，性也，性即理也。故有孝親之心，即有孝之理，無孝親之心，即無孝之理矣；有忠君之心，即有忠之理，無忠君之心，即無忠之理矣；理豈外於吾心邪？晦庵謂人之所以為學者，心與理而已！心雖主乎一身，而實管乎天下之理；理雖散乎萬事，而實不外乎一人之心；是其一分一合之間，而未免已啓學者心理為二之弊。此後世所以有專求本心，遂遺物理之患，正由不知心即理耳。夫外心以求物理，是以有闇而不達之處。此告子義外之說，孟子所以謂之不知義也。心一而已，以其全體惻怛而言，謂之仁；以其得宜而言，謂之義；以其條理而言，謂之理。不可外心以求仁，不可外心以求義，獨可以外心以求理乎？外心以求理，此知行之所以二也。求理於吾心，此聖門知行合一之教，吾子又何疑乎？」（註二八）

陽明是有感於朱子體悟之不透及其說之流弊，從而開出一新型態之思路，其高明處確有勝於朱子。但朱子留心低卑的現實情況，誠恐學者犯上覓心蹈虛的毛病，我們如今看到王學末流之狂肆，其弊害還更大於朱門後學之拘執，則朱子的顧慮又決不爲無理。總之朱子、陽明各成就聖人之學的一種型態，分別有其光輝，有其限制。就敎法而論，則朱子與陽明都曾一度要學生靜坐，後來又懼其滯寂而放棄這種敎法，這又是二人在弘揚聖學的過程中所遭逢的類似的問題與經驗。

有關「大學」格致問題的處理，是討論朱學與王學同異的一個中心焦點所在，這一點學者都體認得到。但對於「中庸」中和觀念的領悟，朱子與陽明也有不同的解釋，這一方面卻未受到學者充分的注意。其實此處所見到的異同，與朱子陽明處理「大學」格致問題之異同所牽涉的理論效果，恰正是彼此平行、互相呼應的，這裏不妨再就此作進一步的檢討。

我們知道，朱子對於中和問題的參悟，是決定他一生的思想型態的一個極重要的關鍵。(註二九)關於朱子對於中和的定見，我們不妨引述朱子「與湖南諸公論中和第一書」，以見其大旨：

「中庸未發已發之義，前此認得此心流行之體，又因程子『凡言心者皆指已發而言』，遂目心為已發，性為未發。然觀程子之書，多所不合。因復思之，乃知前日之說，非惟心性之名，命之不當，而日用工夫全無本領，蓋所失者不但文義之閒而已。按「文集」「遺書」諸說，似皆以思慮未萌，事物未至之時，為喜怒哀樂之未發。當此之時，卻是此心寂然不動之體，而天命之性當體具焉，以其無過不及，不偏不倚，故謂之中。及其感而遂通天下之故，則喜怒哀樂之情發焉，而心之用可見。以其無不中節，無所乖戾，故謂之和。此則人心之正，而性情之德然也。

然未發之前不可尋覓，已發之心不容安排。但平日莊敬涵養之功至，而無人欲之私以亂之，則其未發也，鏡明水止，而其發也，無不中節矣。此是日用本領工夫。至於隨事省察，即物推明，亦必此是為本。而『於已發之際觀之』，則其具於未發之前者，固可默識。故程子之答蘇季明，反復論辯，極於詳密，而卒之不過以敬為言。又曰：『敬而無失，即所以中』。又曰：『入道莫如敬，未有致知而不在敬者』。又曰：『涵養須用敬，進學則在致知』。蓋為此也。向來講論思索，直以心為已發，而日用工夫亦止以察識端倪為最初下手處，以故闕却平日涵養一段工夫，使人胸中擾擾，無深潛純一之味，而其發之言語事為之間，亦常急迫浮露，無復雍容深厚之風。蓋所見一差，其害乃至於此。不可以不審也。

程子所謂『凡言心者皆指已發而言』，此乃指赤子之心而言。而謂『凡言心者』，則其為說之誤，故又自以為『未當』，而復正之。固不可徒執已改之言，而盡疑諸說之誤，又不可遂以為『未當』，而不究其所指之殊也。不審諸君子以為如何？」(註三〇)

此函所言即所謂朱子之中和新說的內容。朱子至是始悟到此心之所以周流貫徹，通貫於已發未發，不再把兩面打成兩橛，而靜養動察，敬貫動靜。他的思想規模顯然乃由伊川發展而出，此時所悟之理，以後一直貫注到他對「大學」的解釋。對於朱子來說，性是理，情是氣，「心者氣之精爽」(註三一)，「所以具衆理而應萬事者也。」(註三二)這樣完成了一個心性

情三分之思想架構。(註三三)

陽明的體悟自大有不同，他對於中和、未發、已發等問題的解答莫善於「答陸原靜書」。他說：

「良知者，心之本體，即前所謂恒照者也。心之本體，無起無不起，雖妄念之發，而良知未嘗不在，但人不知存，則有時而或放耳；雖昏塞之極，而良知未嘗不明，但人不知察，則有時而或蔽耳。雖有時而或放，其體實未嘗不在也，存之而已耳；雖有時而或蔽，其體實未嘗不明也，察之而已耳。若謂良知亦有起處，則是有時而不在也，非其本體之謂耳。

精一之精，以理言；精神之精，以氣言。理者，氣之條理；氣者，理之運用。無條理，則不能運用，無運用，則亦無以見其所謂條理者矣。……

夫良知一也。以其妙用而言，謂之神；以其流行而言，謂之氣；以其凝聚而言，謂之精；安可以形象方所求哉！」(註三四)

這是陽明解答此一問題之思想背景。他又接着說：

「良知即是未發之中，即是廓然大公、寂然不動之本體，人人之所同具者也。但不能不昏蔽於物欲，故須學以去其昏蔽，然於良知之本體，初不能有加損於毫末也。……未發之中，即良知也，無前後內外，而渾然一體者也。有事無事，可以言動靜，而良知無分於有事無事也。寂然感通，可以言動靜，而良知無分於寂然感通也。動靜者所遇之時，心之本體，固無分於動靜也。理，無動者也，動卽為欲。循理，則雖酬酢萬變，而未嘗動也。從欲，則雖槁心一念，而未嘗靜也。動中有靜，靜中有動，又何疑乎！有事而感通，固可以言動，然而寂然者未嘗有增也。無事而寂然，固可以言靜，然而感通者未嘗有減也。動而無動，靜而無靜，又何疑乎！無前後內外，而渾然一體，則至誠有息之疑，不待解矣！未發在已發之中，而已發之中，未嘗別有未發者在。已發在未發之中，而未發之中，未嘗別有已發者存。是未嘗無動靜，而不可以動靜分者也。」（註三五）

此函成於甲申，陽明五十三歲時，其中持論是他極爲成熟的思想。由其語脈看來，眞是濂溪「通書」、明道「識仁篇」「定性書」的血脈，而將明道的一本論發揮得更爲痛快。函末門人還記載陽明警誡諸生，良知非知解事，要眞實在良知上用功，不可在知解上轉。反觀朱子，則於明道始終不契。如此朱子、陽明在聖學的規模下，終成就兩種十分不同的型態，互相對比，昭昭其明矣！

然而這種對比，適因其文獻根據之相同，問題之相類，而於本體、工夫之體證，又有差之毫厘，謬以千里之分別，所以才更有意味，值得我們細細咀嚼。

錢德洪在「刻文錄敍說」謂：

「格致之辯，莫詳於答顧華玉一書，而拔本塞源之論，寫出千古同體萬物之旨與末

世俗習相沿之弊，百世以俟，讀之當為一快。」（註三六）

由此可見，「答顧東橋書」中「拔本塞源」之論在王門文獻之中，佔有多麼重要的地位！但學者似未注意到，更未了然「拔本塞源」一詞，也很有可能是陽明取之於朱子者。朱子「答呂子約書」有云：

「來書亦於智力二字必竟看不破、放不下，殊不知，此正是智力中之仁義、賓中之主、鐵中之金。若苦向這裏見道理，便落在五伯假之以下規模裏出身不得。孟子董子所以『拔本塞源』、斬釘截鐵，便是正怕後人似此拖泥帶水也。熹嘗語此間朋友，孟子一生忍窮受饑，費盡心力，只破得枉尺直尋四字。今日諸賢苦心勞力，費盡言語，只成就枉尺直尋四字，不知誵訛在甚麼處？此話無告訴處，只得仰屋浩歎也。」（「朱子文集」卷四十七答呂子約二十八書之第二十五書）

朱子這一段話是站在道學之立場辨浙學，想必為陽明所首肯。陽明編纂「朱子晚年定論」，取朱子答呂子約書凡六通，數量上不可謂不重。其中二函乃引自「朱子文集」卷四十七之第二十六、二十七函，緊接上引之函，另四函則引自卷四十八之第三、四、七、九函。各函隸屬之卷數如此接近，若謂陽明未見本文上引之函，只怕說不通。如此則陽明有意或無意由朱子取用「拔本塞源」一詞，實大有可能。此為另一證據，說明朱子思想為陽明哲學發展之一重要淵源與觸媒。（註三七）

總括來說，陽明哲學精神雖與象山相通，但他在意識上則始終把朱陸平看，不願偏向一方。

「傳習錄」中載門人周道通來書云：

「今之為朱陸之辨者尚未已。每對朋友言，正學不明已久，且不須枉費心力為朱陸爭是非，只依先生立志二字點化人，若其人果能辨得此志，來決意要知此學，已是大段明白了。朱陸雖不辨，彼自能覺得。又嘗見朋友中見有人議先生之言者，輒為動氣。昔在朱陸二先生所以遺後世紛紛之議者，亦見二先生工夫有未純熟分明，亦有動氣之病。若明道，則無此矣。觀其與吳涉禮論介甫之學云，為我盡達諸介甫，不有益於他，必有益於我也，氣象何等從容。嘗見先生與人書中亦引此言，願朋友皆如此如何？」（註三八）

陽明答書乃曰：

「此節議論得極是極是，願道通遍以告於同志。各自且論自己是非，莫論朱陸是非也。以言語謗人，其謗淺。若自己不能身體實踐，而徒入耳出口，呶呶度日，是以身謗也，其謗深矣。凡今天下之議論我者，苟能取以為善，皆是砥礪切磋我也，則在我無非警惕修省進德之地矣。昔人謂攻吾之短者是吾師，師又可惡乎？」（註三九）

陽明答語的重點固然是以身行道，心靈開放，不拒絕批評，而避免捲入門戶之爭；但由體道的客觀標準來看，則陽明是同意道通的評斷：把朱陸一齊置於明道之下。事實上朱陸的修養工夫都不能達到登峯造極的地步。陸子因蒙不白之寃而被誣爲禪，遂被擯放廢斥，陽明始不得不挺身而起，爲之鳴寃，反過來，朱子對於聖學之推展有那樣大的貢獻，陽明又豈有不承認之理？朱陸二位，各有短長；陽明明鑑，對於二位，都有所批評，有所繼承；如只說陸子是陽明的重要思想淵源，而不謂朱子也是陽明的重要思想淵源，這樣的態度可以說是公平合理的麼？

但是朱子之爲陽明之重要思想淵源，顯然與孔孟周（濂溪）程（明道）之爲陽明之重要思想淵源不同，我們必須進一步確定，在那一意義之下朱子是陽明的思想淵源。

第一，朱子之學，陽明童而習之，很自然是他思想的一個重要淵源。

第二，朱學的中心是聖人之學，陽明也特別有志於此。他跟隨朱子的指引而未達，但他所用的文獻如「大學」，提出的問題如「格致」，莫不是由朱學轉手而來，在這一背景下，不能不說朱子的思想爲陽明哲學發展之一重要思想淵源。

第三，陽明發展完成的思想，恰與當時流行的朱學的格局互相對反，其意義必須通過這樣的對反而益顯。陽明自謂此間之差不過毫厘，他的思想是由對治朱學的流弊所發展完成的一個新的聖學的型態，沒有朱學的淵源與對反，必不會有王學，事至顯然。

第四，在陽明主觀的感受上，流行的朱學見解雖多與他自己發展完成的思想互相牴牾，但他深信朱子晚年思想成熟之後，所得與他自己的體證完全契合。他格竹子是對於朱子的誤解，講心卽理是對於流行朱學的對反，談及致良知時，他深信與朱子晚年定論相合，這一點雖不符事實，但在他一生思想發展的過程之中，處處有朱學的背景與痕跡，則是無可懷疑的。

最後，陽明對於朱子之失從未加以隱諱，三番四次作出批評，不爲之曲護；另一方面，陽明對於朱子的尊崇，也確發之於內心之至誠，不能當作門面話來看待。陽明自更不會因為朱學之勢大而想盡方法去攀附——事實上他為象山鳴冤，批評朱子的權威，提倡新說，已經犯了天下之大不韙。尤其不可能故意去竄亂朱子書函的時日，來偽造朱子晚年定論，曲解以從己。

如果陽明對於朱子的尊崇的確出於內心；他的學問的規模又多由朱子承轉而來，因對反而益顯；他自己並深信與朱子晚年定論互相契合；那麼朱子思想為陽明哲學發展之一重要淵源，應曉然無疑矣！

## 註釋

註一：「傳習錄」下，「王陽明全書」（臺北正中書局，共四冊，一九五三），第一冊，頁七七。

註二：同上。頁一〇。黎洲「明儒學案」也有類似的說法。

註三：「朱子哲學思想的發展與完成」（臺北學生書局，一九八二），頁四八六。

註四：同上，頁五一七。

註五：「王陽明全書」（一），頁一九〇。

註六：「王陽明全書」（二），頁七三—七四。年譜將此一爭論繫於辛未先生四十歲時，但今「書錄」所收辛未答徐成之函，則係與此一辯論完全無關者，或者因此而誤編在此年之下，也未可知。

註七：「朱子文集」卷五十四答項平父八書之第二書。朱子是到晚年才斷定象山為禪而攻之，參拙著「朱子哲學思想的發展與完成」，頁四五〇。

註八：「象山文集」卷三十六。

註　九：「王陽明全書」(二)，頁七四—七五。

註一〇：同上，頁七五。

註一一：同上。

註一二：同上，頁七五—七六。

註一三：同上，頁七六—七七。

註一四：「王陽明全書」(一)，頁一〇七—一〇八。此文在乙亥陽明四十四歲時。

註一五：參拙著「朱子哲學思想的發展與完成」第三章，「朱子參悟中和問題所經歷的曲折」。

註一六：錢穆：「朱子新學案」(臺北三民書局，五大卷，一九七一)第三册，頁四二三。

註一七：參拙著：「朱子哲學思想的發展與完成」，頁四二七—四七九。

註一八：「傳習錄」中，「王陽明全書」(一)，頁六四。

註一九：「朱子文集」卷四十三答林擇之三十三書之第十九書。

註二〇：「傳習錄」中，「王陽明全書」(一)，頁三七。在這一段話之中，可以注意的是，陽明竟以「告子義外之說」評朱子。昔年象山逝世，相傳朱子曾謂：「可惜死了告子。」兩下裏比較，可謂相映成趣。

註二一：「傳習錄」中，「王陽明全書」(一)，頁六二。

註二二：同上。

註二三：同上，頁六三。

註二四：參註一八。

註二五：「王陽明全書」(一)，頁一一九。

註二六：同上，頁一二二。

註二七：其詳參拙著「朱子哲學思想的發展與完成」，頁一一八—一三七。

註二八：「傳習錄」中，「王陽明全書」(一)，頁三五。

註二九：參註一五。

註三〇：「朱子文集」卷六十四。

註三一：「朱子語類」卷五。

註三二：朱子「孟子」「盡心」注。

註三三：參拙著「朱子哲學思想的發展與完成」第五章：「朱子思想之心性情三分架局」。

註三四：「傳習錄」中，「王陽明全書」（一），頁五一。

註三五：同上，頁五二—五三。

註三六：同上，頁一一。

註三七：承柳存仁教授告以，「拔本塞源」成語見於左傳，昭公九年王使詹桓伯辭於晉所說的一段話以內。

註三八：「王陽明全書」（一），頁四九—五〇。

註三九：同上，頁五〇。

（原刊「香港中文大學中國文化研究所學報」第十五卷）

# 五、朱子的仁說、太極觀念與道統問題的再省察

——參加國際朱子會議歸來記感

## 一、引語

今年二月，臺灣學生書局終於把我的「朱子哲學思想的發展與完成」一書印出來了。七月應邀去檀香山參加國際朱子會議，眞可謂羣賢畢至、少長咸集。參加的有來自世界各地的三十多位專家學者，三十多位青年學者，十多位觀察員，加上夏威夷大學、東西中心的學者以及工作人員，總數共達百人左右。這樣的盛會集中討論一位哲學家的思想和影響，只怕是空前的。最值得註意的是，這次爲了學術討論交流的目的，可謂完全突破了政治的藩籬。臺灣方面參加這次會議的有七位：羅光、高明、蔡仁厚、韋政通、趙玲玲、曾春海、黃俊傑，大陸方面也有七位：馮友蘭（陪同：馮鍾璞，作家，馮友蘭先生之女）、邱漢生、任繼愈、鄧艾民、冒懷辛、李澤厚、張立文。來自世界各地的華裔學者不能盡舉，美國方面最多，有陳榮捷、

黃秀璣、余英時、成中英、傅偉勳、杜維明等，另外還有秦家懿來自加拿大，柳存仁、姜允明來自澳洲，李弘祺和我則來自香港。唯一可以遺憾的是，牟宗三先生因不耐長途旅行之苦，不肯與會，勞思光先生則因其「中國哲學史」第三卷出版較遲，大會未克及時邀請勞先生來發抒他個人獨特的見解。此外老一輩的學人梁漱溟、錢穆兩位先生雖不克親來，都有論文到會宣讀。徐復觀先生則因癌症去世，宣讀其論文前曾默禱一分鐘誌哀。其他國際知名的學者，日本方面來了岡田武彥、佐藤仁、島田虔次、友枝龍太郎、山井湧、山崎道夫等，韓國來了尹絲淳，歐洲來了葛瑞漢（A. C. Graham，英國）、余蓓荷（Monika Ubelhör，西德），美加地區來的人又是最多，包括狄培瑞（Wm. Theodore de Bary）、史華慈（Benjamin Schwartz）等長一輩的學者，以及還在研究院讀書的新秀學人。這次開會，陳榮捷先生厥功最偉，由籌款、連絡、主持會務，到照顧同人，事必躬親，八十一歲的高齡還能夠表現出這樣的熱心和精力實在是一個奇蹟。十天的會議，好幾十篇論文，日以繼夜的討論，與會同人莫不受到強大的衝擊，我自己也不例外。最可惜的是，我的書沒能及時寄到會場分贈學者，引起進一步的討論。大體我自己的根本思想雖沒有大的改變，但考慮問題時又更精細了一層，也照顧到了更廣濶的層面。本來開會以後，我並沒有打算立刻寫文章，要好好沉潛思考一段時間再說。但「史學評論」馬上要出「朱子專號」，一定要我勉爲其難，湊上一篇，以襄盛舉。我對朱子哲學思想的研究已有若干時日，近來又出了專書，內心乃有一種義不容辭的感覺，乃就出席國際朱子會議所受到的衝擊有一些初步的回應，隨手寫出來，尙盼海內外的方家不吝賜敎。

## 二、環繞著朱子「仁說」的一些問題的再省察

朱子仁說是一篇重要的文獻，但環繞着它卻有着許多疑難問題，不易作成定論。清王懋竑撰「朱子年譜」，在考證方面最稱精審，然而在正文之中，竟無一字提及「仁說」，僅在考異（卷一）中指出，朱子三十八歲往潭州晤張南軒時並不只專討論中和問題，亦兼論仁的問題。這大體是實情。同時朱子與湖湘學者展開有關仁的論辨在時間上在有關中和的論辨之後，歷來學者並無異辭。但「仁說」既數易其稿，究竟成說在那一年，就變成一個懸而未決的問題。我在論朱子一書中利用王譜做指引，斷定現行「仁說」改定於癸巳朱子四十四歲時（一一七三）。當時我未及見陳榮捷先生所撰「論朱子之仁說」一文，這篇文章引用的材料最為完備，思慮也極周密。陳先生提及日本學者友枝龍太郎在「朱子の思想形成」一書中以仁說成於朱子四十四歲前後，可謂與我的意見不謀而合。陳先生本人則懷疑此文之成，「今恐在前，不在後也」。承陳先生在開會之前把這篇文章寄給我，我當時即有一函向陳先生求教，陳先生覆函謂此中涉及問題複雜，可以慢慢商量，老輩學人這種謙沖的態度是我們這些後輩所應該師法的。但會期之內討論的焦點不在此處，而議程緊湊，乃未能就這一問題繼續向陳先生請益，只有現在利用文字方式來作更進一步的探索。陳先生說仁說初稿在「克齋記」（壬辰，一一七二）之前是沒有問題的，但他推測此文後來「或竟不改」則是有問題的。友枝龍太郎以仁說成於一一七三年前後所持理據是什麼，我不知道，我和他又沒法對談，所以一時無法印證彼此的見解，這是很可惜的；而我的書陳先生迄今還未看到，所以要他現在表示意

見也是沒有可能的。但我至少可以在此處對陳先生的文章先有一回應，然後再看陳先生有怎樣的進一步的反省，似乎比較允當。陳先生文曾提及朱子致南軒所謂：「熹向所呈似仁說，其間不免尚有此意，方欲改之而未暇，來敎以爲不如克齋之云是也。然於此卻有所未察。」（「朱子文集」卷三十二與張欽夫(四)論仁說）由此可見朱子一直有意修改仁說初稿，問題在他有沒有實際作修改的工作呢？我認爲他是修改過了的。證據在「朱子文集」卷三十三答呂伯恭四十九書之第二十四書，朱子說：「仁說近再改定，比舊稍分明詳密，已復錄呈矣。」陳先生文也曾引錄此書，故問題在是否有方法能够確定，寫這封書信的時間究竟是在何時？在我論朱子一書中，我曾利用王譜做指引，發現有很強的間接證據指明這封信在癸巳朱子四十四歲時，故我的意見比友枝龍太郎所下的推斷還要更爲確定，即直截了當把仁說定稿一事繫於癸巳。如果關於仁說的大段論辨如大多數學者所同意的是在壬辰年朱子四十三歲時（一一七二），又如我所推測的，這場辯論一直延伸到癸巳年並即結束在這一年，那麼仁說的定稿也在這一年應該是極爲合理的推測。至於說朱子五十六歲時（一一八五）還在與呂子約討論仁說（「朱子文集」卷四十七致呂子約二八書之第二五書），也還有可能再加更改，這種可能雖不是完全沒有，但成數並不很高，因該函語氣全係回敍口吻，沒有再提到修改仁說事，不似臨終前之修改大學誠意章之有明文記載也。我覺得陳先生文對仁說成書的年代是取一存疑的態度，所以指出了好幾種存在的可能性，語氣前後並不十分條貫。我則相信仁說定稿在一一七三，除非有很強的相反證據駁斥這一說法，我將繼續堅持我在朱子一書的論斷，而以仁說定稿爲朱子在四十四歲時的作品。

　　但環繞着「仁說」所引生的疑難問題還遠不止此。現行四部備要本仁說之下有注曰：

「浙本誤以南軒先生仁說為先生仁說，而以先生仁說為序。仁說又註此篇疑是仁說序。姑附此十字，今悉刪正之。」（「朱子文集」卷六十七）

現在多數學者以現行仁說即朱子本人之仁說，這一點大概不成問題。但現行南軒「仁說」是否卽南軒本人的仁說呢？則不能沒有疑問。陳先生文指出：「南軒仁說存『南軒文集』卷十八，全文只四百七十七字，另註三十三字，不及朱子仁說之半。」並節錄該文之大意云：

「人之性，仁義禮智四德具焉。其愛之理則仁也，宜之理則義也，讓之理則禮也，知之禮則智也。……性之中只有是四者，萬善皆管乎是焉。而所謂愛之理者，是乃天地生物之心，而其所由生者也。故仁為四德之長而又可以兼包焉。惟性……發見于情，……亦未當不貫通焉。此性情之所以為體用，而心之道則主乎性情者也。人惟己私蔽之，以失其性之理而為不仁。……為仁其要乎克己。……愛之理無所蔽，則與天地萬物血脈貫通，而其用亦無不周矣。故指愛以名仁則迷其體，而愛之理則仁也。指公以為仁則失其眞，而公者人之所以能仁也。……惟仁者為能推之而得其宜，是義之所存者也。……然則學者其可不以求仁為要，而為仁其可不以克己為道乎！」

陳先生驚詫其文與朱子仁說相同之甚。然此文只說克己、與天地萬物血脈貫通，似着重點與朱子略有不同，而遺漏「心之德」的公式則爲異之大者。我們現在至少有一點是完全可以確定的，卽南軒仁說初稿與這篇仁說在內容上是有很大的差異的。陳先生卽曾引朱子「答欽夫仁說」云：

「仁說明白簡當，非淺陋所及。但言性而不及情，又不言心貫性情之意，似只以性對心，卽下文所引孟子仁人心也，與上文許多說話似若相戾。更乞詳之。」（文集卷三十二答張敬夫十八書之第十七書）

蓋南軒爲胡五峯弟子，朱子批評五峯卽只將心性對舉而不及情，可見南軒的出發點與朱子確實不同。誠如牟宗三先生在「心體與性體」一書之中指出，南軒常隨朱子腳跟轉，守不住湖湘之學的陣腳。但南軒也並不是意見完全與朱子相同，所同者也不過是從他自己的觀點同其所同罷了！譬如像有關中和問題的辯論，湖南諸公只有南軒一人對朱子有所同情，而朱子寫信給林擇之還說：「近得南軒書，諸說皆相然諾。但先察識後涵養之論執之猶堅。未發已發，條理亦未甚明。蓋乍易舊說，猶待就所安耳。」（文集卷四十三）

中和說的情形如此，仁說的情形諒必也是如此。南軒仁說原稿就朱子前函所引有一段如下：

「己私旣克，則廓然大公，與天地萬物血脈貫通，愛之理得於內，而其用形於外，天地之間無一物非吾仁矣。此亦其理之本具於吾性者，而非强為之也。蓋己私旣克，則廓然大公，皇皇四達而仁之體無所蔽矣。夫理無蔽，則天地萬物血脈貫通，而仁之用無

不周矣！」(文集卷三十二答欽夫仁說)

朱子當時的批評一則有關於對理的了解。朱子的理無造作無計度，只在而不有，南軒此處理解之理，所謂「愛之理得於內」還是一種存在體證之理，故朱子與之不契。又，朱子素不喜明道一系講萬物一體的渾淪話頭，故必以仁之量來解萬物一體，他認爲在談這個問題之前，必先以分解的方式把握仁的名義始得，故把重點轉移到「心之德、愛之理」的公式之上。現行「南軒文集」所收仁說卻把這一段改爲：

「愛之理無所蔽，則與天地萬物血脈貫通，而其用亦無不周矣。故指愛以名仁則迷其體，而愛之理則仁也。」

這樣一改，表面上與原文不過改易數字而已，但在精神上則與朱子的說法完全一致，而與明道「識仁篇」以降(龜山、上蔡、五峯)的傳統完全不類。我十分懷疑南軒的思想會有這樣急遽澈底的改變，更坦白的說，我簡直有點懷疑這篇仁說其實並不是南軒本人的作品。但是當時我自己手頭並沒有直接支持我這種看法的論據。那知這次國際朱子會議有日本學者佐藤仁一文論朱子仁說就接觸到了這一問題。他指出朱子門人陳淳曾說，朱子寫了兩篇仁說，一篇誤編入南軒文集之中，(見「北溪全集」卷十四，致陳伯澡之第五書)。又說朱子另一門人熊節著「性理羣書句解」，根本就把這篇仁說當作師說。佐藤先生只是預設這篇仁說是南軒作品，故謂仁說在朱子及門弟子之內就已引起誤解、混淆，而沒有解釋何以會產生這樣的混淆。當時我提出問題，指出「南軒文集」全部由朱子編次。朱子把「南軒文集」中凡不合於他自己思路的書信文章當作南軒少年時代不成熟的東西看待全部加以刪削，是否有可能南軒撰仁說初稿受到朱子批評之後一直未定稿，他死後朱子乃把自己與南軒共同商訂以後另寫的一篇仁說編在「南軒文集」之中當作南軒的作品而刻出，所以有的門人如陳淳、熊節還把這篇仁說認定爲朱子的作品。就我的了解來說，要不是這樣的情形，在朱子的及門弟子就產生了這樣的混淆根本是不可以想像的事。當然佐藤先生大概由於語言表達能力的限制，根本沒有對我提出的問題給與任何答覆。陳先生代爲答覆乃謂陳淳當時不在朱子跟前，熊節的理解甚差，所以才會產生了這樣的混淆。但這樣的答復對我來說是不能滿足的。陳淳爲朱子最得意的晚年弟子，「衞師甚力」（全祖望語），他既然斬釘截鐵地說朱子著有兩篇仁說，應有所據。大概朱子寫了另一篇仁說，接受了南軒的批評，把克己的觀念寫入文章之中，又採用了南軒的「天地萬物血脈貫通」一類的話頭，爲了紀念亡友，就把這篇東西當作南軒的定見編入「南軒文集」之內，這種情形決不是不可以想像的。宋時人注重的是傳道，並不特別看重誰是文章作者的問題，朱子與南軒論道採用了不少南軒的名詞概念乃至觀點，他自己既有一篇仁說，另一篇仁說就歸到南軒名下。這種推測決不能說是完全不合理的。加以四部備要本仁說法注云：

> 「浙本誤以南軒先生仁說為先生仁說，而以先生仁說為序。」

是否有可能「誤」的是把朱子本人的仁說當作序，而所謂「誤以南軒先生仁說爲先生仁說」其實並不誤，陳淳、熊節是親炙弟子，其證詞的權威性應遠大於後人的推測，問題只在為何這篇文章被編在南軒集內，現在我提出了這樣一種可能的解釋，不知能不能夠得到學者的支持？

還有其它旁證是，佐藤先生文曾指出南軒向來最不喜朱子的「天地以生物為心」一語，後來的解釋亦復不同，這篇仁說則有「天地生物之心」之語。而該文不及「心之德」一片語，陳先生以為較之朱子仁說大有遜色。其實就是獨缺這一片語的事實已經可以構成令人產生懷疑的條件。朱子在五十六歲時致函呂子約回憶當時論辨情形說：

> 中間欽夫蓋亦不能無疑。後來辨析分明，方始無說。然其所以自為之說者，終未免有未親切處。須知所謂純粹至善者，便指生物之心而言，方有著實處也。今欲改性之德、愛之本六字為心之德，善之本，而天地萬物皆吾體也。但心之德可以通用其他，則尤不著題，更須細意玩索，庶幾可見耳。（文集卷四七）

純粹至善凸顯超越形上本體正是湖湘一派一脈相承旨要，朱子則要落實到宇宙論來講，才一定要講生物之心，可見南軒始終不真契於這種說法。實則南軒所最不契者為「愛之理」之靜攝義。「心之德」在他的思想之中自可有一安排，反而朱子本人對此一觀念有所微詞。子約之函顯係順着湖湘一系義理發揮，朱子加以駁斥，比對此函與編入南軒文集中之「仁說」，兩方面之尖銳對比，可以思過半矣！

最後，朱子曾有一函致呂伯恭曰：

「欽夫近得書，別寄言仁錄來，修改得稍勝前本。仁說亦用中間反覆之意改定矣。」

（文集卷三十三，答呂伯恭四九書之二七書）

王懋竑將此函繫之於癸巳朱子四十四歲時。由這封信的語脈看，很自然地會讀作，南軒的仁說「亦用中間反覆之意改定矣」。但細想一下，又不盡然。中國人行文向來省略主詞，有時轉換主詞根本不加聲明，只要讀信人能理會得就罷了！是否有可能此處所說是朱子本人的「仁說」呢？如此則朱子「仁說」確定稿於癸巳，南軒「仁說」則始終未必定稿。事實上我們決不能斷定說沒有這樣的可能性。

我在會上發言向佐藤先生問問題時，坐在我後排的柳存仁先生就覺得我這樣的想法很有道理，他答應儘量搜集材料，來解明這些疑難問題。我生平不擅考據，對於哲學思想一貫性的把握則略有一點心得。此處暫姑備一說以待來賢校正。

## 三、太極觀念在朱子思想中地位的再省察

這次大會安排我評論山井湧教授的論文：「朱子哲學中太極與天的觀念」。開會時討論朱子的哲學差不多天天在辯理、氣、太極、陰陽那些觀念。人人都可說出一套，卻又個個不同，爭端既不易解決，辯久了不免令人心倦神疲。山井湧教授是我在去年杭州開會時初次結識的，當時就很感覺到他對宋明理學研究的誠敬的態度。這次他的文章雖是討論太極，卻完全不落俗套，倒讓我這個擔任評論的人得了一些便宜，免除了好些八股式的陳腔濫調。山井

先生提出了一個頗爲震駭人心的論旨，照他的說法，太極根本不是朱子思想之中的一個最中心或者最重要的觀念。討論了幾天太極，忽然異軍突起，提出一種與幾乎是共認的流行看法全然不同的見解，不覺令人心神爲之一震。山井先生的學力相當紮實，觀察也相當敏銳。他先臚列了中西學者的一般說法，認爲太極是根本之理。他指出太極與理是在同一層次，不能說比理的觀念更爲根本，這種說法是可以爲人接受的。但他接着運用統計方法就抽引出一個非常極端的結論。依他的觀察，朱子的太極觀念在他的哲學之中遠沒有理的觀念之有用。除了少數例外，朱子談太極多與他談「太極圖說」、「太極圖說解」、或「易經繫辭傳」有關。而在他最重要的「四書集註」之中，這個名詞簡直未曾一見。在「四書或問」之中，也只「孟子或問」(告子上)提到周子首倡太極、陰陽、五行之說，獨獨太極的觀念未嘗加以發揮，所以他斷定朱子的思想未把太極這一觀念融攝好，所以在他的哲學中並不是一個最中心或最重要的觀念，把它取消了對於朱子的哲學思想不會產生嚴重的影響。

山井先生這種觀察的確接觸到了一實質的問題。如果他只說朱子思想沒有把周子的太極這個觀念融攝好，那我毫無困難可以接受他的論旨。牟宗三先生在「心體與性體」一書中就曾指出，朱子的思想解析「太極圖說」的第一句：「無極而太極」並無困難，象山在此大做文章攻擊朱子根本是一種無謂的繚繞。但朱子解釋第二句：「太極動而生陽」，就會遭遇到不可克服的困難。太極只是理，無造作無計度，如何可以動而生陽。故依牟先生之說，他已脫離了周子縱貫式的思想而不自知，走上了一條把理當作「只存有而不活動」的橫攝系統的思路。朱子只能說：在理(太極)的規定下才有「陰陽無始、動靜無端」那樣的不斷氣化過程的活動。但融攝不好這一觀念是一回事，這一觀念在朱子思想中是否可以佔一不可取消的地位又是另一回事，山井先生的推論顯然是逾越了範圍以至推論太過而不能證成他的結論。我從方法論上指出兩點：㈠中國人絕少原創著作，往往借用註釋古典來表達自己的思想。朱子既然花了那麼多力氣衞護周子的「太極圖說」，著「太極圖說解」，與陸氏兄弟大打筆戰，就表示這一文獻中的基本觀念對他是有很大的重要性的觀念。㈡其次，中國人的文字往往一字多義，卻又互相呼應，並不互相矛盾衝突，例如蒼蒼者天，天又可以解爲自然運行的天道，道德秩序的主宰，意義一層深似一層，卻又幾個層次同時得到肯定，不必拋棄其中的任何一個層面。同樣，一個觀念需要不同的語詞來加以表達，好像天、道、體、理、太極各各表示同一實在的一個特定的面相，太極是表示朱子宇宙論思想的一個重要環節，取消了它，朱子有些思想就不能得到充分的表達，在這個意義下，太極在朱子思想中也是一個不可取消的觀念。它的意思有些時候可以用理代替，有些時候就不能用理代替，故此我不能同意山井先生所抽引的結論。至於山井先生認爲最有決定性的論據，卽太極一詞不見之於「四書集註」的事實，其實這個現象通過另一種解釋就產生不出山井先生認定有的那樣的決定性的影響。蓋太極是朱子宇宙論思想的中心觀念，「四書」既不以宇宙論爲中心，則缺少太極一詞的使用，豈不是一個很自然的現象。朱子的宇宙論不傳自孔孟，乃承繼自爲陰陽家所雜的漢儒的思想。我最不喜歡朱子宇宙論的思想，既穿鑿而歧出。但朱子思想格局大，有一個宇宙論的層面。他吸納了由漢以來的宇宙論思想而加以系統化。對當時思想的情況來說，也確可以有這一層面的要求，朱子在這方面有所回應可謂無可厚非，我們實不可以今日的觀點來厚責古人。研究思想史的目的是回復當時思想的眞象，朱子思想有宇宙論這個層面，太極觀念有它一定的作用與限制。山井先生提出了一個有趣的論點，但畢竟不能證成，但經過解析之後，卻可以幫助我們進一步把握到眞正問題癥結之所在：出毛病的不是在太極觀念本身，而是在理（太極）只存有而不活動的思想，以至在理論上造成了難以克服的困難。

## 四、有關道統、學統問題的再省察

我在這次大會宣讀的論文是：「朱子思想中的道統問題」，由哈佛大學的史華慈教授擔任評論。史華慈所提出的一些問題頗有發人深省之效。他指出，凡立一個道統，後來必仰仗於解釋學的技巧對這一道統的中心意旨有所解釋以傳達於後世。這樣的問題不只是儒家有，對於猶太教、基督教、馬克思主義而言也一樣構成嚴重的問題。但原來的信息旣幽渺難明，後世也就難覓定準。他評我有過重陸王乃至程朱之嫌，對於儒家其它的流派的重視似嫌不夠。我在答覆中指出，我的文章的主要意旨並非要爲誰爭正統的地位。孔子死後即有儒分爲八的說法，先秦的荀子，淸代的顏元都可以另闢蹊徑，自成一派，如果他們也要建立道統的話，顯然必定與宋明儒所走上的道路大異其趣。但是那些思路與我這次提出的論文根本全不相干。我所要作的，只是指明宋明儒的道統是以「內聖之學」爲規模。如此由孔孟而程朱陸王，自成一個統系，此中所涉問題，根本與考據、史實的問題分屬兩個不同的層次，彼此並無直接的關連。故朱子「中庸章句序」講「危微精一」之旨，即使在文獻上證明十六字心傳之說出於僞古文尙書「大禹謨」，並不能因此推翻道統的理據。而宋明儒解經採取極爲自由的態度，如謂「子在川上，此論道體也」，純就歷史考據或章句解釋的觀點來看，不一定能夠還得出堅強的根據。我們要了解這一現象，乃必須借助於當代基督教神學家田立克（Paul

Tillich）對於「基督學」（Christology）與「耶穌學」（Jesusology）之間所作的嚴格的區分。研究耶穌這個人的生平，屬於歷史考據研究的範圍，其論斷至多只有或然性的效果。但對於基督上十字架的信息：「現實生命的終結是另一更偉大的精神生命的開始」，卻是絕對的信仰的託付，根本不屬於知識所行境。故田立克提出「神學之環」（The theological circle）的觀念，必進入到基督信仰的圈圈之內，基督的象徵符號才有其實存的意義。相似地，宋明儒的安身立命，把樞紐的關鍵放在內在仁心的體證之上，這不是自然科學、社會科學、乃至人文科學所能爲力的範圍，因爲它所牽涉的乃在人的終極關懷的抉擇。由此可見，戴震的父親不能答覆戴震的追問，何以朱夫子生在聖人之後千有餘年還能傳聖人的絕學，就是因爲他不了解這一問題的本質。宋明儒深信千載之後，聖賢之心在本質上並無根本的差別。朱子既深信言爲心聲，「去聖經中求義」也就不因時代的隔離而有所影響。象山則更直截地點破，此心即內在吾人之心，當下即是，如此則其兄子壽詠詩：「古聖相傳只此心」，還不免要「微有未安」，一定要直下體現到：「斯人千古不磨心」，方達究竟。我的文章所要指出的是，宋明儒的「內聖」（爲己）之學」對於拒絕進入其「信仰圈」(Circle of faith)的人固如癡人說夢，但對「局中人」而言，則其擔負卻有十足的實存的意義，絕非漫無定準者。故我提出生生之天道與內在之仁心的體驗作爲判準，以朱子爲漸教，故居於牟宗三先生所謂「別子爲宗」的地位。他預設本心而不許面對本心，確有一間之隔的苦處。但他對實際作修養工夫的艱難則煞有體驗，不似象山之粗略，對於象山末流之狂肆也確有一種針砭的功用，竟可說是他早已預見了王學末流漫蕩而無所歸的病害。故陸王雖爲正統，還要做「致曲」的功夫，才能够眞成其大。而朱子的思想本質雖爲旁枝，但其業績大，反而居於正統的地位，則又決不是一偶然的現象，吾人在此地有所會心，則可以思過半矣。

在檀香山開會時，有一晚在余英時兄處暢聊幾乎通宵達旦。他慢慢了解到牟宗三先生和我從內聖之學的觀點來看道統問題的用心所在，而我也慢慢了解到他的意思，由歷史文化乃至經學的觀點對道統問題的了解乃可能有全然不同的視野。我們兩個人的出發點可謂迥然有異，一個是學歷史的（但注重思想問題），一個是學哲學的（但注重還原出思想史的真相），各走了一個圓圈，結果發現彼此有許多類似的體驗和意見，距離並不像想像中那樣遠。這樣的切磋的確對彼此都有相當的益處。我現在更深一層的體察到，純粹由哲學內聖之學的觀點去探討道統成立的理據當然是可以的，但是它與通過歷史現實的條件來了解道統的視野完全不同。譬如朱子在現實上之被奉為正統，在事實上必須借助於現實的政治力量。如果他不被封從祀孔廟，得以配享冷豬肉的祭祀，光凌空在哲學的思想上談道統又有什麼作用呢？但一落實下來為現實政權支持的道統就已不那麼純粹與超越了。其實我自己並不是不同意史華慈教授評論背後的微意。到二十世紀今日處身於民主、多元的社會之內，再倡言道統是沒大意義的事了。每個人內心的終極討付，這是亙古長存的大問題，此處不容輕忽過去。但歷史現實上的道統早已隨着皇權的終止而斬斷了。這一點意思我在回到香港以後和牟先生印證也得到他的印可，牟先生思想的高度自由性和許多人對他的外表的印象是完全不相稱的，這是很多不太贊成他的思想路數的人所看不到的一個面相，人的先入為主之見可以怎樣支配人的思想委實令人吃驚！最有趣的是，日本學者山崎道夫在大會宣讀論文，追溯道統的線索，由朱子——薛敬軒——李退溪（朝鮮人）——（山崎闇齋），到如今此派還代有傳人，而闇齋因雜於神道還不免為後世譏評。中國早就沒有了這樣的門戶的統緒了。這和我們今日在中國本土找不到唐代式的建築，反而要到日本去找這樣的建築，或者是理有相通罷！我發現談道統問題很多人有一種誤解，以爲道統既要弘揚於衆人，乃應爲一種顯豁易解的傳統。這是根本誤解了道統的本旨。朱子立道統，首先就標舉出「危微精一」之旨，故此歷來道統之失其傳實在是理有固然。中庸第十二章曰：「君子之道費而隱。夫婦之愚，可以與知焉；及其至也，雖聖人亦有所不知焉。夫婦之不肖，可以能行焉；及其至也，雖聖人亦有所不能焉。」此語可謂最能得其旨要。宋儒所謂「體用一源、顯微無間」，中國式的思想都要由兩端來看，孟子早就指出，不僅「執一」不行，卽「執中無權，猶執一也」，還是不行。對於道統的了解也應作如是觀，才能得到一些相應的了解。

中國歷史現實上的道統到今日已無以爲繼，但時局轉移，勢所必然，不必效腐儒之喟歎世風日下、人心不古。但中國人把握到人生內在本具的價值，這是我國民族千古相傳的瓌寶，不能聽其失墜，讓民族走向一條危殆的道路。但我國傳統客觀的學統開發得不足，此所以朱夫子雖兼重考據，許多事情仍然以理逆推，把握不到思想發展與文獻本義的眞相，王陽明「朱子晚年定論」之作更成爲他的盛名之累。這次海內學者，無論來自臺灣大陸，好多位是第一次出國，參加這樣的國際學術會議。在這樣的會議之中，不能戴帽子，全憑學術公義，互相坦承攻錯，絕無保留遮攔，這是西方人早就建立的把學問完全客觀化的大傳統。尤其在這一次會議之中，經過了幾天的摸索適應的過程之後，來自世界各國的學者終於能夠超越了語言文化政治的藩籬，各抒所見，自由地交換學術的心得，這是一種稀有的成就。相信這一次國際朱子會議的衝擊一定會產生深遠的影響，嘉惠到我們下一代學術的培育與成長。

（原刊「史學評論」第五期）

# 六、由朱熹易說檢討其思想之特質、影響與局限

朱子哲學思想宗主伊川，學者似無異詞。然而朱子不只是思想家，同時是學問家。他集註《四書》，條條考究，眾端參觀，必須文義道理講得通貫而後安，並不盲從權威。對於伊川，大原則處雖無間然，細節之處，一樣批評，不稍假借。朱子意見與伊川分歧最大處，厥在對於《易經》之了解（註一）。伊川追隨王弼所開出的道路，盡掃象數；以儒家義理解易，醇則醇矣，但未必能夠還出《易》的本來面目。故朱子著《周易本義》，明白指出《易》原來乃是卜筮之書，而兼採康節象數之學，推尊濂溪《太極圖說》，建立道統，對於後世思想之影響至深至鉅。吾人不能不對此一公案作一檢討，始克深一層地了解其思想之特質、影響與局限。

據王懋竑年譜，朱子八歲時，「嘗從群兒戲沙上，獨端坐以指畫沙，視之，八卦也。」可見從小他對易就有興趣。少時「稟學於劉屏山（子翬）、劉草堂（勉之）、胡籍溪（憲）三先生之

門。」《宋元學案》卷三十九有劉胡諸儒學案，全祖望謂白水（勉之），藉溪同師譙天授，學過易，屏山師承不知，然少時喜佛，「歸而讀易，渙然有得。」則也深於易者，朱子不免受到他們的影響。朱子本人研易，兼取胡瑗、石介、歐陽修、王安石、邵雍、程頤、張載、呂大臨、楊時諸家（註二），乃至旁及《參同契》、《火珠林》一類的東西。他的弟子蔡元定（季通）尤精於象數，可謂青出於藍。朱子易學自成一套規模，企圖融通義理、象數兩大派易學，不能不由我們注意。

關於朱子的易學著作（註三）：他曾著：《易傳》，已佚；現存：《周易本義》與《易學啓蒙》二書。據王懋竑年譜，《本義》成於淳熙四年朱子四十八歲時，但朱子對之並不滿意（註四）。《本義》所依據的易書是呂祖謙所定的古易本，經與傳是分開的。現行的本子已把象、象、文言附隨經文之後，這是經過後人更改的結果。依《四庫全書總目提要》「周易本義」條，知宋代董楷已將「本義」割裂，附程傳之後，如此而流傳至明代永樂年間，修《大全》即沿用這樣的辦法。《易學啓蒙》，依年譜，係成於淳熙十三年朱子五十七歲時。朱子的目的是校正程傳之偏失，補卜筮一節，同時清理象數之說，以免其支離瑣碎。除此兩書外，淳熙十五年朱子五十九歲始出《太極圖說》、《西銘解義》，以授學者，是年冬，與象山乃有關於「太極圖說」之辯論，這場辯論一直延申到翌年才結束。《文集》、《語類》之內，還有其他重要的資料，朱子嫡長孫朱鑑編：《朱文公易說》二十三卷，也有參考的價值。

二程對於象數是採取一種否定的態度。伊川曾經寫信答覆友人有關邵康節的詢問說：

「某與堯夫同里巷居三十年餘，世間事無所不論，惟未嘗一字及數耳。」（註五）

理由何在呢？《語錄》之中也有答案：

「堯夫易數甚精，自來推長曆者至久必差，惟堯夫不然，指一二近事當面可驗。明道云：『待要傳與某兄弟，某兄弟那得工夫，要學須要二十年功夫。』明道聞說甚熟，一日因監試無事，以其說推算之皆合，出謂堯夫曰：『堯夫之數只是加一倍法，以此知太玄都不濟事。』堯夫驚撫其背曰：『大哥您恁聰明。』伊川謂堯夫：『知易數爲知天？知易理爲知天？』堯夫云：『須還知易理爲知天。』因說：『今年雷起甚處？』伊川云：『堯夫怎知某便知？』又問：『甚處起？』伊川云：『起處起。』堯夫愕然。他日伊川問明道曰：『加倍之數如何？』曰：『都忘之矣。』因嘆其心無偏繫如此。」(註六)

由此可見，二程所重在易理，易數在他們看來只是小道，不值得花時間去學。伊川與堯夫的對話，還有一處說得更爲詳細：

「邵堯夫謂程子曰：『子雖聰明，然天下之事亦衆矣，子能盡知邪？』子曰：『天下之事某所不知者固多，然堯夫所謂不知者何事？』是時適雷起。堯夫曰：『子知雷起處乎？』子曰：『某知之，堯夫不知也。』堯夫愕然曰：『何謂也？』子曰：『既知之，安用數推也。以其不知，故待推而知。』堯夫曰：『子以爲起於何處？』子曰：

『起於起處。』堯夫瞿然稱善。」(註七)

堯夫所講的層面在形而下的事，故需數推，伊川所講的層面在形而上的理，故不需數推。其實兩方面層次不同，並不互相排斥。只伊川氣盛，且所講的層面似更爲根本，故依程門弟子所記，是伊川佔了上風。大抵二程對於宇宙論的問題缺乏興趣，需直透身心性命之源，乃講得甚爲斬截。這樣的辦法就「爲己之學」來說，自有其殊勝處，但對宇宙論或科學層面的探究，則有加以壓抑或忽視之嫌，不是現代人可以接受的觀點。

朱子從來就有宇宙論的欣趣，他對康節的象數之論與二程子有不同的評價，應是意料中事。現行《本義》共有九圖冠於篇首：河圖圖、洛書圖、伏羲八卦次序圖、伏羲八卦方位圖、伏羲六十四卦次序圖、伏羲六十四卦方位圖、文王八卦次序圖、文王八卦方位圖、卦變圖，據云幾乎全都傳自邵子。(註八)

伏羲六十四卦方位圖附有解說曰：

「伏羲四圖，其說皆出邵氏。蓋邵氏得之李之才、挺之。挺之得之穆修、伯長，伯長得之華山希夷先生陳摶、圖南者，所謂先天之學也。」

文王八卦方位圖則引邵子曰：

「此文王八卦，乃人用之位，後天之學也。」

依此說法，邵子完全沒有企圖隱瞞事實，他明白承認圖的來源是來自華山道士陳摶，其實先後天之說法也自他始。從歷史考據的觀點看，宋以前講象數，並無圖書，邵子可以說是圖書派的開祖。他的說法爲朱子所接受，然後才廣佈於天下，爲士林所宗，影響不可以謂不大。朱子爲什麼會接受邵子的說法呢？

《啓蒙》首列河圖、洛書二圖，其根據在《易大傳》云：「河出圖，洛出書，聖人則之。」《朱子答袁機仲（樞）》曰：

> 「以河圖、洛書爲不足信，自歐陽公以來已有此說，然終無奈。顧命、繫辭、論語皆有是言，而諸儒所傳二圖之數，雖有交互而無乖戾，順數逆推，縱橫曲直，皆有明法，不可得而破除也。至如河圖，與易之天一至地十者合，而載天地五十有五之數，則固易之所自出也。洛書與洪範之初一至次九者合，而具九疇之數，則固洪範之所自出也。繫辭雖不言伏羲受河圖以作易，然所謂仰觀俯察，遠求近取，安知河圖非其中之一事耶？大抵聖人制作所由，初非一端，然其法象之規模，必有最親切處。如鴻荒之世，天地之間，陰陽之氣，雖各有象，然初未嘗有數也。至於河圖之出，然後五十有五之數，奇耦生成，粲然可見。此其所以深發聖人之獨智，又非泛然氣象之所可得而擬也。是以仰觀俯察，遠求近取，至此而後兩儀、四象、八卦之陰陽奇耦，可得而言。雖繫辭所論聖人作易之由者非一，而不害其得此而後決也。」（文集卷三十八）

由此可見，朱子並不是不知道，由考據的觀點看，二圖並不是不可懷疑。然而正面積極的證據雖不足，反面否定的證據也同樣缺乏決定性。朱子深信，河洛之數，有一定的法度，爲易數與洪範九疇之數產生的先決條件。故他通過一種合理的推想，認爲伏羲時已有河圖，爲聖人作易的一個重要的根由。

蔡元定更進一步發揮這樣的見解，他說：

「古今傳記，自孔安國、劉向父子、班固皆以爲河圖授羲，洛書錫禹。關子明、邵康節皆以十爲河圖，九爲洛書。蓋大傳既陳天地五十有五之數，洪範又明言天乃錫禹洪範九疇，而九宮之數：『戴九履一，左三右七，二四爲肩，六八爲足』，正龜背之象也。惟劉牧臆見，以九爲河圖，十爲洛書，託言出於希夷，既與諸儒舊說不合，又引大傳，以爲二者皆出於伏羲之世，其易置圖書，並無明驗，但謂伏羲兼取圖書，則易範之數，誠相表裏，爲可疑耳。其實天地之理，一而已矣。雖時有古今先後之不同，而其理則不容於有二也。故伏羲但據河圖以作易，則不必豫見洛書，而已逆與之合矣。大禹但據洛書以作範，則亦不必追考河圖，而已暗與之符矣。其所以然者何哉？誠以此理之外，無復他理故也。然不特此爾，律呂有五聲十二律，而其相乘之數，究於六十；日名有十幹十二支，而其相乘之數，亦究於六十；二者皆出於易之後，其起數又各不同，然與易之陰陽策數多少，自相配合，皆爲六十者，無不合若符契也。下至運氣、參同、太乙之屬，雖不足道，然亦無不相通，蓋自然之理也。假令今世復有圖書者出，其數亦必相符，可謂伏羲有取於今日而作易乎？大傳所謂「河出圖、洛出書、聖人則之」者，亦汎言聖人作易作範，其原皆出於天之意。如言「以卜筮者尚其占」，與「莫大乎蓍龜」之類，易之書豈有龜與卜之法乎？亦言其理無二而已矣。」（註九）

元定這樣的見解想必爲朱子所首肯，這番議論中所提出的最重要的觀念即所謂「天地之理」或「自然之理」，圖書各有來源，而不得不接受的原因，是因爲它們之合乎天地、自然之理。朱子與其追隨者相信「天下之物，莫不有理」（《大學補傳》），著重「窮理」，重點雖在人理，然也不能不推究物理，故吸納後儒陰陽、五行之說，建構了一個龐大的宇宙論的系統。由這樣的觀點出發，則《圖》、《書》即使來源有問題也不足爲患。朱子說：

易說云數者策之所宗而策爲已定之數，熹竊謂數是自然之數，策即蓍之莖數也。……熹竊以大傳之文詳之，河圖、洛書，蓋皆聖人所取以爲八卦者而九疇亦並出焉。……則河圖、九疇之象、洛書、五行之數有不可誣者，恐不得以其出於緯書而略之也」。（《文集》卷三十七〈與郭沖晦書〉）

黑白點子的《圖》、《書》到宋代出來，近人杭辛齋的評論曰：

「朱子所謂本儒家故物，散佚而落於方外，得邵子而原璧歸趙，非無見而云然也。邵子之書，未確指何者爲圖，何者爲書，朱子以蔡元定之考訂，以五十五者爲河圖，四十五者爲洛書，冠於大易之首，遂開是非之門。」（註一〇）

朱子採取他的立場是有他的理由的，而清儒由考據的立場力證圖書之僞，也是有他們的理由的。我們知道兩方面立足點的差異，則考據還考據，義理還義理，自可以平章兩方面的得失，而不必捲入無謂的爭論之中了。

由以上所論，可見朱子一派是由理之內在於萬物的觀點，來吸納象數之學的精華的。而人對理的掌握和了解並不能一蹴而至，那是需要經歷一些階段的，關於這一點，曾春海有很扼要的撮述：

「朱子認爲易書係基於三古四聖的階段性而成書的，換言之，伏羲因感於自然的象數而畫卦，未立文字，用於卜筮。文王以下方立文字，文王繫卦辭、周公繫爻辭，就吉凶之占以設教。及孔子（西元前五五一—四七九）則作十翼，以義理來引伸開發經文的奧理，這是符印班固（三二—九二）在漢書藝文志：『易道深矣，人更三聖，世歷三古』之說法」。（註一一）

所謂「三古」、「三聖」者，乃以伏羲爲上古，文王爲中古，孔子爲下古。蓋文王與周公爲父子關係，古代父統子業，故不必言四聖，只說三聖，便已足夠。由這樣全面的發展的觀點來看問題，伊川那種解易的方法顯然是不妥切的。《周易折中》〈綱領〉二引朱子曰：

「卦爻之辭，本為卜筮者斷吉凶，而因以訓戒。至彖、象、文言之作，始因其吉凶訓戒之意，而推說其義理以明之。後人但見孔子所說義理而不復推本文王、周公之本意，因鄙卜筮為不足言。而其所以言易者，遂遠於日用之實，類皆牽合委曲、偏主一事而言，無復包含該貫、曲暢旁通之妙。若但如此，則聖人當時，自可別作一書，明言義理，以詔後世，何用假託卦象，為此艱深隱晦之辭乎！」（註一二）

朱子更明白批評程傳曰：

「易傳義理精，字數足，無一毫欠缺。他人著工夫補綴，亦安得如此自然！只是於本義不相合。易本是卜筮之書，卦辭爻辭無所不包，看人如何用，程先生只說得一理。」（註一三）

此評可謂恰中伊川解易優劣之綮要。朱子把他自己的意思說得十分清楚明白：

「聖人作易之初，蓋是仰觀俯察，見得盈乎天地之間，無非一陰一陽之理。有是理，則有是象，有是象，則其數便自在這裏。非特河圖、洛書為然，而圖書為特巧而著耳。於是聖人因之而畫卦。卦畫既立，便有吉凶在裏。蓋是陰陽往來交錯於其間，其時則有消長之不同，長者便為主，消者便為客；事則有當否之或異，當者便為善，否者便爲惡；即其主客善惡之辨，而吉凶見矣。故曰：八卦定吉凶。吉凶既決定而不差，則以之立事，而大業自此生矣。此聖人作易，敎民占筮，而以開天下之愚，以定天下之志，以成天下之事者如此。自伏羲而下，但有此六畫，而未有文字可傳，到得文王、周公，乃繫之以辭。故曰：聖人設卦觀象繫辭焉而明吉凶。大率天下之道，只是善惡而已，但所居之位不同，所處之時既異，而其幾甚微，只爲天下之人不能曉會，所以聖人因占筮之法以曉人。使人居則觀象玩辭，動則觀變玩占，不迷於是非得失之途。所以是書夏、商、周皆用之，其所言雖不同，其辭雖不可盡見，然皆太卜之官掌之，以爲占筮之用。自伏羲而文王、周公，雖自略而詳，所謂占筮之用則一。蓋即占筮之中，而所以處置是事之理便在裏了。故其法若粗淺，而隨人賢愚皆得其用。雖是有定象、有定辭，皆是虛說此箇地頭。合是如此處置，初不黏著物上。故一卦一爻，足以包無窮一事，此所以見易之爲用，無所不該，無所不徧，但看人如何用之耳。易如鏡相似，看甚物來，都能照得。如所謂潛龍，只是有箇潛龍之象，自天子至於庶人，看甚人來都使得。孔子作龍德而隱，便是就事上指殺說來。然會看底，雖孔子說此話，也無不通。不會看底，雖文王、周公說底也死了。須知得他是假託說，是包含說。假託，謂不惹著那事；包含，是說箇影像在這裏，無所不包」。（註一四）

朱子此處謂「虛說」，謂「假託」，謂「包含」最有意趣，他好像是建立了一些解釋學的原則，不可落實來看，否則《周易》六十四卦，才三百八十四爻，一爻只說一事，焉能盡得天下事的道理。故朱子說：

「看易，須是看他卦爻未畫以前，是怎模樣，卻就這上見得他許多卦爻象數，是自然如此，不是杜撰。且詩則因風俗世變而作，書則因帝王政事而作。易初未有物，只是懸空說出。當其未有卦畫，則渾然一太極，在人則是喜怒哀樂之中；一旦發出，則陰陽吉凶，事事都有在裏面。人須是就至虛靜中見得這道理周遮通瓏，方好。若先靠定一事說，則滯泥不通了。此所謂『潔靜精微，易之數也。』」（註一五）

由此可見，朱子雖肯定象數，而不泥於象數，這和他的中和說、格物窮理之說，都是通貫的，正如《大學補傳》所謂：「至於用力之久，而一旦豁然貫通焉，則衆物之表裏精粗無不到，而吾心之全體大用無不明矣。此謂物格，此謂知之至也。」這裏說的是對道的體悟，決不是通過經驗推概所成立的科學知識。由分殊以見理一，這是朱子思想的特質，這由他的《易說》又可得到一清楚確定之明證。

朱子取發展的觀點以言易，這個方向是不錯的。但他過信《繫辭》理想化以後的說法，由理性，自然符示的層面講易之源，還未能還原到神秘符示的層面，顯然有它的局限性（註一六）。同時他的考據未精，由道統信仰的觀點接受了「人更三聖、世歷三古」的說法，不免受到後世疑古思想的批評。但我們不能不說，朱子在當時確採取了一比較全面而合理的說法，涵蓋了卜筮、象數（該圖書）、義理等各個層面，所以才能將異說壓蓋下去，成爲宋明講易的一個主流學派。

有了以上這樣的討論做背景，再來檢討有關〈太極圖說〉的問題，也就不難得其正解了。如所周知，宋明儒道統之說真正建立起來是靠朱熹。濂溪本無藉藉名，二程少時雖從之遊，但未尊他爲師，朱子才以濂溪爲開祖，又推崇他的〈太極圖說〉，在當時與陸氏兄弟展開了激烈的爭辯（註一七）。象山與兄梭山疑此文「非周子所作，不然則或是其學未成時所作。」但象山提出來的理由並沒有足夠的說服力：一則曰〈太極圖說〉與《通書》不類，二則曰太極圖係出於陳希夷，三則曰無極是道家的觀念，不是儒家的說法。事實上〈太極圖說〉的義理與《通書》所說，並沒有根本互相抵觸的地方。其次，朱子並無意否認濂溪太極圖係出自陳希夷，正好像康節先天圖也同樣出自陳希夷，問題在圖說的義理是否講得通，並不在乎圖的來源是否傳自道家。再者，孔子雖未言無極，但朱子取發展的觀點看問題，伏羲、文王、孔子既各有創新，後儒自也不必一定要拘限在先儒的故域之內。象山解極爲中，故謂無極的觀念不通，朱子解「無極而太極」爲「無形而有理」。孤立起來看，極字自不得訓爲形字，但從整句話來了解，「易有太極」，太極「即兩儀、四象、八卦之理，具於三者之先而縕於三者之內者也。」而人每每容易把「理」想成一件物事，故說無極，「以其無方所、無形狀，以爲在無物之前而未嘗不立於有物之後，以爲在陰陽之外而未嘗不行乎陰陽之中，以爲通貫全體無乎不在，則又初無聲臭影響之可言也（註一八）。」朱子認爲，必用「無形而有理」的方式來說，才不至於滑落一邊，看不到道理的全面。象山攻擊朱子直以陰陽爲形器而不得爲道的說法爲錯誤，堅持易之爲道，不外一陰一陽而已！但朱子則以陰陽（氣）爲形而下者，所以陰陽（理）爲形而上者，這並未違背程子形而上下互相分別而又互相通貫的說法（註一九）。實則朱子解「太極圖說」的困難，並不在「無極而太極」一句，而是在「太極動而生陽」的一句。理若如他所謂「無情意、無計度、無造作」，如何可以「動」而生陽，故朱子必曲爲之解，謂太極涵氣之所以動靜之理，真正流行者只是氣，天理之流行僅僅只是虛說而已！這種說法與周子的思想實有距離，學者不可以不察。(註二〇)

但周子《太極圖說》一文，言簡意賅，由形而上的道理，講到宇宙論的生成變化，以至人倫日用，有許多可以作進一步發揮的餘地。其綱維適與朱子相合，故朱子對此一文之推尊，決不是一件偶然的事。日本學者山井湧在一九八二年在檀島開的國際朱熹會議忽發奇論，謂「太極」不是朱子哲學中的一個極重要的觀念(註二一)。他說太極觀念沒有真正整合到他哲學思想的體系之中，《四書集註》與《或問》幾乎完全不見太極一詞的踪影。我擔任他文章的評論人，指出他在方法論上的缺失。中國的基本哲學觀念決不可以拘執來看，譬如「天」在不同的地方有不同的含義。《四書集註》與《或問》既不是以宇宙論爲中心，當然可以不及於太極的觀念，但談宇宙論的問題，怎麼可以不關連著《易》、《太極圖說》一類的文獻來討論。理氣是朱子形上學思想中最基本的範疇，這不在話下，太極不能窮盡理字的含義，這也不在話下。但理在宇宙上的含義就非要用太極的觀念才能說得明白，山井湧的說法是沒有足夠的說服力的。

朱子通過周子的《太極圖說》吸納了漢儒陰陽五行的說法，建構了一個龐大的宇宙論的體系，這樣的做法是有得有失的。完全由「爲己之學」的角度來看，一旦建立了形而上的根本終極關懷，就該直接貫注到人倫日用之上，那麼二程之有意忽視宇宙論，並拒談象數問題，決不是沒有理由的。象山更直斥朱子的進路爲支離，興趣鋪散出去，身心性命的修養工夫，有時就用不上力來。但由兩漢以至宋朝，一千多年的時間，有許多宇宙論與科學上的建樹焉可以完全加以抹煞，一概不聞不問。這裏面當然不免包含有許多蕪雜的東西在內，然而象數之學也涵至理，可以提練出來。朱子乃由一個更寬廣的立場，通過他對於易的再解釋，把這些東西一網打盡，都吸收進他的系統來，當然也有它的吸引力。這兩種思想之間的緊張磨擦正反映在朱陸異同的大辯論上，由兩方面的比觀，就可以清楚地看出朱子思想的特質來。

很明顯，朱陸的爭論是宋明儒學內部的爭論，二者的起點都是要由個體的修身做起，而終極的目標則在於聖道的踐履。關於二家的差別，朱子有〈答項平父書〉云：

> 大抵子思以來，教人之法惟以尊德性、道問學兩事爲用力之要。今子靜所說專是尊德性事，而熹平日所論，卻是道問學上多了。所以爲彼學者多持守可觀，而看得義理全不仔細，又別說一種杜撰道理遮蓋，不肯放下。而熹自覺雖於義理上不敢亂說，卻於緊要爲己爲人上，多不得力。今當反身用力，去短集長，庶幾不墮一邊耳。」（《文集》卷五十四）

用《中庸》尊德性、道問學的概念來指陳兩家的差別，是有相當道理的。只朱子說象山之學「杜撰」，則是不很妥當的。象山「先立其大」，分明是孟子學，怎說杜撰？朱子對於象山之學顯然缺乏相應的理解。而象山也拒絕朱子的調停。〈象山年譜〉載朱子是書，他的反應乃是：

> 「朱元晦欲去兩短，合兩長。然吾以爲不可。既不知尊德性，焉有所謂道問學。」（《象

純粹由「爲己之學」的角度看，象山這樣的批評不爲無理。事實上朱子對於德性的基礎的了解，也確不如象山直截，尚有一間之隔。然而象山斬斷一切枝蔓，門庭不免過於狹窄，乃有不能曲暢旁通的弊害。朱子則是漸教型態，中心不如象山把持得那麼牢固，但強調在具體的事上磨鍊，「今日格一物，明日格一物」，卑之無甚高論，對於中人以下，就教育程序說，反而能夠收到實效。象山本人不免果於自信，朱子對於陸學流弊之批評，亦不能謂之無見。此間所涉及的理論效果十分複雜，自不能在此深論。

但由朱陸異同，卻可以清楚地看出朱子思想型態之特質。朱子哲學的中心雖仍是成己成德之學，但他不似象山那樣直承孟子而來。在《論》、《孟》之外，他也宗《易》、《庸》，把人放在一個宇宙論的間架之下來考慮。周子的〈太極圖說〉言簡意賅，恰好把這一條思路作了一個扼要的撮述，朱子之推尊此文，便是很自然的了。通過朱子的倡導，周子的〈太極圖說〉與張子的〈西銘〉變成了宋明儒學以內最有影響力的兩篇文章。朱子又作《伊洛淵源錄》，肯定了周、張、程、朱或者濂、洛、關、閩—此說乃由聞道先後的次序倒轉了張、程的位置—的道統。人是個小宇宙，恰正是大宇宙的反映。正如朱子在〈仁說〉中所說的：

「天地以生物爲心者也，而人物之生又各得夫天地之心以爲心者也。故語心之德，雖其總攝貫通，無所不備，然一言以蔽之，則曰仁而已矣！請試詳之。蓋天地之心，其德有四，曰元亨利貞，而元無不統。其運行焉，則爲春夏秋冬之序，而春生之氣無所不通。故人之爲心，其德亦有四，曰仁義禮智，而仁無不包。其發用焉，則爲愛恭宜別之情而惻隱之心無所不貫。故論天地之心者，則曰乾元坤元，則四德之體用不待悉數而足。論人心之妙者，則曰仁人心也，則四德之體用亦不待遍舉而該。蓋仁之爲道，乃天地生物之心即物而在。情之未發而此體已具，情之既發而其用不窮。誠能體而存之，則衆善之源，百行之本，莫不在是。此孔門之教所以必使學者汲汲於求仁也。」（《文集》卷六十七）

〈仁說〉是大家所熟悉的文章，但放在這個角度下來觀察，就可以看出許多重要的意思來（註二二）。朱子顯然認爲，自然與人事之間並不是隔截的—這是一個有法有則的宇宙，每一件事物都蘊涵著理。故我們可以就近做起，不斷去格物窮理。朱子這樣的進路自不排斥科學的研究乃至宇宙論的玄想，但他的本旨並不是要建立一個科學的傳統。他是要人漸漸去體證到天地間流行的生道，落實到人生所完成的基本上仍是一個道德的生命。此所以朱子講「豁然貫通」，所貫通的既是宇宙論的道理，也同時是人事論的道理。與象山對比，象山講天道，即是心性的根源，講人道，乃是先立其大的踐履，此外更無餘事。但朱子則要繞一個大圈子，講天道必須兼顧形上學（理氣之根源）與宇宙論（生成變化的秩序）兩個方面，講人道也要兼顧涵養與窮理兩套工夫，故爲象山斥爲支離，但其規模宏大，可以兼容並收先秦、兩漢儒學乃至二氏的成就，以及當代經驗科學研究的結果。由以上這個角度來檢討，乃可以清楚地看出朱子思想的特質是一種綜合的型態。只不過可惜的是，朱子的綜合工作並沒有真正做得好。他要吸納《易》的創生的宇宙論的方向本身並沒有錯，但他追隨伊川，接受了「性即理」的思想，把理了解成爲只存有不活動的但理，活動的只是氣，而建構了一套理氣二元不離不雜的形上學，以及心性情的三分架局。心（氣之精爽者）與理一，不是本質的一，而是後天的認識的橫攝的一，所成就的恰正如牟宗三先生所指出的，是一種橫攝的實在論的型態（註二三），如此乃由宋明儒學的本統直貫的創出的思路—此包括周子在內—脫略了開去，在儒學史的發展上造成了一個巨大的弔詭。

朱陸之爭論在當時是一件大事，但後世的選擇卻完全不成問題，沒有一點困難。朱子之學雖一度被誣爲僞學，但到元代已被崇爲官學，成爲科舉考試的基礎，影響之大爲孔子之後一人。而象山之學，則正如陽明所指出的：

> 「僕嘗以爲晦庵之與象山，雖其所爲學者若有不同，而要皆不失爲聖人之徒。今晦庵之學，天下之人，童而習之，既已入人之深，有不容於論辯者。而獨惟象山之學，則以其嘗與晦庵之有言，而遂藩籬之。……于今且四百年，莫有爲之一洗者。」（註二四）

象山之學之誤被當作禪學而受到排斥，的確是有受到冤曲的地方，故陽明爲之作出不平之鳴。但歷史在朱子與象山之學之間作出這樣的選擇，則是有其充份的理由的。象山之學在生時雖曾盛極一時，但過分斬截，故其學派僅歷楊慈湖之一代即趨於衰微。相反朱子的門庭廣大，教育程序上比較合理；一生勤學，廣註四書，成爲學者進學之不二法門；而內容豐富，幾乎無所不包；於是造成了牟宗三先生所謂「別子爲宗」的奇特現象。（註二五）

朱子的影響不只廣被中國，而且遠播韓、日。韓國因爲缺乏王學之折曲，猶爲朱學之大本營；而日本德川幕府，乃至明治維新，都可以看到朱學的影響的痕跡；此處固不及備論，在本文之中我只打算略爲檢討朱子對於華族思想的影響。

朱子在中國的地位，差可比擬亞里士多德在西方的地位，他們兩位的思想既博大而精深，織成一面天羅地網，令人難以逾越。但西方文化是多元的，亞氏本人即容許形式與內容的分離，而發展了形式邏輯的大系統；同時亞氏雖貶抑德謨克里脫斯的原子論，到了文藝復興以後，這一條思路卻脫穎而出，近代西方科學發展背後所預設的一套科學唯物論，即脫胎於希臘原子論的規模。但朱子建立道統，其說在身後得到政治勢力的支持，那種籠罩性的權威，卻是現在人所難以想像的。誠然西方進入到現代的階段，也有一些運氣的成分，但他們的歷史文化畢竟累積了許多因素，促成這一突破的實現。在中國卻缺少了這樣的因素；既沒有純粹數理的探研，又沒有出現過機械唯物論的思想，更缺少實驗的重視，故基本上我認爲，如果不是西風東漸，中國是難以打破傳統的窠臼而沒法跨進現代的門檻的。在今日要講現代化，與傳統某方面的解構（Deconstruction）是有其必要，而且是無可避免的。

我們由今日的觀點看朱熹的思想，自不難找到其局限性。或者可以說，朱子的綜合是一種各方面都缺乏充量發展的一種過分早熟的綜合。譬如朱子雖然不偏廢考據，但他的考據並不是真正的考據，往往只是以理逆之，想當然耳。他並不了解，陰陽五行是鄒衍以及漢儒發展出來的結果，與孔孟的原始儒家並沒有很大的關係。王弼與程頤之盡掃象數，已經對這一套東西作了初步的解構的工作，但朱子以他綜合性的大心靈，又重新把這一套東西吸納了進來，賦與了新的權威。漢代的董仲舒把儒學定於一尊，以及朱熹的建立道統，背後預設了一套天人符應的宇宙論的思想，對於中國人的思維方式，可謂產生了不可估計的深刻的影響

(註二六)。我們今天要現代化，就必須徹底破除由漢代遺留下來的那一套宇宙觀，而要像當代基督教神學家蒲爾脫曼（Rudolf Bultmann）那樣，要做「解消神話」（Demythologization)的工作，把基督的信息與中世紀那套過時的宇宙觀解紐(註二七)，對於《周易》，我們也一樣要把孔門後學所發展出來的生生的形而上學的睿識，與漢儒穿鑿支離的象數系統分解開來。李約瑟（Joseph Needham)早就指出，《周易》的象數只是提供了一個龐大的檔案系統，並不能刺激對於自然的研究，而有礙於科學的發展，他懷疑這套東西與中國的官僚制度有一定的關連性(註二八)。無論李約瑟的說法是否正確，中國思想之缺乏對於純理論的探究以及大自然本身的興趣，這是不諍的事實，而這造成了華族思想的巨大的局限性。

當然李約瑟又在另一方面盛讚中國傳統的有機自然哲學(註二九)，但我們必須指出，這種思想之優勝是在其拒絕形式與內容互相分離之睿識。然而在科學發展的過程中，似必須經歷一個形式與內容分離的階段，否則近代西方科學根本就無從產生出來。很可能要科學作更進一步的發展，又必須要超越這一個階段，但如何把哲學的睿識應用到科學的探究之上，這又是另一個層次的問題，還有待於未來科學家的努力，光回到中國過去的傳統是沒有用的。而我說這一段話的用意是爲了指出，要與現代西方的科學接頭，重新提倡朱子格致的觀念是行不通的。不只朱子的格致的終極目的並不是爲了科學研究，而且他背後所預設的有機自然觀根本就造成阻力，不容許近代西方式的科學發展出來。這種情況或者可以部分地解釋了，爲何中國古代在過去有那麼高的科技的成就，而在近代卻遠遠地墮後於西方的事實。

一個有趣的現象是，明末對於西學的吸收表現了高度的興趣的，大多是王學者，而不是朱學者，理由可能是王學者的心智比較自由，不願接受既有成規的束縛的緣故（註三〇）。故此要王學來擔負起中國科學在近代不發達的罪名，是不符合歷史發展的事實的。陽明分別開德性之知與見聞之知的兩個層次。所謂「良知不由見聞而有，而見聞莫非良知之用，故良知不滯於見聞，而亦不離於見聞。」（《傳習錄》中，〈答歐陽崇一〉）這樣乃可以接上中國直貫的道德形而上學的傳統，其重點固不在見聞，但他明白承認見聞是另一個層次的東西。他說：「聖人無所不知，只是知個天理，無所不能，只是能個天理。……不是本體明後，卻於天下事物，都便知得，便做得來也。」（《傳習錄》下）這樣則天理的體認並不能夠代替經驗知識的積累，乃反倒爲後者預留地步，保留了一個發展的契機。朱子則自然與人事滾在一起，在二者之間從來沒有作出明白的區分，結果是道德形而上學、經驗科學知識兩方面都得不到充量的發展。由這個觀點看，他的綜合不免是一種過分早熟，並不成功的綜合，有它嚴重的局限性在。

但我們批評古人的目的，並不是爲了諉過古人，爲我們自己推卸責任，尋覓替罪的羔羊。我們是要如實地了解歷史的真相，同時自培慧識，知所取捨，爲未來指點一個正確的方向。朱子的綜合，就他的時代來說，不能不說是一個最合理的綜合，故他的思想能夠支配中國人的心靈七、八百年之久，決不是偶然的。然而歷史的弔詭是，最合理的東西，到了過分合理的地步，就會轉出不合理的結果。在西方，黑格爾是一個明顯的例證，在中國，則是朱子。朱子把一切弄得亭亭當當，在他門下，就難產生出極富有原創性的思想家。到了明代，陽明算是一個叛逆，但是陽明對朱子的批評雖然嚴厲，仍舊是宋明儒學內部的一種批評，只能算是對於朱學的一種轉進，一種修正而已！而且明亡，王學受到沉重的打擊，顧亭林輩直斥之以爲空談誤國，清初乃復尊朱，康熙更是朱學的大力擁護者。康熙與羅馬教廷的爭執，責任固不完全在康熙，但卻造成了中國閉關的契機。清代盛時，康雍乾三代，不知不覺，形成了一種天朝的型模觀，自認爲物產豐富，思想卓越，這才感覺到根本不需要由外邦輸入任何東西，朱子的思想體系不能不說是這種作法後面的一個背景。一直到清末民初，西方的船堅炮利，粉粹了國人的幻覺，於是對於傳統—包括朱學在內—在情緒上產生了一種强烈的反感，於今尤熾。在這樣的情形下，自不很容易對問題產生一種客觀平情的理解。

奇怪的是，理講得太多了，結果不免激起反理的浪潮而惹起强烈的反感。這在西方也一樣，自黑格爾以後，興起了一些强烈的非理性的潮流。只不過人類捨棄了理性，還有什麼可以憑籍的更好的標準呢？爲今之計我們不是要完全否定過去的傳統，而必須把朱熹的形構之理改造成爲超越的理想的規約原則，賦與「理一分殊」以一種全新的解釋乃可以與開放多元的現代相結合而不至於完全迷失自己。這是我們通過《易說》檢討朱熹思想所領取到的一點重要的教訓。

## 註釋

註一：我著：《朱子哲學思想的發展與完成》。（台北，學生書局，一九八四增訂再版）一書，未列專節討論朱子易說，不免有所遺憾，故草本文，以爲補漏之用。

註二：參《朱文公文集》（以下簡稱《文集》），卷六十九，〈學校貢擧私議〉。

註三：參曾春海：《晦庵易學探微》（台北，輔仁大學出版社，一九八三），頁二七—三六。

註　四：王懋竑錄《文集》卷六十〈朱子答劉君房書〉云：「本義未能成書，而爲人竊出，再行模印，有誤觀覽。啓蒙……自今視之，如論河圖洛書，亦未免有賸語。」此書繫於乙卯（朱子六十六歲）後，爲朱子晚年書信。可見坊間所行本義，並非朱子定稿，而朱子對於易不斷探研，一直有新的進境。然由所刊行之本義已可看到一個一定的方向。故朱子〈答孫季和書〉云：「其說雖未定，然大概可見。循此求之，應不爲鑿空强說也。」此出在《別集》卷三，王懋竑繫之於辛亥朱子六十二歲時。

註　五：《二程全書》，〈外書〉十二，四部備要本，頁一八下。

註　六：同上，頁六上。

註　七：同上，〈遺書〉二十一上，頁二下—三上。

註　八：王懋竑：《朱子年譜考異》卷二有〈周易本義九圖論〉一文謂：「易本義九圖非朱子之作也，後之人以啓蒙依放爲之，又雜以己意，而盡失其本指者也。」清儒擅長考據，故白田必爲朱子開脫，以其並未將四圖進歸之於伏羲。但何以朱子門下都接受這些圖呢？原因在宋人不重考據，其理似可溯歸之於羲皇，乃即以爲羲皇所作，則朱子本人或者未作此斷定，但他確說了一些話，引致門下將先後天圖歸之於伏羲、文王。朱子既承認伏羲畫卦、文王、周公作卦、爻辭，孔子作十翼，又接受邵子的先天圖，那麼門下加以進一步的引伸，這顯然是屬於道統信仰的範圍，有這樣的發展與鋪排，也就好像並不那麼難於理解了。

註　九：轉引自康熙命李光地御製之《周易折中》，有集說註《啓蒙》，見《易學啓蒙本義圖說》（台北，皇極出版社，一九八〇），頁八九—九一。

註一〇：杭辛齋：《學易筆談》（文海出版社，二冊），上冊，頁三三四。

註一一：曾春海：前揭，頁三二—三三。

註一二：周註九，頁三八—三九。

註一三：見《朱子語類》，宋黎靖德編，卷六七，〈易〉三，綱領下。

註一四：轉引自《周易折中》〈綱領〉二，同註九，頁三〇—三三。

註一五：同註一三。

註一六：參拙著：〈由發展的觀點看周易思想的神秘符示層面〉一文，新加坡東亞哲學研究新單行出版，一九八七。另外兩個比較後起的是宇宙符示與道德／形上符示兩個層面。

註一七：有關朱陸「太極圖說」的爭辯，請參拙著：《朱子哲學思想的發展與完成》，頁四五一—四五八。

註一八：《文集》卷三十六〈答陸子靜〉。

註一九：曾春海君著《晦庵易學探微》一書，下了相當功夫，成績很不錯。但偶有判斷失誤處，他批評朱子將陰陽置於形而下爲不妥，未爲允當，參其書，頁一六〇。如何對朱子太極陰陽思想有相應之了解，參拙著《朱子哲學思想的發展與完成》，頁二八三—三〇六。

註二〇：參拙著：《朱子哲學思想的發展與完成》，頁二九八—三〇〇。又參牟宗三：《心體與性體》（台北，正中書局，三冊），第一冊，頁三六〇—三八〇。

註二一：參 Yu Yamanoi "The Great Ultimate and Heaven in Chu Hsi's Philosophy" in Wing-tsit Chan ed., Chu-Hsi and Neo-Confucianism (Honolulu: University of Hawaii Press, 1986)頁七九—九二。

註二二：參我在拙著《朱子哲學思想的發展與完成》的討論，頁一五〇—一五一。

註二三：參牟宗三，《心體與性體》，第一冊，頁七五—八七。

註二四：陽明〈致徐成之函〉，見《王陽明全書》（正中，四冊，一九五三）第二冊，頁七五—七六。

註二五：牟宗三，《心性與性體》，第一冊，頁四二—六〇。

註二六：參金春峰：〈「月令」圖式與中國古代思維方式的特點及其對科學、哲學的影響〉，見《中國文化與中國哲學》（北京·東方出版社，一九八六），頁一二六—一五九。

註二七：對於這一觀念簡單的介紹，參 John B. Cobb Jr., Living Options in Protestant theology (Philadelphia: The Westminster Press), 頁一三一—一五六。

註二八：參：Joseph Needham, Science and Civilization in China (Cambridge, Cambridge University Press), Vol II. 頁三〇四，三三六—三三七。

註二九：同上，頁三三九—三四〇。

註三〇：參朱維錚，〈十八世紀中國的數學與西學〉，宣讀於一九八七年三月在香港舉行之「十六至十八世紀之中國與歐洲」國際學術討論會。

本文原刊東吳大學哲學系傳習錄第六期，民國七十六年十月。

# 七、朱熹的思想究竟是一元論或是二元論

## 一、引言

朱熹的思想究竟是一元論或二元論?學者聚訟不息，似無定論。各種說法固然言之成理，持之有故，但我覺得，如果能夠把觀點層次分開，許多矛盾衝突或者可以化除大半。我的意思是，由形上構成的角度看，朱熹是二元論，由功能實踐的角度看，朱熹是一元論；兩方面融爲一體，才能夠把握到朱熹思想的全貌。我著《朱子哲學思想的發展與完成》一書，曾經指出，朱熹所以主張二元論，目的是要保住理的超越性。(註一) 但中國哲學以後的發展由王陽明以降都傾向於一元論的思想：理不外乎即乃是氣之理。這樣的思想自有其優勝性，但也有一項流弊，就是容易陷落在「內在」之中，而造成「超越」意義之減煞。(註二) 朱熹晚年攻擊陸九淵的弟子誤把氣的夾雜也當作自然天理看待，這確涵著一種先見：他的批評恰好可以針對王門後學的蕩越。從工夫論的觀點看，朱熹的思想仍然是一個重要的參照系，不可輕忽過去。以下即根據這裏所提出的線索檢討裏面所蘊涵的理論效果。

## 二、形上構成的二元論

由形上構成的角度看，朱熹的思想是主張一種理氣二元不離不雜的形上學，我曾經把他的思路作一概括性的綜述如下：

> 依朱子的思想，理是形而上的，理只「在」而不有，也就是說，理不是現實具體的存有，它乃是現實存有的所以然之超越的形上的根據。以此，理只是個淨潔空闊的世界，無情意、無計度、無造作、無作用。只有這樣的理是純善。但理要具體實現，就不能不憑藉氣。氣恰與理相對，乃是形而下者。氣本身並不壞，它是一必要的實現原理。但有了氣，就不能不有駁雜與壞滅，故也可以說氣是惡之根源，雖則惡並無它本身積極獨立之意義。理是包含該載在氣，正如性是包含該載在心，而心則有情意、有計度、有造作、有作用。故理之數施發用在氣，又正如性之數施發用在心。由此可見，理氣二元，不雜不離，互賴互依。從時間的觀點看，同時並在，不可以勉強分先後。但由存有論的觀點看，則必言理先氣後，因爲有此理始有此物(氣)，而無此理必無此物，故決不可以顚倒過來說。然而由現實的觀點看，則又因爲本身無作用，氣才有作用，故又可以說氣強而理弱。理氣二者之間既有如此錯綜複雜的關係，自難一言而盡，必須多方說明，始能得其綮要。(註三)

朱熹這種見解肯定理、氣之間有十分緊密的關係，故不離；然而理自理，氣自氣，二者不可以互相化約，故不雜。我曾經大量徵引文獻來說明朱熹這種理氣二元不離不雜的形上學。（註四）這樣看來，由形上構成的角度看，朱熹是二元論，似乎應該是沒有問題的。然而也有學者持不同的意見，譬如張立文說：

> 一句話，「理」是第一性的；「氣」是第二性的。物質性的「氣」是由精神性的「理」決定的。如果認為朱熹是這樣來解決思維對存在，精神對自然界的關係問題的話，那麼，他便不是唯物論，二元論，也不是多元論，而是道地的理一元論的唯心論。（註五）

撇開唯心、唯物的問題不談，朱熹是不是理一元論呢？表面上看來這樣的說法也不無道理，因為朱熹的確說過：「有是理後生是氣。」（《朱子語類》卷一）明明理是本有的，氣是派生的，那麼朱熹當然是理一元論了。然而這種說法有一個致命的弱點，即忽視了「生」字的歧義，以至作出了錯誤的推論。生究竟是怎麼個生法呢？是像女人生孩子那樣地生嗎？如果是這樣的話，怎麼可以說理是無造作、無作用呢？豈不是令朱熹的思想陷於自相矛盾的境地嗎？若說理生氣，就生這一遭，以後就得靠氣來化生萬物，與理沒有關係，這樣的解釋合乎情理嗎？事實上也找不到文獻根據來支持這種解釋。在中國過去的思想家之中，朱熹的思想最有條貫，是深思熟慮的結果，下筆極有分寸，那麼怎麼會弄得這樣似乎模稜兩可，給後人增添了如許麻煩呢？一個主要的原因是，古人發揮自己的觀點，往往要藉資於古典，而朱熹宇宙論的思想是由周敦頤的〈太極圖說〉發展出來的。他用了許多表面上像周子的修詞，而實義不同，這才造成了麻煩的根源。牟宗三先生首先清澈地窺破了此間的秘密。（註六）周子〈太極圖說〉是假借太極圖來闡發他自己的創生的宇宙論的思想，茲將此文最前面的部分引在下面：

> 無極而太極。太極動而生陽。動極而靜，靜而生陰。靜極復動。一動一靜，互爲其根。分陰分陽，兩儀立焉。陽變陰合，而生水火木金土。五氣順布，四時行焉。五行一陰陽也，陰陽一太極也，太極本無極也。

牟先生依周子《通書》解〈太極圖說〉，斷定在義理上本無問題。如以誠體之神解太極，則「無極而太極，太極動而生陽」兩語實即《通書》「靜無而動有」一語之引申。「靜無」即無極而太極，「動有」即太極動而生陽。誠體之「動而無動」非實是不動也，只是不顯動相而已！自迹而觀之，則動是動，靜是靜，是陰陽氣邊事。誠體神用在其具體妙用中，即在其順物之感應中，隨迹上之該動而顯動相，隨迹上之該靜而顯靜相。即神用即存有。如此解析則可符合孔孟《中庸》《易傳》之立體直貫型的道德創生之實義，也更能符合於「維天之命於穆不已」這一根源的智慧。（註七）

如果這樣的解釋不失周子原意的話，那麼象山兄弟對於〈太極圖說〉的懷疑是無據的，因爲他們根本不了解周子這一系的思路。但奇怪的是，極力宣揚〈太極圖說〉的朱子，照牟先生的解析，也並不真的了解周子的思路。牟先生指出：

朱子分解中之問題，不在理氣之分與理先氣後，乃在其對於太極之理不依據《通書》之誠體之神與寂感眞幾而理解之。朱子之理解是依據伊川對於「一陰一陽之謂道」之分解表示而進行。伊川云：「一陰一陽之謂道。道非陰陽也，所以一陰一陽道也。」又云：「離了陰陽更無道。所以陰陽者是道也，陰陽氣也。氣是形而下者，道是形而上者。形而上者則是密也。」此「陰陽氣，所以陰陽是道」之分解表象嚴格地爲朱子所遵守。此思路很清楚很邏輯。……朱子……把超越的所以然之形式陳述所顯示的形上之理只看成是作爲誠體內容之一的那個理，而心神俱抽掉而視爲氣，如是超越的所以然所顯示之形上之理遂成爲抽象地「只是理」(但理)，而道與太極遂不可爲誠體，而只成了「只是理」，而「維天之命於穆不已」之智慧亦脫落而不可見。(註八)

朱子這樣的思路解「無極而太極」沒有問題，故與象山辯論時頭頭是道，但解「太極動而生陽」問題就很大，這是因爲朱子解太極爲但理，而依牟先生的理解：

此靜態的所以然之形上之理只擺在那裏，只擺在氣後面而規律之以爲其超越的所以然，而實際在生者化者變者動者俱是氣。而超越的所以然之形上之理卻並無創生妙運之神用。此是朱子之思路也。(註九)

牟先生引朱子〈太極圖解〉原文並詳加解析以證成他的想法，我們在此只須略引朱子的圖解兩段即可知其梗概：

○、此所謂無極而太極也。所以動而陽靜而陰之本體也（原註：太極理也，陰陽氣也。氣之所以能動靜者，理爲之宰也。）。然非有以離乎陰陽也（原註：道不離氣），即陰陽而指其本體（原註：器中之道），不雜乎陰陽而爲言耳（原註：道是道，器是器。以上三句要離合看之，方得分明。）。（註一〇）

蓋太極者，本然之妙也。動靜者所乘之機也。太極、形而上之道也。陰陽、形而下之器也。是以自其著者而觀之，則動靜不同時，陰陽不同位，而太極無不在焉。自其微者而觀之，則沖穆無朕，而動靜陰陽之理已悉具於其中矣。雖然，推之於前，而不見其始之合，引之於後，而不見其終之離也。故程子曰：動靜無端，陰陽無始。非知道者，孰能識之。（註一一）

由以上兩段引文就可以看出牟先生眼光之銳利，朱子是以自己那一套理氣二元不離不雜的思想來解〈太極圖說〉。朱子平時很少說「理生氣」一類的話，往往都是套在周子的宇宙論的格局之下才作這樣的表述。然而「理生氣」在他的思想框架之內只能理解爲，在超越的（生）理的規定之下，必定有氣，才有具體實現之可能。故「理生氣」只是虛生，「氣生物」才是實生，兩個「生」字斷不可混爲一談。此所以朱子必強調：「天下未有無理之氣，亦未

有無氣之理。」（《語類》卷一）

我曾經加以闡釋曰：

> 理和氣同時並存，無分先後，故由宇宙論的觀點言孰先孰後乃一無意義的問題，是由形上學的觀點看始可以說理先氣後。（註一二）
>
> 朱子的意思是說理是一切具體存有的超越的形而上的根據，有了這樣的根據才能有氣的具體存在，然而脫離了氣卻又無法談它的超越的形而上的根據。理氣是兩層，故決不可混雜，二者之間是微妙的不離不雜的關係。（註一三）
>
> 具體的存在物有成有毀，但形上的理卻無生滅。且必有此理，始有此物。山河大地陷了，還是有此理；天地未判時，亦已有此理。若根本無此理，自也不可能有是氣。有是氣，是因爲有此理；不是因爲有是氣，而後才有此理。在這一意義之下，我們乃必須說理先氣後。（註一四）

純由現象觀察很難斷定理氣之先後，但考慮到形而上的根據問題，似乎不能不說是氣依傍理而行。實際的生滅靠氣，而所以有實際的生滅卻靠理。理無作爲，只氣才有實際作爲。但因爲有此理方有是氣，在這一特殊的意義之下，乃也可以說理生氣。（註一五）

有理便有氣流行，……在這一意義之下，朱子的理是一生理。但理並不直接發育萬物，是此氣在流行發育。沒有理，固然沒有萬物，但沒有氣，一樣沒有萬物。只不過有了理，就必有此氣流行。理氣之間的不離不雜關係清晰可見。（註一六）

爲了節省篇幅，我把文獻的徵引減免了，讀者要有興趣，可以去查閱我的書。老實說，如果真正了解朱子的思路，說他的思想是一元論或二元論都無關緊要，因爲這些都是由西方哲學借來的詞語。但一元論的說法比較容易引起誤解，把理當作本有的，氣當作派生的，很容易把「理生氣」的「生」字解爲實生，那就犯下了致命的錯誤。而朱子以太極爲理，屬形而上者，陰陽爲氣，屬形而下者。天壤間自來便有理這樣的形構原理，氣這樣的實現原理，在超越的理的規定之下，氣在實際上絪縕交感、化生萬物，二者之間的關係是既「不相離」，也「不相雜」，這是朱子本人用的詞語。（註一七）而朱子堅持：

所謂理與氣，此決定二物。但在物上看，則二物渾淪不可分開各在一處。然不害二物之各爲一物也。（註一八）

由這樣看，理氣雖在實際上不可分，但理自理，氣自氣，二者決不可以互相化約，這是朱子一貫的思想。故由形上構成的角度看，朱子主張理氣二元不離不雜的思想是不容辯者，有關這個問題的討論就到這裏爲止。

## 三、功能實踐的一元論

如果我們光由形上構成的角度講朱子的二元論，顯然不足以盡朱子思想的全貌，而且過分強調這一方面，也一樣可以引起嚴重的誤解。由上面的討論已經可以看出，在朱子的思想之中，理氣二者雖是二元，彼此之間卻有一種非常密切的互相依賴互相補足的關係。這種理氣二元不離不雜的思想與我們一般熟知的西方的二元論的思想，理論效果完全不同。舉例來說，柏拉圖的二元論嚴分理型與事物，於是產生彼此分離的問題，無論用參與說、呈現說、模仿說都難以解決理論的困難。這是因爲柏拉圖由靜態的共相與殊相的角度來看問題，一與多、同與異、靜與動，對立而統一不起來，乃找不到解決問題的出路。朱子的思想卻採取理一而分殊的方式，故人人一太極，物物一太極；理氣之間自然融一，互補互依；道器相即，形上穿透在形下之中；兩方面既沒有加以人工的割裂，在功能上互相融貫，根本就不產生彼此分離的問題。李約瑟極贊朱子的有機思想。通過這種有機的方式，無論是理與氣、心與性、道與器，都依循伊川所謂「體用一源、顯微無間」的原則，融爲一體。由功能實踐的角度看，也不妨可以說是一種一元論的思想。這種思路與希臘哲學完全拉不上關係，而近人卻要用柏拉圖的共相來解釋朱熹的理，妄生穿鑿，要把中國式境界型態的思想化爲西方式實有型態的思想，實未見其是。而希臘的思想外延的廣包與內容的豐富適成反比，形式的推演終無與於實存的體證，這樣焉能繼承中國傳統的睿識！

再有笛卡兒的心物二元論，笛卡兒認爲心物是兩個不同的實體，心的屬性是思想，物的屬性是廣延，二者之間沒有一點相似之處。故此心物之間的交感乃成爲問題，最後不能不訴之於上帝才能解釋心物交感的現象。由於心物都是上帝創造的，那麼只有上帝是本有的，心物都是派生的，我們是否也只能說笛卡兒的思想是一元論呢？事實上只要心物各有不同屬性，彼此不能化約，就可以說他是二元論的思想。這樣看來，顯然沒有充分的理由不許我們稱朱子是二元論的思想。但在功能實踐的層次上，笛卡兒仍然堅持二元論的立場，以至心物的交感成爲問題。這種二元論是中國傳統之中所缺乏的東西。中國思想從來沒有在心與身、知與行、理論與實踐之間劃下一道鴻溝。朱子也一樣要講一貫之道，故由功能實踐的角度看，也不妨可以說他是一元論。錢穆先生的立論應該由這一個角度去理解。他說：

> 朱子論宇宙萬物本體，必兼言理氣。氣指其實質部分，理則約略相當於寄寓在此實質內之性，或可說是實質之內一切之條理與規範。朱子雖理氣分言，但認爲只是一體渾成，而非兩體對立。此層最當深體，乃可無失朱子立言宗旨。（註一九）

又說：

把理氣拆開說，把太極與陰陽拆開說，乃為要求得對此一體分明之一種方便法門。不得因拆開說了，乃認為有理與氣，太極與陰陽為兩體而對立。

理與氣既非兩體對立，則自無先後可言。但若人堅要問個先後，則朱子必言理先而氣後。……但朱子亦並不是說今日有此理，明日有此氣。雖說有先後，還是一體渾成，並無時間相隔。唯若有人硬要如此問，則只有如此答。但亦只是理推，非是實論。

……

必要言天地本始，朱子似無此興趣，故不復作進一步的研尋。太極即在陰陽之內，猶之言理即在氣內。一氣又分陰陽，但陰陽亦不是兩體對立，仍只是一氣渾成。若定要說陰先陽後，或陽先陰後，朱子亦並不贊許。

但既如此，為何定不說氣先理後，理不離氣，有了氣自見理，太極即在陰陽裏，有了陰陽也自見太極，因若如此說，則氣為主而理為附，陰陽為主而太極為副，如此則成了唯氣論，亦即是唯物論。宇宙唯物的主張，朱子極所反對，通觀朱子思想大體自知。

但既曰理爲本，又曰理先氣後，則此宇宙是否乃是一唯理的，此層朱子亦表反對。……

朱子之學，重在內外本末精粗兩面俱盡，唯理論容易落虛，抹殺實事，朱子亦不之許。……

以上見朱子之宇宙論，既不主唯氣，亦不主唯理，亦不主理氣對立，而認爲理事只是一體。唯有時不如此說，常把理氣分開。……所以理氣當合看，但有時亦當分離來看。分離開來看，有些處會看得更清楚。(註二〇)

錢先生總結說：

朱子理氣論，實是一番創論，爲其前周張二程所未到。但由朱子說來，卻覺其與周張二程所言處處脗合。只見其因襲，不見其創造。此乃朱子思想之最偉大處，然亦因此使人驟然難於窺到朱子思想之眞際與深處。(註二一)

錢先生是史家，重點不是放在概念的清晰性上面，但他拒絕把西方哲學的範疇强加在朱子的思想之上，而强調理氣之一體渾然，顯然是由功能實踐的角度立論。但錢先生既承認理寄寓於氣，就不能不承認在形上構成的角度朱子是二元論的思想。然而這不是他的重點所在。由功能實踐的角度看，他否定朱子是唯氣論、唯理論、理氣對立論，那就只能是理氣一體渾成的一元論思想。而朱子這種功能實踐的一元論並不矛盾於他的形上構成的二元論，事實上只有兩方面合看，才能得到朱子思想的全貌。

然而有趣的是，錢先生對朱子佩服得五體投地，乃說他表面上是因襲，其實是創新，對他毫無保留，頌揚備至。牟先生卻說他表面上是因襲，其實已由周張、明道的線索脫略了開去，只是繼承伊川，發展了自己的一條思路，結果造成了「別子爲宗」的奇特現象。(註二二)二位先生對於朱子的評價完全不同，但對於他在宋明理學與中國思想史上的地位，則不能不加以肯定。在儒家思想發展的過程中，朱子是孔孟以後一人，這恐怕是任何人都不能否認的公論。

朱子功能實踐的一元論的義蘊又不限制在宇宙論的範圍以內，它在心性論上也發生了重大的影響。依朱子，性是理，心是氣之精爽者，心與性的關係是，心包具衆理，用朱子自己的話來說，「性是理，心是包含該載敷施發用底。」(《語類》卷五) 很明顯地，由形上構成的角度看，心性是二元，但由功能實踐的角度看，卻又是一元。朱子說：

心之全體，湛然虛明、萬理具足、無一毫私欲之間。其流行該徧、貫乎動靜、而妙用又無不在焉。故以其未發而全體者言之，則性也。以其已發而妙用者言之，則情也。然心統性情，只就渾淪一物之中，指其已發未發而爲言爾，非是性是一個地頭，心是一個地頭，情又是一個地頭，如此懸隔也。（《語類》卷五）

朱子認爲，理氣在正常的情況下彼此融爲一體，但理純善，氣機鼓盪卻可以爲惡，心性之間也要作如是觀。故他也可以道性善，因義理之性純善，但氣質之性以及人的情欲，若不加以統御，卻可以爲惡。因此心在朱子的思想之中實佔一樞紐性的地位，心以理御情，乃可以令喜怒哀樂之情發而皆中節。由此可見，朱子所言之心爲一經驗實然之心，它與理的關係是當具，不是本具，必須通過後天的修養工夫才可以使心與理一。心而不宰即可以爲惡。《文集》卷三十九〈答許順之〉有云：

心一也。操而存則義理明而謂之道心，舍而亡則物欲肆而謂之人心（原註：亡不是無，只是走出逐物去了。）。自人心而收回便是道心，自道心而放出便是人心。頃刻之間，恍惚萬狀，所謂出入無時，莫知其嚮。（〈答許順之〉二十七書之第十九書）

朱子正是由制心繼承了古文尚書十六字心傳所謂：「人心惟危，道心惟微，惟精惟一，允執厥中」，而建立了道統的。（註二三）他又把存心和窮理關連在一起。《孟子·盡心章·注》曰：

> 心者人之神明，所以具衆理而應萬事者也。性則心之所具之理，而天又理之所從以出者也。人有是心，莫非全體。然不窮理，則有所蔽，而無以盡乎此心之量。故能極其心之全體而無不盡者，必其能窮夫理而無不知者也。既知其理，則其所從出亦不外是矣。以〈大學〉之序言之，知性則物格之謂，盡心則知至之謂也。

這個注是朱子晚年成熟的見解，不只用〈大學〉的架局來釋《孟子》，而且倒轉了盡心知性的次序，明言盡心由於知性。朱子這樣的說法和他在〈大學章句·格物補傳〉所表達的意思是完全一致的，他說：

> 必使學者即凡天下之物，莫不因其已知之理而益窮之，以求至乎其極，至於用力之久，而一旦豁然貫通焉，則衆物之表裏精粗無不到，而吾心之全體大用無不明矣。

朱子這種說法不能將之直解爲人可以像上帝那樣的全知，他所說的正是一種心理合一的境界。而這是朱子功能實踐的一元論的一個重要意涵。

## 四、漸教的修養工夫論

我一向認爲，朱子的思想是因爲在修養上遇到困難，感到氣機鼓盪難以收攝，這才在參悟中和的過程之中，逼出了超越的理的觀念，（註二四）以後才發展完成他心性情的三分架局以及理氣二元不離不雜的形上學。朱子在修養上面下了不少工夫，體會極深。他講治心，謂：

心只是一個心，非是以一個心治一個心，所謂存，所謂收，只是喚醒。（《語類》卷十五）

他駁佛者的〈觀心說〉，曰：

夫心者，人之所以主乎身者也。一而不二者也。爲主而不爲客者也。命物而不命於物者也。故以心觀物，則物之理得。今復有物以反觀乎心，則是此心之外復有一心，而能管乎此心也。然則所謂心者爲一耶？爲二耶？爲主耶？爲客耶？爲命物者耶？爲命於物者耶？此亦不待教而審其言之謬矣。……若盡心云者，則格物窮理廓然貫通而有以極夫心之所具之理也。……是豈以心盡心，以心存心，如兩物之相持而不相舍哉。

……

大抵聖人之學，本心以窮理，而順理以應物，如身使臂，如臂使指，其道夷而通，其居廣而安，其理實而行自然。釋氏之學，以心求心，以心使心，如口齕口，如目視目，其機危而迫，其途險而塞，其理虛而其勢逆。蓋其言雖有若相似者，而其實之不同，蓋如此也。然非夫審思明辨之君子，其亦孰能無惑於斯耶。（《文集》卷六十七）

朱子又有答門人廖子晦一長書，亦斥當時學者做工夫之不當，並闢所謂洞見全體之說。

（註二五）因文長不錄，只引《語類》卷一一三數條以指點此間問題癥結之所在：

安卿問：前日先生與廖子晦書云：道不是有一個物事閃閃爍爍在那裏。固是如此。但所謂操則存、捨則亡，畢竟也須有個物事。曰：操存只是教你收斂，教那心莫胡思亂量，幾曾捉定有一個物事在裏。又問：顧諟天之明命，畢竟是個什麼？曰：只是說見得道理在面前，不被物事遮障了，立則見其參於前，在輿則見其倚於衡，皆是見得理如此。不成是有一塊物事光輝輝地在那裏。

廖子晦得書來云：有本原，有學問。某初不曉得，後來看得他們都是把本原處是別有一塊物來模樣。聖人教人，只是致知格物，不成眞個是有一個物事，如一塊水銀樣，走來走去？那裏這便是禪家說，赤肉團上，自有一個無位眞人模樣。

以前看得心只是虛蕩蕩地，而今看得來湛然虛明，萬物便在裏面。向前看得便似一張白紙，今看得便見紙上都是字。廖子晦們便只見得是一張紙。

朱子晚年工夫做得深了，才能講得出這樣的說話。朱子所成就的是一個實在論的型態，心必須攫捉得實理。他所建立的是一套「致知格物窮理」漸教的修養工夫論。由教育程序的觀點來看，從小學的灑掃應對進退開始，涵養（敬）做頭，繼之以致知，力行，這是一條十分穩妥的道路。（註二六）但這樣的進路並不是完全沒有問題，由朱陸異同的一重公案乃可以看得明白。（註二七）

由本質程序的觀點看，真正要自覺作道德修養工夫，當然首先要立本心。如果問題在教人作自覺的道德修養工夫，那麼做小學的灑掃應對進退的涵養工夫，讀書，致知窮理至多不過是助緣而已，不足以立本心。鵝湖之會二陸舉詩，完全是孟子學的精神。象山所謂：「易簡工夫終久大，支離事業竟浮沉」，並不是無的放矢，的確有他的堅實的根據。朱子對他們「盡廢講學，專務踐履」的偏向有所憂慮是不錯的，但以之「將流於異學而不自知」而聯想到禪，則是無謂的。（註二八）其實朱子也自知自己的進路是有不足之處的，他說：

> 大抵子思以來，教人之法唯以尊德性、道問學兩事為用力之要。今子靜所說專是尊德性事，而熹平日所論，卻是道問學上多了。所以為彼學者多持守可觀，而看得義理全不仔細，又別說一種杜撰遮蓋，不肯放下。而熹自覺雖於義理上不敢亂說，卻於緊要為己為人上，多不得力。今當反身用力，去短集長，庶幾不墮一邊耳。（《文集》卷五十四〈答項平父〉八書之第二書）

朱子此函等於承認了自己的進路確有支離之病，後來給象山函更坦承了這一點，而謂：

> 所幸邇來日用工夫頗覺有力，無復向來支離之病。甚恨未得從容面論，未知異時相見

尚復有異同否耳？（《文集》卷三十六〈答陸子靜〉六書之第二書）

朱子的態度要去短集長是不錯的，但他對於象山的批評則不稱理。象山先立其大，乃由孟子而來，何來杜撰？而象山乃明白拒絕朱子的調停，他說：

> 朱元晦欲去兩短，合兩長。然吾以爲不可，既不知尊德性，焉有所謂道問學。（《象山全集》）卷三十六）

從聖學的立場看，象山是不錯的，朱子的進路確可以一輩子都只是依仿假借。先天之學也可以立工夫論：先立其大，乃不會爲小者所奪。朱子並不是完全不明白這一層道理，故曰：

> 近來自覺向時工夫，止是講論文義，以爲積集義理，久當自有得力處，卻於日用工夫全少點檢。諸朋友亦只如此做工夫，所以多不得力。今方深省而痛懲之，亦願與諸同志勉焉。（《文集》卷四十四〈答吳茂實〉二書之第一書）

但象山的偏向也是有毛病的。若教人是指一般的教育程序而言，劈頭就講本心，那麼人根本摸不到頭腦，只有隨事指正爲是。在事實上，即明道這樣的大儒，也要出入佛老幾十年，才能夠悟到吾道自足。而且立本心德性之知，也並不是要人盡廢見聞，象山當時立言乃不免太過。連陽明與陳九川談論陸子之學也要說：「只還粗些。」（《傳習錄》下）他直指本心，乃完全不能以分解的方式講義理，也完全忽略了後天做工夫遭逢到的種種艱難。以後陸學的流弊顯發出來，朱子乃鳴鼓而攻。《語類》中材料多抨擊象山，口說之間，更無保留，此處只錄一條，即可見其梗概。

> 禪學熾則佛氏之說大壞。緣他本來是大段著工夫收拾這心性，今禪說只恁地容易做去。佛法固是本不見大底道理，只就他本法中是大段細密，今禪說只一向粗暴。陸子靜之學，看他千般萬般病，只在不知有氣稟之雜，把許多粗惡底氣，都把做心之妙理，合當恁地自然做將去。向在鉛山，得他書云，看見佛之與儒異者，此是他底全是利，吾儒止是全在義。某答他云：公亦只見得第二著。看他意只說吾儒絕斷得許多利欲，便是千了百當，一向任意做出，都不妨。不知初自受得這氣稟不好，今才任意發出許多不好底，也只都做好商量了，只道這是胸中流出自然天理，不知氣有不好底夾雜在裏一齊滾將去，道害事不害事！看子靜書，只見他許多粗暴底意思，可畏。其徒都是這樣，才說得幾句，便無大無小，無父無兄。只我胸中流出底是天理，全不著得些工夫。看來這錯處只在不知有氣稟之性。（《語類》卷一二四）

然而陸學從未居主導地位，故其流弊並未蔓延氾濫。到明末王學末流，乃有以人欲爲天理，馴至滿街皆聖人，正坐朱子所斥責的弊病。由此可見，朱子漸教的修養工夫論之不可廢，它仍然是一個重要的參照系，不可輕忽過去。當然朱子本人的思想也有其偏向，他因少年習佛，後來對禪形成一種忌諱，竟把所有直貫型的思想都當做禪，這是沒有根據的說法。事實上王學的興起正因針對朱學支離的流弊而起。陽明反對朱子二元的思想，倡心即理、知行合一之說。中國哲學以後的發展由陽明以降都傾向於一元論的思想：理不外乎即乃是氣之理。這樣的思想自有其優勝性，也較接近孟子思想。但也有一項流弊，就是容易陷落在「內在」之中，而造成「超越」意義之減煞。（註二九）其實在陽明本人，超越的體證尚未失墜，他對於修養工夫論也有比較持平的看法，此見之於「天泉證道」之一公案，陽明的弟子王龍溪（汝中）主頓悟，錢緒山（德洪）主漸修，陽明為他們開解，說：

> 二君之見正好相資為用，不可各執一邊。我這裏接人，原有此二種。利根之人直從本源上悟入。人心本體原是明瑩無滯的，原是個未發之中。利根之人一悟本體，即是功夫，人己內外一齊俱透了。其次不免有習心在，本體受蔽，故且教在意念上實落為善去惡功夫，熟後渣滓去得盡時，本體亦明盡了。汝中之見是我這裏接利根人的，德洪之見是我這裏為其次立法的。二君相取為用，具中人上下皆可引入於道。若各執一邊，眼前便有失人，便於道體各有未盡。（《傳習錄》下）

然後又說：

> 以後與朋友講學，切不可失了我的宗旨。無善無惡是心之體，有善有惡是意之動，知善知惡的是良知，為善去惡是格物。只依我這話頭，隨人指點，自沒病痛。此原是徹

上徹下功夫。利根之人，世亦難遇，本體功夫一悟盡透，此顏子明道所不敢承當，豈可輕易望人。人有習心，不教他在良知上實用爲善去惡功夫，只去懸空想個本體，一切事爲俱不著實，不過養成一個虛寂，此個病痛，不是小小，不可不早說破。（同上）

由此可見，陽明想把象山、朱子的頓、漸所教都吸納在他的思想之中，分別有其定位。（註三〇）要挑剔一點說，陽明仍然語有未瑩，因爲即在個人，兩種工夫也是相資爲用，並不是互相排斥的。事實上在修養工夫上，儒家既需要象山的先天工夫先立本心，又需要朱子的後天工夫格物窮理，才能兼顧理想主義與現實主義的兩個層面。可惜的是這樣的規約原則常常做不到，往往滑落一邊，造成了偏向的結果。故必須常惺惺，保持不斷批判的精神，才能使超越的規約原則在現實上發揮其應有的作用。

## 註釋

註　一：劉述先，《朱子哲學思想的發展與完成》（臺北：學生書局，增訂版，一九八四），第三章，〈朱子參悟中和問題所經歷的曲折〉，頁七一——一三八。

註　二：劉述先，《黃宗羲心學的定位》（臺北，允晨，一九八六），頁二五——二九，七二——九〇，一一八——一一九，一六二——一七五。

註　三：同註一，頁二七〇。

註　四：同上，第六章，〈朱子理氣二元不離不雜的形上學〉，頁二六九——三五四。

註　五：張立文，《朱熹思想研究》（北京：中國社會科學出版社，一九八一），頁二三四。

註　六：牟宗三，《心體與性體(一)》（臺北：正中書局，一九六八），關於〈太極圖說〉有極透闢的解析，參頁三五七—四一五。

註　七：同上，頁三六〇—三六八。

註　八：同上，頁三六九。

註　九：同上，頁三七〇。

註一〇：同上。

註一一：同上，頁三七四。

註一二：同註一，頁二七四。

註一三：同上，頁二七五。

註一四：同上。

註一五：同上，頁二七六—二七七。

註一六：同上，頁二七八。

註一七：《文集》卷三十七〈答程可久〉十書之第四書。

註一八：《文集》卷四十六〈答劉叔文〉二書之第一書。

註一九：錢穆，《朱子新學案(一)》（臺北：三民書局，一九七一），頁三六。

註二〇：同上，頁三七—四〇。

註二一：同上，頁四一。

註二二：同註六，頁四二—六〇，四一五

註二三：參拙著有關〈朱子建立道統的理據〉之分析，同註一，頁四一三—四二七。

註二四：同上，頁七一—一一一。

註二五：《文集》卷四十五〈答廖子晦〉十八書之第十八書。

註二六：參拙著，同註一，頁一一五—一三七。

註二七：參拙著，同上，頁四二七—四七〇。
註二八：同上，頁四三四—四三五
註二九：對於這個問題，在拙著：《黃宗羲心學的定位》之中有較詳細的討論，同註二。
註三〇：參拙作：〈論陽明哲學之朱子思想淵源〉，同註一，頁五六六—五九八。

本文原刊中央研究院中國文哲研究集刊創刊號，民國八十年三月。

國家圖書館出版品預行編目資料

朱子哲學思想的發展與完成

劉述先著. – 增訂三版. – 臺北市：臺灣學生，1995
面；公分

ISBN 978-957-15-0683-8(精裝)
ISBN 978-957-15-0684-5(平裝)

1. （宋）朱熹 – 學術思想 – 哲學

125.5 84007424

朱子哲學思想的發展與完成（增訂本）

著作者 劉述先
出版者 臺灣學生書局有限公司
發行人 楊雲龍
發行所 臺灣學生書局有限公司
地址 臺北市和平東路一段75巷11號
劃撥帳號 00024668
電話 (02)23928185
傳真 (02)23928105
E-mail student.book@msa.hinet.net
網址 www.studentbook.com.tw
登記證字號 行政院新聞局局版北市業字第玖捌壹號
定價 精裝新臺幣一一〇〇元
平裝新臺幣 八〇〇元

一九八二年二月 初版
一九九五年八月 增訂三版
二〇二一年八月 增訂三版二刷

12507
有著作權・侵害必究
ISBN 978-957-15-0683-8(精裝)
ISBN 978-957-15-0684-5(平裝)